Das Buch

»Ich wünsche mir, dass die notwendigen empirischen und theoretischen Desillusionierungen, zu
denen das vorliegende Buch
führt, nicht zur Resignation, sondern zur vertieften Suche nach
den Bewegungsmustern des gesellschaftlichen Fortschritts beitragen
möge.« Diese Hoffnung stellt der
Autor seiner Untersuchung voran.
Denn sein Befund, fußend auf
einer Fülle statistischen Materials, ruft eher Mutlosigkeit denn
Ermunterung hervor. Es hat sich
in relativ kurzer Zeit die Arbeitswelt dramatisch verändert und,
damit einhergehend, auch die
soziale Lage der Arbeitenden, die
heute lohnabhängig Beschäftigte
heißen. Der marxistische Sozial-
wissenschaftler Jörg Miehe gebär-
det sich keineswegs als Kassandra,
sondern analysiert nüchtern,
emotionsfrei und ohne moralisie-
rende Kommentare, was sich in
der deutschen Arbeitswelt vollzog.
In der kapitalistischen deutschen
Arbeitswelt, um präzise zu sein,
in die 1990 lediglich ein historisch abhandenden gekommenes
Territorium zurückgekehrt ist.
Oder um auch hier präzise zu
sein: das wieder einverleibt
wurde..

Der Autor

Jörg Miehe, Jahrgang 1940,
geboren und aufgewachsen in
Hannover. Nach dem Abitur Studium der Soziologie, Volkswirtschaft und Philosophie. Seit Mitte
der 60er Jahre aktiv in der Stu-
denten- und in der Gewerk-
schaftsbewegung. Nach dem
Magister Artium in drei Studien-
fächern in Göttingen zehn Jahre
Lehrtätigkeit an der dortigen
Pädagogischen Hochschule, enga-
giert bei der Studienreform für
die Lehrerausbildung und der
Integration in die Universität
Göttingen. Seit Beginn der 80er
Jahre in der gewerkschaftlichen
Schulungsarbeit tätig.

D1732036

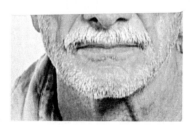

Jörg Miehe

Vom Schwinden der Arbeiterklasse

Zur Struktur der Erwerbstätigkeit
und der gesellschaftlichen Arbeitsteilung
in der BRD von 1957/1970 bis 2005/2008

Mit 251 Tabellen

Jutta Gietz und Roland Nau ermöglichten den Druck der vorliegen-
den Arbeit, wofür ich ihnen herzlich danke.
Mein Dank geht auch an Sabine Behrens, die nicht unerheblich
dafür gesorgt hat, dass ich heil aus dem Berg an statistischem
Material herauskam.

Jörg Miehe

Inhalt

160 seiten

*Die große Mehrheit der anderen Lohnabhängigen,
ob nun in der materiellen Produktion, beim Kapital oder beim Staat,
kann keinesfalls als sozial-ökonomische Einheit gefasst werden.
Ihre grundlegende Gemeinsamkeit, über keine eigenen Produktionsmittel zu verfügen, bringt keine praktisch wirksame gemeinsame
Interessenlage gegenüber dem Kapital zustande. Sie daher als Gesamtklasse gegenüber dem Kapital zu behandeln, wie auch immer die
Bezeichnung gewählt wird, führt an der ökonomischen und sozialen
Wirklichkeit vorbei und politisch in die Wirkungslosigkeit. […]
Erst eine einsehbare, mit dem Staat verknüpfte Alternative
zu den akuten kapitalistischen Verhältnissen
wird eine breite politische Wirksamkeit erlangen können.*

Jörg Miehe

Einleitung

Die vorliegende Arbeit untersucht die Entwicklung der gesellschaftlichen Arbeitsteilung in der BRD von 1970 bis 2008 um den Ort, die Größenordnung und den ökonomischen Charakter einer nach Engels bestimmten produktiven Arbeiterklasse in der heutigen Zeit zu klären. Dafür werden Statistiken des Statistischen Bundesamtes und der Agentur für Arbeit in mehreren Durchgängen mit verschiedenen Fragestellungen ausgewertet.

Die Arbeit ist im Rahmen des Projektes *Arbeiterklasse @ BRD*[1] der Marx-Engels-Stiftung entstanden. Größere Teile des Textes[2] wurden schon in dem bisher abschließenden Band *Arbeitende Klassen in Deutschland – Macht und Ohnmacht der Lohnarbeiter*[3] Anfang 2011 abgedruckt. Zusätzlich wird hier eine kurze Einordnung in die Debatten zur Arbeiterklasse vorgenommen, werden die vollständigen statistischen Untersuchungen wiedergegeben und die jeweiligen Schlussfolgerungen umfangreicher formuliert.

Wie schon die Bände 1-4 aus der Arbeit des Projektes[4] erkennen lassen, war die Ausweitung und Zuspitzung der *Prekarisierung* innerhalb der Lohnarbeiterschaft Anfang des neuen Jahrhunderts, besonders nach der neoliberalen Entfesselung der Spielräume des Kapitals durch die Regierungen von SPD und Grünen (Schröder/Fischer), der Anlass und auch der Beweggrund für das Projekt.

Dass es sich bei der Prekarisierung der Arbeitsverhältnisse und der gewerkschaftlichen wie politischen Ohnmacht der arbeitenden Klassen um eine grundlegende Tendenz der kapitalistischen Produktionsweise in den entwickelten Ländern handelt, zeigt sich u. a. darin, dass in ökonomisch, sozial und politisch so unterschiedlichen Ländern wie den USA, England, Kontinentaleuropa und Skandinavien, aber wohl auch in Japan ähnliche Prozesse abgelaufen sind und die Verhältnisse sich in ähnliche Richtung entwickelt haben. Am besten sind wohl noch die Lohnarbeiter Skandinaviens davon gekommen, die ihre Sozialstaatlichkeit weitgehend erhalten konnten. Die Erosion der gewerkschaftlichen Kampfkraft lässt sich überall feststellen, nicht nur in England und den USA, wo durch Thatcher und Reagan ein Frontalangriff »erfolgreich« abgeschlossen wurde.

Hängt diese Ohnmacht mit dem absoluten Schrumpfen der Fabrikarbeiterschaft in der »Großen Industrie« zusammen und damit an ihrer sich verschlechternden Marktposition? Oder ist dieses Schrumpfen eine Folge der Internationalisierung (»Globalisierung«) der Produktion, des Austausches und der Finanzierung der kapitalistischen Weltwirtschaft? Ist das Stillhalten also letztlich auf Ohnmacht angesichts des »Exportes« von Fabriken und Arbeitsplätzen zurück zu führen? Oder rührt der verringerte Bedarf an Industriearbeit aus der zunehmenden Produktivität von Produkten und Produktionstechnik? Oder haben wir es weniger mit einer quantitativen, sondern mit einer qualitativen Verschlechterung auf dem Markt für Arbeitskräfte durch die Auflösung der staatlichen Stabilisierung des Normalarbeitsverhältnisses zu tun? Handelt es sich also um die Folgen der neoliberalen Offensive des Kapitals und seiner Handlanger in Ideologie und Politik, die die Lohnarbeiter im ideologisch-politischen Klassenkampf in die Defensive gedrängt hat?

Sicherlich hat das Verschwinden der zunächst mit der Industrialisierung entstandenen sozialen und sozialpsychischen Vergesellschaftungen der Fabrikarbeiterschaft mit ihren spezifischen Milieus die Weiterführung einer klassenkämpferischen Haltung und Organisierung der arbeitenden Klassen gegen die neuen Zumutungen des Kapitalismus gründlich erschwert, wenn sie denn schon vorhanden war. Aber dass die klassenkämpferische Abstinenz in einer Auflösung des Klassencharakters der BRD-Gesellschaft begründet liegt, wie es während der 80er Jahre in der Soziologie und Gesellschaftsphilosophie der BRD postuliert wurde, war und bleibt mehr ein Teil des ideologischen Klassenkampfes, als dass es die tatsächlichen sozialen Verhältnisse gekennzeichnet hätte.[5] Dagegen griffen Theoreme, wie die von der *Individualisierung* und der *Pluralisierung der Lebensstile*, empirisch fassbare Entwicklungen auf, die auch für die Sichtweise auf die gesellschaftlichen Verhältnisse und damit für die ökonomische und politische Interessenvertretung relevant waren. Jedoch war die Abspaltung dieser Phänomene von den ihnen zu Grunde liegenden tatsächlichen Beschäftigungsverhältnissen der Mehrheit der *Lohnabhängigen* und damit von ihrer Genese, theoretisch unzulässig und empirisch falsch – und ideologischer Perspektive oder Absicht geschuldet.

Anders als bei der Arbeit von Engels über *Die Lage der arbeitenden Klasse in England*[6], veröffentlicht 1845, führte diesmal nicht die besondere ökonomisch und politisch kämpferische Aktivität (wie der Chartismus in England) einer schon sichtbaren sozialen Klasse, wie der damaligen wachsenden Fabrikarbeiterschaft in England, zur Befassung mit ihren Verhältnissen – sondern gerade das Gegenteil: Warum wehrt sich die Lohnarbeiterschaft nicht gegen die Abspaltung immer weiterer Teile in (relativ) elende Arbeits-, Entlohnungs- und Lebensverhältnisse und gegen ihre mangelnde Teilhabe an den Produktivitätsfortschritten der materiellen Produktion? (Sinken der Lohnquote, Leih- und Teilzeitarbeit, Senken der Tarifbindung, Niedriglöhne einerseits, Verkürzung und Senkung des Arbeitslosengeldes und Einführung von Hartz IV andererseits)[7]

Das Projekt hat sich in seinen ersten Arbeiten vor allem der klassenmäßigen Charakterisierung der Formen und Folgen der *Prekarisierung* gewidmet[8] und sich nicht mit eigenen neuen Ansätzen in die linke politische und sozialwissenschaftliche Diskussion über das Ende des »Fordismus«, die »Globalisierung« oder den »finanzgetriebenen Kapitalismus«, eingebracht. Impliziter theoretischer Ausgangspunkt war dabei der »weite Begriff« von Arbeiterklasse, wie er Anfang der 1970er Jahre von Heinz Jung für die Studie des Instituts für Marxistische Studien und Forschungen (IMSF, Frankfurt am Main) entwickelt wurde.[9] Praktisch wurde er aber mit der Betonung der Prekarisierung, aber auch der Aufnahme der anderen empirischen Entwicklungen, Schrumpfung der Zahl der Fabrikarbeiter, Wachstum der Zahl der Angestellten, Wachstum der Dienstleistungen im tertiären Sektor, analytisch weitgehend beiseite gelassen. Politisch kam er dann allerdings mit dem Bezug auf den allergrößten Teil der Lohnarbeiter doch wieder implizit zum Tragen. Die Kritik der Behandlung der gesellschaftlichen Arbeitsteilung in der IMSF-Studie mit ihrem »weiten Begriff« der Arbeiterklasse durch den Autor blieb in den weiteren Publikationen des Projektes ohne Folgen.[10]

Einen anderen Ansatz um die aktuellen Entwicklungen begrifflich und gesellschaftsgeschichtlich einzuordnen hat Ekkehard Lieberam, Leipzig, in seinem umfangreichen Beitrag im abschließenden Band des Projektes gewählt.[11] Dort skizziert er die Herausbildung des Marxschen Klassenbegriffs und zeichnet dann die Entwicklung der Sozialstruktur der arbeitenden Bevölkerung in Deutschland als Wirkung der kapitalistischen Industrialisierung anhand von ersten Schätzungen und dann verfügbaren Statistiken des deutschen Reiches ab 1882 bis 2007 in der erweiterten BRD nach. Die Daten der jeweiligen Zeiten werden dann mit den Diskussionen in empirischen und begrifflichen Untersuchungen über den Charakter und die Gliederung der arbeitenden Klassen und den klassischen Begriff einer Arbeiterklasse sowie den politischen Entwicklungen und Diskussionen verbunden. Die historische Perspektive auf die Begriffsentwicklung, verbunden mit den ökonomisch-sozialen Langzeitentwicklungen zeigt die bis heute wirkenden Tendenzen.

Die bei Lieberam in der Langzeitperspektive untersuchte Wandlung der Sozialstruktur unter dem Gesichtspunkt der Klassenanalyse muss nun allerdings für die Zeit der Bundesrepublik seit 1949 und seit 1991 vertieft und präzisiert werden. Eine seit 1994 vorliegende, auf volkswirtschaftlichen Makrodaten aufbauende Untersuchung auch der sozialen Gesamtreproduktion der BRD-Gesellschaft ist mit ihrer Rezeption leider in die Umbruchperiode der Vereinnahmung der DDR gefallen und völlig zu Unrecht fast in Vergessenheit geraten.[12] Allerdings hat diese Untersuchung, wie andere auch, den Nachteil, dass die Gliederung des statistischen Materials des Bundesamtes anhand der Sektorengliederung der Volkswirtschaftliche Gesamtrechnung (VGR) vorgenommen wird, ohne sie kritisch zu bearbeiten. Das soll hier nachgeholt werden: Die Betrachtung der Entwicklung der Erwerbstätigkeit in ihren verschiedenen Kategorien (u. a. auch der Arbeiterschaft), entsprechend der Entwicklung der betrieblichen und der volkswirtschaftlichen Arbeitsteilung.[13]

Um dies nicht in eine folgenlose Beleuchtung langer Zahlenreihen ausarten zu lassen, soll dabei die Frage nach der Arbeiterklasse, als einer ökonomisch in der kapitalistischen Ökonomie verankerten und durch sie bestimmten Menschengruppe gegenüber den Eigentümern des Kapitals die Aufmerksamkeit lenken. Nur – welcher *Begriff von Arbeiterklasse* sollte diesem kritischen Blick zugrunde gelegt werden?

In den zahlreichen arbeitssoziologischen Studien aus den Industrien noch in den späten 50er Jahren erwiesen sich die Arbeits- und Lebensverhältnisse der Arbeiter immer noch als weit *proletarischer* als jene der Angestellten in den gleichen Unternehmen. In den späten 60er Jahren verlor das ideologische Konstrukt der akademischen Soziologie einer zwar geschichteten aber tendenziell klassenlosen »Mittelstandsgesellschaft« (Schelsky) zunächst in der Studentenschaft seine Wirksamkeit. Aus dem links gewordenen Teil des akademischen sozialwissenschaftlichen Nachwuchses entstanden mitten in der kapitalistischen Prosperität, nach dem kurzen ökonomischen Schluckauf der Krise von 1966, am Rande des akademischen Betriebes die beiden großen theoretisch begründeten, statistisch-empirischen wissenschaftlichen Unternehmungen zur Klassenanalyse Anfang der 1970er Jahre.[14] Diese Paukenschläge konnten auch im akademischen Betrieb nur mühsam ignoriert werden, und angesichts der unerwarteten, zunächst gewerkschaftlich nicht organisierten Septemberstreiks im Jahr 1969 gewannen Konzepte zur Arbeiterklasse auch politisch wieder an Bedeutung.

Ein erneuter Blick auf diese sehr umfangreichen, theoretisch weit ausgreifenden, marxistisch orientierten und enorm materialreichen Analysen zeigt, dass die Ergebnisse beider Projekte zur Klärung der heutigen sozialen Verhältnisse wenig hilfreich sind – aus unterschiedlichen Gründen.

Die Konzeption des *Projektes Klassenanalyse* (PKA) geht einerseits richtig davon aus, von der weiten Kategorie der *Lohnabhängigen* jene abzuteilen, die beim Kapital beschäftigt sind. Von dieser unternehmensinternen und gesellschaftlichen Gesamtheit werden dann aber nur jene ausgeschlossen, die direkt Anteile aus dem Profit bekommen, also die Spitzen des Managements. Alle anderen, ob in der materiellen Produktion, im Ein- oder Verkauf, ob in den Finanzabteilungen oder der Werbung, ob in der Industrie, dem Verkehr, dem Handel oder den Finanzunternehmen, werden zusammen als Arbeiterklasse geführt. Die Beteiligung an der Produktion! von *Mehrprodukt* und *Mehrwert*, also direkt *produktive Arbeit*, ist dem gegenüber gleichgültig. Hingegen ist für das PKA die, wie auch immer indirekte, Beteiligung an der Erlangung von Profit, also produktiv für die Verwertung der individuellen Kapitale zu sein, der zentrale Gesichtspunkt der Ein- und Abgrenzung einer Arbeiterklasse. Alle ausufernden Zitate und Argumentationen zur produktiven und unproduktiven Arbeit und zum funktionellen oder stofflichen Charakter der Arbeitstätigkeiten erweisen sich damit eigentlich als überflüssig und gleichen einem Schattenboxen. Wenn dann sogar noch die Arbeiter des nichtkapitalistischen Kleingewerbes zur Arbeiterklasse hinzu gezählt werden, obgleich deren Spezifikum einerseits gerade ihre stoffliche Produktivität und andererseits ihre »Kapitalferne« ist, dann ist das widersinnig und theoretisch inkonsequent.[15] Die Einbeziehung praktisch aller unproduktiven und nicht ausgebeuteten, meist besser gestellten Angestellten beim Kapital, die in den Unternehmen zur Dirigierung und Kontrolle der Mehrwertproduzenten und zur richtigen ökonomischen Behandlung der Kapitalwerte eingesetzt werden, in eine Arbeiterklasse widerspricht natürlich jeder Geschichte von ökonomischen Klassenkämpfen und gewerkschaftlicher Organisierung. Damit wird auch theoretisch eine gesamtgesellschaftliche Gegenüberstellung von Produzenten und Aneignern des Mehrwertes, einer Arbeiterklasse und der Klasse der Kapitalisten, nicht mehr möglich. Da es bei dem Begriff von Engels und Marx um die potentiellen Überwinder der kapitalistischen Produktionsweise ging, um deren Rolle als »Totengräber«, führte sich diese Version selbst ad absurdum. Die Gruppe des PKA hat noch in zwei späteren, kompendienhaften Publikationen die eben gekennzeichnete Position weiter vertreten[16] – und seitdem dazu weitgehend geschwiegen.

Politisch und auch in den Sozialwissenschaften hat diese Position in der Linken schon in und seit den 1970er Jahren in der BRD politisch keine größere Rolle gespielt, wenn auch zu unendlichen Debatten geführt. Sehr viel später, mit dem Revival der Klassenanalysen haben Bischoff und Herkommer, zwei der Protagonisten des früheren PKA, 2002 mit einem ausführlichen Buch die Frage der Existenz von Klassen im heutigen Kapitalismus und die Probleme ihrer Analyse aufgegriffen und die verschiedenen Ansätze oder Absagen auf sehr verständige Weise kritisch untersucht und dem eine fundierte marxistische Grundposition gegenüber gestellt – ohne sich aber auf eine eigene Definition und eine darauf basierende Quantifizierung einzulassen.[17]

Anders steht es mit der Konzeption des *IMSF*. Sie hat einen *weiten Begriff von Arbeiterklasse* entwickelt und vertreten.

Theoretisch vom widersprüchlichen Verhältnis von Lohnarbeit und Kapital ausgehend wurde bei ihr die Gemeinsamkeit einer Arbeiterklasse innerhalb der Gruppe der *Lohnabhängigen* schließlich im entwickelten *Warencharakter* ihrer Arbeitskraft gesehen, durchgesetzt allerdings durch die ökonomie- und gesellschaftsbestimmende Rolle des Kapitals und dort besonders der *Monopole.*[18]

Das bedeutet, dass die nicht beim Kapital beschäftigten Lohnarbeiter ebenfalls nach den Reproduktionskosten ihrer sozialen Existenz bezahlt werden, also nach dem Wert ihrer Arbeitskraft.[19] Diese Arbeiten vergegenständlichen sich in der Regel nicht in einer Ware, sondern werden meist als Dienst verrichtet. Daher gibt es dafür auch keinen Marktpreis für die Dienste, worauf bezogen gesagt werden könnte, dass dessen Aneignung einen Anteil Mehrprodukt und daher Mehrarbeit enthalten würde und daher Ausbeutung stattfände, wenn auch ohne Mehrwertproduktion.

Das impliziert, dass es nicht auf die Art des Arbeitgebers und den ökonomischen Inhalt oder die spezifische Form des Austausches von Arbeitskraft gegen Lohn oder den ökonomischen Charakter der Aneignung der Mehrarbeit ankommt und auch nicht auf die Qualität der Arbeitsgegenstände oder die Ergebnisse im Hinblick auf die Reproduktion des Kapitals, um zur Arbeiterklasse gerechnet zu werden: Bandarbeiter oder Bürogehilfe beim Industriekapital, Angestellter im Ordnungsamt oder Fahrer beim Busunternehmen von Kommunen, Bürokraft oder Mechaniker in der Werkstatt in einer Autoverkaufs- und Reparaturfirma – sie alle sind danach Angehörige einer modernen Arbeiterklasse. Natürlich untergliedert das IMSF dann die gesamte Gruppe doch entsprechend den empirischen Gegebenheiten, weil die ökonomischen und sozialen Unterschiede ja nicht einfach ignoriert werden sollten. Das gab dann auch die Möglichkeit, die traditionelle Arbeiterklasse, die Fabrikarbeiter beim industriellen Großkapital, als eine besondere Gruppe abzugrenzen und als *Kern der Arbeiterklasse* hervorzuheben – mit der Begründung, dass er den Bewegungen des Kapitals und der von ihm produzierten Konjunkturen besonders ausgesetzt, am direktesten der Ausbeutung unterworfen und außerdem am stärksten organisiert und kampffähig sei. Was damals noch in der Zukunft lag – nach 1980ff stellte sich Letzteres in den USA und England völlig anders dar.

Die Autoren, soweit sie noch theoretisch oder politisch aktiv sind, vertreten ihr Klassenkonzept nicht mehr ausdrücklich. Mancher bezweifelt es offen, vor allem mit Gründen sozialer Entwicklungen und politischer Praxis[20]. Aber die meisten gehen praktisch doch davon aus, dass die Lohnarbeiterschaft insgesamt, unterhalb einer Einkommensgrenze nach oben, noch eine progressive Rolle spielen kann, besonders ihr gewerkschaftlich organisierter Teil. Die DKP hingegen, quasi der damalige politische Schirmherr der Studie, hält sich, ausweislich ihres Programms[21], immer noch an das Konzept einer *weit gefassten Arbeiterklasse*, wie sie im IMSF-Projekt von Heinz Jung entwickelt wurde. Dieser weit gefassten Klasse wird auch weiterhin noch die Rolle eines historischen Subjektes der Umwälzung der kapitalistischen Gesellschaft zugeschrieben. Das gilt sogar für jene Strömung in der Partei, die letztens mit einem längeren kritischen politischen Text, den »Thesen«[22], die soziale Substanz einer solchen Zuschreibung entschwinden sieht.

Wenn die Arbeiterklasse in den Fabriken des Kapitals der Baumwollspinnereien in England historisch entstanden ist und der ökonomische Grund und Kern ihrer Existenz weiterhin in der Verwertung des investierten Kapitals besteht, dann ist der vom PKA gewählte Ausgangspunkt beim Kapital und seiner Verwertung völlig richtig und nicht die Verbreitung der Lohnarbeit als späte Erscheinung kapitalistisch entwickelter Gesellschaften, wie beim IMSF. Wenn andererseits die Rolle einer Arbeiterklasse als potentielles Korrektiv oder gar als Überwinder der kapitalistischen Produktionsweise und die Beseitigung der politischen (Vor-)Herrschaft der Bourgeoisie, ob als direkte Diktatur der Klasse oder als bürgerliche Republik, zur Debatte steht, dann ist die Vorstellung eines bei allen Einzelkapitalen, ob in der Produktion oder im Finanzsektor, lohnabhängig und produktiv für das Kapital arbeitenden Gesamtarbeiters wenig hilfreich – es fehlt bei einem solchen Konzept einfach an einem Klassengegensatz – Ausbeutung ja oder nein, Mehrwertproduktion oder nur Profitaneignung, das alles spielt anscheinend theoretisch beim PKA keine Rolle. Der richtige Ausgangspunkt, die Rolle der Lohnarbeit bei der Kapitalverwertung, verflüchtigt sich in einer abstrakten Diskussion über produktive Arbeit zur Profitaneignung.

Wiederum anders verdünnt sich beim IMSF der innere Zusammenhang von Kapital und Lohnarbeit in der Mehrwertproduktion durch die begriffliche Herausstellung der Verbreitung des *Verkaufs der eigenen Arbeitskraft* als Lohnarbeit über die gesamte Gesellschaft. Diese Gemeinsamkeit der *Lohnabhängigen* konstituiert keine gemeinsamen Gegensätze gegen eine andere Klasse. Die Tatsache der Lohnarbeit läßt die Frage der Ausbeutung höchstens für das Fabrikproletariat greifbar werden. Aber der Grad der Ausbeutung ist auch für diese nur anhand von Kapitalrechnungen nachvollziehbar. Für alle anderen muss Beides offen bleiben. Für das Fabrikproletariat und für alle anderen bedarf es der praktischen Interessengegensätze um den verborgenen Gegner offen auftreten und damit die Tatsache der Ausbeutung praktisch fassbar werden zu lassen. Das ist für die verschiedenen Teile der *Lohnabhängigen* in höchst unterschiedlicher Weise der Fall.

Die *Arbeitgeber* als tatsächliche oder vermeintliche Ausbeuter sind in der IMSF-Konzeption gänzlich verschiedener sozial-ökonomischer Natur – Großkapital, mittleres Kapital und Gewerbe, Staat oder andere Organisationen. Arbeit und mögliche Mehrarbeit wird zu völlig unterschiedlichen Zwecken in Gang gesetzt und angeeignet – zur Mehrwertproduktion und Profitaneignung beim Industriekapital, zur ausschließlichen Profitaneignung beim kommerziellen Kapital, für gesellschaftlich nützliche Dienste bei der Versorgung und Betreuung von Kranken, Kindern und Alten, bei Schule und Ausbildung, oder für den Personentransport bei staatlichen und halbstaatlichen Einrichtungen, für Zwecke der Profitmacherei mittels Unterhaltung und Information bei privaten Kapitalen und anderes mehr. Mehrarbeit setzt sich dabei sehr unterschiedlich in Dienste oder Mehrprodukt, in Mehrwert und Profite um. Die Gemeinsamkeit ausgebeutet zu werden, wird daher vom IMSF nur durch die Entgegensetzung zum Monopolkapital[23] entwickelt, welches letztlich all die unterschiedlichen Verhältnisse dominiert und bestimmt – einschließlich des Staates, als wichtigstem nicht-kapitalistischen »Arbeitgeber«.

In der sich vereinheitlichenden Organisierung der Staatsbediensteten und privaten Dienstleister in der gemeinsamen *Gewerkschaft ver.di*, scheint sich dies auch praktisch auszudrücken. Ökonomisch ist allerdings das Gegenteil der Fall und auch politisch ist es nicht zutreffend: Die *Lohnabhängigen* des öffentlichen Dienstes werden aus Steuereinnahmen bezahlt. Kostenträchtige Verbesserungen ihrer Arbeitsverhältnisse können nur aus der Erhöhung der verschiedenen Steuern resultieren: Der Mehrwertsteuer und anderen Verbrauchssteuern aus den Einkommen aller Klassen, den relativ geringen Steuern der Kapitalgesellschaften, den Einkommenssteuern aus Kapitaleinkommen und den Steuern aus Lohneinkommen. Daraus entsteht kein *Klassengegensatz*, sondern eine sehr komplizierte praktische und ideologische Konfliktlage. Dem könnte nur eine politische Bewegung für die vorrangige Besteuerung der Kapitaleinkommen entgegentreten, um die gesellschaftliche Frontstellung von Kapital und Arbeit politisch herzustellen. Das aber setzt die politische Klassenbildung voraus, um die vermeintliche ökonomische Gemeinsamkeit gegenüber dem Monopolkapital praktisch werden zu lassen. Die politischen Erfahrungen aus Jahrzehnten zeigen, dass die durch das IMSF anvisierte Gemeinsamkeit der ausgebeuteten Lohnarbeiter gegen das Monopolkapital nicht einmal in Ansätzen zu Stande gekommen ist, weder in der BRD noch in vergleichbaren Ländern.

Da bei der Hausbildung des normalen gesellschaftlichen Lohnarbeitsverhältnisses nach 1949 in der BRD die teilweise erkämpften tariflichen Regelungen letztlich in jeweilige Gesetze übernommen wurden, ist der Staat viele Jahrzehnte lang als Garant eben dieses *Normalarbeitsverhältnisses* aufgetreten und angesehen worden. Das beruhte auf politischen und ökonomischen Koalitionen (dem *Korporatismus*), die sich über Klassengrenzen hinweg gebildet hatten. Die Aufkündigung dieser Klassenkoalition des *Sozialstaatskompromisses*, hat das Normalarbeitsverhältnis beschädigt und die gesetzlichen Garantien teilweise aufgehoben. Eine Ausfransung der Standards an den unteren Rändern hat begonnen und ist in einigen Branchen und vor allem bei den Neueinstellungen der Jugendlichen schon weit vorangekommen.

Es zeigt sich, dass auch die Klassenkonzeption des IMSF vom Anfang der 1970er Jahre für das oben angekündigte Vorhaben nicht tauglich ist.

Diskussionen und Konzepte zur Sozial- und Klassenstruktur
in der BRD nach 1975

Seit dieser »heroischen« Phase der Klassenanalyse Anfang der 1970er Jahre hat es in der BRD keine vergleichbaren Untersuchungen der Struktur der Erwerbstätigkeit und der Klassenfrage mehr gegeben. Vom statistischen Material her gesehen, lag das unter anderem auch daran, dass zehn Jahre nach der bis dahin letzten *Volks- und Arbeitsstättenzählung* 1970, wegen der politischen Auseinandersetzungen über die nächste anstehende Volkszählung 1980, diese nicht zeitgerecht vorgenommen werden konnte. Die fand dann erst 1987 statt. Deren Ergebnisse schienen dann nach der Vereinnahmung der DDR nicht mehr so relevant und wurden nicht mehr ernsthaft ausgewertet. Eine neue, nun gesamtdeutsche Volks- und Arbeitsstättenzählung wurde nicht mehr unternommen. Vielmehr wurde die Datengewinnung einem jährlichen Mikrozensus überlassen. Damit waren und sind alle neuen Daten seit 1987 entweder Fortschreibungen aufgrund alter Daten oder Kompilationen aus anderen laufenden oder jährlichen Statistiken – so auch diejenigen, die hier verwendet werden.

Anders als in der Nachkriegszeit der BRD bis 1965, als der ökonomische Wiederaufstieg des Kapitals, seiner Produktionsanlagen und Produktionen, sowie der beispiellose ökonomische und soziale Aufstieg der Arbeiterschaft und der Angestellten die Verhältnisse und die gesellschaftliche Atmosphäre prägten und parallel dazu das Kapital und die Klassen im öffentlichen und sozialwissenschaftlichen Diskurs fast verschwanden, zeigte sich der Zusammenhang von Diskurs und realer Entwicklung nach 1975 völlig umgekehrt. Je mehr der Kapitalismus mit Krisen, steigender Arbeitslosigkeit und wieder entstehender Armut auf der einen Seite und zunehmender Konzentration von Produktion, Kapital und Reichtum auf der anderen Seite wieder offensichtlicher seinem Begriff entsprach, um so mehr entstanden in den Sozialwissenschaften Konzepte der Sozialstruktur und der Kennzeichnung der Gesellschaft als Ganzes und gewannen in der Öffentlichkeit Resonanz, in denen eine Arbeiterklasse nicht mehr vorkam oder unter anderen Tendenzen zu verschwinden drohten[24]. Das wurde politisch-ideologisch durch die Implosion der DDR, des »sozialistischen Lagers« in Europa und dann der UdSSR, sowie des Überlaufens der DDR-Bevölkerung in die Arme der D-Mark und der BRD und damit seines Kapitals, noch einmal kräftig unterstützt.

Aber die nach der Vereinigungskonjunktur einsetzende erneute Krise ab 1993, nach 1945 die dritte kräftige (nach 1974 und 1981), brachte dann die inzwischen aufgehäuften strukturellen Momente der kapitalistischen Überakkumulation zu Tage. Die Wachstumsraten des Kapitals und der Arbeitsplätze reichten nicht mehr aus, um den gesamten gesellschaftlichen Arbeitskörper zu den inzwischen erreichten Standards zu beschäftigen – auch wenn der Umfang der Produktion dies bei ordentlichen Mindestlöhnen und Arbeitszeitverkürzungen ohne weiteres möglich gemacht hätte. Dem sollte dann der verschärfte neoliberale Kurs der Regierung Schröder in zwei Etappen entgegenwirken, zusätzlich angetrieben von der nächsten Krise nach 2002.

Die zunehmenden *sozialen Schieflagen* in dieser kapitalistischen Normalität brachten dann auch wieder ein politisches und nach und nach auch akademisches Interesse an Kapitalismus und an Klassenanalysen zur Untersuchung der Sozialstruktur hervor – ein sich ausbreitender Diskurs zur Verarmung und zur Prekarität bekam auch in der Öffentlichkeit einen gewissen Widerhall.

Das alles kann hier nicht einmal in den Grundzügen skizziert werden. Im Theorieband des IMSF von 1973 steht ein kleiner, trefflicher und kritischer Rückblick von Heinz Jung auf die bis dahin gängigen akademischen Diskurse zur Klassen- und Sozialstruktur der BRD, aber auch zum Wiederbeginn der marxistischen Diskussion nicht nur in der BRD[25]. Im Theorieband des PKA gibt es ein eigenes längeres Kapitel, das sich einerseits der Klassendiskussion in und zwischen kommunistischern Parteien der DDR, der BRD, Frankreichs, und andererseits mit verschiedenen linken bis bürgerlichen Ansätzen zur Sozialstruktur vor 1970 befasst.[26] Am Anfang seines oben erwähnten Buches hat Werner Seppmann einen Abschnitt der ideologiekritischen Bewertung der eben erwähnten Diskurse in den 80er und 90er Jahre gewidmet.[27]

Eine gute, beispielhafte und sehr materialreiche Übersicht zur akademischen Behandlung der *Sozialstruktur* in Deutschland im Spiegel der verschiedenen theoretischen fast ausschließlich nichtmarxistischen Ansätze liefert das seit 1991 immer wieder aktualisierte Handbuch von *Rainer Geißler, »Die Sozialstruktur Deutschlands«*, das je nach Gegenstand und Material auch bis ins 19. Jahrhundert zurück greift. Ein schon länger bestehendes Unternehmen ähnlicher Art im Taschenbuchformat legt Bernhard Schäfers, seit 1976 regelmäßig erneuert, vor: »Gesellschaftlicher Wandel in Deutschland«.[28]

All die verschiedenen Ansätze, Blickwinkel, Untersuchungen und Begriffe geben so recht keine Hilfestellung, um eine Art Schneise in das umfangreiche zu untersuchende statistische Material zu schlagen. Daher wird hier der Schluss gezogen, bei diesem Vorhaben zur Wurzel zurück zu gehen – zu Engels Auffassung von der neuen Arbeiterklasse in seinem 1845 publizierten Buch[29], der sich Marx anschloss. Dabei lag der wirkliche, noch sehr kleine Anfang der Bildung dieser Arbeiterklasse in der Industrie der Baumwollgarnspinnerei in England zu Engels Zeiten schon etwa 75 Jahre zurück.

Engels zur Arbeiterklasse

Engels hat während seines Aufenthaltes in Manchester 1843/44[30] in und neben seiner kaufmännischen Tätigkeit diese neue Klasse studiert und ihre dramatische sozial-politische Bewegung, manifestiert im *Chartismus*, auch persönlich erkundet. In seiner Untersuchung *Die Lage der arbeitenden Klasse in England*[31], geschrieben 1844/45 in Elberfeld, hat er sie eingehend beschrieben und im Vorwort, in der Einleitung und im Kapitel *Das industrielle Proletariat* die wichtigsten historischen und begrifflichen Bestimmungen (für das Proletariat) gegeben. In der *Deutschen Ideologie*[32] kommen Marx und Engels gemeinsam zu dem Schluss, dass diese *neue arbeitende Klasse* nicht nur das *moderne Objekt der Ausbeutung*, sondern auch das *historisch notwendige Subjekt* einer Umwälzung der Eigentums- und Arbeitsverhältnisse über den sich entwickelnden Kapitalismus hinaus sein wird. Bei Erfüllung ihres politischen Auftrags, ein Programm für den Bund der Kommunisten zu schreiben, fasst Engels dies in seinem Entwurf *Grundsätze des Kommunismus*[33] von Ende 1847 knapp, prägnant und populär zusammen. In der Marxschen Ausarbeitung des Manifestes Anfang 1848 werden diese Vorarbeiten in die Skizze der kapitalistischen Entwicklung und der Perspektive ihrer revolutionären Aufhebung eingearbeitet.

All diesen Thesen fehlte aber noch die theoretische Begründung in der ausgearbeiteten *Mehrwerttheorie*. Darin wird die Lohnzahlung als *variables Kapital* aufgefasst. Die Steigerung der Arbeitsproduktivität mittels Maschinerie ermöglicht die Produktion eines *relativen Mehrwertes*, die die moderne kapitalistische Form der Ausbeutung ausmacht. Daraus speist sich dann nicht nur die Verwertung des angelegten Kapitals, sondern damit ist auch die Grundlage seiner Akkumulation gelegt, die das Leben der modernen kapitalistischen Produktionsweise bestimmt.

Diese theoretische Klärung kann Marx erst 1857/58 in der umfangreichen Skizze der »Grundrisse«[34] inhaltlich entwickeln und erst nach fast einem weiteren Jahrzehnt von Studien und Ausarbeitungen im ersten Band von *Das Kapital*[35] 1867 in Hamburg veröffentlichen.

Sechs verschiedene, empirisch fassbare Umstände stehen im Zentrum der Aufmerksamkeit von Engels und Marx, auf die auch schon vorherige Beobachter in England aufmerksam geworden waren:

1. Die absolute physische und soziale *Verelendung* der Fabrikarbeiter (zunehmend auch Frauen und Kinder) gegenüber den vorherigen Verhältnissen im Handwerk, in der Manufaktur, teilweise auch dem Verlag in solchen Gewerben, die von kapitalistischer Produktionsweise erfasst worden waren.

2. Die Fabrik als neue *Betriebsweise* (stoffliche Seite der Produktionsweise): *Arbeit an und mit Maschinen und Anlagen*, mit der militärischen Arbeitsorganisation und Disziplin sowie die geringen durchschnittlichen Qualifikationen der Arbeitskräfte.

3. Das neue freie *Vertragsverhältnis*, das in Verbindung mit dem Arbeitsmarkt zu den Elendslöhnen und der zeitlichen Überarbeit führt.

4. Die neue Abhängigkeit der Beschäftigungsmöglichkeiten von *industriellen Konjunkturen und Krisen*, in denen sich die kapitalistische Industrie bewegt, mit der Folge einer periodisch anschwellenden »Reservearmee«.

5. Das Überflüssigwerden von Arbeitskräften und ihren Qualifikationen mit der *periodischen Erneuerung und technischen Vervollkommnung* der maschinellen Ausrüstungen im Verlauf des Wachstums der Geschäfte und der Fabriken, mit der Folge einer auch *überperiodisch wachsenden »überflüssigen« Bevölkerung*.

6. Schließlich die ökonomische und politische Organisierung, Bewegung und Militanz dieser *neuen arbeitenden Klasse* spontan und später in Gewerkschaften und Parteiungen für politische und soziale Reformen oder gar für gesellschaftliche Umwälzungen, teilweise im Bündnis mit Teilen anderer arbeitender Klassen.

Engels und später auch Marx führen diese empirischen Umstände, die in England schon vor mehreren Jahrzehnten entstanden waren und sich dramatisch ausweiteten, historisch und theoretisch auf die Eroberung der Gewerbe durch das Kapital mit Hilfe der Maschinerie zurück. Das geschah mit der dafür typischen sozialtechnischen Produktionsorganisation – der Fabrik – die auch zum Symbol einer neuen Epoche wurde: Nicht *Birmingham*, das Zentrum der Manufakturen für Metallwaren, ist der regionale Ursprung der revolutionären Umwälzung der materiellen Produktion durch das Kapital zunächst in England, sondern all die neuen dampfbetriebenen Fabriken zum maschinellen Spinnen der Baumwollgarne und später zum maschinellen Weben der Tuche entstehen in *Manchester*, einer völlig neuen Industriestadt.

Der ökonomische Kern ihrer Erklärung der Entstehung und des Schicksals der *neuen Arbeiterklasse* ist der *Akkumulationsprozess des Kapitals*, als dessen Antrieb sie den Zwang des (privaten) Kapitals zur Verwertung unter Konkurrenz ausmachen. Die stoffliche Produktionskraft der Lohnarbeiter wird dabei bestimmt durch die Maschinerie und ihre Antriebe, durch die Rohstoffe und zunehmend auch durch das gesellschaftliche Wissen, durch das sich dies alles im Mechanismus der Fabrik zusammenfügen und als technisch-ökonomisch-sozialer Prozess organisieren lässt. Die Produktivität der Lohnarbeiter für die Verwertung des Kapitals ergibt sich dann aus der Übersetzung ihrer stofflichen Produktivität ins Ökonomische, was sich abstrakt im Mehrwert und seiner Rate, konkret bei den einzelnen Unternehmen im Profit und seiner Rate im Verhältnis zum angelegten Kapital niederschlägt.

Nach Engels und Marx ist also die neue Arbeiterklasse beim Kapital mit der Herstellung von Waren und darin der Produktion von Mehrwert zum übergreifenden Zweck der Selbstverwertung des Kapitals, in der typischen Einrichtung der Fabrik und anderer technischer Großanlagen beschäftigt.

Sie produziert dem Kapital die Waren, bei deren Verkauf das Kapital nicht nur seine Auslagen (einschließlich jener für das angewendete *fixe Kapital*), sondern auch *Profit* als Anteil am gesellschaftlich erzeugten *Mehrwert* aus der Zirkulation ziehen kann – dem Gegenwert des in der einzelnen Fabrik erzeugten Anteils am gesellschaftlichen *Mehrprodukt*.

Diese undurchsichtige Form der Ausbeutung und der damit verbundene Akkumulationsprozess hängen vom Eigentumsmonopol der Kapitalisten und vom ausreichenden »Angebot« an »freien« Arbeitskräften ab und davon, dass die erforderliche Qualifikation an und mit den Maschinen auf das allgemein verfügbare Zivilisationsniveau begrenzt bleibt.

Auch darf die zusätzliche Nachfrage nach Arbeitskräften durch die Vergrößerung und die Vervielfältigung der Fabriken (die Akkumulation im gesellschaftlichen Maßstab) das Angebot an Arbeitskräften nicht dauerhaft übersteigen, auch wenn das in Boomphasen durchaus immer mal wieder geschieht.

Der *Warencharakter der Arbeitskräfte* und deren entsprechendes Angebot auf den Märkten sind also notwendige Vorraussetzungen und Momente der kapitalistischen Fabrikproduktion und der daraus resultierenden *Akkumulation des industriellen Kapitals*.

Dagegen hängt die *tendenzielle Verelendung der Arbeitskräfte*, absolut oder relativ, von den historischen Umständen ab – wie sehr, das haben schon Marx und Engels selber erfahren, einerseits nach 1848 in England an der *Befriedung* der Arbeiterklasse und andererseits anhand der USA mit den im Vergleich zu Europa viel höheren Löhnen.

Diese sehr knappe Skizze zu den empirischen Grundlagen und theoretischen Ansichten von Engels und Marx zur Frage der modernen *Arbeiterklasse* soll als Kompass dienen, um das Feld einer solchen Arbeiterklasse in der Entwicklung der BRD anhand der *Statistiken der Erwerbstätigkeit* einzugrenzen. Die soziale Gruppe, die damit zunächst statistisch in den Blick kommt, ist die der *Fabrikarbeiter der materiellen Produktion in kapitalistischen Unternehmen*. Dazu wären heute jene qualifizierten aber normal bezahlten Techniker und Ingenieure zu rechnen, die direkt oder indirekt für die materielle Produktion tätig und als ausgebeutete bei der *Mehrwertproduktion* beteiligt sind. Diese Abgrenzung ist etwas weiter, als jene des »Kerns« *der Arbeiterklasse* des IMSF, die sich auf die Großbetriebe und damit auf großes Kapital beschränkt.

Mit der stofflich-ökonomischen Verortung der Vertragsverhältnisse der Lohnarbeiter in die wirtschaftliche Arbeitsteilung innerhalb der BRD kann und soll dann das Feld einer heutigen Arbeiterklasse nach Engels statistisch ausgemessen werden.

Zum Inhalt der Untersuchungen und der Art des statistischen Materials

Die statistischen Erkundungen, deren Ergebnisse und Interpretationen hier vorgestellt oder resümiert werden, umfassen sieben Schritte:

Erstens werden die statistische Kategorie der *Erwerbspersonen* und deren beide Hauptbestandteile – *Selbständige und Abhängige* – sowie ihre jeweiligen Aufgliederungen hinsichtlich ihrer Bedeutung für eine Klassenanalyse untersucht.

Zweitens werden die quantitativen Entwicklungen der 5 in der öffentlichen Statistik unterschiedenen Gruppen der *Erwerbstätigen* von 1957 bis 2005 verfolgt: *Selbständige*, mithelfende Familienangehörige, Beamte, Angestellte und Arbeiter, alle möglichst auch nach Geschlechtern unterschieden, mithin 10 Gruppen.

Diese Untersuchung wird zunächst auch über 1991 hinaus auf das Gebiet der ehemaligen Bundesrepublik beschränkt, um eine territoriale und in Maßen ökonomisch-gesellschaftliche Kontinuität abbilden zu können.[36]

Drittens wird die Verteilung der *Erwerbstätigen* auf die in der Volkswirtschaftlichen Gesamtrechnung (VGR) unterschiedenen Wirtschaftszweige nach der geltenden Systematik (WZ 03) von 1970 bis 2005 untersucht. Dabei muss in Kauf genommen werden, dass sich das statistisch erfasste Territorium und damit die erfasste Gesamtheit der Einwohner und der *Erwerbstätigen* durch die Eingliederung der DDR in die BRD ändert. Außerdem liegt in dieser Statistik keine Differenzierung nach den o. g. Gruppen der *Erwerbstätigen* nach ihrer *Stellung im Beruf,* und nach Geschlechtern vor.

Viertens wird eine gründliche Diskussion und Kritik und eine weitreichende Umstellung der Wirtschaftszweige vorgenommen um der tatsächlichen ökonomischen und stofflichen Gliederung der gesellschaftlichen Arbeitsteilung näher zu kommen. Auf dieser reorganisierten Basis werden dann die Zahlen für die Verteilung der

Erwerbstätigen neu zusammengestellt und in neuen Summen zusammengefasst.[37] Daraus ergibt sich ein wesentlich verändertes Bild der Verteilung der Erwerbstätigkeit in der gesellschaftlichen Arbeitsteilung und ihrer Entwicklung in den betrachteten Jahrzehnten.

Fünftens werden aus der VGR zu entnehmende ökonomische Daten für die Wirtschaftszweige zusammengestellt: *Umsatz, Wertschöpfung, Abschreibungen, Bruttoarbeitnehmerentgelt und Gewinn, Arbeitnehmer.* Diese werden im Hinblick auf die Umstände der Entwicklung der jeweiligen Zweige, auch für die Zahlen der Beschäftigten untersucht. Dabei stehen die Zahlen wiederum für die Zeiträume von 1970 bis 1991 für die alte BRD und von 1991 bis 2005 für die erweiterte BRD zur Verfügung, wie im statistischen Material des zweiten Untersuchungsschrittes. Die Zahlen für die Verteilung der *Erwerbstätigen* auf die Wirtschaftszweige werden nach *Selbständigen* und *Lohnabhängigen* (»Arbeitnehmer«) unterschieden, nicht aber nach *Geschlechtern.*[38]

Sechstens werden die Zahlen aus der *Berufsstatistik der Bundesagentur für Arbeit* mit den Zahlen der Erwerbstätigkeit für die umgestellten Wirtschaftszweige in Beziehung gesetzt.

In der Berufsstatistik wird die Verteilung der *Erwerbstätigen* auf Berufe, die nach *einer ab 1993 geltenden Berufs-Systematik* bestimmt sind, von 1993 an notiert. Die veröffentlichten Zahlen der Statistik reichten bis zu der vorliegenden Ausarbeitung bis 2006. Diese Zahlen für die Berufe werden in der Untersuchung dann in Beziehung gesetzt zu den im vierten und fünften Schritt vorgestellten Zahlen der *Wirtschaftszweige* – soweit das möglich ist. Bei den *Büroberufen* geht das nur in spezifischen Einzelfällen. Aus der Aufgliederung mancher Berufe nach Ausbildungsart und Spezifik der Tätigkeit lassen sich zum Teil die Proportionen und die Entwicklung der Qualifikationen der *Erwerbstätigen* in manchen Gewerben oder über die gesamte Volkswirtschaft herausarbeiten. Dabei werden die *Erwerbstätigen* in dieser Statistik im Prinzip nur insgesamt und nicht nach der Stellung im Beruf oder nach Geschlecht unterschieden angegeben.[39]

Siebtens wird aufgrund der Erwerbstätigenstatistik im Rahmen der VGR mit dem Material des Mikrozensus für das Jahr 2008 das Feld einer modernen Arbeiterklasse nach den Kriterien von Engels und Marx bestimmt und daraus der heutige Umfang einer solchen Arbeiterklasse für die BRD berechnet.

Die bei den Untersuchungsschritten 2, 3, 5 und 6 dargestellten Tabellen beziehen sich ausschließlich auf die angegebenen *Statistiken des Bundesamtes und der Bundesagentur für Arbeit* (BA). Sie wurden dem Autor durch die Ämter als Excel-Tabellen elektronisch zu Verfügung gestellt. Aus diesen Grunddaten wurden dann mit den *Umstellungen der Wirtschaftszweige* zusätzliche Summen unter neuen Zusammenfassungen ebenfalls in Excel-Tabellen errechnet. Ebenso sind die Zahlen für verschiedene Differenzen und Prozente aufgrund der Originalzahlen oder neuer Summen mit Excel errechnet worden. Alle Tabellen sind dann einfach per Kopie in Word-Tabellen umgewandelt worden. Zu den einzelnen unten vorgestellten Tabellen werden keine gesonderten Quellen mehr angeführt und die eigenen Berechnungen nicht gesondert ausgewiesen.

Die in den Tabellen verwendeten Abkürzungen in Spalten- oder Zeilenköpfen >**i, m, w**< , kennzeichnen die Daten als insgesamt für alle, oder nur für **m**ännliche, oder nur für **w**eibliche Personen geltend.

Bei der Errechnung von Spalten- und Zeilensummen zum gleichen Inhalt aus den Tabellenwerten des Bundesamtes kommt es häufig zu Nicht-Übereinstimmungen der Zahlen oder der Prozente. Das liegt an den unterschiedlichen Auf- und Abrundungen in Spalten und Zeilen, oder an der Weglassung von Angaben unterhalb gewisser Grenzwerte (meist liegt die Grenze der Notierung in den Daten bei 5.000 Personen), die im Datenmaterial des Bundesamtes mitgegeben sind.

Wesentlich größere Differenzen lassen sich schon bei den einfachen Gesamtzahlen zu Personenkategorien feststellen, soweit sie aus den beiden unterschiedlichen Quellen des Mikrozensus oder der VGA-Rechnung stammen. Dies ist kein Rechenfehler des Autors, auch kein Übertragungsfehler, sondern ein bekanntes Problem der Erhebungen und Kompilierung von Statistiken aus verschiedenen Quellen beim Bundesamt. Dazu gibt es ausführliche Berichte und Diskussionen in den Veröffentlichungen des Bundesamtes. Leider folgt daraus, dass es im Rahmen dieser Arbeit keine Möglichkeit gibt, zwischen den verschiedenen Zahlen durch Schätzung einen verständigen dritten Wert zu bestimmen.[40]

Vorgestellt werden soll das Panorama der Veränderungen der gesellschaftlichen Arbeitsteilung durch die Änderungen in der ökonomisch-stofflichen *Akkumulation des Kapitals von 1970 bis 2004* und daraus eine Bestimmung und Eingrenzung des *Feldes einer produktiven, modernen Arbeiterklasse nach Engels* vorgenommen werden. (Der ebenfalls dramatische aber qualitativ andere 20-jährige Vorlauf dieser Entwicklungen in der alten BRD vor 1970 ist schon in den oben erwähnten Studien des IMSF und des PKA statistisch und theoretisch untersucht worden). Mindestens aber sollen mit den vorliegenden statistischen Untersuchungen die empirisch besonders auffälligen und dramatischen Wandlungen der Beschäftigungsstruktur seit 1970 in der BRD quantitativ erfasst, in der gesellschaftlichen Arbeitsteilung verortet und ihre ökonomische und soziale Bedeutung bestimmt werden werden:

– Fast vollständiges Verschwinden der *mithelfenden Familienangehörigen*, besonders in der Agrarwirtschaft
– Sehr weitgehende Verringerung der Zahl von *Selbstständigen*, ebenfalls vor allem in der Agrarwirtschaft
– Die erhebliche Verringerung der Zahl der *(Fabrik-)Arbeiterschaft*
– Die Verallgemeinerung und Ausdehnung der *Lohnabhängigkeit*, dabei besonders der Angestellten.

Leider konnte die schleichende und inzwischen umfangreiche Auflösung des *Normalarbeitsverhältnisses in prekäre Verhältnisse* am unteren Rand der Erwerbstätigkeit hier statistisch nicht gesondert untersucht werden, auch wenn diese Veränderungen und Entwicklungen der Formen und Inhalte der Arbeitsvertragsverhältnisse gravierende Folgen für die Lebensverhältnisse, innerhalb der Lohnarbeit, sowie bei der sozialen Reproduktion der Masse der *Erwerbstätigen* und der Gesellschaften insgesamt haben.

Wenn jedoch *Arbeiterklasse* nicht nur als ökonomisch organisierte, sondern darüber hinaus auch als soziale Gruppe mit eigener Lebenswelt, sowie als politisch organisierte und in sozial-politischer Bewegung befindliche Klasse aufgefasst werden soll, dann ergeben sich daraus viele weitere wissenschaftliche und empirische Probleme. Es müssten theoretisch die objektiven Interessen herausgearbeitet und empirisch die Organisierungen und Aktivitäten, die Milieus und die Lebensweisen, die Bewusstseinslagen und politischen Einstellungen etwa für das Wahlverhalten erkundet werden.[41]

Diese sehr notwendigen Aufgaben können in dieser Arbeit nicht geleistet werden. Dafür muss einerseits auf die anderen Arbeiten im Rahmen des Projektes Arbeiterklasse@BRD und andererseits auf die sozial und politisch engagierte Debatte im Feld der Soziologie verwiesen werden.[42]

Eine erste politische Schlussfolgerung liegt auf der Hand: Mit 4,7 Millionen Angehörigen einer orthodox verstandenen Arbeiterklasse in der engeren materiellen Produktion, oder auch 6,7 Millionen in einer erweiterten, ist es sehr unwahrscheinlich, dass sie eine *politische Hegemonie* innerhalb der rund 36 Millionen *Lohnabhängigen* erreichen könnte. Das gilt einerseits für den normalen Stellungskrieg im Klassenkampf. Eine solche Hegemonie wäre aber andererseits völlig unverzichtbar, um mit Teilen oder gegen alle vier bis fünf Millionen *Selbständigen* und tätigen Kapitalisten, vor allem auch gegen die untätigen, die kapitalistischen Produktionsverhältnisse abzuschaffen und sozialistische an ihre Stelle zu setzen – ob nun in einem langen Prozess oder einem kürzeren Sturmlauf.

Wer sich angesichts dieser quantitativen Verhältnisse und der Tendenz ihrer Verstärkung darauf zurückzieht, dass die Lohnarbeiterschaft als Ganzes die Rolle der orthodox verstandenen Arbeiterklasse übernehmen könnte, hat nicht nur die politische Empirie in allen entwickelten kapitalistischen Ländern seit 1945/50 gegen sich:

Die lohnabhängig arbeitenden Klassen haben sich in der gesellschaftlichen Arbeitsteilung zunehmend verteilt, haben ihre Organisiertheit nicht mit entwickelt und z. T. sogar erheblich verringert, ihre politische oppositionelle Orientierung gegen den Kapitalismus zunehmend verloren oder aufgegeben, das Muster ihrer Lebensweise zwar zunehmend vereinheitlicht, aber diese selbst und deren quantitative Abstufungen als normales Moment der kapitalistischen Verhältnisse akzeptiert und sich darin eingerichtet. Sicher kann manche bewusstlose Unterwerfung bei lang andauernder und vertiefter Krise auch wieder fraglich werden – bisher ist davon aber nur wenig zu sehen. Wie oben im Hinblick auf die Konzeption des IMSF skizziert, sind aber auch die theoretischen Probleme der Auffassung von der Mehrheit der *Lohnabhängigen* als *Arbeiterklasse*, nicht gelöst, und bisher ist auch keine Lösung in Sicht.

Historisch war das Feld der oft erbitterten Klassenkämpfe von unten meist durch enge Interessenhorizonte bestimmt. In den mehr als 240 Jahren ihrer Existenz seit der Entstehung als sehr kleine Gruppe in England haben sich organisierte Teile von nationalen Arbeiterklassen nur sehr, sehr selten dazu verstanden über diese engen Horizonte hinaus zu gehen, meist im Zusammenhang mit militärischen Niederlagen ihrer nationalen Bourgeoisien oder sonstigen politischen Herren. Es reicht also nicht, sich mit einem Hinweis auf das Manifest der Kommunistischen Partei zu begnügen, in dem die Notwendigkeit der Überwindung des Kapitalismus zu ihrem objektiven historischen Interesse erklärt wird.[43] Auch die Proklamation *Sozialismus oder Barbarei* blamiert sich angesichts der praktischen Verstrickungen der tätigen Teile der Arbeiterklassen in ihre konkreten, kapitalistisch organisierten Arbeits- und Lebensverhältnisse – nicht erst in der jetzigen tiefen Krise. Von den Prekären oder Arbeitslosen gar nicht zu reden. Ob sich das im Fall eines weitgehenden Zusammenbruchs der *normalen krisenhaften kapitalistischen Reproduktion der Gesellschaften* anders darstellen würde, darüber kann hier natürlich keinerlei Voraussage gemacht werden. – bisher führt das in die Sphäre der politischen Glaubensbekenntnisse.

Für die Klärung der Frage, ob die im Sinn von *Engels eng verstandene Arbeiterklasse* heute und künftig in der Welt eine entscheidende Rolle bei der Überwindung des Kapitalismus spielen kann, ist angesichts der historischen und ökonomischen Entwicklung noch einmal grundsätzlich theoretisch über das Verhältnis der ökonomisch fundierten Interessen der arbeitenden und ausgebeuteten Klassen und der Perspektive der Aufhebung dieser Verhältnisse nachzudenken – für die Summe und die Teile der Lohnarbeiterschaft insgesamt gilt das in noch größerem Maße. Dagegen war und ist das *Interesse der Klasse der Kapitaleigentümer* an der Aufrechterhaltung der *Eigentumsverhältnisse* und ihrer politischen Absicherung weiterhin völlig klar.

Aus den vorliegenden Analysen ergeben sich keine politischen Wege oder Auswege aus den gegebenen Verhältnissen. Das liegt in der Natur der Untersuchung. Welche Richtung die weitere Entwicklung einschlagen wird und wie daran »gedreht« werden könnte, dazu sollen am Schluss einige Bemerkungen gemacht werden.

1. Die Gliederung der *Erwerbstätigen*

In diesem Abschnitt werden die statistische Kategorie der Erwerbspersonen und deren zwei Hauptbestandteile – *Selbständige und Abhängige* – sowie ihre jeweiligen Aufgliederungen hinsichtlich ihrer Bedeutung für eine Klassenanalyse diskutiert.

1.1 Selbständigkeit und Unselbständigkeit als Klassenpositionen?

In der Statistik zur Erwerbstätigkeit in der BRD kommen die beiden Unterteilungen *Selbständige* und Unselbständige (auch als Abhängige, Lohnempfänger oder Arbeitnehmer bezeichnet) dem Unterschied von kapitalistischen Unternehmern und Lohnarbeitern beim Kapital am nächsten. Allerdings werden unter beiden Rubriken die arbeitende Beteiligung am Erwerbsleben gezählt und nicht ökonomisch bestimmte oder sozial ausgeprägte gesellschaftliche Klassen. Also werden auch keine Mitglieder einer Arbeiterklasse gezählt, sondern Arbeiter. Vor allem werden auch nicht die *Kapitalisten als Eigentümer*, die mit ihren Angehörigen vom Ertrag des Kapitals leben – sondern tätige Inhaber von Unternehmen gezählt, die auch Kapitalisten sein können und statistisch einen Teil der Gruppe der *Selbständigen* bilden.

Nun verweist die Formulierung *Stellung im Beruf* auf Verhältnisse, in denen der Markt für Arbeitskräfte noch nicht dominant von kapitalistischen Interessen strukturiert war – und anscheinend immer noch nicht ist. »Beruf« bezieht sich in diesem Zusammenhang auf eine spezifische Tätigkeit, die eine ebenso spezifische Ausbildung voraussetzt. Diese Ausbildung eröffnet den Zugang zu einem spezifischen Berufsfeld in der gesellschaftlichen Arbeitsteilung und verweist auf seine dauerhafte Ausübung. Das trifft einerseits auf die akademisch ausgebildeten und ständisch organisierten *Freien Berufe* und andererseits auf zahlreiche *Handwerke* zu, die auf zünftige Art in ständischer Selbstverwaltung organisiert sind. Solche durch Ausbildung, Abschlüsse und durch Zulassung ständischer Berufsorgane geschlossenen Gewerbe sind spezifisch für Deutschland.

Im Kern ist mit *Stellung im Beruf* der Unterschied von *Selbständigen* und *Abhängigen* festgehalten. Dieser Unterschied hat zwei Seiten. Zum einen ist damit die *Verfügungsberechtigung über die Arbeitskraft* gemeint. Bei den Abhängigen, den sogenannten Arbeitnehmern, ist diese Verfügung per Arbeitsvertrag an einen besonderen Selbstständigen oder eine Organisation abgetreten, bei den Selbstständigen befindet sie sich bei ihnen, als den Arbeitenden, selber. Zum anderen kennzeichnet er das Vorhandensein oder das Fehlen von und damit das Verhältnis zum *Eigentum über sachliche und geistige Produktionsmittel*, die in einem Gewerbebetrieb, einer Unternehmung oder Organisation verwendet werden. Die Verbindung der beiden Seiten manifestiert sich im *Direktionsrecht der Betriebsleiter*, der Eigentümer oder ihrer Beauftragten, die damit ermächtigt sind den Arbeits- und Produktionsprozess zu organisieren und zu dirigieren.

In Deutschland sind die Bezeichnungen aus dem sehr späten Übergang der ständischen Gesellschaft, einerseits zur industriellen Betriebsweise und andererseits zu kapitalistischen Unternehmensformen unter dem Patronat adeliger Staatsbürokratien zu verstehen. In diesem Übergang wurde der alte formelle und praktische Unterschied und Gegensatz von ständischen Personen zu den Unterschichten aus spätfeudalen Zeiten in die neue Art der Unterscheidung von abhängig Beschäftigten, abgesetzt von den Unabhängigen, also mit einer selbständigen gesellschaftlichen Existenzgrundlage ausgestatteten, transformiert – häufig zunächst unter Verwendung und späterer Verwandlung alter juristischer und sozialer Formen. Die zusätzlichen Unterscheidungen auf Seiten der *Selbständigen* und der Abhängigen sind so vor allem Differenzierungen von *(Un-)Abhängigkeit und von Eigentum(-slosigkeit)*.

Einerseits gibt es *Selbständige*, die ihre eigene spezifisch qualifizierte Arbeitskraft verwerten und andererseits *Selbständige*, die als Unternehmer die Arbeit anderer organisieren, sowie die mithelfenden Familienangehörigen bei beiden Gruppen. Außerdem gibt es unterschiedliche Formen der Abhängigkeit: Arbeiter, Angestellte und Beamte. Sie drücken formell unterschiedliche Vertragsarten und früher, z. T. auch heute noch, unterschiedliche Zugehörigkeiten zu Sozialversicherungen aus, sowie für die Beamten die Begrenzung auf öffentlich-rechtliche Arbeitgeber. Mit diesen Unterschieden waren historisch und sind auch heute noch unterschiedliche Tätigkeitsarten, Qualifikationen und Einkommenshöhen verbunden, die für die Rolle der Personen in den Betrieben und für die gesellschaftliche Stellung von großer Bedeutung sind.

Für die statistische Eingrenzung einer Arbeiterklasse ist also die Spanne zwischen Lohnarbeitern überhaupt (den in der BRD sogenannten »Arbeitnehmern«) und den spezifischen Fabrikarbeitern noch zu groß. Nach den allgemeinen Erwägungen in der Einleitung sind daher noch weitere Kriterien zu entwickeln.

1.2 Arbeitsplätze oder Personen – was wird gezählt?

Auf den ersten Blick kommt das Zählen von lohnabhängig erwerbstätigen Personen in Produktionsbetrieben dem fortschrittlichen Interesse insoweit entgegen, als es für eine Einhegung oder gar Überwindung des Kapitalismus auf die organisierte Aktivität der Personen der arbeitenden Klassen ankommen muss, die zunächst durch das Kapital in den Fabriken organisiert werden, wie Marx im Manifest der Kommunistischen Partei von 1848 erklärt.[44]

Tatsächlich werden aber in den Statistiken nicht die wirklichen Personen gezählt, wie etwa in einer Volkszählung[45], sondern es werden die Arbeitsverhältnisse, also die Arbeitsverträge von Personen mit Arbeitgebern, also mit Unternehmen und Organisationen gezählt. Auch wenn die wirklichen Personen in den Produktions- und Arbeitsprozessen der Fabriken und in den sozialen Formen ihres kollektiven Daseins als Belegschaft, als Gewerkschafts- und eventuell Parteimitglieder praktisch und historisch die zentrale Rolle spielen, von den Haushalten und der privaten Reproduktion nicht zu reden, – in der Statistik tun sie das nicht, und das zu Recht.

Die *Arbeitsverträge von Mitgliedern einer Arbeiterklasse* zeichnen sich gerade dadurch aus, dass die Personen, die darin vorkommen, *austauschbar* sein sollen, weil nur so ihre Einpassung in den sozial-technischen Mechanismus der Fabrik, inzwischen ja auch in das sozial-geistige Arrangement der Büros, das sozial-ökonomische der Verkaufsstellen und das sozial-medizinische der Praxen einigermaßen verlässlich ist. Nicht nur wegen Krankheit und Alter, sondern auch wegen Konjunktur und Krise, sowie wegen der dauernden Entwicklung der Produktionstechnologie müssen die Personen des betrieblichen Arbeitskörpers möglichst austauschbar sein oder austauschbar gehalten werden.

Schon die Zahlen über den jährlichen Abgang und Zugang an *Lohnabhängigen* in den Fabriken, sowie die jährliche Fluktuation zwischen den Fabriken, freiwillig oder erzwungen, zeigen diesen Sachverhalt:

»An jedem Arbeitstag der vergangenen zehn Jahre wurden im Durchschnitt rund *30.000 Arbeitsverhältnisse begonnen* und etwa *ebenso viele beendet*.«[46]

Das sind überschlägig neun Millionen Wechsel pro Jahr bei etwa 26 Millionen versicherungspflichtigen Arbeitsverhältnissen und bei 36 Millionen *abhängig Beschäftigten* insgesamt. Natürlich betrifft das nicht alle Abhängigen gleichermaßen. Unfreiwillig sind davon vor allem die Arbeiter in Fabriken und im Handwerk betroffen, die 2008 nur noch rund 6 Millionen ausmachen, und davon wiederum verstärkt solche in prekären Arbeitsverhältnissen und konjunkturell besonders empfindlichen Gewerben.

Die individuell tätigen Personen sind ein stetig wechselnder Teil aus der statistischen Gruppe der durch Alter und Eigentumsverhältnisse bestimmten Teile der *erwerbsfähigen* (statistisch die »Erwerbsbevölkerung«) und darauf angewiesenen *Bevölkerung*.

Inwieweit diese Herkunftsgruppe eine soziale Klasse bildet, und was das heute konkret bedeutet, ist damit weitgehend offen – klar ist nur, dass sie nicht von eigenem Vermögen leben können, und abhängige Arbeitsverhältnisse eingehen müssen.

Die vermeintliche Zählung von Personen ist also tatsächlich zunächst eine Zählung von Vertragsverhältnissen, die sich aus dem Bedarf an Arbeitskräften für die Arbeitsplätze in den Betrieben, in Werkhallen und Fahrzeugen, in Büros und Verkaufstellen ableiten. Diese Arbeitsplätze wiederum sind durch die unternehmerische Planung bestimmt: der Prozesse der Produktion, einschließlich der Informationsverarbeitung und Organisierung, der zu erstellenden Produkte und der dafür verwendeten Technik sowie der Unternehmens- und Betriebsorganisation, des Einkaufs der Vorleistungen und des Absatzes an den Märkten oder direkt bei den Kunden.

Bei aller inneren Differenzierung lassen sich die *Betriebe* fast durchgängig als je *räumliche Einheiten* vorstellen, in denen die Arbeitsplätze ebenfalls räumlich, in einem organisierten kooperativen und hierarchischen Zusammenhang verteilt sind. Hier gibt es nicht nur die Fluktuationen der Besetzung von gegebenen Arbeitsplätzen, sondern auch eine laufende und schubweise Veränderung der Zahl und Art der Arbeitsplätze selbst. Auf die Arbeitsplätze und Arbeitskräfte bezogen, ergibt das ein Bild der *innerbetrieblichen Arbeitsteilungen*, das sich mehr oder weniger schnell verändert.

Innerbetrieblich sind die Arbeitsplätze durch die Bewegung und eventuelle Veränderung von Stoffen und Gegenständen, durch Kooperationen und Kommunikation, als Anweisungen und als technische Informationen, miteinander verbunden. In gesellschaftlicher und geographischer Dimension sind die Betriebe innerhalb von Unternehmen durch stoffliche und informationelle Ströme und die Unternehmen untereinander durch stoffliche und Wertströme, begleitet von techn. Informationen miteinander verbunden. Dies konstituiert die *gesellschaftlichen Produktionsketten* und davon abhängig, die gesellschaftliche Arbeitsteilung. Nicht nur die innerbetrieblichen Verhältnisse ändern sich, sondern, davon ausgehend, auch die gesellschaftlichen.

Die Zahl und die Art der Arbeitsplätze bilden ein sich langsam bewegendes Ensemble innerhalb der Betriebe und im volkswirtschaftlichen Zusammenhang. Für die auf den jeweiligen Stand des Ensembles bezogenen Vertragsverhältnisse der Arbeitskräfte stellen sie hingegen die Fixpunkte der aktuellen Situation dar. Die freiwilligen oder erzwungenen Wechsel zwischen Arbeitsplätzen, Betrieben, Unternehmen, Arbeitslosigkeit, Ausbildung und Ruhestand, ändern also auch den Bestand und die Zusammensetzung der tatsächlich arbeitenden lohnabhängigen Schichten. Sie rekrutieren sich aus den entsprechenden Bevölkerungsteilen, den Familien, den Haushalten, den Gemeinden und Regionen und z. T. auch aus dem Ausland.

Insoweit verweisen die Zahlen der Erwerbstätigkeit auf die gesellschaftliche Arbeitsteilung und diese auf die Entwicklung der Produkte und Dienstleistungen und die dazu eingerichteten Produktions- und Arbeitsprozesse, angetrieben von der Kapitalverwertung. Was wir also mit den statistischen Zahlen über Erwerbstätigkeit zählen, sind die technisch und dann ökonomisch bedingten *Lücken im Produktionsprozess*, die noch durch lebendige Arbeit ausgefüllt werden müssen, die *Arbeitsplätze,* und nicht unmittelbar die fluktuierende Personengruppe, die *Lückenbüßer,* die an jedem Tag tatsächlich arbeiten. Es wird also die Anzahl der sozial-technisch und ökonomisch notwendigen und realisierten *Vertragsverhältnisse* mit abhängigen Arbeitskräften im gesellschaftlichen Produktions- und Reproduktionsprozess gezählt und nicht die gesellschaftliche Gruppe der abhängig Arbeitenden selber. Und daher zählen wir mit der Statistik auch nicht eine durch ihre alltägliche Lebensweise gekennzeichnete soziale Gruppe – *die Arbeiterklasse* im politischen und soziologischen Verständnis.

Die sich für diese Untersuchung stellende Aufgabe ist es also, in der ökonomischen gesellschaftlichen Arbeitsteilung diejenigen Felder herauszuarbeiten, in denen eine nach Engels Kriterien abgegrenzte Arbeiterklasse heute noch existiert.

1.3 Erwerbspersonen, Erwerbstätige, Selbständige und abhängig Beschäftigte

In den verschiedenen statistischen Zählungen werden von den *potentiellen Erwerbspersonen* im Alter zwischen 16 und 65 Jahren die *wirklichen Erwerbspersonen* unterschieden, die entweder einem Erwerb nachgehen oder dieses wollen (nicht selten eher müssen als wünschen), aber arbeitslos sind. Innerhalb der Gruppe der wirklichen Erwerbspersonen, einschließlich der Arbeitslosen, werden *Selbständige* einerseits und *abhängig Erwerbstätige* andererseits unterschieden. Letztere werden auch als *Arbeitnehmer* bezeichnet. Wie bekannt, sind beide Gruppierungen in sich nicht homogen, und das in mehrfacher Hinsicht.

1.3.1 Die Gliederung der abhängig Beschäftigten

1.3.1.1 Die formelle Aufteilung der abhängig Beschäftigten

Bei den Arbeitnehmern gibt es formell und praktisch die Unterteilung in *Arbeiter, Angestellte und Beamte.* Auch die Statistik verwendet diese real bedeutsamen Unterscheidungen. Die Zusammenfassung aus *Arbeitern und Angestellten* bildet die Gruppierung der *sozialversicherungspflichtig Beschäftigten*. Dabei hat sich seit einiger Zeit das Problem vergrößert, dass einige Arten von abhängigen Beschäftigungsverhältnissen von der Versicherungspflicht ausgenommen sind. Beschäftigte in solchen Verhältnissen werden aber gleichwohl noch als Arbeitnehmer, oder als abhängig Beschäftigte gezählt. Dazu gehören sowohl alle zeitweilig als auch alle in Teilzeit Beschäftigten. Nicht aber z. B. die *Scheinselbständigen.*

Bei Beschäftigten im Rahmen verschiedener Maßnahmen der Agentur für Arbeit gelten wiederum unterschiedliche Zuweisungen zu den oben genannten Status, die hier zunächst nicht dargestellt werden sollen. *Heimarbeiter* werden in den amtlichen Statistiken als Arbeiter gezählt. Seit kurzem wird bei der Pflichtmitgliedschaft in der Sozialversicherung kein Unterschied mehr zwischen Angestellten und Arbeitern gemacht – das folgt aus der Zusammenlegung der beiden bisher getrennten Zweige der Rentenversicherung für Arbeiter und Angestellte.

1.3.1.2 Die Zuordnung des lohnabhängigen Leitungspersonals

Jedoch ist die innere Differenzierung der Kategorie der abhängig Beschäftigten, und dabei vor allem der Angestellten und Beamten erheblich weiter gehend. Die höheren und höchsten Beamten, die Abteilungen, Bereiche oder ganze öffentliche Einrichtungen leiten, gehören formell ebenfalls zu den »Arbeitnehmern«, sind aber funktionell und gesellschaftlich Teil des Leitungspersonals. Ihre eigene Abhängigkeit von den jeweiligen politischen Spitzen der staatlichen Gebietskörperschaften mag das etwas relativieren. Auch die Abteilungsleiter, Produktionsleiter, Prokuristen, Betriebs- und Unternehmensleiter, wie auch die Vorstandsmitglieder von großen Kapitalgesellschaften werden formell als Angestellte gezählt.

Beide Gruppen von Beschäftigten gehören andererseits auch nicht zu den *Selbständigen,* praktisch aber eben auch nicht zu den »Arbeit-Nehmern«, denn sie erfüllen ökonomische oder administrative Funktionen von Kapitaleigentümern oder von Regierungen in deren Auftrag. Bei einer Gegenüberstellung von Eigentümern von Einrichtungen und Unternehmern sowie deren Lohnarbeitern finden sie sich von Funktion, Entlohnung, Interesse, Lebensführung und praktischem gesellschaftlichem Verhalten, von ihrem

Bewusstsein oder politischem Engagement gar nicht zu reden, fast ohne Ausnahme bei den Eigentümern, besonders bei denen des privaten Kapitals.

1.3.1.3. Die Hierarchie der Einkommen der abhängig Beschäftigten

Die Einkommen von *abhängig Beschäftigten* am unteren Ende der Einkommensskala bestehen aus schmalsten Hinzuverdiensten zu einem ansonsten anders finanzierten Lebensunterhalt, z. B. in den Formen kurzer Teilzeitarbeiten mit geringen Qualifikationen. Aber auch niedrigste Löhne aus einer Vollzeiterwerbstätigkeit, in der Gegenwart sogar für Arbeitstätigkeiten aufgrund einer Berufsausbildung, sind hier zu finden. Am oberen Ende der Skala gibt es bei wenigen angestellten Spitzenmanagern Vergütungen, die an die Kapitaleinkommen von Multimillionären oder vereinzelt sogar von Milliardären heranreichen – nur dass sie dafür eben heftig arbeiten müssen, entlassen werden können und somit letztlich von den Eigentümern der Unternehmen, die sie leiten, nur auf Zeit »kooptiert« sind. Der Durchschnitt der Leitenden Angestellten bewegt sich eher auf dem Niveau von gut verdienenden *Selbständigen*.

1.3.2 Die Gliederung der Selbständigen

1.3.2.1 Die ökonomisch-funktionelle Aufteilung der *Selbständigen*

Auch die Gruppe der *Selbständigen* ist mitnichten homogen. Zum einen handelt es sich um Personen, die in unterschiedlichen Bereichen ein kleineres Geschäft betreiben, häufig als Familienbetrieb, ob als Bauern, als Gewerbe, oder als Dienstleistungsbetrieb. Ein Teil der Gewerbebetriebe ist als Handwerk in den Selbstverwaltungsorganen der Kammern organisiert.

Vor allem in bäuerlichen und in Gewerbebetrieben sowie in Einzelhandelsgeschäften kamen dabei früher häufig, heute nur noch selten, Familienmitglieder zum Einsatz, die statistisch als sog. »mithelfende Familienangehörige« unter die Rubrik der *Selbständigen* gezählt werden. Zum anderen handelt es sich um Personen mit ihren Praxen, die ihre Berufe aufgrund besonderer Qualifikationen ausüben: die sogenannten Freien Berufe auf akademischer Grundlage oder andere staatlich lizensierte Dienstleistungen.

Weiter gehören dazu auch die individuell selbständig Tätigen in geistigen, künstlerischen, unterhaltenden oder sportiven Berufen und Gewerben. Ebenso gehören dazu die individuell und selbständig tätigen Warenvertreter oder Vertreiber von Versicherungen und Finanzverträgen.

Aber auch all jene Betriebsleiter und Geschäftsführer gehören dazu, die in den oben genannten Bereichen mittlere und größere Unternehmen leiten und die zugleich Teilhaber oder Gesamteigentümer der Unternehmen sind.

Die formell-rechtlichen Unterschiede bei den *Selbständigen* und darin der Art des Eigentums umfassen also eine große Spannbreite im Verhältnis zum Eigentum von Unternehmen, Betrieben und deren Kapital, dem Charakter der Tätigkeiten, sowie der Höhe der Einkommen. Dabei sind diese Charaktere zum Teil formell an spezifische Berufsfelder und ökonomische Tätigkeitsbereiche gekoppelt. Ihre statistische Zusammenfassung ergibt sich vor allem negativ aus dem Tatbestand, dass sie keine *abhängig Beschäftigten* sind und ihre *eigene Arbeitskraft auf eigene Rechnung einsetzen.*

1.3.2.2 Die klassenmäßige Zuordnung der *Selbständigen*

Die meisten Arten von *Selbständigen* gehören schon aufgrund von formellen Eigenschaften nicht zu den wirklichen Kapitalbesitzern, die vom Ertrag der Anwendung einer größeren Zahl von Lohnarbeitern einen gehobenen Lebensstandard genießen und die Erweiterung ihrer Unternehmen aufgrund eigenständiger Akkumulation vollziehen können, ohne dass ihr eigener Arbeitseinsatz wesentliche Bedeutung hätte.

Nur ein kleinerer Teil der als selbständig Gezählten ist als Leiter oder Geschäftsführer eines eigenen, mindestens mittleren Unternehmens tätig und gehört damit wirklich zur Klasse der Kapitalisten. Allerdings wird er aufgrund der Statistik formell nicht von den anderen *Selbständigen* unterschieden.

Die *wirklich großen Kapitalbesitzer* tauchen dagegen in den Statistiken der Erwerbstätigkeit überhaupt nicht auf, was ja durchaus ihrem gesellschaftlichen Status entspricht. Sie leben von der Erwerbstätigkeit anderer Personen, die für sie arbeiten – also als Nicht-Arbeitende. Was nicht heißt, dass sie gesellschaftlich untätig und politisch wirkungslos sind.

1.3.2.3 Die Hierarchie der Einkommen bei den *Selbständigen*

Die Spannbreite der Einkommenshöhe bei den (berufstätigen) *Selbständigen* ist zwischen beiden Polen ähnlich groß, wie bei den Abhängigen. Beim Vermögen herrschen dagegen völlig andere Verhältnisse.

Nach unten gibt es mit Sicherheit etliche, die eine durchaus proletaroide, marginale ökonomische Existenz fristen, manche als Anfang und Übergang zu einem Einstieg in einen Beruf, etliche aber auch nach dem Scheitern eines geschäftlichen Vorhabens oder aufgrund eines geschwundenen Vermögens.

Nach oben liegt die Grenze wohl unterhalb des Einkommens der höchst bezahlten Manager der großen Konzerne, weil die persönlichen Eigentümer größerer Unternehmen, die mehrere Millionen jährlich abwerfen, eher nicht mehr als ihre eigenen Geschäftsführer arbeiten – von den Großeigentümern der großen Gesellschaften, die große Aktienpakte besitzen nicht zu reden.

1.4. Der Realitätsgehalt der statistischen Gliederung der Erwerbstätigkeit hinsichtlich der Klassenverhältnisse

Wenn man bei den *Erwerbstätigen* nicht nur die Form der Vertragsverhältnisse und die unterschiedlichen Stellungen zum Unternehmenseigentum, sondern auch die Größenverhältnisse von Einkommen und Eigentum in Betracht zieht, dann zeigt sich, dass die Kategorien der *Selbständigen* und der *Arbeitnehmer* in der Statistik eher zur Verstellung der sozialen Wirklichkeit als zu einer realistischen Vorstellung von ökonomischer oder sozialer Schichtung beitragen. Beide Kategorien enthalten klassenmäßig sehr unterschiedliche Personengruppen:

Die der *Arbeitnehmer* umfasst auch Leitungspersonal aus allen gesellschaftlichen Funktions- und Eigentumsbereichen, die es nach

Herkommen, Ausbildung, Tätigkeit, Stellung in einer Betriebshierarchie, Einkommen, gesellschaftlicher Stellung, sozialem Umfeld und Selbstverständnis von den durchschnittlichen Arbeitnehmern unterscheiden.

Die der *Selbständigen* umfasst einen ganzen Fächer von verschiedenen Arbeitstätigkeiten, die auf eigene Rechnung verrichtet werden, allerdings nicht nur in Richtung Markt, und die eine enorme Spannbreite der Einkommen nach oben und unten sowie des Eigentums umfassen und damit auch recht unterschiedliche Herkünfte haben, gesellschaftliche Stellungen einnehmen und sich in unterschiedlichen sozialen Umfeldern finden – darunter auch untere und mittlere private Kapitalisten, die aber wiederum nicht zu den obersten Schichten der Kapitaleigentümer gehören.

Wenn man also die Herausbildung der gesellschaftlichen Gliederung der BRD mit Blick auf das *Verhältnis von Lohnarbeit und Kapital* und auf die respektiven Eigentümer, die Arbeitskraftbesitzer und die Kapitaleigentümer untersuchen will, sind die oben kurz skizzierten Einteilungen der amtlichen Statistik empirisch zwar der notwendige Ausgangspunkt, aber nichts weniger als ausreichend.

2. Die großen Entwicklungen auf der empirischen Oberfläche. Ein erster Blick auf die Statistik der *Erwerbstätigen*

In diesem Abschnitt werden die quantitativen Entwicklungen der fünf in der öffentlichen Statistik unterschiedenen Gruppen der *Erwerbstätigen (vgl. 1. Kapitel)* von 1957 bis 2005 verfolgt: *Selbständige, mithelfende Familienangehörige, Beamte, Angestellte* und *Arbeiter*, alle möglichst auch nach Geschlechtern unterschieden, mithin zehn Gruppen.

Diese Untersuchung wird auch über 1991 hinaus auf das Gebiet der ehemaligen Bundesrepublik beschränkt, um eine territoriale und in Maßen ökonomisch-gesellschaftliche Kontinuität abbilden zu können.

Damit wird eine erste Antwort auf die Frage versucht: Wie entwickelt sich das Zahlenverhältnis von abhängig *Erwerbstätigen* zu solchen, die eine selbständige Grundlage ihres Erwerbs aus ihren Tätigkeiten in der Ökonomie haben. Das ist ein erster, aber noch ungenauer Hinweis auf den Klassencharakter der Produktionsweise und der Gesellschaft.

Da in dieser Statistik nur die Stellung in der gesellschaftlichen Arbeit im Rahmen von Markt- und Geldverhältnissen notiert wird, bleiben die Verhältnisse des Eigentums an Kapital und des daraus entstehenden Einkommens im Dunkeln. Auch die Stellung in der innerbetrieblichen Arbeitsteilung kommt nur teilweise und nur indirekt ins Visier: Angestellte oder Arbeiter einerseits, *Selbständige* andererseits, wobei als Unternehmensleiter tätige Kapitaleigentümer von anderen *Selbständigen* nicht unterschieden werden können. Der Ort in der gesellschaftlichen Arbeitsteilung wird ebenfalls nur teilweise und nur indirekt angesprochen. Beamte sind beim Staat beschäftigt. Auf welcher staatlichen Ebene oder in welchem Bereich staatlicher Aktivität bleibt völlig offen. Arbeiter zu sein, bedeutet nicht automatisch, in Fabriken, an großen technischen Anlagen und bei kapitalistischen Unternehmen zu arbeiten. Der Warencharakter ihrer Arbeitskraft liegt zwar bei Arbeitern und Angestellten nahe, ist aber damit nicht identisch und Ausbeutung lässt sich selbst für die Arbeiter nicht ohne weiteres unterstellen.

Allerdings, wenn gesellschaftsweit die Zahl der *abhängig Beschäftigten* steigt, und die der *Selbständigen* abnimmt, schon gar, wenn darin die Zahl der Arbeiter besonders stark absinkt, dann ist es wahrscheinlich, dass auch die Zahl der Fabrikarbeiter beim Kapital abnimmt. Darin zeigt sich, dass das Feld für eine Arbeiterklasse nach Engels kleiner wird.

Zusätzlich spielen die Erhöhung der Erwerbsbeteiligung der Frauen, die dramatische Verringerung der Zahl der, meist weiblichen, mithelfenden Familienangehörigen, eine Rolle. Damit gehen auch Veränderungen der privaten Arbeitsteilung zwischen Frauen und Männern in den Haushalten der *Lohnabhängigen* einher – was in den hier behandelten Statistiken allerdings nicht zu Tage tritt.

2.1 Die großen zahlenmäßigen Veränderungen bei den statistischen Kategorien der Erwerbstätigen

2.1.1 Die Zahlen und Proportionen

Die Tabelle 2.1.1. – 1 zeigt die Zahl der tatsächlich *Erwerbstätigen*, also ohne Arbeitslose, auf dem Gebiet der alten Bundesrepublik von 1957 bis 2005. Die über 1990 verlängerte Begrenzung auf das Territorium der alten BRD erfolgt, um die soziale und ökonomische Kontinuität der Entwicklung zeigen zu können. Dagegen ist jene auf dem Gebiet der alten DDR, also der jetzigen neuen Bundesländer, von ganz anderen, tief greifenden Umstellungsprozessen geprägt, von denen die Verdampfung der Industrie mittels Einführung der D-Mark und ihre Liquidierung mit Hilfe der Treuhand die wichtigsten darstellen.

Die Zahl der *Erwerbstätigen* in der alten BRD nahm von 1957 bis 1989 um rund 2,2 Millionen von 25,5 auf 27,7 zu. Der Sprung von über zwei Millionen von 1989 bis 1992 ist wohl weitgehend der Zuwanderung bei und nach der Übernahme der DDR geschuldet,

Jahr	Zusammen		davon Selbständige		davon Mithelfende Familien-Angehörige		davon Abhängig Erwerbstätige insgesamt		davon Beamte		Angestellte 1)		Arbeiter 2)	
		% v 1957		% v Sp 2				% v Sp 2		% v Sp 2				
1957	25.523	100	3.316	13	2.830	11	19.378	76	1.187	5	5.091	20	13.100	51
1962	26 271	103	3 180	12	2 345	9	20 747	79	1 280	5	6 86	25	12 981	49
1968	25 870	101	2 892	11	2 035	8	20 942	81	1 391	5	7 307	28	12 244	47
1969	26 169	103	2 857	11	1 942	7	21 370	82	1 427	5	7 540	29	12 403	47
1976	25 752	101	2 331	9	1 188	5	22 234	86	2 211	9	9 058	35	10 965	43
1983 4)	26 477	104	2 324	9	949	4	23 204 6)							
1989	27 742	109	2 463	9	561	2	24 718	89	2 424	9	11 612	42	10 682	39
1990	29 334	115	2 580	9	578	2	26 176	89	2 485	8	12 716	43	10 975	37
1992	30 094	118	2 699	9	518	2	26 878	89	2 384	8	13 449	45	11 045	37
1997	29 200	114	3 014	10	346	1	25 840	88	2 212	8	13 913	48	9 715	33
2001	30 307	119	3 070	10	408	1	26 830	89	1 973	7	15 373	51	9 484	31
2005 7)	29 380	115	3. 249	11	381	1	25 749	88	1 854	6	15 531	53	8 365	28

Erwerbstätige *) nach Stellung im Beruf
Ergebnisse des Mikrozensus in 1000 und Prozent von Spalte 2
Früheres Bundesgebiet 3)

*) Bis zum Jahre 1971 ohne Soldaten; ab 1972 einschl. Soldaten;1) Einschl. Auszubildende in anerkannten kaufmännischen und technischen Ausbildungsberufen; 2) Einschl. Auszubildende in anerkannten gewerblichen Ausbildungsberufen; 3) Ab 2005: Früheres Bundesgebiet ohne Berlin; 4) EG-Arbeitskräftestichprobe; 5) Revidierte Hochrechnung (Basis; Volkszählung 1970 bzw. 1987).; 6) Ergebnis bezieht sich auf Beamte + Angestellte + Arbeiter; 7) Ab 2005: Jahresdurchschnitt

Tabelle 2.1.1. – 1

da die Zahl der Erwerbspersonen im selben Zeitraum ebenfalls um diese Größenordnung gewachsen ist: von 25.954 in 1957 auf 29.889 in 1989 (=115 Prozent) und auf 31.305 (=120 Prozent) in 1990.

Danach bewegte sich auf dem Gebiet der alten BRD die Zahl der *Erwerbstätigen* wieder in ähnlicher Weise wie in den vorherigen Jahrzehnten. Diese gesamte Entwicklung ist geprägt von kontinuierlichen, nichtsdestoweniger sehr weitreichenden Veränderungen auch bei den umfassenden sozialen Kategorien.

Die Veränderungen bei den *Selbständigen* teilen sich deutlich in zwei Etappen. Von 1957 bis 1988 sinkt deren Zahl kontinuierlich von 3,3 Millionen um 1 Million auf 2,3 Millionen. Schon vor der Vereinigung, am Schluss des noch in der alten BRD begonnen Konjunkturzyklus von 1983 bis 1993, steigt die Zahl schon wieder um über 100.000 an, gewinnt durch die Vereinigung noch einmal 100.000 dazu und bewegt sich von da an bis 2005 wieder auf die alte Höhe von 3,2 Millionen im Jahr 1957. Im Ergebnis scheint die Ausgangslage wieder erreicht.

Dem liegen allerdings gegenläufige Veränderungen zugrunde: Verminderungen vor allem in der Landwirtschaft und Zunahmen wie auch Veränderungen der selbständigen Tätigkeiten in anderen Gewerben und Zweigen. Man kann vermuten, dass die Zunahmen seit 1990 vor allem mit der Wirkung der noch einmal erhöhten Arbeitslosigkeit nach dem Ende des Zyklus von 1983-1993 zusammenhängen.

Der Rückgang bei der Zahl der *mithelfenden Familienangehörigen* ist dagegen so dramatisch, dass er auf eine tief greifende Veränderung in der ökonomischen Struktur der Zweige hindeutet. Die mithelfenden Familienangehörigen sind bestimmten Gruppen der *Selbständigen* ökonomisch und familiär assoziiert: verschiedenen Arten von Gewerben mit kleineren Betrieben, in denen die Arbeitskraft der Eigentümer noch eine erhebliche Rolle spielt – ob handgreiflich, ob als Sachbearbeiter, als Dienstleister am Kunden oder als Geschäftsführer. Besonders ausgeprägt und verbreitet war diese Situation in der Landwirtschaft mit ihren vielen kleinen und mittleren Familienbetrieben, wie sie im Westen und vor allem im Süden Gesamtdeutschlands nach 1945 bestanden und damit dann vor allem die Landwirtschaft der BRD in diesen Regionen prägten. Die Zahl der »Mithelfenden« ist von 2,8 Millionen in 1957 auf nur noch 0,38 Millionen in 2005 geschrumpft. Dabei hat es sich vor allem um Frauen in den kleineren und mittleren bäuerlichen Familienbetrieben gehandelt, sodass sich hinter diesen Zahlen große Umwälzungen auf dem Lande verbergen, die bei den Gesamtzahlen der *Selbständigen* hinter anderen gegenläufigen Veränderungen unsichtbar bleiben.

Diese Kategorie von Beschäftigung ist als ökonomisches und soziales Gewicht aus der Gesellschaft der alten BRD faktisch verschwunden. Auch das Hinzukommen der DDR hat diesen Sachverhalt nicht verändert. Schon hier deutet sich an, dass eine zahlenmäßige Gesamtbetrachtung der umfassenden Kategorien der *Erwerbstätigen* vieles im Dunkeln lässt, was u. a. erst bei einer Untersuchung der verschiedenen Wirtschaftszweige zu Tage tritt.

Die Ursache für den *Zuwachs der gesamten Erwerbstätigkeit* ist also bei den *Abhängigen* zu finden. Ihre Zahl ist von 19,3 Millionen in 1957 um über 4 Millionen auf 24,7 in 1989 und um eine weitere Million auf 25,7 in 2005 gewachsen. Dahinter verbergen sich wiederum stark gegenläufige Bewegungen bei den *Angestellten* und den *Arbeitern*. Dagegen ist die Entwicklung bei den *Beamten* nur im Resultat nicht so spektakulär, der Verlauf zeigt jedoch sehr große Bewegungen. Ihre Zahl verändert sich von 1,2 Millionen in 1957 über 2,4 in 1989 bis zu 1,85 in 2005. Das entspricht einerseits einer Verdoppelung innerhalb von 32 Jahren und andererseits einer Reduktion um ein Drittel innerhalb von 16 Jahren.

Bei den *Angestellten* zählen wir fünf Millionen in 1957, einen Zuwachs von sechs Millionen auf 11,6 in 1989 und schließlich noch einmal um vier auf 15,5 Millionen in 2005. Das ist eine veritable Verdreifachung innerhalb von knapp 50 Jahren.

Die Zahlen bei den *Arbeitern* entwickeln sich dazu gegenläufig, wenn auch nicht ganz so dramatisch. Von 13,1 Millionen 1957 minus 2,4 auf 10,7 Millionen in 1989, minus 2,3 auf 8,36 Millionen in 2005, immerhin eine Verringerung von 4,7 Millionen, d. h. um fast ein Drittel innerhalb von rund 50 Jahren.

Die Aufteilung der gesamten *Erwerbstätigen* auf die oben angeführten Kategorien zeigen für die 25,5 Millionen in 1957, die 27,7 Millionen in 1989 und die 29,4 Millionen in 2005 folgende Veränderungen der prozentualen Anteile der verschiedenen Kategorien an der jeweiligen Gesamtbeschäftigung, oder an den Abhängigen *(vergl. Tabelle 2.1.1. – 2)*

Anteile an allen Erwerbstätigen in Prozent früheres Bundesgebiet						
Jahr	Selbständige	Mithelfende	Abhängige	Beamte	Angestellte	Arbeiter
1957	13	11	76	5	20	51
1989	09	02	89	9	42	39
2005	11	01	88	6	53	28

Tabelle 2.1.1. – 2

Mehrere Entwicklungen stechen hervor:
Die Verringerung des Anteils der Arbeiter, also des handarbeitenden oder Maschinen bedienenden Teils der *Lohnabhängigen*, von der größten und mehrheitlichen Klasse und sozialen Schicht von 51 Prozent aller *Erwerbstätigen*, zur Minderheit von nur 28 Prozent, also einem guten Viertel der *Erwerbstätigen*. Dabei fällt der Rückgang von elf Prozentpunkten in den 16 Jahren von 1989 bis 2005, mit absolut 2,3 Millionen besonders auf. Setzt man den Anteil der Angestellten im Verlauf dagegen, so wird die Entwicklung noch deutlicher. Waren 1957 nur 20 Prozent, also ein Fünf-

tel der *Erwerbstätigen* Angestellte, und 51 Prozent Arbeiter, so kehrt sich dieses Verhältnis bis 2005 fast um – zu 53 Prozent Angestellte und 28 Prozent Arbeiter. Bilden sie zusammen auch schon 1957 mit 76 Prozent und drei Viertel der *Erwerbstätigen* die übergroße Mehrheit, so sind sie 1989 schon 89 Prozent und bleiben 2005 immer noch 88 Prozent aller *Erwerbstätigen*.

Wir haben es also schon 1957, einem der ersten Jahre mit nahezu Vollbeschäftigung in der BRD und weitgehender Rekonstruktion der Ökonomie, mit einer Gesellschaft zu tun, die zu drei Vierteln von abhängig Beschäftigten, den sogenannten *Arbeitnehmern* geprägt ist, von denen die Mehrheit allerdings Arbeiter sind.

1989 hat sich der Charakter der Gesellschaft in der alten BRD noch mehr zu einer der *Lohnabhängigen* entwickelt, allerdings mit fast gleichen Gewichten von Angestellten und Arbeitern. Die so genannte *Arbeitnehmer-Gesellschaft* hat sich weitgehend ausgeprägt – unter Einschluss eines erheblichen Anteils von schlecht Bezahlten, von Prekären und von Arbeitslosen.

2.1.2 Die Unterminierung der Stellung und Lage der Lohnabhängigen

2005 – fünfzehn Jahre nach der Vereinnahmung der DDR und der Durchsetzung der sogenannten New Economy im Westen, charakterisiert durch die weitere Durchdringung mit digitaler elektronischer Datenhandhabung in Produktion, Verwaltung, Transport, Kommunikation und Medien, dem zunehmenden Gewicht des international sich bewegenden Geldkapitals, der neoliberalen »Befreiung« des gesamten Kapitals von nationalen und zwischennationalen Regulierungen und der neoliberalen Propaganda der Globalisierung, wird die Rolle der *Lohnabhängigen* noch unsicherer als schon mit der großen Krise 1974.

Der Produktionsapparat wird weder in der alten BRD noch in den Gebieten der alten DDR ernsthaft weiter ausgedehnt, die schlecht entlohnte, prekäre Beschäftigung mit häufig unangenehmen Bedingungen nimmt in allen Bereichen der Gesellschaft zu, sowohl bei den *Lohnabhängigen* wie bei den *Selbständigen*, und die Zahl der Arbeitslosen auch. Zusammen mit der mangelnden industriellen Dynamik, dem Angriff auf den Lohn und den Lebensstandard der marginalen Schichten sowie der auch dadurch insgesamt verstärkten Konkurrenz unter den *Lohnabhängigen*, verlieren Teile davon ihre sichere soziale Verankerung in den Unternehmen.

Außerdem verlieren alle zusammen in den Parteien und Parlamenten ihre Vertreter und Fürsprecher, von der Wissenschaft und den Medien nicht zu reden, und verlieren auch die Kraft und inhaltliche Entschiedenheit in ihren Interessenvertretungen, den Gewerkschaften. Und folglich verlieren sie auch in dem durch die neue Gesetzgebung aufgeweichten »Sozialstaat« langsam den Boden unter den Füßen: An den Rändern, mit Hartz IV inzwischen als dramatischer Absturz oder als Festschreibung einer schon vorher marginalen Existenz, bei anderen als langsame Verschlechterung der Bedingungen der Beschäftigung mit unsicherer Zukunft und gegenwärtiger Angst.

Das alles führt zur ökonomischen, politischen und stimmungsmäßigen Defensive der Lohnarbeiter, auch wenn es der Mehrheit der im Erwerbsleben Stehenden noch relativ gut geht, und bei den Vollzeitbeschäftigten faktisch sogar von der Menge und Qualität der konsumierten Gebrauchswerte her besser – selbst wenn sie wieder etwas längere Arbeitszeiten hinnehmen müssen.

Wegen der an Stagnation grenzenden geringen Wachstumsraten in der erweiterten BRD seit 1993 bis 2005 (mit einer kurzen Unterbrechung 1999 und 2000) scheinen die Prozesse der Aufweichung und Unterminierung der bis 1975 erreichten Stellung der *Lohnabhängigen* gegenüber dem Kapital und in der Gesellschaft – und auch des bis 1989 erreichten Lebensstandards – fast unabhängig von der Konjunktur vor sich zu gehen.

Schaut man sich die Sache genauer an, dann verändern sich nicht nur die Zahlen der Arbeitslosen, sondern auch die der *Erwerbstätigen* bis 1989 und danach – weiterhin stark abhängig von den konjunkturellen ökonomischen Bewegungen. Der Abbau von Beschäftigungen erfolgt mit leichter Verzögerung den Tiefpunkten der Produktion, ihr Aufbau dann ebenso mit Verzögerung dem Anstieg der industriellen Konjunktur. Allerdings folgt dem starken Abbau im Abschwung meist nur ein geringerer Aufbau der industriellen Beschäftigung im folgenden Aufschwung.

Als Resultat ergibt sich, vermittelt über die industriellen Zyklen, ein Abbau der industriellen Beschäftigung, der die Konjunkturen übergreift. Bei manchen Gewerben erfolgt allerdings gar kein Wiederaufbau – sie verschwinden langsam aber sicher gänzlich aus der industriellen Arbeitsteilung der Ökonomie der BRD.

Dagegen ist der Anstieg der Angestelltenbeschäftigung lange Zeit sehr kontinuierlich und ohne besondere konjunkturelle Ausschläge. Aber auch dies beginnt sich seit 1989 für die alte BRD zu verändern.

2.2 Größere Veränderungen bei einzelnen Kategorien

2.2.1. Mithelfende Familienangehörige und Selbständige

Die Tabellen 2.1.1. – 1 sowie 2.1.1. – 2 und 2.2.1. – 3 zeigen, dass die *Gruppe der mithelfenden Familienangehörigen* in der alten BRD bis 1989 und dann weiter auf dem gleichen Territorium einen dramatischen Prozess der Schrumpfung durchgemacht hat. Von 1957 bis 2005 hat sich ihre Gesamtzahl von 2,8 Millionen um 2,4 auf nur noch 0,38 Millionen reduziert. Ihr Anteil an allen *Erwerbstätigen* hat sich von elf auf nur noch ein Prozent vermindert. Dabei zeigt die Entwicklung bei den Geschlechtern gewaltige Unterschiede.

Der übergroße Anteil findet sich sowohl 1957 aber auch noch 2005 bei den Frauen. Sie sind am Anfang des Zeitraumes 2,2 Millionen, das waren 24 Prozent aller weiblichen *Erwerbstätigen* und gegenwärtig nur noch 292.000, das sind nur noch zwei Prozent aller weiblichen *Erwerbstätigen* auf dem Gebiet der alten BRD. Die Differenz beträgt 1,968 Millionen. Die Frauen sind also die Hauptbetroffenen der gesamten Verminderung der Kategorie um 2,4 Millionen.

Mithelfende familienangehörige Männer stellen 1957 mit 0,6 Millionen vier Prozent der männlichen *Erwerbstätigen* und 2005 mit 89.000 nur noch ein Prozent aller männlichen *Erwerbstätigen*, die Differenz beträgt 480.000.

Ohne dies an der vorliegenden Tabelle belegen zu können, lässt sich sagen, dass sich dieser gewaltige Rückgang sowohl absolut, wie prozentual und im Verhältnis zur Gesamtheit der Beschäftigten vorrangig in der Landwirtschaft abgespielt hat. Hier hat sich eine wahre Revolution in den Beschäftigungsverhältnissen ereignet. Sie hat die noch Ende der 50er Jahre zahlenmäßig dominierenden mittleren und kleinen Familienbetriebe mit dem Einsatz familialer Arbeits-

Erwerbstätige *) nach Stellung im Beruf
Ergebnisse des Mikrozensus in 1000 und Prozent von Spalte 2
Früheres Bundesgebiet 3)

Jahr	Zusammen	Selbständige		Mithelfende Familien-Angehörige		Diff 57 zu 05
insgesamt						
1957	25.523	3.316	13	2.830	11	
1962	26 271	3 180	12	2 345	9	
1968	25 870	2 892	11	2 035	8	
1976	25 752	2 331	9	1 188	5	
1989	27 742	2 463	9	561	2	
1990	29 334	2 580	9	578	2	
1997	29 200	3 014	10	346	1	
2005 7)	29 380	3 249	11	381	1	-2 449
männlich						
1957	15 994	2 604	16	569	4	
1962	16 493	2 485	15	411	2	
1967	16 441	2 348	14	327	2	
1976	16 172	1 844	11	168	1	
1989	16 948	1 869	11	85	1	
1990	17 585	1 952	11	89	1	
1997	16 901	2 208	13	78	0	
2005 7)	16 310	2 293	14	89	1	-480
weiblich						
1957	9 529	712	7	2 260	24	
1962	9 778	695	7	1 934	20	
1968	9 426	590	6	1 706	18	
1976	9 580	487	5	1 020	11	
1989	10 794	594	6	477	4	
1990	11 749	628	5	489	4	
1997	12 299	806	7	267	2	
2005 7)	13 070	956	7	292	2	-1968

*) Bis zum Jahre 1971 ohne Soldaten; ab 1972 einschl. Soldaten 2) Einschl. Auszubildende in anerkannten gewerblichen Ausbildungsberufen. 3) Ab 2005: Früheres Bundesgebiet ohne Berlin 4) EG-Arbeitskräfte stichprobe 5) Revidierte Hochrechnung (Basis Volkszählung 1970 bzw. 1987). 6) Ergebnis bezieht sich auf Beamte + Angestellte + Arbeiter 7) Ab 2005: Jahresdurchschnitt.

Tabelle 2.2.1. – 3

kräfte, weitgehend beseitigt. Es hat ein umfassender Prozess der Bodenkonzentration bei einzelnen Betrieben (wegen umfangreicher Zupachtungen nicht notwendiger Weise beim Eigentum) stattgefunden, ohne dass dafür abhängige Arbeitskräfte zum Einsatz gekommen sind. Die Reduzierung der Betriebe, der *Selbständigen* und der mithelfenden Familienangehörigen wurde durch Motorisierung, Chemisierung und biologische Technik möglich gemacht . Daher wird heute von erheblich weniger Personal – gerade mal 2,3 Prozent aller *Erwerbstätigen* – ein erheblich größeres landwirtschaftliches Produkt erwirtschaftet. Die genauere Aufschlüsselung wird bei der Darstellung der einzelnen Wirtschaftszweige erfolgen. Diese wird aber aus Gründen der Verfügbarkeit statistischer Daten erst ab 1970 möglich sein.

Auch bei den Arbeitern, Angestellten und Beamten ergibt ein Blick von den Gesamtzahlen auf die nach Geschlechtern aufgeteilten Entwicklungen schon oberhalb der Wirtschaftszweige wichtige Unterschiede und lässt Fragen hinsichtlich der Ursachen aufkommen. Anders als bei den mithelfenden Familienangehörigen spielt hier die Einverleibung der DDR für die Beschäftigungsgrößen auch auf dem Territorium der alten BRD eine Rolle, aber für die beiden Geschlechter durchaus unterschiedlich.

2.2.2 Arbeiter

Bei den Männern hat sich die Beschäftigung von 9,2 Millionen (= 100 Prozent) 1957 um 1,4 Millionen auf 7,7 Millionen 1989 reduziert (= 84 Prozent); bei den Frauen von 3,9 Millionen (= 100 Prozent) 1957 um 950.000 auf 2,9 Millionen (= 83 Prozent) in 1989. Die Dynamik des Abbaus der Arbeitsplätze bei den *Arbeitern* in der alten BRD ist in den 32 Jahren für beide Geschlechter also recht ähnlich – allerdings geschieht dies in ganz verschiedenen Industriezweigen. (*vergl. Tabelle 2.2.2. – 4*)

Der Anteil der Arbeiter an allen Beschäftigten von 51 Prozent im Jahr 1957 verteilt sich unterschiedlich auf die beiden Geschlechter. Der Anteil der Männer liegt bei 57 Prozent, der der Frauen bei immerhin 41 Prozent.

Hingegen fällt bei den Arbeitern die Ausdehnung der Beschäftigung auf dem Gebiet der alten BRD bei der Übernahme der DDR für beide Geschlechter überraschend unterschiedlich aus. Bei den Männern bleibt die Beschäftigung praktisch gleich und wird auch in den unmittelbar folgenden Jahren des Vereinigungs-

Erwerbstätige *) nach Stellung im Beruf Ergebnisse des Mikrozensus in 1000 und Prozent von Spalte 2 Früheres Bundesgebiet 3)								
Jahr	Zusammen	davon Abhängig Erwerbstätige				Diff/ Periode	Sum Diff d Peroden.	Sum Diff Ges Per.
		insgesamt		davon Arbeiter				
gesamt								
1957	25.523	19.378	76	13.100	51			
1962	26 271	20 747	79	12 981	49			
1968	25 870	20 942	81	12 244	47			
1976	25 752	22 234	86	10 965	43			
1983 4)	26 477	23 204 6)						
1989	27 742	24 718	89	10 682	39	-2418		
1990	29 334	26 176	89	10 975	37	293		
1997	29 200	25 840	88	9 715	33			
2001	30 307	26 830	89	9 484	31			
2005 7)	29 380	25 749	88	8 365	28	-2.610	-5.028	-4.735
männlich								
1957	15 994	12 821	80	9 196	57			
1962	16 493	13 597	82	9 223	56			
1967	16 441	13 767	84	8 900	54			
1970 5)	16 441	13 970	85	8 830	54			
1976	16 172	14 160	88	7 882	49			
1983 4)	16 351				0			
1989	16 948	14 995	88	7 733	46	-1463		
1990	17 585	15 544	88	7 734	44	1		
1998	16 901	14 592	86	6 753	40			
2005 7)	16 310	13 928	85	5 664	35	-2.070	-3.533	-3.532
weiblich								
1957	9 529	6 558	69	3 905	41			
1962	9 778	7 150	73	3 758	38			
1968	9 426	7 132	76	3 343	35			
1976	9 580	8 074	84	3 083	32			
1983 4)	10 126		0					
1989	10 794	9 723	90	2 949	27	-956		
1990	11 749	10 633	91	3 241	28	292		
1995	12 102	10 984	91	2 911	24			
1996	12 275	11 206	91	2 937	24			
1997	12 299	11 225	91	2 925	24			
2005 7)	13 070	11 821	90	2 700	21	-541	-1.497	-1.205

*) Bis zum Jahre 1971 ohne Soldaten; ab 1972 einschl. Soldaten 1) Einschl. Auszubildende in anerkannten kaufmännischen und technischen Ausbildungsberufen. 2) Einschl. Auszubildende in anerkannten gewerblichen Ausbildungsberufen. 3) Ab 2005: Früheres Bundesgebiet ohne Berlin. 4) EG-Arbeitskräftestichprobe. 5) Revidierte Hochrechnung (Basis Volkszählung 1970 bzw. 1987) 6) Ergebnis bezieht sich auf Beamte + Angestellte + Arbeiter 7) Ab 2005: Jahresdurchschnitt.

Tabelle 2.2.2. – 4

booms nur unwesentlich größer. Bei den Frauen kommen dagegen zu den vorher vorhandenen Beschäftigungsverhältnissen von 2,95 Millionen in einem Jahr 290.000 hinzu, ein Sprung von sieben Prozentpunkten.

Der seither weiter gehende Abbau der Beschäftigungsverhältnisse auf dem Gebiet der alten BRD bei den Arbeitern ist bei den Männern von einer größeren Dynamik geprägt als bei den Frauen.

Bei den Männern werden in den 16 Jahren nach 1990 von 7,7 Millionen über zwei Millionen Arbeitsplätze beseitigt, auf nur noch 5,6 Millionen, eine Reduktion von 27 Prozentpunkten. Bei den Frauen werden von dem kurzfristig durch Zuzug oder Pendeln erhöhten Niveau von 3,2 Millionen 540.000 beseitigt, auf dann 2,7 Millionen, eine Reduktion von 17 Prozentpunkten.

1989 ist der Anteil aller Arbeiter an allen Beschäftigten noch 39 Prozent, der der Männer noch 49 Prozent und der der Frauen noch 27 Prozent. 2005 haben sich die absoluten Zahlen der Arbeiter noch einmal verringert und die Anteile an allen Beschäftigten sind für alle Arbeiter auf 28 Prozent zurückgegangen, bei den Männern auf 35 Prozent und bei den Frauen sogar auf nur noch 21 Prozent.

Die Gesamtzahl der bei den Arbeitern beseitigten Arbeitsplätze auf dem Territorium der alten BRD in der Periode von 1957 bis 2005, einschließlich des kurzfristigen Zuwachses aus der DDR, umfasst bei den Männern also 3,5 Millionen, während es bei den Frauen 1,5 Millionen sind.

Auskunft über die ökonomischen Orte und Umstände dieser Schrumpfungsprozesse und den Charakter der verbleibenden Arbeiterbeschäftigung für beide Geschlechter wird auch hier nur die genauere Untersuchung der Wirtschaftszweige geben können.

2.2.3 Angestellte

Die Erhöhung der Gesamtzahl der *Angestellten* von 5,09 Millionen 1957 um 5,5 Millionen auf 11,6 Millionen 1989 verteilt sich auf die Geschlechter sehr unterschiedlich. Zusammen machen sie 1957 nur 20 Prozent der *Erwerbstätigen* aus, während sie 1989 auf einen Anteil von 42 Prozent kommen. (*vergl. Tabelle 2.2.3. – 5*)

Die Zahl der männlichen Angestellten ist von 2,5 Millionen 1957 mit 16 Prozent Anteil an den männlichen *Erwerbstätigen* um 2,7 Millionen auf 5,3 Mill. mit einem Anteil von nunmehr 32 Prozent an den männlichen *Erwerbstätigen* angewachsen.

Bei den Frauen gibt es 1957 mit 2,5 Millionen Angestellten und einem Anteil von 26 Prozent an den weiblichen *Erwerbstätigen* noch erheblich weniger als weibliche Arbeiter mit einem Anteil von 41 Prozent an den weiblichen *Erwerbstätigen*.

Erwerbstätige *) nach Stellung im Beruf Ergebnisse des Mikrozensus in 1000 und Prozent von Spalte 2 Früheres Bundesgebiet 3)								
Jahr	Zusammen	davon				Diff Periode	Summe Diff d Per	Su Diff d Ges Periode
		abhängig Erwerbstätige						
		insgesamt		davon Angestellte 1)				
gesamt								
1957	25.523	19.378	76	5.091	20			
1962	26 271	20 747	79	6 486	25			
1968	25 870	20 942	81	7 307	28			
1976	25 752	22 234	86	9 058	35			
1985	26 626	23 490	88	10 531	40			
1989	27 742	24 718	89	11 612	42	6.521		
1990	29 334	26 176	89	12.716	43	1.104		
1997	29 200	25 840	88	13 913	48			
2001	30 307	26 830	89	15 373	51			
2005 [7]	29.380	25.749	88	15.531	53	2.815	9.336	8.232
männlich								
1957	15 994	12 821	80	2.574	16			
1962	16 493	13 597	82	3 260	20			
1967	16 441	13 767	84	3 699	22			
19705	16 441	13 970	85	3 944	24			
1976	16 172	14 160	88	4 419	27			
1985	16 402	14 429	88	4 918	30			
1989	16 948	14 995	88	5 349	32	2 775		
1990	17 585	15 544	88	5 876	33	0 527		
1998	16 901	14 592	86	6 348	38			
2005	16.310	13.928	85	7.087	43	1 .11	3.986	3.459
weiblich								
1957	9 529	6 558	69	2 517	26			
1962	9 778	7 150	73	3 226	33			
1968	9 426	7 132	76	3 582	38			
1976	9 580	8 074	84	4 639	48			
1985	10 225	9 062	89	5 613	55			
1989	10 794	9 723	90	6 263	58	3 746		
1990	11 749	10 633	91	6 840	58	0 577		
1998	12 416	11 302	91	7 718	62			
2005 [7]	13.070	11.821	90	8.440	65	1.604	5.350	4.773

*) Bis zum Jahre 1971 ohne Soldaten, ab 1972 einschl. Soldaten 1) Einschl. Auszubildende in anerkannten kaufmännischen und technischen Ausbildungsberufen. 2) Einschl. Auszubildende in anerkannten gewerblichen Ausbildungsberufen. 3) Ab 2005: Früheres Bundesgebiet ohne Berlin. 4) EG-Arbeitskräftestichprobe. 5) Revidierte Hochrechnung (Basis Volkszählung 1970 bzw. 1987). 6) Ergebnis bezieht sich auf Beamte + Angestellte + Arbeiter 7) Ab 2005: Jahresdurchschnitt.

Tabelle 2.2.3. – 5

1989 ist die Zahl der weiblichen Angestellten um 3,7 Millionen auf 6,2 Millionen und einen Anteil an den weiblichen *Erwerbstätigen* von 58 Prozent angewachsen. Dagegen haben die Arbeiterinnen mit 2,9 Millionen nur noch einen Anteil von 27 Prozent an den weiblichen *Erwerbstätigen*.

Die Vereinnahmung der DDR bringt im Westen eine Erhöhung der Angestelltenzahlen von insgesamt 1,1 Millionen mit sich. Davon sind 527.000 Männer und 577.000 Frauen, die absolute Erhöhung fällt also ziemlich gleich aus.

Von 1990 bis 2005 erhöht sich die Zahl der Angestellten um 2,8 Millionen auf 15,5 Millionen, die einen Anteil an den *Erwerbstätigen* von dann 53 Prozent ausmachen, also die absolute Mehrzahl aller Beschäftigten bilden.

Bei den Männern ist von 1990 bis 2005 eine Erhöhung um 1,2 Millionen auf 7,0 Millionen mit einem Anteil von 43 Prozent an allen männlichen *Erwerbstätigen* zu verzeichnen. Dagegen werden bei den männlichen Arbeitern 2005 nur noch 5,6 Millionen gezählt, die aber immerhin noch 35 Prozent aller männlichen *Erwerbstätigen* bilden.

Bei den Frauen erfolgt eine Erhöhung um 1,6 Millionen auf 8,4 Millionen 2005 und einem Anteil von 65 Prozent an allen weiblichen *Erwerbstätigen*. 2005 finden sich dagegen nur noch 2,7 Millionen Arbeiterinnen, die noch 21 Prozent aller weiblichen *Erwerbstätigen* ausmachen.

In beiden Perioden zusammen ist die Zahl der Angestellten auf dem Gebiet der alten BRD von 5,9 Millionen um 8,2 Millionen auf 15,5 Millionen gestiegen.

Die Zahl wächst bei den Männern von 2,5 Millionen um 3,4 Millionen auf 7,0 Millionen Angestellte. Bei den Frauen wächst die Zahl von ebenfalls 2,5 Millionen um 4,7 Millionen auf 8,4 Millionen weibliche Angestellte. Diese Erhöhungen spiegeln völlig unterschiedliche Ursachen in unterschiedlichen ökonomischen Sektoren.

Man kann annehmen, dass die Erhöhung der Zahl der weiblichen Angestellten vor allem in Büroberufen, im Verkauf im Einzelhandel, sowie in etlichen Dienstleistungsbereichen vor sich geht – mit den dort typischen Verhältnissen bei der Stellung in der Betriebshierarchie, der Tätigkeitsart und den Einkommen.

Über die Orte der zusätzlichen Beschäftigung von männlichen Angestellten lassen sich keine so einfachen Vermutungen anstellen. Auch hier gibt wohl erst die Untersuchung in den verschiedenen Wirtschaftszweigen für beide Geschlechter genauere Auskunft.

2.2.4 Beamte

Die Zahl der *Beamten* ist auf dem Territorium der alten BRD insgesamt von 1,1 Millionen auf 1,8 Millionen gestiegen. Dahinter verbergen sich zwei verschiedene Bewegungen. Zum einen ist die Gesamtzahl von 1,1 Millionen 1957 um 1,2 Millionen auf 2,4 Mil-

		Erwerbstätige *) nach Stellung im Beruf Ergebnisse des Mikrozensus in 1000 und Prozent von Spalte 2 Früheres Bundesgebiet 3)						
Jahr	Zusammen	davon Abhängig Erwerbstätige				Diff Periode	Summe Diff d Per	Su Diff d Ges Periode
		insgesamt		davon Beamte				
				**gesamt**				
1957	25.523	19.378	76	1.187	5			
1962	26 271	20 747	79	1 280	5			
1968	25 870	20 942	81	1 391	5			
1976	25 752	22 234	86	2 211	9			
1983 4)	26 477	23 204 6)						
1989	27 742	24 718	89	2 424	9	1237		
1990	29 334	26 176	89	2 485	8	61		
1997	29 200	25 840	88	2 212	8			
2001	30 307	26 830	89	1 973	7			
2005 7)	29.380	25.749	88	1.854	6	-631	606	545
				männlich				
1957	15 994	12 821	80	1 051	7			
1962	16 493	13 597	82	1 114	7			
1967	16 441	13 767	84	1 168	7			
1970 5)	16 441	13 970	85	1 196	7			
1976	16 172	14 160	88	1 859	11			
1983 4)	16 351							
1989	16 948	14 995	88	1 913	11	862		
1990	17 585	15 544	88	1 934	11	21		
1998	16 901	14 592	86	1 491	9			
2005 7)	16 310	13 928	85	1 177	7	-757	105	84
				weiblich				
1957	9 529	6 558	69	136	1			
1962	9 778	7 150	73	166	2			
1968	9 426	7 132	76	207	2			
1976	9 580	8 074	84	352	4			
1983 4)	10 126		0					
1989	10 794	9 723	90	511	5	375		
1990	11 749	10 633	91	552	5	41		
1998	12 416	11 302	91	656	5			
2005 7)	13.070	11.821	90	677	5	125	500	459

*) Bis zum Jahre 1971 ohne Soldaten; ab 1972 einschl. Soldaten; 1) Einschl. Auszubildende in anerkannten kaufmännischen und technischen Ausbildungsberufen. 2) Einschl. Auszubildende in anerkannten gewerblichen Ausbildungsberufen. 3) Ab 2005: Früheres Bundesgebiet ohne Berlin. 4) EG-Arbeitskräftestichprobe 5) Revidierte Hochrechnung (Basis Volkszählung 1970 bzw. 1987) 6) Ergebnis bezieht sich auf Beamte + Angestellte + Arbeiter 7) Ab 2005: Jahresdurchschnitt.

Tabelle 2.2.4. – 6

lionen 1989 gewachsen. Das entspricht 1957 einem Anteil von fünf Prozent, und 1989 von neun Prozent an allen Beschäftigten. (*vergl. Tab. 2.2.4. – 6*)

Dagegen sind von dieser Zahl, nur geringfügig durch die Vereinnahmung der DDR erhöht, 630.000 bis 2005 wieder abgebaut worden, auf dann 1,8 Millionen Beamte im Gebiet der alten BRD, was einem Anteil von sechs Prozent an allen *Erwerbstätigen* entspricht.

Bei den beiden Geschlechtern zeigen sich insgesamt und in den beiden Perioden recht unterschiedliche Bewegungen ab. Die Zahl der männlichen Beamten ist von einer Million 1957 um 862.000 auf 1,9 Millionen in 1989 angewachsen, mit zunächst sieben Prozent an allen *Erwerbstätigen* und 1989 mit immerhin elf Prozent. Dann werden 757.000 Beamtenstellen für Männer bis 2005 wieder abgebaut, auf 1,1 Millionen, mit einem Anteil von sieben Prozent an allen männlichen *Erwerbstätigen*.

Für die Frauen lauten die Zahlen: 136.000 im Jahr 1957 und einem Anteil von einem Prozent an allen weiblichen Beschäftigten, 1989 sind es 511.000, d. h. 375.000 mehr, mit einem Anteil von immerhin fünf Prozent an allen weiblichen *Erwerbstätigen*. 2005 zählen wir 677.000 weibliche Beamte, 125.000 mehr mit dem gleichen Anteil von fünf Prozent an allen weiblichen Beschäftigten.

Die Zahlen der beiden Geschlechter bei den Beamten zeigen, dass es einen langsamen aber stetigen Zuwachs bei den Frauen an den Gesamtzahlen gibt, der wohl weitgehend den sozialen Emanzipationsentwicklungen und den nachfolgenden gesetzlichen Regelungen geschuldet ist. Das gilt nicht bei den höheren und höchsten Beamtenpositionen, sondern vor allem bei den mittleren. Die unteren Beamtenstellen bei Post und Bahn, meist männlich besetzte Arbeitertätigkeiten, sind dagegen mit der Privatisierung weitgehend Geschichte.

2.3 Veränderungen bei der Zahl und der Art der Arbeitskräfte
als Ergebnis von Veränderungen ökonomischer Strukturen

2.3.1 Zusammenfassung: Die Entwicklung der Erwerbstätigkeit nach Statusgruppen (Stellung im Beruf)

In den Zahlen zeigt sich:

a) eine sehr starke Reduktion bei den *Mithelfenden Familienangehörigen*, vor allem bei Frauen, und dies besonders in der Landwirtschaft;

b) bei den *Beamten* eine Ausweitung bis 1991 und danach ein Abbau und insgesamt eine starke Ausweitung bei den beamteten Frauen;

c) eine starke Reduktion bei den *Arbeitern*, wobei dies prozentual bei Männern und Frauen ähnlich verläuft, aber absolut sehr unterschiedliche Größen ausmacht und sich für beide Geschlechter in verschiedenen Industrie- und Gewerbezweigen abspielt;

d) eine starke Zunahme bei den *Angestellten*, besonders durch Ausweitung der Tätigkeit von Frauen in Verwaltungen in verschiedenen Sektoren und Wirtschaftszweigen, im Verkauf und in den sozialen und öffentlichen Dienstleistungen.

2.3.2 Ursachen

Die Ursachen für die Verringerung oder Ausdehnung der Zahl der Arbeitskräfte liegen in den Veränderungen der ökonomischen Struktur. Das ist bei der Entwicklung der Zahl der weiblichen mithelfenden Familienangehörigen, vor allem in der Landwirtschaft, unmittelbar besonders deutlich. Dabei spielen hier vor allem die Zahl der Betriebe und ihre Technisierung eine Rolle, während die Eigentumsform einerseits und der Einsatz von Lohnarbeit andererseits von geringerer Bedeutung sind.

Ähnlich offenbar, jedoch anders begründet, sind die Veränderungen bei den Beamten, weil sie im Wesentlichen nur im Staatssektor beschäftigt waren und sind. Die Vergrößerung oder Verkleinerung ihrer Zahl entspricht damit einerseits der Vergrößerung oder der Verkleinerung der Staatstätigkeiten (z. B. Ausweitung des Sozial- und Bildungssektors und der Reduktion durch die Privatisierung der Post und der Bahn) und andererseits der Verwandlung von »Beamten-Stellen« in Arbeitsverhältnisse von Angestellten.

Die anderen Veränderungen der Zahlen der Beschäftigten innerhalb und zwischen ihren Kategorien sind wiederum Ausdruck von ökonomischen Veränderungen, die in jeweils unterschiedlicher Weise auch eine Veränderung der gesellschaftlichen Arbeitsteilung umfassen. Dieser Zusammenhang soll unten bei der Entwicklung der Erwerbstätigkeit in den einzelnen Wirtschaftszweigen untersucht werden.

3. Die gesellschaftliche Organisation der materiellen Produktion als Moment der gesellschaftlichen Reproduktion

In diesem Abschnitt wird die *Entwicklung der gesellschaftlichen Arbeitsteilung in der BRD seit 1970 bis 1991* und in der erweiterten *BRD bis 2005* untersucht. Als Indikator dient dabei die Verteilung der *Erwerbstätigen* auf die Wirtschaftszweige, wie sie in der offiziellen *Systematik WZ-03* des Statistischen Bundesamtes aufgeführt sind. Dabei werden die *Erwerbstätigen* leider nicht nach ihrer Stellung im Beruf oder nach ihrem Geschlecht unterschieden. In einem ersten Anlauf werden die Veränderungen zwischen 1970 und 2005 anhand der Gruppierung der Wirtschaftszweige in der o.g. Systematik dargestellt. Dabei zeigen sich erhebliche Veränderungen in jene Richtung, wie sie im Paradigma von der *Dienstleistungsgesellschaft* anklingt.

Bei einer kritischen Untersuchung dieser verbreiteten Sichtweise anhand dieser Gruppierung der Wirtschaftszweige erweist sich allerdings, dass diese Anordnung erhebliche Mängel aufweist und die Veränderungen vermutlich deutlich überzeichnet. Eine Vertiefung und Systematisierung dieser Kritik führt dann dazu, eine neue, adäquatere Gruppierung der Wirtschaftszweige vorzunehmen. Die statistische Auffüllung und anschließende Untersuchung der darin zu Tage tretenden Änderungen der gesellschaftlichen Arbeitsteilung in der BRD zwischen 1970 und 2005 lassen gegenüber der offiziellen Zweigstruktur andere Prozesse hervortreten.

Diese Veränderungen werden in einer eingehenden Erörterung der einzelnen neuen *Zweiggruppen* herausgearbeitet. Zum Abschluss werden die *Veränderungen der gesellschaftlichen Arbeitsteilung, auf das*

Wesentliche reduziert, absolut und in Prozent in *drei Großsektoren* resümiert.

Die im Abschnitt 2.2.3. festgestellte erhebliche Verkleinerung der Zahl der Arbeiter und die im Abschnitt 2.2.4. dargestellte noch größere Ausweitung der Zahl der Angestellten in den beiden Perioden der BRD von 1970 bis 1991 und der erweiterten BRD von 1991 bis 2005, lässt sich nach den unten stehenden detaillierten Untersuchungen gut als Schrumpfung der Erwerbstätigkeit in einer großen Zahl von Industriezweigen und dort vor allem in den ersten Stufen der industriellen stofflichen Produktionskette verstehen. Auch wenn anhand der Untersuchung in diesem Abschnitt 3. nicht unmittelbar zu klären ist, inwieweit diese Zweige in ihrem Produktionsumfang stagnierten, geschrumpft sind oder nur ihre Arbeitsproduktivität besonders entwickelt haben, so ist doch zu vermuten, dass die Hauptmasse des Rückgangs der Erwerbstätigkeit bei den Arbeitern dieser Industrien und nicht bei den Angestellten vor sich gegangen ist.

Das bedeutet, dass sich das *originäre Feld einer Arbeiterklasse nach Engels und Marx erheblich verkleinert hat*: die Arbeitsplätze in der materiellen Produktion unter der Regie des Kapitals.

An welchen Orten der industriellen Arbeitsteilung das vor allem vor sich gegangen ist, wird nachfolgend im Detail gezeigt.

3.1 Die Volkswirtschaftliche Gesamtrechnung (VGR) als Spiegel der qualitativen und quantitativen gesellschaftlichen Arbeitsteilung

3.1.1 Die Quellenlage

Konnten wir bei den Zahlen zu den persönlichen Eigenschaften der *Erwerbstätigen*, dem Geschlecht (die Altersgliederung wurde nicht behandelt), und den sozial-ökonomischen Formen der Beschäftigung (Arbeiter, Angestellte, Beamte, *Selbständige*) noch auf jährliche Daten durchgehend von 1957 bis 2005 für das alte Bundesgebiet zurückgreifen, so ist das bei einer tiefer gehenden Gliederung des volkswirtschaftlichen und gesellschaftlichen Reproduktionsprozesses leider nicht möglich.

Bei einer tiefen Gliederung von etwa 70 Wirtschaftszweigen (*vergl. Systematik der Wirtschaftszweige von 2003, WZ 2003*) stehen durchgehend jährliche Daten für die alte BRD nur ab 1970 zur Verfügung und reichen bis 1991. Darin ist aber die Aufteilung in die verschiedenen Kategorien der *abhängig Beschäftigten* nicht mehr möglich – es werden nur *Arbeitnehmer* und *Selbständige* gezählt. Ebenso fehlt die Aufteilung in männliche und weibliche Erwerbstätige. Außerdem wird die Zählung dann ab 1991 nur für das gesamte Bundesgebiet weitergeführt. Diese Einschränkungen sind unerfreulich, weil dadurch die politisch bewirkten, die ökonomisch verursachten und die unmittelbaren oder resultierenden sozialen Veränderungen für Westdeutschland (das alte Bundesgebiet) durch die Vereinnahmung der DDR kaum noch gesondert beschrieben werden können.

3.1.2 Ein Überblick zur gesellschaftlichen Organisation der Produktion und der gesellschaftlichen Arbeitsteilung auf der Grundlage der Volkswirtschaftlichen Gesamtrechnung

Die amtliche Statistik bietet in der *Volkswirtschaftliche Gesamtrechnung* (VGA) eine detaillierte Darstellung der gesellschaftlichen Produktions- und Arbeitsstruktur. Mit etwa 70 Zweigen der ökonomischen Tätigkeiten zeigt sie eine im Ganzen ausreichende Übersicht zu deren Entwicklung. Darin ist auch die Verteilung der Erwerbstätigkeit enthalten, wenn auch unmittelbar nur nach *Selbständigen* und abhängig Beschäftigten (»Arbeitnehmer«) aufgegliedert. Allerdings ist die Ordnung der »Systematik der Wirtschaftszweige 2003« wenig geeignet, die gesellschaftliche Produktions-, Organisations- und Arbeitsteilung treffend und in ihrer Entwicklung wiederzugeben. Die grobe Summierung der in der Gliederung tiefer liegenden Wirtschaftszweige erfolgt faktisch nach dem Konzept der drei Sektoren: Urproduktion als Primärer, Be- und Verarbeitung als Sekundärer, Dienstleistungen, private und öffentliche, als Tertiärer Sektor. Dazwischen dann, auch als Dienstleistungen verstanden, Transport und Kommunikation sowie Vertrieb und Handel.

Zunächst sollen die großen Veränderungen in der Zweigstruktur anhand der gegebenen Einteilung und anhand der jeweiligen Summe der *Erwerbstätigen* verfolgt werden. (*vergl. Tabelle 3.1.2.– 1*)

Von 1970 bis 1991 zeigt sich in der weit gefassten Kategorie *Landwirtschaft, Forstwirtschaft und Fischerei* (A bis B) ein Rückgang um 1,2 Millionen Erwerbstätige. Wie wir oben gesehen haben, ist dieser Rückgang auf das weitgehende Verschwinden der mithelfen-

3.2.12 Erwerbstätige Durchschnitt in 1000	Lfd. Nr.	WZ 2003	alte BRD			Diff II	Deutschland			BRD+D
			1970	1991	Diff I	Diff II	1991	2005	Diff III	Su Diff
Land- und Forstwirtschaft, Fischerei	1	A bis B	2.245	1.031	-1.214	484	1.515	850	-665	-1.879
Produzierendes Gewerbe	7	C bis E	10.076	9.223	-853	2.108	11.331	7.883	-3 448	-4.301
Baugewerbe	50	F	2.276	2.061	-215	744	2.805	2.165	-640	-855
Handel, Gastgewerbe und Verkehr	52	G bis I	5.857	7.761	1.904	1.557	9.318	9.764	446	3.907
Finanzierung, Vermietung u. Untern.-Dienstleister	64	J bis K	1.623	3.264	1.641	472	3.736	6.399	2.663	4.776
Öffentliche und private Dienstleister	75	L bis P	4.512	7.921	3.409	1.995	9.916	11.762	1.846	7.250
Alle Wirtschaftsbereiche	85	A bis P	26.589	31.261	4.672	7.360	38.621	38.823	202	12.234

Tabelle 3.1.2. – 1

den Familienangehörigen, und das heißt vor allem der Frauen, aus den informellen Arbeitsverhältnissen der landwirtschaftlichen Familienbetriebe zurückzuführen.

Die Ausdehnung der BRD auf das Gebiet der DDR brachte einen Zuwachs von 484.000 *Erwerbstätigen* im Zweig A-B. Aus anderen Statistiken können wir ableiten, dass da vor allem frühere Genossenschafter nun als abhängig Beschäftigte auftauchen.

Der Prozess der Schrumpfung der Erwerbstätigkeit in den Bereichen A-B läuft in den folgenden 14 Jahren von 1991 bis 2005 in Gesamtdeutschland noch schneller ab als vorher in der alten BRD. Es verschwinden 665.000 Erwerbstätige, diesmal in größerem Umfang auch Abhängige, von denen der größte Teil gerade erst durch Verwandlung von Genossenschaftsmitgliedern in Lohnarbeiter in Ostdeutschland hinzugekommen war

Die Summierung der beiden Rückgänge in der alten BRD und dann in Gesamtdeutschland ist zwar etwas problematisch, hebt aber die Tendenz hervor. Insgesamt verschwinden in dem Bereich Landwirtschaft etc. (A-B) von 1970 bis 2005 rund 1,9 Millionen Arbeitsplätze. Dem ging von 1950 bis 1970 in der alten BRD schon ein erheblicher Abbau voraus, der hier statistisch nicht wiedergegeben wird.

Im Bereich des *Produzierenden Gewerbes* (C bis E), also Bergbau und Verarbeitendes Gewerbe, inklusive der eigentlichen Industrie, sinkt die Beschäftigung von 1970 bis 1991 um 853.000 von 10,0 auf 9,2 Millionen. Bis 1990 war sie schon auf 8,4 geschrumpft – doch schon der erneute Anstieg von 1990 auf 1991 um 800.00 in der alten BRD ist der Wirkung der Vereinnahmung der DDR geschuldet, obgleich diese formell und statistisch noch nicht vollzogen war.

Nach dem Zuwachs von 2,1 Millionen Beschäftigten durch die formelle Angliederung der DDR auf dann 11,3 Millionen Beschäftigte schrumpft die Beschäftigung im produzierenden Gewerbe in den nächsten 14 Jahren um 3,4 auf nur noch 7,8 Millionen Beschäftigte. Davon mindestens 1,4 Millionen auch vom Bestand von 9,2 Millionen in 1991 in der alten BRD.

In der *Bauindustrie* (F) sinkt die Beschäftigung in der alten BRD von 2,2 Millionen 1970 auf zwei Millionen 1991, um rund 215.000. Die Eingliederung der DDR steigert die Zahl um 744.000 auf 2,8 Millionen. Diese sinkt dann um 640.000 wieder auf 2,1 Millionen 2005 in Gesamtdeutschland. Die Summe beider Reduktionen im

	Lfd. Nr.	WZ 2003	BRD alt			Deutschland	
3.2.12 Erwerbstätige Durchschnitt in 1000							
			1970	1991		1991	2005
Land u.Forst wirtschaft, Fischerei	1	A bis B	2.245	1.031		1.515	850
% v Nr 85			8	3		4	2
Produzieren des Gewerbe	7	C bis E	10.076	9.223		11.331	7.883
% v Nr 85			38	30		29	20
Baugewerbe	50	F	2.276	2.061		2.805	2.165
% v Nr 85			9	7		7	6
Handel, Gastgewerbe und Verkehr	52	G bis I	5.857	7.761		9.318	9.764
% v Nr 85			22	25		24	25
Finanzierung, Vermietung u. Untern. dienstleister	64	J bis K	1.623	3.264		3.736	6.399
% v Nr 85			6	10		10	16
Öffentliche und private Dienstleister	75	L bis P	4.512	7.921		9.916	11.762
% v Nr 85			17	25		26	30
Alle Wirtschaftsbereiche	85	A bis P	26.589	31.261		38.621	38.823
% v Nr 85			100	100		100	100

Tabelle 3.1.2.– 2

Baugewerbe von 1970 in der alten BRD bis 2005 in Gesamt-deutschland umfasst 885.000 Beschäftigte. Hier sind die absoluten Zahlen im Schrumpfungsprozess nicht so dramatisch, wie bei der am Ausgangspunkt in der Größe vergleichbaren Landwirtschaft.

In den zusammengefassten Bereichen der *Stoffgewinnung, Ver- und Bearbeitung* (A-F) haben wir in der alten BRD eine Schrump-fung der Beschäftigung von 1970 bis 1991 um 2,2 Millionen, während im gleichen Bereich (A-F) in Gesamtdeutschland von 1991 bis 2005 die Schrumpfung 4,7 Millionen beträgt. Dagegen betrug der Zuwachs der Beschäftigung in diesen Bereichen durch die Einverleibung der DDR nur 3,3 Millionen Beschäftigte. Über die Beseitigung dieser neuen Beschäftigungsverhältnisse hinaus, durch die faktische Liquidierung der DDR-Industrie, sind also noch weitere 1,4 Millionen aus der im weitesten Sinn verstandenen materiellen Produktion verschwunden.

Ganz gegenteilig sind die Prozesse in den anderen Wirtschafts-zweigen verlaufen, wie wir schon aus den vorherigen Daten über die Entwicklung der Zahlen der Angestellten und Arbeiter entneh-men konnten.

Der Bereich *Handel, Gastgewerbe und Verkehr* (G-I) dehnt die Beschäftigung in der alten BRD von 1970 auf 1991 um 1,9 Mil-lionen von 5,8 auf 7,7 Millionen aus. Die Vereinnahmung der DDR steigert die Zahl um weitere 1,5 auf 9,3 Millionen, die dann bis 2005 weiter um 446.000 auf 9,7 Millionen in 2005 steigt. Die Summe der beiden Zuwächse von 1970 auf 2005 umfasst damit 3,9 Millionen Beschäftigte.

Die Zusammenfassung der drei sehr unterschiedlichen Zweige Handel, Verkehr und Gastgewerbe lässt auf dieser Ebene keine wei-teren Vermutungen über die Orte und die Ursachen des Zuwachses an Beschäftigten zu.

Der Bereich *Finanzierung, Vermietung und Unternehmens-Dienstleistungen* (J bis K) entwickelt sich von 1,6 Millionen in 1970 mit einem Zuwachs von 1,6 auf 3,2 Millionen in 1991 in der alten BRD. Der Zuwachs durch die Vereinnahmung der DDR ist mit 472.000 erwartungsgemäß klein und führt dann in Gesamt-deutschland von 3,7 Millionen über 2,6 Millionen zusätzliche Beschäftigte auf den Stand von 6,4 Millionen in 2005. Die Summe der beiden Zuwächse von 1970 bis 2005 umfasst 4,7 Millionen Beschäftigte.

Die Veränderungen der Prozentanteile der zusammengefassten Wirtschaftsbereiche an der jeweiligen absoluten Gesamtzahl der *Erwerbstätigen* in allen Wirtschaftsbereichen im jeweiligen Jahr zeigen die beiden folgenden Tabellen. (*Vergl. Tabelle 3.1.2. – 2 und Tabelle 3.1.2. – 3*)

Bei der Abstraktion von den absoluten Zahlen der Beschäftigten von 1970 in der alten BRD bis 1991 und bis 2005 in Gesamtdeutschland in den zusammengefassten Wirtschaftsbereichen zeigen sich die Veränderungen der Bereiche in den veränderten Prozentanteilen an der Gesamtbeschäftigung des jeweiligen Jahres. Sie hatten sich schon in ähnlichen Veränderungen bei den Kategorien der mithelfenden Familienangehörigen, der Arbeiter und Angestellten sowie bei den beiden Geschlechtern angedeutet.

Der Anteil aller Arten von *Erwerbstätigen* in der weit gefassten *Landwirtschaft* an allen *Erwerbstätigen* sinkt von acht Prozent in 1970 bis auf nur noch drei Prozent im Jahr 1991 in der alten BRD, steigt kurz mit der Übernahme der DDR auf vier Prozent, sinkt wieder ab und dann weiter auf nur noch zwei Prozent im Jahr 2005 in Gesamtdeutschland.

Der Anteil der *Erwerbstätigen* im *Produzierenden Gewerbe* sinkt von 38 Prozent Prozent 1970 in der alten BRD auf immerhin noch 30 Prozent im Jahr 1991 in der alten BRD. Er sinkt bei der Übernahme der DDR auf 29 Prozent, um dann weiter auf ganze 20 Prozent im Jahr 2005 in Gesamtdeutschland zu schrumpfen. Dieser Wirtschaftssektor, im Jahr 1970 noch der relativ größte, verliert ein Drittel seines Gewichtes bei den Beschäftigten.

Der Anteil der *Bauwirtschaft* an den Beschäftigten belief sich 1970 in der alten BRD auf neun Prozent, sank auf sieben Prozent in 1991 in der alten BRD, blieb mit der Übernahme der DDR bei sieben Prozent und sank dann etwas weiter auf sechs Prozent in 2005 in Gesamtdeutschland. Das Gewicht der Bauwirtschaft hat sich um etwa ein Drittel vermindert.

Bei *Handel, Gastgewerbe und Verkehr* belaufen sich die respektiven Zahlen in den verschiedenen Jahren auf 22 Prozent, 25 Prozent, 24 Prozent und 25 Prozent. Das Gewicht dieses Sektors bei der Beschäftigung ist nur geringfügig gestiegen. Bei dem Wirtschaftsbereich *Finanzierung, Vermietung und Unternehmensdienstleistungen* sind die Zahlen sechs Prozent, zehn Prozent, zehn Prozent und 16 Prozent. Das Gewicht bei den Beschäftigten nimmt um fast zwei Drittel zu.

	3.2.12 Erwerbstätige Durchschnitt in 1000						
	Lfd. Nr.	WZ 2003	BRD alt			Deutschland	
			1970	1991		1991	2005
			% v Nr 85	% v Nr 85		% v Nr 85	% v Nr 85
Land u. Forstwirtschaft, Fischerei	1	A bis B	8	3		4	2
Produzieren des Gewerbe	7	C bis E	38	30		29	20
Baugewerbe	50	F	9	7		7	6
Handel, Gastgewerbe und Verkehr	52	G bis I	22	25		24	25
Finanzierung, Vermietung u. Untern.-dienstleister	64	J bis K	6	10		10	16
Öffentliche und private Dienstleister	75	L bis P	17	25		26	30
Alle Wirtschaftsbereiche	85	A bis P	100	100		100	100

Tabelle 3.1.2. – 3

Der Sektor *öffentliche und private Dienstleister* zeigt die folgenden Prozentsätze: 17, 25, 26 und 30. Sein Gewicht verdoppelt sich fast in den 45 Jahren von 1970 bis 2005.

Entsprechend ändert sich die Reihenfolge der Wirtschaftszweige nach dem Anteil der Beschäftigten an allen Beschäftigten von 1970 bis 2005. Diese Gewichtsverschiebungen scheinen der These von der *Dienstleistungsgesellschaft*, etwas anspruchsvoller als *Tertiarisierung* bezeichnet, ebenso Plausibilität zu verleihen, wie die Verschiebung der Beschäftigung von den Arbeitern zu den Angestellten und

	Wirtschaftsabteilung	Anteil der Besch. an allen Besch. in %
		1970
1	Produzierendes Gewerbe	38
2	Handel, Gastgewerbe und Verkehr	22
3	öffentliche u private Dienstleister	17
4	Baugewerbe	9
5	Finanzierung usw.	6
6	Landwirtschaft etc	8

Tabelle 3.1.2. – 4

Wirtschaftsabteilung	Anteil der Besch. an allen Besch. In %
	2005
1 öffentliche und private Dienstleister	30
2 Handel, Gastgewerbe und Verkehr	25
3 Produzierende Gewerbe	20
4 Finanzierung usw.	16
5 Baugewerbe	6
6 Landwirtschaft	2

Tabelle 3.1.2. – 5

die Verschiebung der weiblichen Beschäftigung aus den Fabriken zu den Angestelltentätigkeiten in Büro, Verkauf und den Diensten.

3.2 Die Volkswirtschaftliche Gesamtrechnung und die gesellschaftliche Arbeitsteilung

Im Folgenden wird eine weitreichende *Umstellung der Wirtschaftszweige* vorgenommen um der tatsächlichen ökonomischen und stofflichen *Gliederung der gesellschaftlichen Arbeitsteilung* näher zu kommen. Auf dieser reorganisierten Basis werden dann die Zahlen für die Verteilung der *Erwerbstätigen* neu zusammengestellt und in neuen Summen zusammengefasst.

Es wurde schon oben (*3.1.2.*) angedeutet, dass die vom Bundesamt für Statistik verwendete grobe Gliederung der Wirtschaftszweige und die Zuordnung der Abteilungen und Unterabteilungen zu großen Sektoren problematisch sind. Daraus ergibt sich ein etwas schiefes Bild hinsichtlich der Gewichte von materieller Produktion und Diensten und damit auch des Verhältnisses von Werkstätten, Fabriken, Büros, Praxen und Verkaufsräumen sowie vermittelnden Anlagen, Einrichtungen und Organisationen. Um hier Klarheit zu gewinnen, ist es notwendig, die offizielle Gliederung der Wirtschaftszweige wenigstens tabellarisch im Detail darzustellen (*vergl. Tabelle 3.2.1. – 6*). Für ein besseres Verständnis der gesellschaftlichen Produktionsverkettung und Arbeitsteilung ist eine Veränderungen der Anordnung der Wirtschaftzweige erforderlich. Diese Umstellung wird in einer anderen Tabelle dargestellt (*vergl. Tabelle 3.2.3. – 7*) und kurz kommentiert.

3.2.1 Die offizielle Gliederung der Wirtschaftszweige

Die Gliederung der Wirtschaftszweige der Volkswirtschaftlichen Gesamtrechnung für die alte und die erweiterte BRD erfolgt im Moment nach der Aufstellung *Klassifikation der Wirtschaftszweige WZ 2003.*[46]

Wie die entsprechende Publikation des Statistischen Bundesamtes erläutert, ist diese Klassifikation ein Ergebnis der Abstimmung der Länder der EU untereinander und der Angleichung an verschiedene international, auch im Rahmen der UNO, gebräuchliche Klassifikationen.

Wie aus der nachfolgenden Übersicht hervorgeht, sind die gröbsten Unterteilungen in WZ 03:

Landwirtschaft etc. (A-B)
Produzierendes Gewerbe (C-F)
Dienstleistungsbereiche (G-P)

Da die erste Gruppe von Wirtschaftszweigen *Landwirtschaft etc. (A-B)* sowohl von der Anzahl der dort versammelten Zweige nach der Zahl der Arbeitskräfte und dem volkswirtschaftlichen Gewicht der Bruttowertschöpfung, inzwischen sehr geringfügig ist, haben wir es faktisch mit einer Gliederung in zwei Gruppen von Zweigen zu tun, deren gemeinte Charakteristik in den jeweiligen Überschriften zum Ausdruck kommt:

Das gesamte *Produzierende Gewerbe (C-F)* einerseits und davon getrennt, alle *Dienstleistungsbereiche (G-P)* andererseits.

Die jeweiligen Untergliederungen sollen noch kurz vorgestellt werden, bevor eine allgemeine Kritik und einige konkrete Einwände gegen diese Systematik formuliert werden. Diese dienen dann auch als kurz gefasste Begründungen für eine neue Ordnung der Zweige, die eine bessere Grundlage für unsere Untersuchung bieten soll.

Gliederung der Wirtschaftszweige nach WZ 03

Wirtschaftsgliederung nach WZ 2003

Lfd. Nr.	Systematik - Kennungen			Zweig-Bezeichnungen
1	A bis B			**Land- und Forstwirtschaft, Fischerei**
2		A		Land- und Forstwirtschaft
3			01	*Landwirtschaft und Jagd*
4			02	*Forstwirtschaft*
5		B		Fischerei und Fischzucht
6	C bis F			**Produzierendes Gewerbe**
7	C bis E			**Produzierendes Gewerbe ohne Baugewerbe**
8		C		**Bergbau u. Gewinnung von Steinen u. Erden**
9			CA	Bergbau auf Energieträger
10			10	Kohlenbergbau, Torfgewinnung
11			11	Gew.v.Erdöl u.Erdgas,Erbrg.verb.Dienstleistg.
12			12	Bergbau auf Uran- und Thoriumerze
13			CB	Erzbergbau, Gew.v.Steinen u.Erden,sonst.Bergbau
14			13	Erzbergbau
15			14	Gew.v.Steinen u.Erden,sonst.Bergbau
16		D		**Verarbeitendes Gewerbe**
17			DA	Ernährungsgewerbe und Tabakverarbeitung
18			15	*Ernährungsgewerbe*
19			16	*Tabakverarbeitung*
20			DB	Textil- und Bekleidungsgewerbe
21			17	*Textilgewerbe*
22			18	*Bekleidungsgewerbe*
23			DC	*Ledergewerbe*
24			DD	*Holzgewerbe (ohne H. v. Möbeln)*
25			DE	*Papier-, Verlags- und Druckgewerbe*
26			21	*Papiergewerbe*
27			22	*Verlags-, Druckgewerbe, Vervielfältigung*
28			DF	*Kokerei, Mineralölverarbeitung, H. v. Brutstoffen*
29			DG	*H. v. chemischen Erzeugnissen*
30			DH	*H. v. Gummi- und Kunststoffwaren*
31			DI	*Glasgewerbe ,H.v.Keramik, Verarb.v.Steinen u.Erden*
32			DJ	*Metallerzg.u.-bearb.,H.v.Metallerzeugnissen*
33			27	*Metallerzeugung und -bearbeitung*
34			28	*H. v. Metallerzeugnissen*
35			DK	Maschinenbau
36			DL	H.v.Büromasch.,DV-Gerät.u.-Einr.;Elektrotech.usw
37			30	*H.v.Büromasch.,DV-Gerät.u.-Einrichtungen*
38			31	*H.v.Gerät.d.Elektriz.erzg.,-verteilung u.Ä.*
39			32	*Rundfunk- u. Nachrichtentechnik*
40			33	*Medizin-,Mess-,Steuertechnik,Optik,H.v.Uhren*
41			DM	Fahrzeugbau
42			34	*H. v. Kraftwagen und Kraftwagenteilen*
43			35	*Sonstiger Fahrzeugbau*
44			DN	H.v.Möbeln,Schmuck,Musikinstr.usw;Recycling
45			36	*H. v. Möbeln, Schmuck, Musikinstr.,Sportger.usw*
46			37	*Recycling*
47		E		**Energie- und Wasserversorgung**

48			40	Energieversorgung
49			41	Wasserversorgung
50		F		Baugewerbe
51	G bis P			Dienstleistungsbereiche
52	G bis I			Handel, Gastgewerbe und Verkehr
53		G		Handel; Instandh.u.Rep.v.Kfz u.Gebrauchsgütern
54			50	Kfz-Handel; Instandh.u.Rep.v.Kfz;Tankstellen
55			51	Handelsvermittlung u. Großhandel (oh. Kfz)
56			52	Einzelh.(oh.Handel m.Kfz u.Tankst.); Rep.v.Geb.güt.
57		H		Gastgewerbe
58		I		Verkehr und Nachrichtenübermittlung
59			60	Landverkehr;Transport i.Rohrfernleitungen
60			61	Schifffahrt
61			62	Luftfahrt
62			63	Hilfs-u.Nebentätigkeiten f.d.Verkehr,Verkehrsverm.
63			64	Nachrichtenübermittlung
64	J bis K			Finanzierung, Vermietung u. Untern.dienstleister
65		J		Kredit- und Versicherungsgewerbe
66			65	Kreditgewerbe
67			66	Versicherungsgewerbe
68			67	Kredit- und Versicherungshilfsgewerbe
69		K		Grundstückswesen, Verm., Untern.dienstleister
70			70	Grundstücks- und Wohnungswesen
71			71	Verm.bewegl.Sachen oh.Bedienungspersonal
72			72	Datenverarbeitung und Datenbanken
73			73	Forschung und Entwicklung
74			74	Dienstleister überwiegend für Unternehmen
75	L bis P			Öffentliche und private Dienstleister
76		L		Öff. Verw., Verteidigung, Sozialversicherung
77		M		Erziehung und Unterricht
78		N		Gesundheits-, Veterinär- und Sozialwesen
79		O		Sonstige öff. u. priv. Dienstleister
80			90	Erbringung von Entsorgungsleistungen
81			91	Interessenvertr.,kirchl.u.sonst.Vereinigungen
82			92	Kultur, Sport und Unterhaltung
83			93	Sonstige Dienstleister
84		P		Häusliche Dienste
85	A bis P			Alle Wirtschaftsbereiche

Tabelle 3.2.1. – 6

Das *Produzierende Gewerbe (C-F)* wird unterteilt in :
Bergbau und Gewinnung von Steinen und Erden (C)
Verarbeitendes Gewerbe (D)
Energie- und Wasserversorgung (E) und
Baugewerbe (F)
Schon ein oberflächlicher Blick auf die Überschriften zeigt, dass auch hier die Inhalte der Oberbegriffe von völlig unterschiedlichem Gewicht sind. Die gesamte Industrie und das einschlägige, eher handwerkliche Gewerbe sind unter der Rubrik Verarbeitendes Gewerbe versammelt – und damit auch die Masse an Arbeitskräften, die mit der materiellen Produktion zu tun haben. Das Ordnungsprinzip der Aufzählung unterhalb dieser Rubrik soll weiter unten kurz angesprochen werden.

Die *Dienstleistungsbereiche (G-P)* umfassen wiederum drei Großgruppen von Wirtschaftszweigen:
Handel, Gastgewerbe und Verkehr (G bis I)
Finanzierung, Vermietung und Unternehmensdienstleister (J-K)
Öffentliche und private Dienstleister (L-P)
Bei diesen Rubriken sticht sofort die Heterogenität der jeweiligen Zusammenstellungen ins Auge. Sie löst sich nur zum Teil auf, wenn zur nächst tieferen Ebene der Systematik übergegangen wird. Dort werden der *Handel* und die *Reparatur von Kfz. (G)* zusammen ausgewiesen. Davon getrennt werden einerseits das *Gastgewerbe (H)* und andererseits der *Verkehr* mit der *Nachrichtenübermittlung (I)* in je einer Zweiggruppe zusammengefasst. Die *Gruppe (J-K)* wird in das *Kredit- und Versicherungsgewerbe (J)* einerseits und in die Zusammenstellung *Grundstückswesen, Vermietung und Unternehmensdienstleister (K)* andererseits aufgeteilt.

Die *Gruppe (L-P)* wird in vier tiefer liegende Rubriken aufgeteilt:
öffentliche Verwaltung und Sozialversicherungen (L)
Erziehung und Unterricht (M),
Gesundheits-, Veterinär- und Sozialwesen (O)
sonstige öffentliche und private Dienstleister (P).
Das statistische Bundesamt begründet die gedankliche Grundlage der Klassifikation der Wirtschaftszweige wie folgt:
»2.3 **Beschreibung der Tätigkeiten durch Güter**.
Alle Ebenen einer Wirtschaftszweigklassifikation lassen sich durch die für sie charakteristischen **Waren und Dienstleistungen** beschreiben.« *(Hvhg. d. JM) (siehe Fußnote 15; vergl. a.a.O. S. 16)*

3.2.2 Kritik an der offiziellen Systematik der Wirtschaftszweige und eine neue Ordnung

Da die Gleichartigkeit oder Ähnlichkeit der Waren und Leistungen nur wenig mit den Gründen für die Entwicklung der Zahl der Arbeitskräfte zu tun haben, ist diese Ordnung der Wirtschaftszweige kaum für die Untersuchung der quantitativen Entwicklungen der Erwerbstätigkeit in den Zweigen und deren Relationen geeignet. Dies zeigt sich praktisch u. a. daran, dass in der materiellen Produktion zwar nach dem charakteristischen Stoff für die Waren unterschieden wird, nicht aber nach der Stufe der Verarbeitung, auch nicht nach dem Zweck der Endverwendung (Export, Produktionsstoff, Investition in Produktionsanlagen, oder Konsum) oder nach dem Charakter des Konsums (Ver- oder Gebrauch) und der Art der Verbraucher (Staat oder private Haushalte). Auch sagt die stoffliche Eigenart der produzierten Waren nur wenig über das jeweilige Produktionsverfahren und über Prozessinnovationen aus. Aber gerade diese sind für die Entwicklung der Produktivität und, daraus folgend, für die Beschäftigungsentwicklung verantwortlich.

Auch in anderen Anordnungen der Zweige lassen sich solche Bestimmungen nicht gleichzeitig unterscheiden und verdeutlichen. Dazu kommt, dass auf der untersten öffentlich ausgewiesenen statistischen Ebene die Wirtschaftszweige doch weiterhin entsprechend dem kritisierten Prinzip organisiert sind. Jede andere Gliederung der Wirtschaftszweige fußt also auf dieser Art der Zusammenfassung von Unternehmen und Betrieben zu Wirtschaftszweigen. Aber die gröbsten Verstellungen der vorliegenden Ordnung der Zweige für unsere Fragen lassen sich wohl doch rückgängig machen oder ausschließen, wenn man einige Veränderungen vornimmt.

Auch bei einzelnen Wirtschaftszweigen lässt sich konkret zeigen, dass bei der vorliegenden offiziellen Systematik manche Merkwürdigkeiten auftreten. Die wichtigsten Fälle sollen kurz angesprochen werden, ohne die Argumentation weiter zu vertiefen.

1. Die *Entsorgung von Stoffen* wird unter den sonstigen öffentlichen oder privaten Dienstleistungen aufgeführt. Das umfasst wohl vor allem das Einsammeln von Stoffen. Soweit man das nicht dem Transportgewerbe zuordnen will, handelt es sich ja um eine Vorstufe vor der *Endlagerung* oder dem *Recycling*, als dem Ende des

stofflichen Kreislaufes der Volkswirtschaft. Daher sollte es, zusammen mit dem Recycling an den Anfang oder das Ende der materiellen Produktion gestellt werden.

2. Die *Reparatur von Kfz.*, die zusammen mit deren Handel rubriziert wird, ist damit insgesamt unter die Dienstleistungen gestellt. Die Erwerbstätigkeit für die Aufrechterhaltung oder Wiederherstellung der technischen Gebrauchsfähigkeit von Kfz. als Geschäftsfahrzeug oder als privates Konsumgut ist größer als jene für die Produktion von Kraftfahrzeugen und ihren Teilen. Der Handel fungiert, vom Arbeitaufwand her gesehen, eher als Anhängsel der Werkstätten, während die unternehmerische Führung umgekehrt organisiert ist. Die Reparatur sollte daher an das Ende der *materiellen Produktion* bei den Gebrauchsgütern gestellt und nicht als Beigabe des Handels rubriziert werden.

3. Umgekehrt sollte das Verlagsgewerbe aus seiner statistischen Verquickung mit dem *Druckgewerbe* gelöst werden, auch wenn sie in der Vergangenheit und heute noch bei vielen Periodika unter dem Dach von großen Verlagen zusammen betrieben werden. Das Druckgewerbe, als eine weitere Verarbeitungsstufe der mit dem Stoff Papier arbeitenden Gewerbe, gehört zweifellos zur materiellen Produktion. Das Verlagsgewerbe gehört dagegen z. T. zu den nicht materiellen Unternehmensdiensten oder zum Bereich Kultur und Unterhaltung. In unserem Vorschlag wird es aufgrund mangelnder Möglichkeit der Aufteilung zum Bereich *Kultur und Unterhaltung* gerechnet.

4. Die *Dienstleister für Unternehmen* umfassen einen großen Anteil von materiellen Dienstleistungen, die früher, und bei großen Betrieben z. T. immer noch, von diesen selbst erledigt werden. So beispielsweise Lagerung, Reinigung, Wachdienst und Verpflegung der Belegschaft.

Zusätzlich wird dort auch die Leiharbeit einsortiert, die ja nicht nur die eben genannten Bereiche umfasst, sondern zunehmend auch angelernte Tätigkeiten in der Produktion selber.

Außerdem ist dort eine Vielzahl von technisch-wissenschaftlichen Diensten für die Produktion notiert. Allerdings sind darunter auch jene Dienste für Unternehmen aufgeführt, die nichts mit der materiellen Produktion, dafür um so mehr mit dem Charakter der Warenproduktion und der Kapitalverwertung zu tun haben: Werbung, Marketing, Managementhilfen, Buchhaltung, Beratung,

Finanzdienste etc.. Hier wird unterstellt, dass die Dienste für die materielle Produktion überwiegen und daher werden die *Dienstleister für Unternehmen* der materiellen Produktion zugerechnet.

3.2.2.1 Die Prinzipien für eine veränderte Anordnung der Wirtschaftszweige

Die Reihenfolge der Wirtschaftszweige der materiellen Produktion wird umgestellt. Sie soll einerseits die Stufe der Verarbeitung und andererseits die Verwendung als Investitions- oder als Konsumgüter und bei den Konsumgütern, als Gebrauchs- oder Verbrauchsgüter anzeigen.

a) Die *stofflichen Grundlagen* der Produktion und der Volkswirtschaft überhaupt werden in den Stoffentnahmen aus der Natur gewonnen, entweder im heimischen Bergbau oder mit dem Import ausländischer Bergbauerzeugnisse, wie vor allem Kohle, Erdöl und Erdgas, natürlich auch fast alle Metallerze.

b) Die *Grundstoffe* für die Weiterverarbeitung werden in der metallerzeugenden, der chemischen und der Holz verarbeitenden Industrie hergestellt und eventuell schon in einer nächsten Verarbeitungsstufe zu Halbzeug verarbeitet.

d) Die nächste Stufe der Verarbeitung und eine erste Adresse des Endverbrauchs sind alle *Investitionsgüter*.

Bei den PKW, als überwiegendem Anteil der Kfz., ist die Zuordnung schwierig, da erstens ein großer Teil als Geschäftsfahrzeuge und ein anderer Teil privat genutzt wird und zweitens auch die privaten zum erheblichen Teil als privates Transportmittel im Berufsverkehr verwendet werden.

e) Gesellschaftlich gesehen sind natürlich auch die dauerhaften Wirtschaftsgüter, wie Wohnbauten, Straßen- und Infrastrukturbauten Investitionen, auch wenn sie nicht als solche in eine Wirtschaftsrechnung eingehen mögen. Das *Baugewerbe* soll jedoch als Branche mit eigenständigen Erzeugungsweisen, Güterarten und Nutzungen weiter eigenständig aufgeführt werden.

d) Bei den *Konsumgütern* wird zwischen den dauerhaften als Gebrauchsgütern und jenen, die mit dem Konsum verschwinden, den Verbrauchsgütern unterschieden, wie es üblich und auch sinnvoll ist.

e) Bei den Zweigzusammenstellungen, die Rundfunk- und Nachrichtentechnik einschließen, sowie bei Medizin-, Mess- und Steuertechnik, Optik und Herstellung von Uhren kann aufgrund der Statistik keine Unterscheidung in Investitionsgüter und Gebrauchsgüter gemacht werden. Zum Teil gehören die gleichen Produktgruppen, wie bei den Kfz., zu beiden Verwendungen, zum Teil sind unterschiedliche Produktgruppen zusammen rubriziert.

3.2.2.2 Die neue Ordnung

Aufgrund der Überlegungen zu den Zweiggruppen, vor allem bei den Diensten, der Reihenfolge bei der materiellen Produktion und einzelnen Zweigen werden 17 Gruppen von Zweigen gebildet.

1. UrProduktion und GrundStoffe
2. Betrieb der materiellen InfraStruktur
3. Herstellung von Halbzeug und Vorprodukten
4. InvestitionsGüter
5. GebrauchsGüter
6. VerbrauchsGüter
7. materiell-technische UnternehmensDienste
8. geistige UnternehmensDienste für die Produktion

---

9. Transport und Verkehr, privat u öfftl. betriebl. organisiert
10. Kommunikation, privat u öfftl. betriebl. organisiert
11. GüterVerteilung (Groß- und Einzelhandel)

---

12. Geistige Dienste und Unterhaltung
13. pers. u private Dienste
14. Eigentums- u KapitalDienste
15. priv. Vereinigungen der Klassen, sonstige Interessen-Organisationen; ideologische Organisationen

---

16. biologische und soziale ReproduktionsDienste
17. öffentl. Soziale Umverteilung; Verwaltung; staatliche Organisation und Sicherheit

Aus der Aufstellung ergeben sich nicht zwei Groß-Gruppierungen, wie faktisch bei der offiziellen Systematik mit der materiellen, weitgehend industriellen Produktion einerseits und den Diensten andererseits, sondern eine Teilung in vier große Sektoren:

A materielle Voraussetzungen der gesellschaftlichen Reproduktion und der materiellen Produktion und materielle Produktion

B materielle und geistige vermittelnde Dienste für die materielle Produktion, die Konsumtion und die Reproduktion der Gesellschaft

C konsumtive Dienste

D biologische, soziale und organisatorische Dienste der gesellschaftlichen Reproduktion

Über die Umstellung einzelner Wirtschaftszweige ist oben schon berichtet worden.

3.2.3 Eine veränderte Systematik der Wirtschaftszweige

Sektoren neu	lfd. Nr. neu	alt	****	***	**	*	Zweig-Bezeichnungen
			Umstellung nach Stufung der Vermittlung v Produktion zur Konsumtion				
			WZ 2003 Wirtschaftsgliederung				
	neu	**alt**	**Systematik – Kennungen**				**Zweig-Bezeichnungen**
1							**Ur-Produktion / GrundStoffe**
	1	1	A bis B				Land- und Forstwirtschaft, Fischerei
	2	2		A			Land- und Forstwirtschaft
	3	3				01	Landwirtschaft und Jagd
	4	4				02	Forstwirtschaft
	5	5		B			Fischerei und Fischzucht
	6	6	C bis F				Produzierendes Gewerbe
	7	7	C bis E				Produzierendes Gewerbe ohne Baugewerbe
	8	8		C			Bergbau u. Gewinnung von Steinen u. Erden
	9	9			CA		Bergbau auf Energieträger
	10	10				10	Kohlenbergbau, Torfgewinnung
	11	11				11	Gew.v.Erdöl u.Erdgas, Erbrg.verb.Dienstleistg.
	12	12				12	Bergbau auf Uran- und Thoriumerze
	13	13			CB		Erzbergbau, Gew.v.Steinen u.Erden,sonst.Bergbau
	14	14				13	Erzbergbau
	15	15				14	Gew.v.Steinen u.Erden,sonst.Bergbau
	16	46				37	Recycling
	??	80				90	Erbringung von Entsorgungsleistungen
2							**Materielle InfraStruktur**
	17	47		E			Energie- und Wasserversorgung
	18	49				41	Wasserversorgung
	19	48				40	Energieversorgung
3							**HalbZeug / VorProdukte**
	19	16		D			Verarbeitendes Gewerbe
	20	28			DF		Kokerei,Mineralölverarbeitung,H.v.Brutstoffen
	21	33				27	Metallerzeugung und -bearbeitung
	22	29			DG		H. v. chemischen Erzeugnissen
	23	24			DD		Holzgewerbe (ohne H. v. Möbeln)
	24	26				21	Papiergewerbe
4							**InvestitionsGüter**
	25	50		F			Baugewerbe
	26	31			DI		Glasgewerbe,H.v.Keramik,Verarb.v.Steinen u.Erden
	27	34				28	H. v. Metallerzeugnissen
	28	35			DK		Maschinenbau
	29	38				31	H.v.Gerät.d.Elektriz.erzg.,-verteilung u.Ä.
	30	37				30	H.v.Büromasch.,DV-Gerät.u.-Einrichtungen
	31	40				33	Medizin-,Mess-,Steuertechnik, Optik,H.v.Uhren
	32	41			DM		Fahrzeugbau
	33	42				34	H. v. Kraftwagen und Kraftwagenteilen
	34	43				35	Sonstiger Fahrzeugbau

Tabelle 3.2.3. – 7

5	GebrauchsGüter						
	35	39				32	Rundfunk- u. Nachrichtentechnik
	36	45				36	H. v. Möbeln, Schmuck, Musikinstr.,Sportger.usw
	37	30		DH			H. v. Gummi- und Kunststoffwaren
	38	23		DC			Ledergewerbe
	39	21				17	Textilgewerbe
	40	22				18	Bekleidungsgewerbe
	41	54				50	Kfz-Handel; Instandh.u.Rep.v.Kfz;Tankstellen
6	VerbrauchsGüter						
	42	18				15	Ernährungsgewerbe
	43	19				16	Tabakverarbeitung
7	mater-techn UnternehmensDienste						
	44	71				71	Verm. bewegl.Sachen oh. Bedienungspersonal
	45	74				74	Dienstleister überwiegend für Unternehmen
8	Geistige Unternehmens-Dienste für Produktion u. Verwaltung						
	53	72				72	Datenverarbeitung und Datenbanken
	46	73				73	Forschung und Entwicklung
9	Transport u Verkehr, untern, privat u., öfftl						
	47	58		I	Verkehr und Nachrichtenübermittlung		
	48	59				60	Landverkehr;Transport i.Rohrfernleitungen
	49	60				61	Schifffahrt
	50	61				62	Luftfahrt
	51	62				63	Hilfs-u.Nebentätigkeiten f.d.Verkehr,Verkehrsverm.
10	Kommunikation, mater, immater						
	52	63				64	Nachrichtenübermittlung
11	GüterVerteilung						
	54	55				51	Handelsvermittlung u. Großhandel (oh. Kfz)
	55	56				52	Einzelh.(oh.Handel m.Kfz u.Tankst.); Rep.v.Geb.güt.
12	Geistige Dienste u Unterhaltung						
	57	27				22	Verlags-, Druckgewerbe, Vervielfältigung
	58	82				92	Kultur, Sport und Unterhaltung
13	Pers. u private Dienste						
	59	57		H	Gastgewerbe		
	60	83				93	Sonstige Dienstleister
	61	84		P	Häusliche Dienste		
14	Eigent. u Kapit.-Dienste						
	62	66				65	Kreditgewerbe
	63	67				66	Versicherungsgewerbe
	64	68				67	Kredit- und Versicherungshilfsgewerbe
	65	70				70	Grundstücks- und Wohnungswesen
15	priv. Vereinigg: d Klassen- u sonst. Interessen, f Ideologie						
	66	81				91	Interessenvertr.,kirchl.u.sonst.Vereinigungen
16	Biol. u Soziale ReproduktionsDienste						
	67	77		M	Erziehung und Unterricht		
	68	78		N	Gesundheits-, Veterinär- und Sozialwesen		
17	öff. soz. Umverteilung, Verwaltung u Sicherheit						
	69	76		L	Öff. Verw., Verteidigung, Sozialversicherung		

3.3 Die Entwicklung der gesellschaftlichen Arbeitsteilung von 1970 bis 2004 in der Bundesrepublik Deutschland

3.3.1 Das korrigierte Bild der Veränderungen in der Beschäftigungsstruktur der BRD von 1970 bis 1991 und der erweiterten BRD von 1991 bis 2005

3.3.1.1. Erwerbestätigkeit in der BRD von 1970 bis 1991 und in Deutschland von 1991 bis 2004 in verschiedenen Wirtschaftszweigen (absolut und in Prozent je Jahr)

absolut u. in % je Jahr

	1970 absl.	1970 %	1991 absl.	1991 %	70:91 Diff.	70:91 %	1991 absl.	1991 %	2004 absl.	2004 %	91:04 Diff.	91:04 %	2005 absl.	70:04 Diff.	70:04 Diff. %
Materielle Produktion															
Aneignung u. Produktion a. d. biolog. Natur	2.245	9	1.031	3	-1.214	3	1.515	4	873	2	-642	2		-1.372	-7
Aneignung a. d. mineralischen Natur	321	1	193	1	-128	1	247	1	93	0	-154	0		-228	
Materielle InfraStruktur u. Versorgung	317	1	422	1	105	1	587	2	456	1	-131	1		139	
Halbzeug/Vorprodukte	2.522	10	2.226	7	-296	7	1.699	4	1.090	3	-609	3		-1.432	-7
BauGewerbe	2.276	9	2.061	7	-215	7	2.805	7	2.254	6	-551	6		-22	
InvestitionsGüter	3.555	14	3.734	12	179	12	5.490	14	4.077	11	-1.413	11		522	-7
Summe: BauGewerbe + InvestGüter	5.831	23	5.795	19	36	19	8.295	22	6.331	16	-1.964	16		500	-7
Summe: Halbzeug, Invest + Bau	8.353	32	8.021	26	-332	26	9.994	26	7.421	19	-2.573	19		-932	-13
Gebrauchsgüter	1.483	6	889	3	-594	3	1.516	4	876	2	-640	2		-607	-4
Verbrauchsgüter	908	4	827	3	-81	3	1.008	3	962	2	-46	2		54	-2
Kfz-Handel; Instandh.u.Rep.v.Kfz.;Tankst.	547	2	657	2	110	2	790	2	945	2	155	2		398	
UnternehmensDienste	832	3	1.972	7	1.140	7	2.279	6	4.596	12	2.317	12		3.764	+9
Summe: Materielle Produktion u. zugehör., u. sonst. mater. Dienste	15.006	58	14.012	46	-994	46	17.936	47	16.222	42	-1.714	42		1.216	-16
Vermittlungen															
Transport u. Verkehr, untern., öfftl.	704	3	837	3			1.709	4	1.602	4	-107	4		898	
NachrichtenÜbermittlung	459	2	609	2			738	2	514	1	-224	1		55	
GüterVerteilung - Groß- u. Einzel-Handel	3.218	12	4.136	14	918	14	4.853	13	4.999	13	146	13		1.781	
Summe: Vermittlungen stoffl., pers. u. inform.	4.381	17	5.582	18	1.201	18	7.300	19	7.115	18	-185	18		2.734	+1
Dienste															
Kultur, Sport, Unterhaltg. u. pers. Dienste	1.835	7	2.953	10	1.118	10	3.408	9	4.297	11	889	11		2.462	+4
Kapital und Eigentums-Dienste	791	3	1.292	4	501	4	1.457	4	1.702	4	245	4		911	
Interessenvertr., kirchl.u.sonst.Vereiniggn.	141	1	347	1			391	1	494	1	103	1		353	
Dienste f. d. gesellschaftl. Reprod.															
Erzhg., Unterr., Gesundht., Sozialw., Staat	3.625	14	6.129	20		20	7.857	20	8.903	23	1.046	23		5.278	+9
Summe: Dienste	6.392	25	10.721	35	4.329	35	13.113	34	15.396	40	2.283	40		9.004	+15
Alle Wirtschaftsbereiche - A bis P	25.779	100	30.315	100	4.536	100	38.349	100	38.733	100	384	100	38.823	13.044	+51
	1970		1991				1991		2004				2005		

Quelle: Stat. Bundesamt, Volkswirtschaftliche Gesamtrechnungen, Inlandsproduktberechnung, FS 18, R 1.4, R S29, eig. Berechng

Tabelle 3.3.1.1. – 8

3.3.1.2. Prozentuale Verteilung

Zum Vergleich der Sektorproportionen in alter und neuer Gliederung über die Zeit von 1970 bis 2004 und ihren Veränderungen ist die Reduktion in beiden Tabellen auf die Anteile der Beschäftigten in Zweigen und Sektoren im jeweiligen Jahr an der gesamten Beschäftigung in der Volkswirtschaft der BRD (alt oder neu) in diesen Jahren hilfreich.

Hier nun zuerst die Tabelle mit der alten Einteilung in zwei Großsektoren Produktion und Dienste und in sechs Sektoren:

Im Folgenden werden jetzt anhand der neuen und umfangreicheren Gliederung die prozentualen Veränderungen der Großsektoren aufgrund der Veränderungen in den 17 Untersektoren vorgestellt und in ihrer Bedeutung innerhalb der Veränderungen der gesellschaftlichen Arbeitsteilung kommentiert.

Eine empirisch fundierte Diskussion der Ursachen für diese Veränderungen ist an dieser Stelle aufgrund der hier verwendeten Daten nicht möglich. Einige ökonomische Gründe werden im Abschnitt 4 untersucht.

			3.2.12 Erwerbstätige Durchschnitt in 1000			
	Lfd. Nr.	WZ 2003	BRD alt		Deutschland	
			1970	1991	1991	2005
			% v Nr 85	% v Nr 85	% v Nr 855	% v Nr 85
Land u. Forstwirtschaft, Fischerei	1	A bis B	8	3	4	2
Produzieren des Gewerbe	7	C bis E	38	30	29	20
Baugewerbe	50	F	9	7	7	6
Handel, Gastgewerbe und Verkehr	52	G bis I	22	25	24	25
Finanzierung, Vermietung u. Untern. dienstleister	64	J bis K	6	10	10	16
Öffentliche und private Dienstleister	75	L bis P	17	25	26	30
Alle Wirtschaftsbereiche	85	A bis P	100	100	100	100

Tabelle 3.3.1.2. – 9

Erwerbstätigkeit in der BRD von 1970-1991 und in Deutschland von 1991-2004 in versch. Wirtschafts zweigen absolut u. in % je Jahr								
	1970	1991	70:91	1991	2004	91:04	70:04	70:04
	%	%	Diff.	%	%	Diff.	Diff.	Diff. %
Materielle Produktion								
Aneigung u. Produktion a. d. biolog. Natur	9	3	-1.214	4	2	-642	-1.372	- 7
Aneigung a. d. mineralischen Natur	1	1	-128	1	0	-154	-228	
Materielle InfraStruktur u. Versorgung	1	1	105	2	1	-131	139	
Halbzeug/Vorprodukte	10	7	-296	4	3	-609	-1.432	- 7
BauGewerbe	9	7	-215	7	6	-551	-22	
InvestitionsGüter	14	12	179	14	11	-1.413	522	- 7
Summe: BauGewerbe + InvestGüter	*23*	*19*	*36*	*22*	*16*	*-1.964*	*500*	*- 7*
Summe: Halbzeug, Invest + Bau	*32*	*26*	*-332*	*26*	*19*	*-2.573*	*-932*	*- 13*
GebrauchsGüter	6	3	-594	4	2	-640	-607	- 4
VerbrauchsGüter	4	3	-81	3	2	-46	54	- 2
Kfz.-Handel; instandh.u.Rep.v.Kfz.;Tankst.	2	2	110	2	2	155	398	
UnternehmensDienste	3	7	1.140	6	12	2.317	3.764	+ 9
Summe: Materielle Produktion u.zugehör., u.sonst. mater. Dienste	*58*	*46*	*-994*	*47*	*42*	*-1.714*	*1.216*	*- 16*
Vermittlungen								
Transport u. Verkehr, untern., öfftl.	3	3		4	4	-107	898	
NachrichtenÜbermittlung	2	2		2	1	-224	55	
GüterVerteilung - Groß- u. Einzel-Handel	12	14	918	13	13	146	1.781	
Summe: Vermittlungen stoffl., pers.u. inform. n	*17*	*18*	*1.201*	*19*	*18*	*-185*	*2.734*	*+ 1*
Dienste								
Kultur, Sport, Unterhaltg. u. pers. Dienste	7	10	1.118	9	11	889	2.462	+ 4
Kapital und Eigentums-Dienste	3	4	501	4	4	245	911	
Interessenvertr., kirchl.u.sonst.Vereiniggn.	1	1		1	1	103	353	
Dienste f. d. gesellschaftl. Reprod.	14	20		20	23	1.046	5.278	+ 9
Erzhg., Unterr., Gesundht., Sozialw., Staat								
Summe: Dienste	*25*	*35*	*4.329*	*34*	*40*	*2.283*	*9.004*	*+ 15*
Alle Wirtschaftsbereiche - A bis P	*100*	*100*	*4.536*	*100*	*100*	*384*	*13.044*	*+ 51*
	1970	1991		1991	2004			

Quelle: Stat. Bundesamt, Volkswirtschaftliche Gesamtrechnungen, Inlandsproduktberechnungen, FS 18, R 1.4; R S29; eig. Berechng.

Tabelle 3.3.1.2. – 10

3.3.1.3 Die materielle Produktion und zugehörige Dienste

Die *materielle Produktion* nach dem alten Schema – *Landwirtschaft* und *Produzierendes Gewerbe* einschließlich *Baugewerbe* – wechselt von 55 Prozent Anteil an der Beschäftigung in der BRD von 1970 auf 28 Prozent Anteil in der erweiterten BRD von 2004.

Dem gegenüber haben die *materielle Produktion* und die zugehörigen *materiellen und geistigen Dienste*, sowie die *materielle Infrastruktur* nach korrigierter Aufstellung 1970 einen Beschäftigungsanteil von 58 Prozent und 2004 in der erweiterten BRD von 42 Prozent. Für 1970 liegen die beiden unterschiedlichen Zusammenstellungen für eine weite Fassung der materiellen Produktion nahe beieinander: 55 zu 58 Prozent. Für 2004/05 gibt es dagegen eine erhebliche Differenz: 28 zu 42 Prozent. Die Gegenprobe bei den Diensten zeigt natürlich die komplementäre Entwicklung. Die *Diensthaltigkeit* der Volkswirtschaft der BRD von 1970 nach alter Aufstellung lag bei einem Anteil der Beschäftigten von 45 Prozent, und erreichte in der erweiterten BRD in 2005 71 Prozent. Nach der neuen Gliederung haben wir 1970 einen Anteil von 25 Prozent, der sich bis 2004 in der erweiterten BRD auf 40 Prozent steigert.

Dieses erheblich niedrigere Niveau der *Diensthaltigkeit* ist natürlich einerseits dem Umstand geschuldet, dass die vermutlichen materiellen und geistigen »Dienste« für die materielle Produktion, auch wenn sie inzwischen ökonomisch und organisatorisch selbständig geworden sein mögen, dieser selbst zugeschlagen wurden. Zum zweiten liegt es daran, dass die *materielle Infrastruktur* der *Produktionssphäre* zugerechnet wurde und zum dritten, dass der ganze Bereich der vermittelnden Aktivitäten, vor allem also Handel und Verkehr nicht zu den Diensten gerechnet wurde, sondern als eigenständig behandelt wird.

Dieser Bereich, der sonst zu den *Dienstleistungen* gezählt wird, hat seinen Anteil an der Beschäftigung nach der neuen Gliederung erstaunlicher Weise fast beibehalten: von 17 Prozent in 1970 in der alten BRD auf 18 Prozent in 2004 in der erweiterten BRD. Zwar schlägt sich dies absolut in einer Steigerung der Beschäftigtenzahl um 2,7 Millionen nieder, die aber auch ein enorm vergrößertes Transportvolumen an Waren bewältigen und einen entsprechend vergrößerten Geschäftsumsatz erbringen. Der wichtigste Grund für die relativ geringe Vergrößerung liegt allerdings nicht so sehr in der Steigerung der Produktivität als vielmehr in dem volkswirtschaftlich nicht in Wert- oder Warenmengen ausgedrückten Transportvolumen des privaten Pkw-Verkehrs, das sich nur im Wertumfang der Treibstoffmenge sowie in den Investitionen für den Straßenbau und bei der Produktion und dem Binnenabsatz der Pkw niederschlägt.

Die *Entstofflichung*, oder umgekehrt die *Dienstleistungshaltigkeit* sind bei sinnvollerer, wenn auch noch nicht vollständig adäquater Zuordnung der Wirtschaftszweige wesentlich weniger fortgeschritten, als häufig beschworen. Es gibt darüber hinaus eine Reihe von

Entwicklungen der *internationalen Arbeitsteilung*, vermittelt über Export und Import, die dieses Ergebnis, vor allem für den stofflichen Reproduktionszusammenhang der nationalen Gesellschaft, noch erheblich verstärken: der Ersatz von heimischer Kohle durch Importkohle und Erdöl – letzteres sowohl als Energieträger wie auch als Ausgangsstoff für die riesige Palette von Chemieprodukten, z. B. für Kunststoffe, die u. a. auch andere Werkstoffe wie Eisen- und Leichtmetalle, Keramik und Holz ersetzen.

Außerdem sind inzwischen ganze *Industriezweige ausgewandert*, deren Produkte aber als Importware inländische Beschäftigung ersparen: Textil- und Bekleidung, Lederwaren, aber auch die Produktion von Fotoapparaten, PCs, Audio-Geräten, Rundfunk- und Fernsehapparaten und inzwischen auch von Handys usw.

Dagegen zu rechnen wäre der hohe Exportanteil des deutschen Maschinenbaus, der Kfz.-Produktion und anderer Zweige. Eine genauere Bilanz in dieser Frage erforderte eine tiefere Umstellung der Wirtschaftszweige und eine genaue Abgrenzung von Export- und Importverhältnissen in Gewerben und bei Produkten. Das kann hier nicht geleistet werden.

Wenn wir die erweiterte Kategorie der *Materiellen Produktion* daraufhin prüfen, welche der darin enthaltenen Wirtschaftszweige zum Rückgang ihres Anteils an den Beschäftigten beigetragen haben, dann ergibt sich manche Überraschung. Dabei muss immer im Auge behalten werden, dass in der alten BRD die Entwicklung von 1950 bis 1970 schon von weitgehenden Umstrukturierungen geprägt war, die meist in die gleiche Richtung gingen wie in den folgenden Jahrzehnten.

Der Rückgang des Anteils des umfassenden Zweiges *Landwirtschaft* von neun auf zwei Prozent der Beschäftigten um 1,37 Millionen ist auch in dieser Aufstellung erheblich. Der Rückgang des *Bergbaus* etc. von einem Prozent auf nur noch 0,25 Prozent um 230.000 ist dagegen fast unerheblich. Das liegt daran, dass die Umstellung auf Importkohle und auf ebenfalls importiertes Erdöl schon vor 1970 weitgehend vollzogen war. Die Entwicklung der *Materiellen Infrastruktur*, soweit sie auch stofflichen Transport umfasst, allerdings ohne Straßen und Bahnanlagen usw., zeigt dagegen einen fast gleich bleibenden Anteil von einem Prozent, dessen absoluter Zuwachs von 140.000 sich schon weitgehend in der alten BRD bis 1991 vollzogen hatte.

Die Entwicklung der Zahlen bei der Produktion von *Produktionsgütern und Halbzeug* ist in der statistischen Wiedergabe etwas kompliziert. In der alten BRD wurde die Metallerzeugung zusammen mit der *Herstellung von Metallerzeugnissen* statistisch gemeinsam geführt. Zusammen mit den anderen Produktionsgütern stellte sich ihr gemeinsamer Anteil auf zehn Prozent in 1970 und verminderte sich auf sieben Prozent in 1991 für die alte BRD. Das entsprach einer absoluten Verringerung von 300.000. Für die erweiterte BRD stellt sich der Anteil der Produktionsgüter, nun allein mit der *Metallerzeugung und Metallbearbeitung* gezählt, aber mit Zuwachs durch die Übernahme der DDR, mit 1,7 Millionen auf vier Prozent aller Beschäftigten in 1991 dar und sinkt bis 2004 auf drei Prozent. Das bedeutet einen absoluten Rückgang von 600.000 Beschäftigten. Die ab 1991 gesondert aufgeführte Herstellung von *Metallerzeugnissen* erhöht dann aus rein statistischen Gründen die Beschäftigtenzahl bei den Investitionsgütern.

Die Entwicklung beim *Baugewerbe* geht von neun Prozent in 1970 in der alten BRD auf sechs Prozent in 2004 in der erweiterten BRD zurück. Die absolute Verringerung umfasst nur 22.000 Beschäftigte. Das täuscht jedoch insofern, als der Zuwachs von 750.000 durch den Anschluss Ostdeutschlands von 1991, danach bis 2004 wieder um 550.000 abgebaut wurde.

In der Produktion von *Investitionsgütern und Baugewerbe* zusammen verringert sich der Anteil der Beschäftigten von 23 Prozent in 1970 in der alten BRD auf nur noch 16 Prozent in 2004 in der erweiterten BRD. Zusammen mit der *Produktion von Halbzeug* ging der Anteil der Zahl der Beschäftigten von 32 Prozent in 1970 in der alten BRD auf 19 Prozent in 2004 in der erweiterten BRD zurück, was einer absoluten Verringerung in diesem Zeitraum um 930.000 Beschäftigte entspricht. Der Abbau allein in der erweiterten BRD von 1991 auf 2004 erfolgt von 26 auf 19 Prozent und umfasst 2,5 Millionen Erwerbstätige! Die Einbeziehung der Entnahme von Mineralerzeugnissen würde wegen der geringen Größenordnung an dem Ergebnis kaum etwas ändern.

Die *Gebrauchsgütergewerbe* beschäftigten 1970 in der alten BRD sechs Prozent der Arbeitskräfte und in 2004 in der erweiterten noch zwei Prozent. Die Verminderung in der alten BRD bis 1991 entsprach absolut etwa 600.000 Beschäftigten. Da 1991 rund 600.000 Beschäftigte in und aus Ostdeutschland hinzukamen, umfasste der

Abbau von 1991 bis 2004 in der erweiterten BRD sogar 640.000 Beschäftigte.

In der *Verbrauchsgüterindustrie* haben wir eine etwas andere Entwicklung. Hier vermindert sich der Anteil von vier Prozent in 1970 auf drei Prozent in 1991 in der alten BRD. Das entsprach 0,9 Millionen Beschäftigten. Mit der Vereinnahmung Ostdeutschlands kommen knapp 200.000 Beschäftigte hinzu, von denen nur rund 50.000 wieder abgebaut werden. Die prozentuale Verringerung von 4Prozent 1970 auf 2 Prozent 2004, stellt sich absolut in einem leichten Zuwachs der Beschäftigung in diesem Zweig um 50.000 dar.

Die *Instandhaltung von Kfz.. und ihr Verkauf* bleiben im Anteil von zwei Prozent zwischen 1970 und 2004 konstant, was aber einer Steigerung um rund 400.000 Beschäftigten von 547.000 auf 945.000 entspricht – und die gleiche Größenordnung darstellt, wie die Produktion von Kfz. und Zubehör selbst.

In dem Bereich, der außerdem noch der materiellen Produktion zuzurechnen ist, finden wir auch die *Unternehmensdienste*, mit ihrer sehr heterogenen Zusammensetzung, u. a. mit der *Leiharbeit*. Diese Gruppe von Wirtschaftszweigen macht eine geradezu dramatische Entwicklung durch. Von drei Prozent der Beschäftigten in 1970 in der alten BRD vergrößert sie sich auf zwölf Prozent in 2004 in der erweiterten BRD. Das bedeutet einen absoluten Anstieg um 3,7 Millionen von 832.000 auf 4,6 Millionen Beschäftigten. Dabei wird die Steigerung in der alten BRD bis 1991 um 1,1 Millionen noch von der Steigerung in der erweiterten BRD um 2,3 Millionen von 2,28 Millionen in 1991 auf 4,49 Millionen übertroffen, wobei davon nur 300.000 durch den Zuwachs aus der Vereinnahmung der DDR stammen.

3.3.1.4 Die vermittelnden Strukturen und Dienste

Der Bereich der stofflich-technischen Vermittlungen, *Transport und Verkehr* sowie *Handel,* verändert seinen Anteil an den Beschäftigten von 16 Prozent in 1970 in der alten BRD auf nur 18 Prozent in 2004 in der erweiterten BRD. Immerhin entspricht das einer Vergrößerung um 2,7 Millionen Beschäftigte. Gegenüber der massiven Vergrößerung der Warenmengen und ihrem erheblich beschleunigten Umsatz erscheint dies aber doch recht wenig. Wie zu vermuten, verzeichnen die beiden Bereiche mit der stofflichen Bewegung von

Waren und Personen eine leichte Erweiterung ihres Anteils an Beschäftigten: bei *Transport und Verkehr* von drei Prozent auf vier Prozent um absolut rund 900.000 und beim *Handel* von zwölf Prozent auf 13 Prozent um immerhin 1,7 Millionen Beschäftigte.

Dagegen schrumpft der Anteil der *Nachrichtenübermittlung* von zwei Prozent auf ein Prozent, was einer ganz geringen Zunahme um 50.000 auf 500.000 Beschäftigte entspricht. Bedenkt man die riesige Ausweitung der technischen Übermittlung von Bedeutungsinhalten (von Nachrichten, Informationen aller Art und sonstigem content) dann ist ersichtlich, dass hier schon auf hohem Niveau der Technisierung begonnen und dieses durch Digitalisierung und die damit verbundenen Technologien in ganz neue Dimensionen transformiert wurde.

3.3.1.5 Die Dienste im engeren Sinn

Die drei Gruppen von Wirtschaftszweigen aus der offiziellen, alten Gliederung, *Handel, Gastgewerbe und Verkehr* (einschließlich Nachrichtenübermittlung), *Finanzierung, Vermietung und Unternehmensdienstleister* sowie *Öffentliche und private Dienstleister* finden in der umgestellten neuen Gliederung keine passenden Vergleichsgruppen mehr. Diese Gruppen sind jetzt stark »ausgedünnt«, weil wesentliche Zweige zur materiellen Produktion, zur Infrastruktur oder in die Gruppe der vermittelnden materiellen Strukturen gestellt wurden. Dagegen wurde der Bereich *öffentliche und private Dienstleister* um das *Gastgewerbe* erweitert.

Nach der alten Gliederung wuchs der Bereich *Öffentliche und private Dienstleister* in der alten BRD von 4,5 Millionen Beschäftigten in 1970 um 3,4 Millionen auf 7,9 Millionen in 1991. Das war eine Anteilsvergrößerung von 17 Prozent auf 25 Prozent. Durch die Vereinnahmung der DDR kamen 1991 zunächst rund zwei Millionen Beschäftigte hinzu, was sich auf 9,9 Millionen in der erweiterten BRD summierte. Bis 2005 kamen nochmals 1,7 Millionen Beschäftigte in dieser Gruppe hinzu, was nunmehr 11,7 Millionen Beschäftigte ausmachte. Die entsprechenden Anteile beliefen sich für die erweiterte BRD 1991 auf 26 Prozent und 2005 auf 30 Prozent.

Nach der neuen Gliederung umfasst diese Gruppe die Zweige *Kultur, Sport und Unterhaltung, persönliche Dienste* sowie *Interessen-*

vertretungen und ideelle Vereinigungen und die *Dienste für die gesellschaftliche Reproduktion und Ordnung*. Deren summierte Beschäftigung wächst von 5,6 Millionen in 1970 um 3,8 Millionen auf 9.4 Millionen Beschäftigte 1991 in der alten BRD. Der respektive Anteil bewegte sich von 22 Prozent auf 31 Prozent für 1991 in der alten BRD. Mit der Übernahme von 2,6 Millionen Beschäftigten aus der DDR belief sich die Zahl auf 11,6 Millionen, die sich noch einmal um 2 Millionen auf 13,6 Millionen in 2004 vergrößerte. Der entsprechende Anteil vergrößert sich von 30 Prozent auf 36 Prozent.

Die Steigerungen der Zahlen und der Anteile zwischen alter und neuer Gliederung sind durchaus ähnlich, so dass die Hinzustellung des *Gastgewerbes* nur das Zahlenniveau erhöht hat, aber keine andere Entwicklungstendenz zeigt.

Die neue Gruppe *Kapital- und Eigentumsdienste* wurde durch Herauslösen der Unternehmensdienstleister im weiten Sinn aus der alten Gruppe *Finanzierung, Vermietung und Unternehmensdienstleister* gebildet. Nach der alten Gliederung hatte sich diese Zweiggruppe um 1,6 Millionen auf 3,2 Millionen Beschäftigte von 1970 auf 1991 in der alten BRD vergrößert. Der Anteil wuchs von sechs Prozent auf zehn Prozent. Die Hinzugewinnung von 470.000 Beschäftigten mit der Übernahme der DDR vergrößerte deren Zahl auf 3,7 Millionen in 1991 in der erweiterten BRD, die sich dann um weitere 2,5 Millionen auf 6,4 Millionen in 2004 ausweitete. Der Anteil wuchs von zehn Prozent auf 16 Prozent.

Nach der neuen Gliederung, die die *Unternehmensdienstleister* herausnimmt und ganz eng auf die Kapital- und Eigentumsdienste abstellt, liegt die Zahl der Beschäftigten bei 790.000 in 1970 und steigt um 500.000 auf 1,3 Millionen in 1991 in der alten BRD, der Anteil steigt von 3 auf 4 Prozent. Durch die Übernahme kommen in diesem Zweig nur 165.000 Beschäftigte hinzu, so dass 1991 in der erweiterten BRD 1,45 Millionen beschäftigt sind. Mit einem Zuwachs um 245.000 hat dieser Zweig dann 1,7 Millionen Beschäftigte in 2004. Der entsprechende Anteil beläuft sich auf vier Prozent und bleibt bei vier Prozent. Es zeigt sich, dass trotz weitgehender »Kommodifizierung« und kapitalmäßiger Durchdringung der Gesellschaft die spezifischen Arbeiten schon am Ausgangspunkt 1970 keinen sehr großen Umfang haben und dann im Verlauf offenbar so sehr effektiviert wurden, dass sie mit kaum erhöhtem Anteil an der Beschäftigung bewältigt werden konnten.

Die *Interessenvertretungen und ideellen Vereinigungen* wachsen von 140.000 in 1970 auf 350.000 in 1991 in der alten BRD. Der Anteil bleibt fast auf dem gleichen Niveau von nur einem Prozent. Die Vergrößerung durch die Vereinnahmung der DDR umfasst kaum 50.000 Beschäftigte und steigt dann von 390.000 in 1991 auf 490.000 in 2004 in der erweiterten BRD. Der Anteil stagniert dabei weiterhin bei einem Prozent aller Beschäftigten.

Die geringe Größe beider vorgenannten Zweiggruppen und ihr relativ geringes absolutes Wachstum sowie die Stagnation der Anteile an der Gesamtbeschäftigung erstaunen doch sehr. Viele weitere *Kapitalfunktionen* müssen anscheinend durch andere Organisationen erledigt werden. So erfolgt z. B. die kapitalistische Integration der Bevölkerung in die bürgerliche Gesellschaft, ihre friedliche Beherrschung, vor allem durch die unten genannten Mechanismen, die aber stark in Umfang, Aktivität und Erfolg erweitert wurden: Zu denken ist dabei vor allem an die Werbung und den damit verbundenen Teil des Konsums sowie an die ablenkenden und interpretierenden Medien. Ein wesentlicher Teil der integrativen Wirkung von beiden ist der Profisport, vor allem der Fußball. Auch ist natürlich die integrative Wirkung der Tätigkeit von und in Vereinen und Verbänden erheblich, die dies nicht als ihre explizit manipulative Aufgabe sehen. Dagegen hat die integrative Wirkung des politischen Systems und Getriebes in den letzten Jahrzehnten und Jahren wohl eher abgenommen.

Die marktgängigen Dienste für kollektiven oder individuellen Konsum, *Kultur, Sport und Unterhaltung,* und die *persönlichen Dienste* haben sich von 1,8 Millionen in 1970 um 1,1 Millionen auf 2,9 Millionen Beschäftigte in 1991 in der alten BRD vergrößert. Das machte eine Steigerung des Anteils von sieben Prozent auf zehn Prozent aus. In der erweiterten BRD liegt das Niveau der Zahlen durch die Vereinnahmung der DDR um 450.000 höher und steigt von 3,4 Millionen auf 4,2 Millionen Beschäftigte. Der Anteil steigt von neun Prozent auf elf Prozent.

Neben den Unternehmensdiensten, sind es vor allem die *Dienste für die gesellschaftliche Reproduktion: Gesundheit, Soziales, Schule, Ausbildung und Hochschulen,* die eine dramatische Ausdehnung erfahren haben.

Da die unmittelbaren Tätigkeiten in der Staatsverwaltung in den letzten 15 Jahren eher abgenommen haben und personell ausgedünnt wurden, sind es die drei anderen Bereiche, die erheblich erweitert wurden. Dabei wird die *Verwaltung der Sozialversicherungen* fälschlicher Weise mit zu diesem Bereich gezählt. Die staatliche Verwaltung und die Sozialversicherung zusammen haben ihre Beschäftigung von 1,9 Millionen in 1970 um 680.000 auf rund 2,6 Millionen in 1991 in der alten BRD ausgedehnt. Das entsprach einem Anteil von jeweils sieben Prozent. Hinzu kamen rund 600.000 Beschäftigte durch die Übernahme der DDR, was 1991 dann in der erweiterten BRD eine Zahl von 3,2 Millionen ergab. Bis 2005 wurde diese Zahl dann wieder um 543 auf 2,66 Millionen verringert. Die entsprechenden Anteile belaufen sich auf acht Prozent und wieder sieben Prozent.

Das *Gesundheits-, Veterinär- und Sozialwesen* beginnt 1970 in der alten BRD mit 985.000 Beschäftigten. Es dehnt sich bis 1991 um 1,3 Millionen auf 2,3 Millionen Beschäftigte aus. Das entspricht einer Steigerung von vier Prozent auf sieben Prozent von allen Beschäftigten. Nachdem durch die Übernahme der DDR 520.000 Beschäftigte hinzukamen, steigt deren Zahl in der erweiterten BRD 1991 auf 2,8 Millionen und dann weiter bis 2005 auf vier Millionen. Die entsprechenden Anteile belaufen sich auf sieben und zehn Prozent. Bei zunehmenden Unfällen auf Straßen, abnehmenden Unfällen in Betrieben und der Zunahme von Zivilisationskrankheiten haben wir eine gestiegene Lebenserwartung, woran das verbesserte und ausgedehnte Gesundheitswesen sicher seinen Anteil hat.

Das *Erziehungs- und Unterrichtswesen* beschäftigt 1970 in der alten BRD 730.000 Personen. Bis 1991 sind es dann 1,2 Millionen, weil rund 500.000 dazu gekommen sind. Die Anteile liegen bei knapp drei Prozent in 1970 und vier Prozent in 1991. Die Steigerung ist also eher bescheiden. Das liegt unter anderem daran, dass schon eine erhebliche Ausdehnung dieses Sektors in den späten 60er Jahren erfolgte. Durch die Vereinnahmung der DDR kommen rund 600.000 Beschäftigte hinzu. Dadurch gibt es in der erweiterten BRD 1991 1,8 Millionen Beschäftigte und 2,2 Millionen in 2005, weil noch einmal 420.000 zusätzlich eingestellt werden. Die Anteile belaufen sich auf fünf Prozent und knappe sechs Prozent. Wie die zunehmend auffallenden Probleme im Ausbildungssektor zeigen, ist das eine immer noch viel zu kleine Zahl an Arbeitskräften in diesem gesellschaftlichen Funktionsbereich.

3.3.2 Zusammenfassung: Die Verteilung der Erwerbstätigkeit auf sechs Sektoren der Volkswirtschaftlichen Gesamtrechnung

Die Zahlen zeigen:

1. eine starke Schrumpfung der Erwerbstätigkeit in der Landwirtschaft; besonders bei den weiblichen *Mithelfenden Familienangehörigen,* trotz der Beibehaltung der betrieblichen Struktur ohne *Lohnabhängige;*

2. eine erhebliche Schrumpfung der lohnabhängigen Erwerbstätigkeit in fast allen Industrien;

3. eine starke Reduktion besonders bei den Energie-Rohstoffen und den Vorprodukten (Produktionsstoffen) sowie bei den Halbzeug liefernden Zweigen;

4. eine starke Reduktion auch bei den Zweigen der verarbeitenden Gewerbe und Industrien;

5. daneben auch Modifikationen des Musters einer allgemeinen Reduktion. Das sind bei den Industrien vor allem die Herstellung von Metallerzeugnissen, der Maschinenbau und der Bau von Kfz. sowie das Nahrungsmittelgewerbe;

6. eine erhebliche Ausdehnung der Beschäftigung im Zweig der Kfz.-Reparatur, als einem nicht selbständig produzierenden Gewerbe;

7. die technisch-wissenschaftlichen Zuarbeiten für die materielle Produktion, wie z. B. die Verarbeitung und Übermittlung von Daten, sowie Forschung und Entwicklung sind hinsichtlich der absoluten Beschäftigtenzahlen weiterhin wenig bedeutend und ihre prozentuale Ausweitung ist nicht beeindruckend.

8. Jene Zweige, die informationell, organisatorisch und stofflich die Warenproduktion, ihre Organisation und ihre Verteilung vermitteln, wie Nachrichtenübermittlung, Transport (Verkehr), Großhandel und Einzelhandel, haben ihre lohnabhängige Beschäftigung absolut ausgeweitet, verbleiben damit allerdings weitgehend im Rahmen eines kaum gestiegenen Anteils an der volkswirtschaftlichen Gesamtbeschäftigung.

9. Die im Verlauf der Jahre seit 1970 unternehmerisch aus der Industrie ausgelagerten Tätigkeitsbereiche finden sich jetzt statistisch bei den Dienstleistungen für Unternehmen, dazu gehört auch die Leiharbeit. Dieser gesamte Wirtschaftszweig hat seine lohnabhängige Erwerbstätigkeit seit 1991 um mehr als zwei Mil-

lionen erweitert. Das umfasst die Randbereiche industrieller Produktion in Betrieben, Teile der Kernproduktion mit Hilfe von Leiharbeit, sowie Teile der selbständigen kommerziellen und anderen Dienste für die Unternehmen. Der größte Teil sind aber ausgelagerte Bestandteile einer früher einheitlichen Betriebsorganisation.

10. Die für individuelle und kollektive Nachfrage über den Markt angebotenen konsumtiven Dienste haben ihre lohnabhängige Beschäftigung nur mäßig ausgeweitet; hinsichtlich dieses Angebotes kann quantitativ von einer Dienstleistungsgesellschaft keine Rede sein.

11. Die spezifisch der Eigentums- und Kapitalform geschuldeten Dienste von Banken, Versicherungen und des Immobiliengewerbes haben sich erheblich ausgeweitet, stellen aber weiterhin einen erstaunlich geringen Anteil an der Erwerbstätigkeit dar.

12. Die Organisierung von Interessen des vorstaatlichen politischen Betriebes und der Weltanschauungen hat ihre zunächst geringe Beschäftigung von *Lohnabhängigen* erheblich ausgeweitet, stellt aber weiterhin einen sehr geringen Anteil an der gesamten lohnabhängigen Beschäftigung.

13. Mehr als verdoppelt hat sich der schon 1970 große Sektor der kollektiven, gesellschaftlichen, zumeist nicht privat und nicht kapitalförmig organisierten Dienste zur gesellschaftlichen Reproduktion. Leider ist in dieser Statistik keine Aufgliederung des Sektors in Schul-, Sozial- und Gesundheitstätigkeiten und ihren Organisationen gegeben. Da die Zahl der in der staatlichen Verwaltung und Ordnungskräfte tätigen *Lohnabhängigen* (überwiegend Angestellte) nach der Übernahme der DDR 1991 bis 2004/6 erheblich zurückgegangen ist, hat sich die Verdoppelung vor allem durch die Vergrößerung der lohnabhängigen Erwerbstätigkeit in den drei anderen Bereichen, Schule, Soziales und Gesundheit abgespielt. Diese Bereiche sind weitestgehend von politischen Beschlüssen der Gebietskörperschaften, Bund, Länder und Gemeinden, abhängig und auf die Finanzierung durch Sozialabgaben, Steuern oder auch Gebühren angewiesen. Das gilt sowohl für die Alters- und Pflegeheime, als auch für die Kliniken. Im ersten Bereich vollzieht sich eine erhebliche Ausweitung, teilweise in privaten Organisationsformen. Bei den Klinken führt die zunehmende Privatisierung eher zu einer Reduzierung des Personals, trotz der Ausweitung des Feldes der Kapitalverwertung.

14. Der Sektor Öffentliche Verwaltung und Sicherheit; soziale Umverteilung beginnt 1970 mit 1,9 Millionen *Lohnabhängigen*, davon ein überwiegender Teil Beamte. 1991 finden sich dann, noch in der alten BRD, 2,59 Millionen. 1991 sind rund 600.000 *Lohnabhängige* durch die Übernahme der DDR hinzugekommen und die Zahl steigt auf 3,2 Millionen. Bis 2005 finden sich davon dann nur noch 2,67 Millionen.

3.3.3 Die Gesamtproportionen der gesellschaftlichen Arbeitsteilung und ihre Veränderungen

Wenn wir die drei Bereiche materielle Produktion im weiten Sinn, einschließlich der zugehörigen stofflich-technischen und geistigen Dienste, die stofflichen und informativen Vermittlungen und Dienste im weiten Sinn, sowie die gesellschaftlich reproduktiven Dienste nach der neuen Gliederung in ihrer Entwicklung betrachten, dann zeigen sich weitgehende Veränderungen.

Die Richtung der Entwicklung ist in den beiden notierten Zeiträumen die gleiche – die in der materiellen Produktion oder für diese arbeitenden *Erwerbstätigen* machen einen zunehmend geringeren Anteil am gesellschaftlichen Arbeitskörper aus. Da der Anteil der Vermittlungen fast gleich geblieben ist, hat sich der Anteil der Dienste entsprechend vergrößert. Die Geschwindigkeit der Veränderung hat in der zweiten Periode nachgelassen. Das Resultat ist nicht nur eine einfache Proportionsverschiebung, sondern führt zu einer völlig veränderten sozialen Landschaft – von der Dominanz der Arbeiter zu einer der Angestellten. 1970 haben wir ein Zahlenverhältnis der drei Bereiche bei der Beschäftigung von 15:3,4:6,4 Millionen. Das entspricht den Prozenten vom Gesamten von 58:17:25. Bis 1991 in der alten BRD verändern sich diese Verhältnisse zu 14:5,6:10,7 Millionen Erwerbstätige; in Prozenten von 46:18:35.

Die Übernahme der DDR bringt zunächst einen Gesamtzuwachs an *Erwerbstätigen* von etwa acht Millionen. Dadurch ergibt sich noch 1991 eine veränderte Verteilung auf die drei Bereich von 18:7,3:13,1 Millionen und den Prozenten von 47:19:34. Die Übernahme hat für die gesellschaftliche Arbeitsteilung auf der obersten funktionellen Differenzierungsebene fast nur das Zahlenniveau angehoben, die Proportionen jedoch kaum verändert.

Proportionen der gesellschaftlichen Arbeitsteilung noch Groß-Sektoren								
in der BRD u in Deutschland 19170 – 2006								
anhand der Erwerbstätigen in Millionen Personen und Prozent								

	1970		1991		1991		2006	
	Mill ErwTät	%	Mill ErwTät	%	Mill ErwTät	%	Mill ErwTät	%
materielle Produktion im weiten Sinn einschließlich der zugehörigen, stofflich-technischen und geistigen Dienste	15,3		14,5		18,7		16,2	
		58		46		47		42
Vermittlungen stoffliche und informativ, im weiten Sinn	3,4		6		7,3		7,1	
		17		18		19		18
Dienste u.a. gesellschaftlich reproduktive	6,4		10,7		13,1		15,4	
		25		35		34		40
	25,1	100	31,2	100	38,1	100	38,7	100

Tabelle 3.3.3. – 11

Die 13 weiteren Jahre in der erweiterten BRD bringen dann stärkere Veränderungen mit sich. In den drei Bereichen sind dann 16,2:7,1:15,4 Millionen Erwerbstätige beschäftigt, in Prozenten 42:18:40.

Bei einer Ausdehnung des gesellschaftlichen Arbeitskörpers in den 34 Jahren um 51 Prozent (die geleistete gesellschaftliche Arbeitszeit zeigt eine andere Entwicklung), sind die oben genannten Proportionen dadurch entstanden, dass der Anteil der Beschäftigung in der materiellen Produktion um 15 Prozentpunkte abgesunken ist, bei der stofflichen und informativen Vermittlungen mit nur 1 Prozent plus fast gleich geblieben ist und bei den Diensten aller Art um 15 Prozentpunkte zugenommen hat.

Dabei sind in der materiellen Produktion vor allem die Beschäftigungen in den Produktionsgüter- und den Investitionsgütersektoren absolut und prozentual am stärksten gesunken. Die Konsumgüterproduktion hat dagegen erheblich geringere Schrumpfungen der Beschäftigung erlebt. Dabei ist der Produktionsumfang in den drei Sektoren, außer bei den Zweigen Kohle, Leder und Textilien zumeist enorm gewachsen.

Für die Steigerung der Beschäftigung in den Dienstleistungsbereichen ist vor allem die Vergrößerung der drei Zweige Erziehung/Unterricht, Soziales und Gesundheit verantwortlich, also vor allem politisch eingerichtete gesellschaftliche Dienste. Die konsumtiven und über den Markt, z. T. kapitalistisch organisierten Dienste bleiben demgegenüber durchaus untergeordnet!

Wenn man partout von einer *Dienstleistungsgesellschaft* reden wollte, dann handelte es sich um Dienste der öffentlichen Hände, also vor allem von den Gebietskörperschaften organisierte *gesellschaftliche Dienstleistungen.* Heutzutage setzen die kapitalistische Warenproduktion und die Kapitalverwertung diese gesellschaftlich organisierten Dienste personell, sozial und funktionell voraus, bedienen sich ihrer und leben auf ihre Kosten. Aufgrund des Tatbestandes, dass diese Funktionsbereiche aber ökonomisch von den Wertbewegungen und den Interessen der Kapitalverwertung in den Bereichen der materiellen Produktion und auch der Verwertung des Geldkapitals abhängig sind (grundlegend sowieso von der Lieferung der materiellen Voraussetzung für Alles) werden auch sie von den Maßnahmen und dem Regime neoliberaler Freiheit für das Kapital zunehmend durchdrungen und z. T. unterminiert.

3.3.4 Das Feld für eine orthodox verstandene Arbeiterklasse ist seit 1970 kleiner geworden

Anders als die starke absolute Reduktion der Zahl der Arbeiter andeutet (*vergl. o. 2.2.3.*), ist die Zahl der Beschäftigten in der weit verstandenen *materiellen Produktion*, also einschließlich aller dafür arbeitenden Dienste absolut von 1970 bis 2006 sogar leicht angestiegen: von 15,2 auf 16,3 Millionen. Das entspricht allerdings prozentual einer Schrumpfung des Anteils an allen *Erwerbstätigen* von 58 auf 42 Prozent. Selbst wenn sich das Verhältnis von Arbeitern zu Angestellten in der weit verstandenen materiellen Produktion nicht geändert hätte, wäre damit das Feld für eine orthodox verstandene Arbeiterklasse kleiner geworden. Die dabei besonders beteiligten Zweige sind oben unter Abschnitt 3.3.2. zusammengefasst aufgezählt, die Einzelheiten im Abschnitt 3.3.1.3. untersucht worden.

Allerdings ist dort auch klar geworden, dass gerade die Dienste für die Unternehmensleitungen einerseits und andererseits die ausgelagerten Nebendienste für den Betrieb von Fabriken und Büros *Lohnabhängige* beschäftigen, die in der materiellen Produktion keine wirklich produktive Rolle spielen, gleichgültig ob Arbeiter oder Angestellte.

Hingegen sind die technischen und geistigen Dienste für die materielle Produktion selber meist mit Angestellten, nicht selten von hoher Qualifikation und guter bis sehr guter Bezahlung, besetzt. Dieser sich vergrößernde Bereich einer weit gefassten materiellen Produktion könnte also unter besonderen Voraussetzungen als zusätzliches Feld einer Arbeiterklasse angesehen werden: Wenn es sich dabei nicht vorrangig um Leitungspositionen handelt und wenn die Qualifikationen in einem breiteren Markt für Arbeitskräfte verfügbar sind und daher die Bezahlung schon durch Ausbeutung gekennzeichnet ist.

Wie groß der Anteil gerade dieses »modernen« und sich ausweitenden Teils von Angestellten in der geistigen Zuarbeit für die materiellen Produktion in den letzten Jahrzehnten geworden ist und in welchen Zweigen er sich findet, wird im Abschnitt 5. *Berufe, Berufsgruppen ...* untersucht werden.

4. Der Einsatz von Kapital und Arbeit in der materiellen Produktion und der gesellschaftlichen Reproduktion

4.1 Einleitung

In diesem Untersuchungsschritt werden die Daten über die Verteilung der *Erwerbstätigen* auf die schon untersuchten Wirtschaftszweige mit den Daten über deren *Wertschöpfung, Abschreibungen*, Arbeitnehmerentgelt und Gewinne zusammengeführt, wie sie der Volkswirtschaftlichen Gesamtrechnung zu entnehmenden sind.[48]

Die Zahlen stehen wieder für die Zeiträume von 1970 bis 1991 für die alte BRD und von 1991 bis 2005 für die erweiterte BRD zur Verfügung, wie schon im statistischen Material des zweiten Untersuchungsschrittes. Die Zahlen für die *Erwerbstätigen* sind noch nach *Selbständigen* und *Lohnabhängigen* (»Arbeitnehmer«) differenziert. Eine Aufteilung nach Arbeitern und Angestellten sowie nach Geschlechtern ist dagegen für die untersuchten Perioden nicht verfügbar.

Zur Absicht des Untersuchungsschrittes

Die Größe und Entwicklungstendenz der Beschäftigung von *Lohnabhängigen* und ihre Verteilung auf die Wirtschaftszweige kann sehr verschiedene Gründe haben. Das trifft damit im Prinzip natürlich auch auf das Feld einer von uns ins Auge gefassten *Arbeiterklasse* zu. Die oben angesprochenen summierten Größen aus den Gewinn- und Verlustrechnungen der in bestimmten Wirtschaftszweigen und Zweiggruppen tätigen Unternehmen können in ihrem zeitlichen Verlauf Aufschluss über die äußeren oder inneren Gründe für die jeweiligen Entwicklungstendenzen der Beschäftigung geben.

Der wichtigste äußere Grund ist natürlich der von einem Zweig mit seinem Warensortiment insgesamt erreichte *Umsatz* im In- und Ausland. Dies vorausgesetzt, liegt der wichtigste innere Grund in der Höhe und Entwicklungstendenz der *Produktivität* der Anlagen und der Änderungen in den Produkten selbst. Die Größe und Entwicklung der *Abschreibungen* gibt Hinweise auf die Größe der *Investitionen*, die wiederum für die Entwicklung der technisch bedingten *Produktivität* bestimmend ist. Die Höhe der *Löhne* hängt von den Verhältnissen auf den Märkten für die spezifisch benötigten Arbeitskräfte ab. Die *Lohnsumme* ist dann abhängig vom Umsatz, der Produktivität und den spezifischen Lohnhöhen. Der *Gewinn* ist als Restgröße das Resultat des Ganzen. Der in ihm zum Ausdruck kommende *Verwertungsgrad des angelegten Kapitals* ist wiederum mittel- und langfristig der Grund für die Bereitschaft Kapital in den Wirtschaftszweigen zusätzlich einzusetzen, zu belassen oder abzuziehen – also das Umsatzpotential mit Arbeitskräften und Anlagen auszunutzen und eventuell die Produktivität durch Investitionen zu steigern, oder dies nicht zu versuchen.

Mit der Erörterung der Entwicklung der oben genannten Größen innerhalb der einzelnen Zweige können wir also den ökonomischen Gründen für die Beschäftigungsentwicklung und damit auch für die Entwicklung des Feldes für eine Arbeiterklasse näher kommen.

Fragestellungen und Ausblick auf die Ergebnisse der Untersuchung

Im Teil 3.3.2. sind die Ergebnisse aus der Umstellung der Systematik der Wirtschaftszweige und der Entwicklung der Zahlen der Beschäftigung in der Periode von 1970 bis 2004 in einer Aufzählung von 14 Punkten benannt. In Teil 3.3.3. und der dortigen Tabelle 3.3.3. – 11 sind die Ergebnisse der Veränderungen für die neu bestimmten Großsektoren kurz zusammengefasst. Beides muss hier nicht wiederholt werden.

Die im Teil 3 vorgenommene Korrektur der Zweigzusammenstellungen hatte ergeben, dass die Zahl der *Lohnabhängigen* in den Zweigen der materiellen Produktion, die als Warenproduktion nur einem Wirtschaftlichkeitskalkül oder zusätzlich der Kapitalverwertung gehorchen, insgesamt abgenommen hat und dabei besonders die Zahl der Arbeiter. Die entweder schon immer oder erst seit eini-

ger Zeit mehrheitlich kapitalistisch verfassten Zweige der Vermittlungen (Transport, Handel und Kommunikation) zeigten nur einen
mit der Bevölkerung proportionalen Anstieg der Zahl von Beschäftigten und *Lohnabhängigen*. Die als Dienste organisierten Formen
der Verwertung von Geld- und Immobilienkapital nahmen an
Umfang ihrer Beschäftigung zu, wenn auch weniger als zu erwarten war. Die direkten Dienste für die private und individuelle Konsumtion, vom Kleingewerbe bis zum Großkonzern, haben zahlenmäßig und relativ erheblich zugelegt, bleiben aber ein kleiner Wirtschaftssektor. Herausragend war die Entwicklung der Zahlen für
die immer noch überwiegend staatlich oder öffentlich-rechtlich
organisierten Reproduktionsdienste, womit sich auch ihr Anteil an
der Gesamtbeschäftigung erheblich erhöht hat.

Da ich das *Feld für eine Arbeiterklasse* vor allem in der *kapitalistisch organisierten materiellen Produktion* und z. T. noch in den
ebenso geformten *Vermittlungen* sehe, ist zunächst die Untersuchung der ökonomischen Verhältnisse in der *Industrie* und im
Gewerbe sinnvoll. Die Untersuchungsebene und die Reihenfolge
sollen sich dabei an unserer Umstellung der Wirtschaftszweige ori-
entieren.

Ich konnte bei der Bewegung der Beschäftigtenzahlen feststellen, dass sich deren Entwicklung parallel zu den Konjunkturen relativ schnell verringerten und im Aufschwung nur langsam wieder
zunahmen. Dieses Muster war in beiden Perioden zu finden. Darüber hinaus zeigte sich, dass die Veränderungen in den beiden Perioden im Durchschnitt sehr unterschiedlich waren. In der ersten
Periode von 1970 bis 1991 war die Tendenz der Abnahme relativ
moderat, aber beständig und durchgängig. In der zweiten Periode,
nach der Korrektur der Vereinigungswirkungen, war die Tendenz
der Abnahme größer, fand aber auch im mehreren Zweigen noch
stärker statt.

Bei den Untersuchungen der einzelnen Zweige zeigt sich, dass
für die zum Teil drastischen Verringerungen der Zahlen der Beschäftigung in einzelnen Zweigen jeweils spezifische Gründe maßgebend
sind. Das kann eine sehr weitreichende Entwicklung der Produktivität, wie in der *Landwirtschaft*, ein Austausch der Stoffgrundlage,
und eine Veränderung der internationalen Arbeitsteilung, wie beim
Kohlebergbau, ein stetiger Fortschritt in der Produktivität und
gleichzeitig nur moderate Ausweitung der Nachfrage, wie bei der

Grundstoff- und Teilen der Investitionsgüterindustrie, wie z. B. der Bauindustrie sein. Es kann sich aber auch um ein weitgehendes Verschwinden ganzer Gewerbezweige aus der ökonomischen Binnenwirtschaft und ihr Ersatz durch Importe handeln, wie z.B. bei Teilen der Fertigung von elektrischen und elektronischen oder feinmechanischen Geräte oder weitgehend der gesamten Textilindustrie.

Angesichts der Grundtendenz eines gegenüber der vorherigen Periode sehr viel *geringeren Wachstums bei der Produktion* im Bereich von *Industrie und Gewerbe* erweisen sich die eben genannten je spezifischen Gründe für den Rückgang der Produktion und den Rückgang der Beschäftigung als Bestandteil einer *allgemeinen Verringerung der Kapitalakkumulation* und gleichzeitig als konkrete Reaktionen der Kapitale der verschiedenen Zweige darauf!

Die dramatische Entwicklung bei den *Dienstleistungen für Unternehmen* konnte auch hier nicht vollständig aufgeklärt werden, weil diese Rubrik ein Sammelposten funktionell und ökonomisch völlig unterschiedlicher Bereiche ist, und daher eine Art statistisches schwarzes Loch darstellt. Vermutungen dazu liegen nahe, lassen sich aber kaum belegen.

Die staatsnahen Bereiche der von uns so bezeichneten *Dienste für die gesellschaftliche Reproduktion* gehorchen ganz offensichtlich einer anderen »Logik«, als die Bereiche der materiellen Produktion in ihrer gewerblichen oder kapitalistischen Verfassung. Hier sind ganz offenbar politische Entscheidungen aufgrund von gesellschaftlichen Entwicklungen maßgebend.

Aber die angedeuteten Zusammenhänge sind tatsächlich nur in ihren Einzelheiten verständlich.

Da in der hier untersuchten Statistik nur *Lohnabhängige* ausgewiesen, und weder Arbeiter von Angestellten oder von Beamten, noch die Geschlechter unterschieden werden, gehen die *Schlussfolgerungen für das Feld einer orthodox bestimmten Arbeiterklasse* nicht viel über die in Abschnitt 3 angestellten Überlegungen hinaus. Weitere Aufschlüsse in dieser Frage werden erst aus den Untersuchungen des Abschnitts 5 und aus den Erörterungen von 6 hervorgehen.

4.2 Entwicklung der einzelnen Wirtschaftszweige

Die Abhängigkeit der Veränderung der Zahlen der *Erwerbstätigen* und darin der *Lohnabhängigen* von den Entwicklungen der einzelnen Wirtschaftszweige ist schon bei den Zusammenfassungen zu Zweiggruppen angesprochen worden. Wie sich diese ökonomischen Entwicklungen im Einzelnen abgespielt haben, soll nun anhand der einzelnen Wirtschaftszweige herausgearbeitet werden.

4.2.1 Urproduktion – Grundstoffe

Dieser von uns definierte Sektor umfasst die folgende Zweiggruppe aus der Systematik der Zweige WZ 93: *A u B Landwirtschaft.*

4.2.1.1 Landwirtschaft

4.2.1.1.1 Die alte BRD von 1970 bis 1991

Ich beginne mit der *Landwirtschaft.* Ich behandele sie anhand der statistischen Zweiggruppe A, die die Landwirtschaft zusammen mit der Forstwirtschaft abbildet. Für die Landwirtschaft allein gibt es leider für einige Kategorien keine Zahlen in der hier benutzten Datengrundlage. Zudem sind in dieser Statistik nur die *Lohnabhängigen* und nicht alle Beschäftigten dargestellt.

Ich füge daher aus einer anderen Aufstellung der gleichen Datenbasis die Zahlen für die insgesamt Beschäftigten, sowie die *Selbständigen* (eingeschlossen die mithelfenden Familienangehörigen) und die *Lohnabhängigen* hinzu.

Die *Zahl der Beschäftigten* von 2,2 Millionen Beschäftigten in 1970 verringert sich um 1,2 Millionen bis 1991, das sind nur noch 46 Prozent der Zahl von 1970. Der größte Teil der Verringerung ist bei den *Selbständigen* zu verzeichnen. Ihre Zahl verringert sich um 1,1 Millionen, was nur noch 62 Prozent der Zahl von 1970 entspricht. Aus anderen Quellen ist bekannt, dass diese Verringerung vor allem bei den mithelfenden Familienangehörigen vor sich gegangen ist. Aber auch die 1970 schon recht kleine Zahl der *Lohnabhängigen* hat sich weiter verkleinert, von 323.000 auf 288.000 in 1991, also um elf Prozentpunkte.

A Land- und Forstwirtschaft				
	1970	1991	*Diff*	*Prozent*
Beschäftigte	2 239	1 026	*- 1.213*	*45,8*
Selbständige – (einschl mhFA)	1 916	738	*- 1.178*	*61,5*
Lohnabhängige	323	288	*- 35*	*89*
Bruttowertschöpfung	10,69	15,77	*5,1*	*148*
Arbeitnehmerentgelt	2,21	5,12	*2,91*	*132*
Abschreibungen	2,13	5,77	*3,64*	*171*
NettoBetriebsÜberschuss	7,62	7,03	*-0,59*	*92*

Tabelle 4.2.1.1.1 – 1

Die *Bruttowertschöpfung* hat sich um 5,1 Milliarden auf 15,8 Milliarden, d. h. um rund 50 Prozentpunkte erhöht. Nun ist die Aussagekraft dieser Zahl anders zu werten, als jene in den Industrien. Einige Jahre vorher war die Bruttowertschöpfung schon auf über 18 Milliarden gestiegen. In der Landwirtschaft bewegen sich die beiden Ausgangsgrößen, die die Bruttowertschöpfung bestimmen, der Preis und die Produktionsmenge, sehr stark, meist abhängig vom Ernteertrag und dem davon beeinflussten Preis. Häufig sind diese Einflüsse gegenläufig, aber nicht immer. Auch sind verschiedene Subventionstatbestände und ihre Veränderung wirksam. So lässt sich diese Größe nicht gleichmäßig auf den durch die *Abschreibungen* signalisierten Maschineneinsatz beziehen. Aber die Steigerung des Maschineneinsatzes um rund 70 Prozentpunkte hat sicher dazu beigetragen, dass das um ein Drittel vergrößerte Produktionsergebnis mit einer um über die Hälfte verringerten Zahl an Beschäftigten erreicht werden konnte.

Signifikanter sind die Zahlen über die *Vorleistungen* und ihre Entwicklung. 1970 wurden in der Landwirtschaft zehn Milliarden an Vorleistungen eingesetzt und 1991 zwanzig Milliarden (in jeweiligen Preisen). Anders als in den übrigen produzierenden Wirtschaftszweigen ist der Anteil der Vorleistungen am gesamten Bruttoproduktionswert sehr hoch. 1970 hat er die gleiche Höhe, wie die gesamte Bruttowertschöpfung selbst und 1991 ist er sogar um 25 Prozent höher als diese. Darin drücken sich die besonderen Produktionsbedingungen der Landwirtschaft aus: Das Saatgut und die Düngemittel, sowie zunehmend auch die Schädlingsbekämpfung erfordern einen besonders großen Vorleistungseinsatz. Dazu gehört natürlich auch der sich vergrößernde Aufwand für Treibstoffe in der zunehmend mechanisierten Landwirtschaft.

Diese stofflichen Bedingungen und ihre ökonomischen Folgen lassen verstehen, wie eine vergrößerte Produktion mit einem drastischen Abbau der beschäftigten Arbeitskräfte in der Landwirtschaft erreicht werden konnte.

4.2.1.1.2 Die erweiterte BRD von 1991 bis 2004

Für die Zeit ab 1991 und die erweiterte BRD greifen wir für die Landwirtschaft auf den Ausweis der Statistik für die Zusammenfassung der Wirtschaftszweige A und B zurück, die nicht nur die Gärtnerei und die Forstwirtschaft, sondern auch die Fischerei umfasst. Letztere trägt zu den Zahlen so wenig bei, dass sie die Trends der Landwirtschaft kaum verändert. Auch in der erweiterten BRD spielen in der Landwirtschaft auf dem Territorium der alten BRD *Selbständige* weiterhin die dominierende Rolle, während im Osten vor allem *Lohnabhängige* hinzu gekommen sind und dort die Mehrheit der Arbeitskräfte bilden.

Die *Zahl der Erwerbstätigen* im gesamten Zweig hat sich mit dem Hinzukommen Ostdeutschlands von 1,026 auf 1,515 Millionen vergrößert. Das ist zum allergrößten Teil auf den Zuwachs von *abhängig Beschäftigten* zurückzuführen, deren Zahl sich von 288.000 auf 756.000 vergrößert hat. Der Zuwachs an *Selbständigen* ist gering und der von mithelfenden Familienangehörigen minimal. Im Ergebnis haben wir 1991 eine geteilte Beschäftigungssituation. Es gibt 759.000 *Selbständige* und 759.000 *Lohnabhängige* in der Landwirtschaft, ganz mehrheitlich verteilt jeweils auf West und Ost.

Die weitere Entwicklung bis 2005 zeigt eine Abnahme der *Lohnabhängigen* um rund 300.000 oder auf 58 Prozent von 1991 und eine Abnahme der Zahl der *Selbständigen* um 350.000 – beides sicher wiederum vorrangig in Ost und West.

Anders als in der Periode 1970-1980, als es eine stetige Steige-

A bis B - Land- und Forstwirtschaft, Fischerei							
	1991		1993		2000		2005
		%		%		%		%
Erwerbstätige	1 515	100	1 192	79	936	62	850	56
Arbeitnehmer	756	100	571	76	472	62	441	58
Produktionswert	44	100	43	99	49	112	43	99
Bruttowertschöpfung	19	100	19	98	23	122	18	93
Arbeitnehmerentgelt	10	100	9	84	9	90	8	77
Abschreibungen	7	100	7	105	7	111	7	112
Nettobetriebsüberschuss	4	100	5	124	8	185	8	185

Tabelle 4.2.1.1.2 – 2

rung des *Bruttoproduktionswertes* gab, aber ähnlich wie in den Jahren 1981 bis 1991, gab es in den Jahren 91 bis 2005 beim *Produktionswert* ein Auf und Ab, sodass zuletzt 2005 fast der gleiche Wert zu Buche stand, wie 1991 – mithin anscheinend Stagnation bei der Produktion und dem Umsatz. Aber auch hier gilt, dass die starken Preisschwankungen kaum Aussagen über die Produktionsmenge zulassen und diese, wie auch die Preise von vielfältigen Eingriffen der Agrarsubventionierung beeinflusst sind. Da andererseits die *Abschreibungen* nur leicht auf 112 Prozent angestiegen sind, spricht einiges für eine Umstrukturierung der Landwirtschaft. Konkret dürfte es eine Konzentration gegeben haben, die die in etwa gleich bleibenden Investitionen auf eine erheblich verringerte Zahl von Betrieben mit ebenfalls erheblich verringertem Personal und andererseits ungefähr gleicher Fläche verteilt – mit dem Effekt einer doch wesentlich gesteigerten Arbeitsproduktivität. Das gilt wohl nicht nur für die großflächige Landwirtschaft, die aus der Umwandlung der DDR-Genossenschaften in Ostdeutschland übrig geblieben ist.

Die gesamte *Lohnsumme* hat abgenommen, allerdings weniger als die Verringerung der Zahl der *Lohnabhängigen*. Dagegen hat sich der Nettobetriebsüberschuss in den 90er Jahren auf 185 Prozent erhöht, stagniert aber seitdem bis 2005.

Insgesamt hat sich das Gewicht der Landwirtschaft mit den statistisch assoziierten Bereichen in der Zahl der Beschäftigten, trotz Steigerung der Zahlen der *Lohnabhängigen* und *Selbständigen* im

Osten, weiter verringert. Bei wertmäßig etwa gleich bleibendem Umfang der *Bruttoproduktion* hat sich das relative Gewicht des Bereiches A-B ebenfalls verringert und spielt hinsichtlich der Wertgrößen in der Gesamtökonomie kaum eine Rolle, auch wenn dadurch ein erheblicher Teil der Ernährung der Bevölkerung der erweiterten BRD gesichert wird.

4.2.1.2 Bergbau

Der *Bergbau* gehört nach der offiziellen Systematik WZ 93 als erster Zweig zur Gruppe des *Produzierenden Gewerbes* und ist der zweite bei unserer Einteilung in der Zweiggruppe *Urproduktion-Grundstoffe*.

4.2.1.2.1 Die alte BRD von 1970 bis 1991

Der *Kohlebergbau* hat in der Geschichte der BRD einen dramatischen Strukturwandel durchgemacht. Aber nicht mehr viele werden das Schlagwort: Rote Fahnen über der Ruhr, die ja zumeist schwarz waren, damit verbinden. 1970 ist diese Entwicklung schon weitgehend abgeschlossen und die weitere bis 1991 ist daher nicht so aussagekräftig, wie jene des vorhergehenden Jahrzehnts.

Nach der hier sonst nicht bemühten Arbeitstätten- und Berufszählung beliefen sich die *Zahlen der Beschäftigten* im gesamten Bergbau 1950 auf 620.000, 1961 noch auf 560.000, um dann bis 1970, wo die weiter unten stehenden Statistiken beginnen, auf glatt die Hälfte, nur noch 282.000 Beschäftigte, zusammenzuschrumpfen.

Wie die weitere Entwicklung zeigt, ging die Zahl der *Lohnabhängigen* bis 1991 wohl noch weiter zurück.

Gleichwohl erhöhte sich die *Bruttowertschöpfung* in den zwanzig Jahren um 37 Prozentpunkte. Was sich hinter dieser Vergrößerung verbirgt, muss anhand anderer Daten noch untersucht werden. Unwahrscheinlich ist jedenfalls, dass es sich um eine Vergrößerung der Kohle- oder Gasförderung handelt. Denkbar ist, dass die Steigerung der Weltmarktpreise und die gleichzeitige Rücknahme der Preissubventionen für heimische Kohle diese Vergrößerung der Bruttowertschöpfung bei sinkender Produktion hervorgebracht

Bergbau nach der Arbeitstätten- und Berufszählung			
1950	1961	1970	1987
620.518	560.751	282.358	180.674

Tabelle 4.2.1.2.1. – 3: Zahl der Lohnabhängigen im Bergbau

haben. Dass sich in diesem Zeitraum die *Abschreibungen* dagegen fast verdreifacht haben, ist völlig plausibel. Die Zahl der fördernden Zechen wurde drastisch reduziert und die restlichen wurden mit erheblichem Aufwand ausgebaut und weitgehend mechanisiert. Dagegen überrascht es doch, dass die »Arbeitnehmerentgelte«, also die gesamte *Lohnsumme,* sich mehr als verdoppelt haben, obgleich die Zahl der *Lohnabhängigen* auf 56 Prozent des Ausgangsbestandes von 1970 zurückgegangen ist.

Zum Gesamtbild einer stofflich schrumpfenden Branche passt

CA - Bergbau auf Energieträger				
	1970		1991	
		%		%
Lohnabhängige	272	100	153	56
BruttoWertschöpfung	4,01	100	5,49	137
ArbeitnehmerEntgelt	2,82	100	5,86	208
Abschreibungen	0,56	100	1,52	292
NettoBetriebsÜberschuss	0,69	100	0,10	14,5

Tabelle 4.2.1.2.1. – 4

jedoch, dass der *Nettobetriebsüberschuss*, vereinfacht gesagt: der Gewinn vor Steuern, sich stark verringert hat, auf nur noch 14,5 Prozent des Wertes von 1970.

Anders als die Landwirtschaft, aber auch anders als bei den übrigen Zweigen des verarbeitenden Gewerbes, haben wir es hier mit einer veränderten Produktionsorganisation und Arbeitsteilung innerhalb der BRD zu tun, die nicht vor allem auf eine Produktivitätssteigerung oder einen schrumpfenden Verbrauch an Energierohstoffen zurückgeht, sondern auf den *Wechsel des Stoffes von Kohle zu Öl,* und bei der Kohle auf den Wechsel des Bezugsortes in der Welt: Wie das Erdöl überhaupt, so wurde der Rest des Inlandsverbrauchs an Kohle nun vorrangig und zunehmend aus dem Ausland bezogen, von Minen, die im Tagebau billig abzubauen waren und daher zu den daraus resultierenden niedrigen Weltmarktpreisen importiert werden konnten und können.

Anders als in der Periode 1970-1991 können wir hier die Zweige der Gewinnung von Erdöl und Erdgas, die verbundenen Dienste und die Gewinnung von Erzen für die Atomindustrie außer Acht lassen. Sie beschäftigen über die gesamte Periode hin gleichmäßig nur etwa 5.000 *Lohnabhängige* und spielen daher keine ernsthafte Rolle.

Der eigentliche *Kohlenbergbau,* also die Gewinnung von Steinkohle in Gruben und von Braunkohle in Tagebauen, ist von 1991 bis 2005 erheblich geschrumpft. Der *Produktionswert* hat sich auf ein Viertel verringert, und *die Belegschaft* sogar auf ein Fünftel. Das dürfte ganz überwiegend auf die Schließung von Zechen des Steinkohlenbergbaus zurück gehen, auch wenn im Bereich der Braunkohlentagebaue die normale Rationalisierung ebenfalls eine Verringerung der Belegschaften zur Folge gehabt haben dürfte. Die *Abschreibungen* sind auf etwas mehr als ein Drittel zurückgegangen, was bei der gleichzeitig vor sich gegangenen Konzentration auf wenige Zechen keineswegs eine Stagnation der technischen Ausrüstung bedeutet haben muss. Man kann das Gegenteil unterstellen. Die *Lohnsumme* der stark verkleinerten lohnabhängigen Belegschaften hat sich nur auf vierzig Prozent verringert. Die *Nettobetriebsüberschüsse* bewegen sich bis auf zwei Jahre immer im Minus bis zu einer Milliarde DM und stellen also Verluste dar. Entsprechend geht die *Bruttowertschöpfung* von 1991 drastisch bis auf vier Prozent in 2005 zurück.

Kohlenbergbau, Torfgewinnung								
	1991		1993		2000		2005	
		%		%		%		%
Arbeitnehmer	247	100	177	72	90	36	52	21
Produktionswert	17	100	14	85	5	31	4	24
Bruttowertschöpfung	7	100	7	94	1	13	0	4
Arbeitnehmerentgelt	8	100	7	95	4	58	3	39
Abschreibungen	2	100	2	101	1	66	1	37
Nettobetriebsüberschuss	0	100	0	1.450	0	450	-1	-4.500

Tabelle 4.2.1.2.2. – 5

Damit ist einer der Kernbereiche der mittleren Industrialisierungsphase und der Großindustrie in Deutschland überhaupt, der Kohlebergbau, fast vollständig liquidiert. Die zahlenmäßig kümmerlichen Reste von rund 20.000 *Lohnabhängigen*, darunter der Rest an Bergleuten, spielen im Proletariat der BRD, in der klassischen Schicht der Fabrikarbeiter keine Rolle mehr.

4.2.1.3 Erzbergbau, Gewinnung von Steinen und Erden und sonstiger Bergbau

4.2.1.3.1 Die alte BRD von 1970 bis 1991

Die in der offiziellen Statistik zusammen notierten Zweige Erzbergbau, Gewinnung von Steinen und Erden und sonstiger Bergbau, dem nächsten und letzten Zweig in der Kategorie Urproduktion-Grundstoffe sind in ihrer Beschäftigtenzahl und der Größe ihrer Bruttowertschöpfung so klein, dass sich eine detaillierte Darstellung erübrigt. Es handelt sich um 44.000 *Lohnabhängige* 1970 und um noch 37.000 in 1991. Die *Bruttowertschöpfung* liegt 1970 bei 1 Milliarde und 1991 bei 2,7 Milliarden, verdreifacht sich also fast. Wie nicht anders zu erwarten, liegt dem wohl eine erhebliche Verstärkung der Mechanisierung zugrunde, die sich in einer Verdreifachung der *Abschreibungen* ausdrückt. Folgerichtig hat sich der stoffliche Umfang der *Produktion* mehr als verdreifacht hat und damit die erforderliche Grundlage für die Weiterverarbeitung vor allem in der Bauindustrie geliefert.

4.2.1.3.2. Die erweiterte BRD von 1991 bis 2005

Wie die unten stehende Tabelle zeigt, sind durch die Vereinnahmung der DDR rund 30.000 *Lohnabhängige* im *Erzbergbau und der Gewinnung von Steinen und Erden* hinzugekommen. Schon bis 2000 sind von den damit 68.000 nur noch 32.000 vorhanden und 2005 lwdiglich 30.000. Dabei spielt der Erzbergbau weder vor noch nach 1991 innerhalb dieses Zweiges eine Rolle. Insgesamt steigt der *Produktionswert* bis 1993 und danach einige Jahre auf über 110 Prozent und fällt dann leicht unter den Ausgangswert von 1991 zurück. Es ist davon auszugehen, dass sich in diesen Zahlen die Baukonjunktur in Ostdeutschland, vor allem auch im Tiefbau, nach der Übernahme der DDR zeigt.

Dies lässt sich auch in der *Bauindustrie* selber ablesen, in der mit dem Ende des nachholenden Ausbaus der Infrastruktur in Ostdeutschland die Werte wieder auf die »normalen« Größen für die erweiterte BRD einschwenken. Auch die *Abschreibungen* und vor allem der *Nettobetriebsüberschuss* zeigen diese vorübergehende Zweigkonjunktur bis 1993 und1994, Danach rutschen gerade auch die *Überschüsse* erheblich stärker ab, als sich im *Produktionswert* andeutet. Dagegen geht die *Lohnsumme* erheblich weniger zurück, als die Zahl der *Lohnabhängigen*.

CB Erzbergbau, Gew.v.Steinen u.Erden, sonst.Bergbau							
	1991		1993		2000		2005
		%		%		%		%
Nettobetriebsüberschuss	0	100	1	192	1	142	0	67
Arbeitnehmer	68	100	45	66	32	47	30	44
Produktionswert	6	100	7	112	6	94	5	94
Bruttowertschöpfung	3	100	3	114	3	99	2	81
Arbeitnehmerentgelt	2	100	2	92	1	80	1	79
Abschreibungen	0	100	1	106	1	121	1	104

Tabelle 4.2.1.3.2. – 6

4.2.1.4 Recycling

Das *Recycling* soll hier als letzter Zweig in der Zweiggruppe Urproduktion-Grundstoffe stehen, da es produktionsmäßig das Ende des gesellschaftlichen Stoffwechsels ist, aber seine Stoffzerlegung wieder in den Anfang des Stoffkreislaufes eingespeist wird.

4.2.1.4.1 Die alte BRD von 1970 bis 1991

Obgleich der Stoffdurchsatz zweifellos auch zwischen 1970 und 1991 größer geworden ist, bleibt der Zweig von den Beschäftigtenzahlen her gesehen so klein, dass in der Datenbasis keine Zahlen extra ausgewiesen werden.

4.2.1.4.2. Die erweiterte BRD von 1991 bis 2005

Seit 1991 zeigt die Statistik auch für diesen Zweig die üblichen Werte. Der Umfang der »Produktion« und die Zahl der *Lohnabhängigen* zeigen weiterhin eine für die Gesamtökonomie zu vernachlässigende Größe. Allerdings ist die Tendenz nun doch interessanter. Die *Beschäftigung* steigt im Zeitraum von rund 10.000 auf 20.000 *Lohnabhängige*. Der *Produktionswert* steigt dagegen gerade in den Jahren nach 2000 auf das Fünffache, von 800 Millionen auf immerhin 4 Milliarden Euro an, während die Investitionen laut Ausweis der *Abschreibungen* leicht aber stetig angestiegen sind.

4.2.2 Materielle Infrastruktur

4.2.2.1 E – Wasser- und Energieversorgung

Die beiden Zweige *Wasser- und Energieversorgung* in der Zweiggruppe *Materielle Infrastruktur* sind beide grundlegend für die Produktion und die gesamte gesellschaftliche Reproduktion. Auch vom Umfang der Beschäftigung und der *Wertschöpfung* her sind sie nicht zu vernachlässigen. Allerdings sind die beiden Zweige von völlig unterschiedlicher Größe, sie differieren um den Faktor 10.

40 - Energieversorgung				41 - Wasserversorgung		
1970		1991		1970		1991
	%		%		%	%
223	100	270	121	22	100	26	118

Tabelle 4.2.2.1.1. – 7: die Zahl der Lohnabhängigen

4.2.2.1.1 Die alte BRD von 1970 bis 1991

Für die Periode 1970 bis 1991 sind die ökonomischen Daten nicht gesondert ausgewiesen sondern Energie- und Wasserversorgung nur zusammen. Dagegen sind die Zahlen der *Lohnabhängigen* für jeden Zweig einzeln festgehalten. Wegen der Größenunterschiede beider Zweige ist das nicht besonders problematisch, da die Zweigsummen auch als Indiz für die Energieversorgung genommen werden können.

Wie die Tabelle 4.2.2.1.1. – 7 ausweist, sind die Prozentpunkte der Veränderung in beiden von der Größe her so unterschiedlichen Zweigen weitgehend ähnlich, so dass wir ohne Probleme hinsichtlich der Zahlen der *Lohnabhängigen* auf die Zahlen des kombinierten Zweiges übergehen können. Das gilt auch für

E - Energie- und Wasserversorgung				
	1970		1991	
		%		%
Lohnabhängige	245	100	296	121
Bruttowertschöpfung	7,14	100	27,02	378
Arbeitnehmerentgelt	2,48	100	12,47	503
Abschreibungen	1,85	100	9,00	486
NettoBetriebsÜberschuss	2,53	100	7,64	302

Tabelle 4.2.2.1.1. – 8

die beiden Tatbestände *Bruttowertschöpfung* und *Arbeitnehmerentgelt*, den sogenannten Lohnkosten. Ob es auch für die beiden anderen gilt, *Abschreibungen* und *Nettobetriebsüberschuss*, lässt sich anhand der ausgewiesenen Daten nicht beurteilen.

Die Zahl der *Lohnabhängigen* in beiden Bereichen hat sich zwischen 1970 und 1991 um 47.000 vergrößert, wobei nur 4.000 auf die Wasserversorgung entfielen. Die *Bruttowertschöpfung* ist in der Summe beider Zweige von sieben Milliarden auf 27 Milliarden gestiegen, also um fast das Vierfache. Das *Arbeitnehmerentgelt* hat sich sogar auf rund das Fünffache vergrößert. Diese Veränderungsraten gelten ungefähr auch für jeden der beiden Zweige einzeln.

Die *Abschreibungen* sind in der Summe beider Zweige fast auf das Fünffache gestiegen, während die Steigerung der *Nettobetriebsüberschüsse* nur um das Dreifache ausgewiesen wird. Bei beiden Tatbeständen müssten die Zweige wohl doch getrennt untersucht werden, was hier nicht möglich ist. Dass die *Abschreibungen* in der Energieproduktion seit 1970 nicht noch stärker gestiegen sind, ist eher verwunderlich, da in dieser Zeit nicht nur einige der konventionellen Kraftwerke erneuert wurden, sondern auch die meisten Atomkraftwerke neu in Betrieb gingen und im Laufe von 20 Jahren noch nicht voll abgeschrieben waren. Dagegen hat sich die Zahl der Wasserwerke wohl nicht erheblich verändert und ihre technische Ausrüstung ist sicher nicht dramatisch gewachsen.

Die Zahl des *Nettobetriebsüberschusses* zeigt wohl nicht nur wegen der Größenverhältnisse beider Zweige vor allen die Tendenzen in der Energieproduktion, weil die Wasserversorgung bis 1991 noch weitgehend in öffentlichem Eigentum als Regiebetriebe und nicht in privaten Gesellschaftsformen betrieben wurde.

Die Steigerungen der Zahlen bewegen sich in den Maßen, die man aus den Entwicklungen der erwarten sollte: Insgesamt wurde die Energieproduktion im Inland entsprechend der Steigerung der Nachfrage aus Produktion, Verkehr und Konsum ausgedehnt. Andererseits waren die Produktivitätsfortschritte beim Betrieb der Anlagen sicher nicht unerheblich, und der Stand in den Atommeilern sehr hoch, sodass die Zahlen der *Lohnabhängigen*, soweit sie durch die Energieversorgung bestimmt waren, sich nur um 50.000 auf etwa 120 Prozent vergrößerte.

In der Zahl von rund 300.000 *Lohnabhängigen* deutet sich allerdings die Wichtigkeit dieses Wirtschaftszweiges nicht nur für den Rest der Ökonomie, sondern für das gesamte materielle Zivilisationsniveau der Gesellschaft kaum an.

4.2.2.1.2. Die erweiterte BRD von 1991 bis 2005

Der Zuwachs durch Ostdeutschland umfasst bei den *abhängig Beschäftigten* 65.000. Dieser Stand wird aber bis 2005 wieder um mehr als 50.000 unter die Zahl in der alten BRD heruntergedrückt auf nur noch 68 Prozent des Standes bei der Erweiterung. Beim *Produktionswert* bringt die Erweiterung einen Anstieg von 10 Milliarden Euro, was wohl vor allem der Verstromung von Braunkohle in Ostdeutschland geschuldet ist.

Der weitere Anstieg in der erweiterten BRD bis auf 90 Milliarden Euro und 160 Prozent von 1991 zeigt, dass der absolute Verbrauch von Elektroenergie weiter kräftig angestiegen ist, auch wenn die Energieeffizienz beim Verbrauch gestiegen sein mag. Im Verhältnis zur verringerten Zahl der *Lohnabhängigen* wird deutlich, dass die Steigerung der Produktivität aus technischen Umstellungen und Erneuerungen, wie auch aus Rationalisierungen doch erheblich war. Das *Arbeitnehmerentgelt*, also die *Lohnsumme*, ist mit der Erweiterung und auch im Verlauf bis 2005 nur leicht angestiegen.

Das ist den gegenläufigen Entwicklungen von Reduzierung der Belegschaften und Lohnsteigerungen, eventuell auch einer Verän-

40 Energieversorgung								
	1991	%	1993	%	2000	%	2005	%
Arbeitnehmer	361	100	339	94	252	70	246	68
Produktionswert	57	100	59	104	59	104	90	160
Bruttowertschöpfung	29	100	30	102	29	99	42	144
Arbeitnehmerentgelt	13,1	100	14,6	111	14,1	108	14,7	113
Abschreibungen	9,2	100	10,1	110	10,3	112	10,4	113
Nettobetriebsüberschuss	8,8	100	7,0	79	3,3	38	14,9	169

Tabelle 4.2.2.1.2. – 9

derung der Qualifikationsstruktur der Belegschaften geschuldet. Erstaunlich ist, dass die Höhe der *Abschreibungen* sich mit der Erweiterung durch Ostdeutschland kaum vergrößert hat und dann auch bis 2005 kaum angestiegen ist. Das zeigt, dass die Kohlekraftwerke und die Atommeiler aus der Investitionsperiode nach 1970 in der BRD immer noch in Betrieb sind und noch nicht durch neue Anlagen ersetzt wurden. Da *Arbeitnehmerentgelt* und *Abschreibungen* sich nur wenig bewegt haben und unterstellt werden kann, dass die Strompreise gestiegen sind, ist es nicht verwunderlich, dass die Steigerung der Gewinne, notiert als *Nettobetriebsüberschuss*, die Steigerung des *Produktionswertes* noch um 10 Prozentpunkte überstiegen hat, nämlich auf rund 15 Milliarden oder 169 Prozent von 1991.

Die Energieversorgung der um die DDR erweiterten BRD wird 2005 von nur noch 250.000 *Lohnabhängigen* gewährleistet, was trotz des erheblich größeren Territoriums und einer um das 13 fache gestiegenen Produktion erstaunlich wenige sind.

4.2.3 Halbzeug/Vorprodukte

Die folgenden Zweige, gehören alle zur Kategorie des *Verarbeitenden Gewerbes* nach der Systematik der Wirtschaftszweige WZ 03 und werden hier unter der Kategorie *Halbzeug-Vorprodukte* untersucht.

D			Verarbeitendes Gewerbe
	DF		Kokerei,Mineralölverarbeitung,H.v.Brutstoffen
		27	Metallerzeugung und -bearbeitung
	DG		H. v. chemischen Erzeugnissen
	DD		Holzgewerbe (ohne H. v. Möbeln)
		21	Papiergewerbe

Tabelle 4.2.3. – 10

4.2.3.1 Kokerei, Mineralölverarbeitung, Herstellung von Brutstoffen

4.2.3.1.1 Die alte BRD von 1970 bis 1991

Der erste Zweig davon, *Kokerei, Mineralölverarbeitung, Herstellung von Brutstoffen*, ist eine Summierung stofflich, technisch und ökonomisch sehr heterogener Industrien, sodass die Summen über den gesamten Zweig wenig über die einzelnen Industrien aussagen können. Daher sind die Zahlen und ihre Interpretation nur mit sehr eingeschränkter Geltung zu werten. Aber da wir es hier, ebenso wie bei der vorigen Industrie, mit relativ wenigen Beschäftigten zu tun haben, ist das aber nur von untergeordneter Bedeutung.

Alle genannten Industrien zusammen haben 1970 nur 57.000 *Lohnabhängige* beschäftigt. Bis 1991 vermindert sich deren Zahl auf 31.000. Dabei ist zu berücksichtigen, dass diese Zahl mit den Konjunkturen prozentual erheblich schwankt. Anfangs steigt sie 1971 auf 112 Prozent, um dann 1978 auf 68 Prozent zu sinken, 1981 wieder auf 86 Prozent zu steigen und von da an auf den Wert von 54 Prozent in 1991 abzusinken. Welche der Industrien diese massive Konjunkturabhängigkeit bei der Beschäftigung zeigt, ist aus den vorhandenen Daten nicht zu entnehmen. Bekannt ist, dass die *Kokereien* als Zulieferer für die Produktion von Roheisen in den

DF - Kokerei, Mineralölverarbeitung, H.v.Brutstoffen	1970	%	1980	%	1991	%
Lohnabhängige	57	100			31	54
Bruttowertschöpfung	1,12		6,4	571	2,11	188
Arbeitnehmerentgelt	0,78				1,54	197
Abschreibungen	0,40				0,76	190
NettoBetriebsÜberschuss	-0,23		3,12	~1800	-0,39	-113

Tabelle 4.2.3.1.1. – 11

Hochöfen von deren extremen Konjunkturschwankungen abhängig sind. Allerdings haben sich gerade in dieser Beziehung auch strukturelle Veränderungen ergeben. Die einheimische Stahlproduktion ist überkonjunkturell stark zurückgefahren worden. Zudem ist die Heizung privater Gebäude weitgehend auf Öl oder Gas umgestellt worden. Außerdem ist die Verarbeitung von Erdöl zwar dramatisch ausgeweitet worden, aber die Automatisierung der *Raffinerien* hat zu einer Reduzierung der Beschäftigten geführt. Wie sich beide Entwicklungen im Saldo auf die Beschäftigung ausgewirkt haben, muss hier offen bleiben.

Bei der Herstellung von *Brutstoffen* spielte zunächst die Einrichtung der Produktion in der BRD für die vielen neuen Kernkraftwerke eine Rolle, wurde dann aber zunehmend durch die Wiederaufarbeitung im Ausland ersetzt, nachdem der Aufbau einer solchen Anlage im Inland am politischen Widerstand gescheitert war. Die *Bruttowertschöpfung* hat sich in den drei Industrien zusammen zwischen 1970 und 1991 fast verdoppelt, auf 188 Prozent. Jedoch ist diese Kennziffer nicht kontinuierlich gewachsen, sondern hatte in 1980 517 Prozent erreicht. Das ist nur erklärlich, wenn konjunkturelle und strukturelle Ursachen in einem Jahr zusammen eingetreten sind. Das zeigt sich auch an der Entwicklung des *Nettobetriebsüberschusses*, der sich 1970 auf einen Verlust von 230 Millionen belief und 1991 390 Millionen erreichte, dazwischen im Jahr 1980 aber einen Überschuss von 3,1 Milliarden erreichte. Dieser wurde aus einer *Bruttowertschöpfung* von 6,4 Milliarden gewonnen: das waren gegenüber 1970 rund 1.700 Prozentpunkte! Die *Arbeitnehmerentgelte* stiegen dagegen fast im gleichen Maße wie die Bruttowertschöpfung auf 197 Prozen. In der gleichen Größenordnung bewegten sich auch die *Abschreibungen*. Diese hätten im Hinblick auf die Automatisierungen der Erdölraffinerien eigentlich erheblich stärker steigen müssen, was aber möglicherweise aufgrund der erheblichen Verminderung der Kokereien weitgehend kompensiert wurde.

4.2.3.1.2 Die erweiterte BRD von 1991 bis 2005

Die Angliederung Ostdeutschlands hat rund 10.000 *Arbeitskräfte* hinzugefügt – sicherlich weitgehend im Bereich der Mineralölver-

DF Kokerei, Mineralölverarbeitung, H.v.Brutstoffen							
	1991		1993		2000		2005
		%		%		%		%
Arbeitnehmer	43	100	35	81	23	53	20	47
Produktionswert	26	100	23	87	39	151	49	189
Bruttowertschöpfung	2,4	100	2,8	116	5,3	221	4,8	199
Arbeitnehmerentgelt	1,6	100	1,6	100	1,7	105	1,7	104
Abschreibungen	1,1	100	1,2	106	1,1	105	1,0	92
Nettobetriebsüberschuss	-0,5	100	-0,1	19	2,3	437	2,0	375

Tabelle 4.2.3.1.2. – 12

arbeitung. Die *Bruttowertschöpfung* hat sich verdoppelt, ebenso wie das *Arbeitnehmerentgelt* und die *Abschreibungen.* Dagegen haben sich die Verluste ebenfalls verdoppelt.

Im Verlauf der hier behandelten Periode ist die Zahl der *Lohnabhängigen* auf weniger als die Hälfte zurückgegangen, während der *Produktionswert* auf 199 und die *Bruttowertschöpfung* auf 189 Prozent gestiegen sind. Da die *Arbeitnehmerentgelte* sich trotz der stark verringerten Zahl in etwa auf dem gleichen Niveau bewegen ist die Steigerung der *Nettobetriebsüberschüsse* 2000 auf 430 und 2005 auf 370 Prozent plausibel – was bedeutet, dass die Gewinne in beiden Jahren weit über der *Lohnsumme* liegen. Auch in dieser Periode werden die Zahlen vor allem das Geschehen in den Raffinerien der Mineralölindustrie kennzeichnen, während die Kokereien wohl kaum noch eine Rolle spielen.

4.2.3.2 DJ – Metall-Erzeugung und -bearbeitung,
Herstellung von Metallerzeugnissen

4.2.3.2.1 Die alte BRD von 1970 bis 1991

Bei dem in der Kategorie *Halbzeug/Vorprodukte* folgenden Zweig
Metallerzeugung und -bearbeitung sowie *Herstellung von Metallerzeugnissen* handelt es sich um zwei zentrale Industrien des Verarbeitenden Gewerbes und der Industrie überhaupt. Leider gibt
es gerade damit ein statistisches Problem. Für die alte BRD sind
bis einschließlich 1991 die Zahlen für beide Zweige nur zusammen notiert worden. Für die erweiterte BRD werden die beiden
dann ab 1991 getrennt aufgeführt, wie es dem eigenständigen
Charakter beider Zweige und ihrem jeweiligen Gewicht angemessen ist.

Die beiden Zweige, die in der Sparte DJ versammelt sind, stellen zwei doch sehr unterschiedlich strukturierte Gewerbe dar. Die
Metallerzeugung und Bearbeitung umfasst den Bereich der Herstellung und ersten Aufbereitung metallischer Grundstoffe, systema-
tisch und praktisch unterschieden nach Eisen- und Nichteisenme-
tallen. Ersterer ist der bei weitem größere. Beim zweiten sind diverse
Nicht-Eisenmetalle versammelt sind: Aluminium und Kupfer als
Massengüter, etliche andere dagegen als Spezialitäten, die unter
anderem bei der Stahlherstellung als Veredler oder für Legierungen
eine Rolle spielen. Gold- und Silberschmelzen sind eher mittlere

DJ - Metallerzg.u.-bearb., H.v.Metallerzeugnissen								
	1970		1975		1986		1991	
		%		%		%		%
Lohnabhängige	1.317	100	1.189	90	1.077	82	1.145	87
Produktionswert	49	100	66	134	95	193	121	245
BruttoWertSchöpfung	19	100	25	131	38	199	49	259
ArbeitnehmerEntgelt	12	100	17	142	27	228	35	292
Abschreibungen	2,1	100	3,5	166	4,7	223	5,6	267
NettoBetriebsÜberschuss	4,4	100	3,6	83	5,0	114	7,3	168

Tabelle 4.2.3.2.1. – 13

Gewerbebetriebe. Dagegen sind die anderen größere Hüttenbetriebe, die häufig auch angeschlossene erste und zweite Bearbeitungsstufen umfassen, vor allem in der Eisen- und Stahlindustrie auch noch in einer Hitze. Das alles bedingt eine weitgehend großindustrielle und großbetriebliche Struktur, die zum erheblichen Teil auch zu großen Konzernen gehört.

Die *Herstellung von Metallerzeugnissen* umfasst dagegen eine breit gefächerte Produktpalette und dem entsprechend eine sehr große Zahl von kleinen und mittleren Gewerbebetrieben. Daher wird es in diesen Gewerben auch noch viele tätige Eigentümer als Geschäftsführer und eventuelle auch als technische Leiter geben. Was die Abhängigkeiten von den Rohstoffpreisen vom Weltmarkt und von der Konjunktur der Nachfrage oder von den Rationalisierungspotentialen der Mechanisierung und Computerisierung anbelangt, so sind die beiden Zweige ebenfalls weit auseinander. Die gemeinsamen Zahlen bilden also wahrscheinlich unterschiedliche Tendenzen beider Zweige ab.

Mit 1970 1,3 Millionen *Lohnabhängigen* haben wir es mit einem der größten Wirtschaftszweige der Industrie der BRD zu tun. Als Grundstofflieferant für eine Vielzahl von Weiterverarbeitern in anderen Industrien bildet es auch ein Herzstück der westdeutschen Industrie.

Insgesamt ist in beiden Zweigen die Zahl der *Lohnabhängigen* bis 1991 um 170.000 gesunken. Wohingegen die *Bruttowertschöpfung* etwa auf das 2,5-Fache gestiegen ist. Die *Abschreibungen* als Indiz für die Technisierung sind etwa in der gleichen Größenordnung angestiegen. Die *Arbeitnehmerentgelte* sind um fast das Dreifache gewachsen, während die *Nettobetriebsüberschüsse* sich nur auf 168 Prozent erhöht haben.

Allerdings bewegt sich die *Bruttowertschöpfung* nicht gleichmäßig nach oben, sondern zeigt in der ersten Hälfte er 70er Jahre Stagnation und der ersten Hälfte der 80er Jahre sogar Rückgang. Der *Nettobetriebsüberschuss* schwankt noch erheblich stärker mit der Konjunktur. Nimmt man den niedrigsten Wert kurz nach dem Einsatz der Statistik, 1972 und den höchsten Wert gegen Ende der hier gezeigten Periode, dann liegt die Spanne der *Gewinne*, die sich aus Wachstum und Schwankung ergibt, bei 354 Prozent.

4.2.3.3 Zweig 27 – Metallerzeugung und -bearbeitung

4.2.3.3.1 Die erweiterte BRD von 1991 bis 2005

Der Zuwachs an *Beschäftigten* und die Vergrößerung der anderen Kategorien durch die Übernahme der DDR lässt sich aufgrund der Datenlage nicht angeben. Aber die metallurgische Basis der DDR war im Verhältnis zu derjenigen der BRD eher schmal.

Für die erweiterte BRD beginnt der nunmehr getrennt notierte Zweig *Metallerzeugung und Metallbearbeitung* mit der Zahl von 480.000 *Lohnabhängigen*. Damit gehört er auch als einzelner noch zu den größeren Industriezweigen.

Der Abbau an *Arbeitskräften* bis 2005 umfasst rund 220.000 *Lohnabhängige* auf nur noch 54 Prozent von 1991. Da der *Produktionswert* in der gleichen Zeit auf 150 Prozent gestiegen ist, handelt es sich nicht einfach um einen Abbau von Kapazitäten, sondern um durchgreifende Modernisierungen der Produktionstechnik. Neben der weiteren Vergrößerung der Hochöfen spielt hier die breitere Einführung des Stranggussverfahrens eine wichtige Rolle, dass nicht nur zwischengelagerte Bearbeitungsstufen und damit Technik sowie Bedienungspersonal erübrigt, sondern außerdem auch erhebliche Energieeinsparungen möglich macht.

Die Reduktion der *Lohnsumme* auf 91 Prozent des Ausgangswertes ist bei der o.g. Reduktion der Zahl der *Lohnarbeiter* plausibel

27 - Metallerzeugung und -bearbeitung								
	1991		1993		2000		2005	
		%		%		%		5
Arbeitnehmer	481	100	369	77	275	57	261	54
Produktionswert	52	100	41	79	59	113	79	151
Bruttowertschöpfung	17	100	13	77	17	98	21	121
Arbeitnehmerentgelt	14	100	12	92	12	90	12	91
Abschreibungen	3	100	3	105	3	97	3	93
Nettobetriebsüberschuss	0	100	-3	-28.200	1	11.100	5	48.500

Tabelle 4.2.3.3.1. – 14

und bedeutet keineswegs eine besondere Lohndrückerei. Erstaunen ruft die Beibehaltung der Größenordnung der *Abschreibungen* hervor, wenn die vermutlichen technischen Erneuerungen bedacht werden. Eventuell sind die Prozentzahlen dabei von zwei Bedingungen bestimmt. Einmal ist die absolute Höhe der *Abschreibungen* im Verhältnis zum Beispiel zur *Lohnsumme* beträchtlich, sodass auch hohe Investitionen nicht ausgeschlossen sind. Zum anderen kann es sein, dass zugleich mit der grundlegenden Erneuerung noch große Werte an alten Anlagen abgeschrieben wurden.

Die absurden Prozentzahlen bei den *Gewinnen* zeigen nur an, dass zu konjunkturellen Gründen für die Gewinnschwankungen noch gleichzeitig auftretende Strukturprobleme im Spiel sein müssen, sodass Gewinnen von 5 Milliarden Euro in einem Jahr auch 3 Milliarden Euro Verluste gegenüber stehen können. Problematisch ist das vor allem, weil die riesigen Anlagen auf eine Lebensdauer von weit über zehn Jahren ausgelegt sind und natürlich auch das spezialisierte Personal nicht von der Straße eingesaugt und wieder ausgeschwemmt werden kann.

Es soll noch einmal unterstrichen werden, dass die Versorgung der bundesdeutschen Industrie mit metallischen Grundstoffen, also der hochspezialisierten und ausgedehnten Metallverarbeitung, dem Anlagen- und Maschinenbau, sowie dem ausgedehnten Fahrzeugbau und dem Stahlverbrauch der Bauindustrie der BRD, mit der doch vergleichsweise *geringen Zahl an Lohnabhängigen von 260.000* erreicht wird.[49]

4.2.3.4 DG – Herstellung von chemischen Erzeugnissen

4.2.3.4.1 Die alte BRD von 1970 bis 1991

In unserer Aufstellung der W-Zweige folgt die *Herstellung von chemischen Erzeugnissen*.

Die Zusammenstellung dieses Zweiges umfasst, ähnlich wie bei der Metallproduktion, sowohl die *Herstellung von chemischen Grundstoffen* für alle nachfolgenden Verarbeitungen, wie auch die Weiterverarbeitung in den vielen einzelnen Erzeugnissen der verschiedenen Sparten, wie z. B. *Farben, Pharmazeutika, Reinigungs- und Körperpflegemittel.*

DG - H. v. chemischen Erzeugnissen							
	1970		1975		1982	1991	
		%		%	%		%
Lohnabhängige	629	100	596		586	619	98
Produktionswert	27					89	330
BruttoWertschöpfung	11,29					36,10	320
Arbeitnehmerentgelt	6,99					25,82	369
Abschreibungen	1,63					5,52	339
NettoBetriebsÜberschuss	1,63					4,06	249

Tabelle 4.2.3.4.1. – 15

Auch die Grundstoffe für die *Herstellung von Gummi- und Kunststoffwaren*, die in einem eigenen Zweig rubriziert werden, sind hier notiert. Leider wird die gemeinsame statistische Darstellung auch über das Jahr 1991 bis heute beibehalten.

Das bedeutet für die Relevanz der Aussagen, dass die jeweils unterschiedlichen technischen und ökonomischen Änderungen in den beiden Zweigen nicht getrennt bestimmt werden können. Diese sind zum einen wiederum die großen Fortschritte in der großtechnischen Herstellung der Grundstoffe und die Änderungen der räumlichen Organisation der Produktion durch Import, also die internationale Arbeitsteilung. Zum anderen haben wir bei der Herstellung der Spezialitäten ebenfalls durchgängig teils auch nur spezielle Produktivitätssprünge mittels der Herstellungsverfahren oder der veränderten Steuerung mit Hilfe von Datenverarbeitung. Andererseits bewirkt die Ausfaltung der Produktvarianten oder der zusätzlichen Spezialitäten möglicherweise auch einen gegenteiligen Effekt. Auch für diesen Bereich findet, zumindest im Rahmen der EU, sicherlich eine Änderung der internationalen Arbeitsteilung statt, die aber wohl mehr den Konzernstrategien als den technischen Notwendigkeiten folgen und nur bei einzelnen Warengruppen zu Buche schlagen.

Als Ergebnis der verschiedenen Ebenen von Veränderungen und ihren Ursachen zeigt sich die Zahl der *abhängig Beschäftigten* kaum verändert. Allerdings bewegt sich diese Zahl im Verlauf der 20 Jahre im Takt der Konjunktur zweimal auf einen relativen Tiefpunkt zu, mit einem Verlust von rund 30.000 Beschäftigten.

Die *Bruttowertschöpfung* steigt dagegen auf 320 Prozent und auch dieser Wert schwankt im Takt der Konjunktur, z. T. sogar erheblich. Allerdings äußert sich dies weniger in Niedergängen, als in größeren Sprüngen aufwärts. Der wertmäßige Umfang der Produktion ist in ähnlicher Weise angewachsen. Zu vermuten ist allerdings, dass die stoffliche Produktivität pro geleisteter Arbeitsstunde größer geworden ist, als durch die Wertzahlen angezeigt wird, da die Anlagen der Grundstoffproduktion sicherlich wesentlich effektiver geworden sind. Wegen der Zusammenstellung der Grundstoffproduktion mit den Endprodukten ist dies von 1970 bis 1991, ähnlich wie im Metallbereich nicht zu differenzieren.

Die Entwicklung der *Abschreibungen* zeigt durch ihre kontinuierliche Steigerung, dass die Ausstattung mit Produktionsmitteln etwa im gleichen Ausmaß zunimmt, wie die *Bruttowertschöpfung*.

Trotz fast gleichbleibender Belegschaftszahlen und gesunkenen Arbeitstunden pro Person und Jahr im gesamten Zweig hat sich das *Bruttoarbeitnehmerentgelt* noch stärker entwickelt als die Bruttowertschöpfung, nämlich auf rund 370 Prozent.

Der *Nettobetriebsüberschuss* ist auf rund 250 Prozent gestiegen. Allerdings verlief dies mit großen Schwankungen, die möglicher Weise nicht nur von der Konjunktur, sondern auch von den extremen Preisschwankungen des Erdöls genau mit den Konjunkturausschlägen beeinflusst gewesen sein können. Die Spanne zwischen niedrigem und hohem Überschuss umfasst rund 400 Prozentpunkte.

Die Gesamtentwicklung beider Industriezweige in den zwanzig Jahren ist für beide Klassen durchaus erfolgreich gewesen.

4.2.3.4.2 Die erweiterte BRD von 1991 bis 2005

Der Sprung in der Beschäftigung durch die Vereinnahmung der DDR umfasst nur rund 100.000 *Lohnabhängige*. Ein großer Teil der Industriekapazitäten im Chemiesektor der DDR wurde sehr schnell stillgelegt und abgerissen.

Das Ergebnis zeigt sich auch in der Bruttowertschöpfung, die trotz der Übernahme nur von 36 auf 37 Milliarden Euro anstieg.

Der Verlauf der Jahre bis 2005 zeigt eine Verringerung der zunächst erweiterten *Beschäftigung* um 275.000 *Lohnabhängige*, auf

H. v. chemischen Erzeugnissen								
	1991		1993		2000		2005	
		%		%		%		%
Arbeitnehmer	726	100	620	85	507	70	451	62
Produktionswert	94	100	88	94	123	131	134	143
Bruttowertschöpfung	37	100	35	94	41	112	47	128
Arbeitnehmerentgelt	27	100	27	103	28	106	27	103
Abschreibungen	6	100	7	110	7	121	8	125
Nettobetriebsüberschuss	4	100	0	3	5	135	11	316

Tabelle 4.2.3.4.2 – 16

62 Prozent des Wertes von 1991 bei einer Steigerung des *Produktionswertes* auf 143 Prozent. Nach der tiefen und längeren Flaute um das Jahr 1993 herum stiegen *Produktionswert, Wertschöpfung* und *Gewinne* zunächst wieder langsam an. Bemerkenswert ist, dass mit der beginnenden Rezession ab 2002/2003 die Gewinne sich von der sonstigen Entwicklung abkoppelten und zuletzt bei 316 Prozent in 2005 lagen. Die auch in den Flautenzeiten hohen *Abschreibungen* und ihre Zunahme zeigen eine mittelfristig hohe Investitionspolitik, die sicher die Produktivität erheblich hat steigen lassen. Zusammen mit den anscheinend kräftig gestiegenen Weltmarktpreisen für die Endprodukte hat dies offenbar zu der überaus starken Gewinnentwicklung geführt. Die *Lohnsumme* bewegt sich die ganze Zeit etwa auf dem gleichem Niveau. Die kontinuierliche Reduktion der Belegschaften und moderat steigende Löhnen in der chemischen Industrie lassen die gleich bleibende *Lohnsumme* verständlich erscheinen

4.2.3.5 DD – Holzgewerbe (ohne Herstellung von Möbeln)

4.2.3.5.1 Die alte BRD von 1970 bis 1991

Das *Holzgewerbe* gehört zu den kleineren Industriezweigen, wenn die *Möbelherstellung* nicht mitgezählt wird. Die Zahl der *abhängig Beschäftigten* in der gesamten Periode hat sich nur um fünf Prozentpunkte vermindert, absolut um 9.000, und damit seine Größenordnung in der Industrie der BRD in etwa gehalten. In den Perioden der beiden Krisen 1974 und 1983 und dazwischen hat es sogar größere Rückgänge in der Zahl der Arbeitskräfte gegeben.

Mit dieser leicht verminderten *Zahl von Arbeitskräften* 1991, bei deutlich verminderter Zahl der Arbeitsstunden, hat sich die *Bruttowertschöpfung* auf 281 Prozent vergrößert. Auch die Bruttowertschöpfung ist in den beiden Krisen zurückgegangen, aber hat sich, anders als die Beschäftigung, in der Zeit dazwischen wieder aufwärts entwickelt.

Das *Arbeitnehmerentgeld* hat sich in der gesamten Periode auf 321 Prozent vergrößert. Ebenso wie die *Bruttowertschöpfung* hat sich seine Größe in den beiden Krisen nur kurz und in geringem Maße vermindert.

Die *Abschreibungen* haben sich fast in der gleichen Weise wie die *Wertschöpfung* vergrößert, auf 276 Prozent. Im Verlauf der Jahre zeigt sich, dass die *Abschreibungen* die gesamten 70er Jahre hindurch kontinuierliche gestiegen sind. Nach der Krise von 82/83 stagnieren sie fast bis zum Ende des Jahrzehnts, machen 1990 noch mal einen Sprung nach oben, um 1991 wieder kräftig zurückzugehen.

DD - Holzgewerbe (ohne H. v. Möbeln)							
	1970		1975		1986		1991	
		%		%		%		%
Lohnabhängige	179	100	163	91	155	87	170	95
BruttoWertSchöpfung	2,15	100	2,93	136	4,14	193	6,05	281
ArbeitnehmerEntgelt	1,36	100	1,92	141	3,15	232	4,36	321
Abschreibungen	0,21	100	0,36	171	0,58	276	0,58	276
NettoBetriebsÜberschuss	0,50	100	0,59	118	0,35	70	0,88	176

Tabelle 4.2.3.4.2 – 17

Die Zusammenhänge bei der Entwicklung der Größen müssen wohl so gedeutet werden, dass die kräftigen Investitionen in den 70ern zunächst die Produktionssteigerung mit leicht vermindertem Personal erlaubten, aber bis zur ersten Krise noch Lohnerhöhungen zuließen. In der Krise wurde mit dem Rückgang der Produktion Personal abgebaut und die *Lohnsumme* stagnierte für ein Jahr. Die weitere Produktionssteigerung konnte dann auf der modernisierten technischen Grundlage mit einer nur geringen Zunahme der Arbeitskräfte, aber doch erheblichen Steigerungen der *Lohnsumme* erreicht werden. Ob hier eine Verschiebung der Qualifikationsstruktur oder vor allem ein Operieren mit Überstunden vorlag, kann aus den Zahlen nicht entnommen werden. Die nächste Krise bringt kurzfristig einen leichten Rückgang der Produktion, aber schon vorher einen kräftigeren und nun länger andauernden Rückgang der Beschäftigtenzahlen sowie eine Stagnation der *Lohnsumme*. Diese Entwicklung wurde nicht durch eine Investitionssteigerung begleitet oder ermöglicht, sondern könnte vor allem verschlechterten Bedingungen bei den Lohnverhandlungen geschuldet sein. Erst gegen Ende des Jahrzehnts steigt die Produktion wieder stärker, nehmen die Beschäftigtenzahlen wieder zu und steigt dann auch die *Lohnsumme* wieder an.

4.2.3.5.2 Die erweiterte BRD von 1991 bis 2005

Die Übernahme der DDR hat dem Zweig rund 30.000 *Lohnabhängige* hinzugefügt. Anders als in anderen Industriezweigen wird dieser Zugewinn in den nächsten Jahren nicht gleich drastisch wieder abgebaut. Das mag damit zusammenhängen, dass die *Holzindustrie* zu einem Teil Zulieferer zum Bau von Wohnhäusern ist, der in den ersten Jahren der 90er in Ostdeutschland stark expandierte. Erst mit der Krise nach 2002 gibt es größere Rückgänge, die auch nicht wieder aufgefangen werden, sondern die Zahl der *Lohnabhängigen* bis 2005 auf 66 Prozent drückten.

Dabei ist der *Produktionswert* nach 1991 und drei eher mageren Jahren dann erheblich, wenn auch schwankend, angestiegen. Die nächste Krise macht sich schon 2001 mit einem Rückgang bemerkbar und wird erst 2005 mit der Rückkehr zum Stand von 2000 ausgeglichen, aber mit einer erheblich reduzierten Belegschaft.

DD - Holzgewerbe (ohne H. v. Möbeln)								
	1991		1993		2000		2005	
		%		%		%		%
Arbeitnehmer	209	100	201	96	173	83	138	66
Produktionswert	17	100	18	107	22	132	22	132
Bruttowertschöpfung	6	100	7	112	8	129	7	109
Arbeitnehmerentgelt	5	100	5	114	5	110	4	88
Abschreibungen	1	100	1	114	1	132	1	126
Nettobetriebsüberschuss	1	100	1	96	2	263	2	229

Tabelle 4.2.3.5.2 – 18

Die *Lohnsumme* bewegt sich bis 1995 bis auf 124 Prozent leicht aufwärts. Seitdem geht sie kontinuierlich zurück, ohne dem starken Abbau der Zahlen der *Lohnabhängigen* nach 2002 zu folgen.

Die *Abschreibungen* zeigen bis 2002 ansteigende Investitionen. Erst seit 2003 gehen sie leicht zurück. Diese zunehmende Technisierung und andererseits die weiter nachlassende Baukonjunktur im Osten und Westen der BRD machen den drastischen Abbau der Belegschaften bei gleich bleibendem *Produktionsumfang* möglich und plausibel.

Trotz der geringen Größe dieses Industriezweiges mit seiner ersten Verarbeitung eines spezifischen Rohstoffes bleibt er in der Produktionspalette der BRD und ihrer inneren Arbeitsteilung erhalten.

4.2.3.6 DE – 21: Papiergewerbe

4.2.3.6.1 Die alte BRD von 1970 bis 1991

Wie das *Holzgewerbe* ist das *Papiergewerbe* ein weiterer recht kleiner Zweig des Bereiches Vorprodukte und Halbzeuge. Leider sind in der Statistik weder die *Abschreibungen* noch die Nettobetriebsüberschüsse des Bereiches notiert. Letztere können aber aus den beiden vorherigen Werten berechnet werden. Original sind beide Werte nur für die übergeordnete Summe der Zweige *Papier-, Verlags- und Druckgewerbe* verzeichnet. Da das Druckgewerbe eher zum Bereich der Verarbeitung gehört und das Verlagsgewerbe eher zu den Dienstleistungen, sind die Zahlen aus dieser Kombination hier nicht brauchbar. Wir müssen uns also für die Interpretation der Entwicklung der Zahl der *Lohnabhängigen* mit den Zahlen der Kategorien Bruttowertschöpfung, Arbeitnehmerentgeld und der eigenen Berechnung des Nettobetriebsüberschusses begnügen.

Die Zahl der *Lohnabhängigen* nimmt auf 83 Prozent ab. Die *Bruttowertschöpfung* nimmt auf 310 Prozent zu. Das *Arbeitnehmerentgelt* nimmt, trotz Abnahme der Zahl der *Lohnabhängigen* auf 317 Prozent zu. Der *Nettobetriebsüberschuss* nimmt auf 301 Prozent zu. Natürlich ist die Produktionssteigerung bei Verringerung der Beschäftigtenzahl auf Maschinisierung und Automatisierung zurückzuführen. Aber direkt lässt sich wegen der fehlenden Zahl über die Wertgröße der *Abschreibungen* nichts sagen. Über die Konjunkturabhängigkeit kann anhand des Nettobetriebsüberschusses eben-

DE - 21 – Papiergewerbe								
	1970		1975		1986		1991	
		%		%		%		%
Lohnabhängige	202	100	162	80	142	70	168	83
BruttoWertSchöpfung	3,01	100	3,90	130	6,89	229	9,32	310
ArbeitnehmerEntgelt	1,64	100	2,19	134	3,56	217	5,20	317
Abschreibungen								
NettoBetriebsÜberschuss	1,37	100	1,71	125	3,33	243	4,12	301

Tabelle 4.2.3.6.1. – 19

falls nur mittels der Bruttowertschöpfung und abgeschwächt über die Zahl der Arbeitskräfte etwas ausgesagt werden.

Aber wie schon bei den anderen Zweigen der Vorprodukt- und Halbzeugherstellung zeigen die Entwicklungen der Konjunktur und der strukturellen Veränderung bei den Kennziffern unterschiedliche Folgen. Die Zahl der *Arbeitskräfte* sinkt schon vor der ersten Krise 1974/75 erheblich, während die Bruttowertschöpfung noch bis 1974 steigt und ebenfalls noch der *Nettobetriebsüberschuss*. Das heißt die Produktivitätszunahme, wahrscheinlich aufgrund von Investitionen in die Ausrüstung, fängt schon vor der Krise an. In der Krise sinkt die Zahl der Arbeitskräfte noch einmal kräftig ab. Die *Produktion* stagniert nur kurz und die *Lohnsumme* fällt etwas ab, während der *Nettobetriebsüberschuss* ebenfalls nur für ein Jahr zurückgeht. Danach stagniert dann die Beschäftigung auf dem Krisenniveau bis zur nächsten Krise ab 1983. Die Bruttowertschöpfung steigt zunächst nach der ersten Krise weiter, um dann vor der nächsten ebenfalls für mehrere Jahre zu stagnieren. Dagegen steigt die *Lohnsumme* nach der ersten Krise weiter auch bei zurückgehender *Wertschöpfung*. Die *Lohnsumme* und der *Nettobetriebsüberschüsse* bewegen sich mehrere Jahre gegenläufig, gleichgültig, ob die *Wertschöpfung* steigt oder stagniert.

Vor der nächsten Krise gibt es wieder einen Rückgang der *Beschäftigung* und auch diesmal stagniert sie danach für mehrere Jahre über die Krise hinaus. Dagegen geht die Krise an der *Wertschöpfung* fast spurlos vorüber, nur für ein Jahr stagniert sie, steigt danach wieder, ohne dass mehr Arbeitskräfte beschäftigt werden. Erstaunlicher Weise stagniert die *Lohnsumme* in der Krise nur für ein Jahr und steigt danach jedes weitere Jahr. Ebenfalls erstaunlich ist, dass die Gewinne in der zweiten Hälfte der 80er ein Jahr zurückgehen und danach mehrere Jahre stagnieren obwohl die *Lohnsumme* steigt.

Man kann nur vermuten, dass die kräftigen Produktivitätssprünge in den zwanzig Jahren, die die Belegschaften teils stark reduziert haben, die Kampfkraft der Belegschaften nicht beeinträchtigt haben. Ob dabei auch starke Nachfrage auf den Märkten eine Rolle gespielt hat, lässt sich aus den vorliegenden Daten nicht entnehmen.

4.2.3.6.2 Die erweiterte BRD von 1991 bis 2005

Die Vereinahmung der DDR führte zur Aufstockung der Zahl der *Lohnarbeiter* um 27.000, während der *Produktionswert* sich nur von 26 auf 28 Milliarden Euro erhöhte. Auch in diesem kleineren Industriegewerbe der *Erzeugung von Halbzeug und Vorprodukten* hat die Eingliederung der DDR keine weitreichenden Veränderungen hervorgerufen.

Zwischen 1991 und 2005 schrumpft die Zahl der *Lohnabhängigen* nun aber kräftig um 46.000 auf 76 Prozent von 1991. Dagegen steigt der *Produktionswert* nach einer Delle in der Krise von 1993 bis 2000 auf 113 Prozent an und stagniert seitdem. Ähnlich verläuft die Entwicklung der *Lohnsumme*. Sie steigt ab 1992, geht 1993 wenig zurück und steigt dann weiter bis 2002 auf 125 Prozent, um dann mit der Krise wieder auf 115 Prozent zurück zu gehen.

Die *Abschreibungen* bewegen sich seit 1991 über die Krise hinweg aufwärts, bleiben dann einige Jahre auf dem hohen Niveau, steigen im Boom um 2000 noch einmal an und bleiben auch in der nächsten Krise auf diesem Niveau und legen danach wieder auf 134 Prozent zu. Offenbar ist eine weitere Technisierung und Automatisierung der Grund für die Steigerung des Produktionswertes bei doch erheblich reduzierten Belegschaften.

Die *Gewinnentwicklung* wirft einige Fragen auf. Nach dem Ausgangspunkt in 1991 sinkt der *Gewinn* drastisch in zwei Stufen auf unter die Hälfte ab, pendelt dann viele Jahre um die 50 Prozent und steigt erst ab 2000 wieder auf Höhen zwischen 60 und 80 Prozent des Wertes von 1991. Gleichzeitig aber steigen die *Abschreibungen*

DE – 21 – Papiergewerbe								
	1991		1993		2000		2005	
		%		%		%		%
Arbeitnehmer	195	100	173	89	163	84	149	76
Produktionswert	28	100	24	88	31	113	31	113
Bruttowertschöpfung	9	100	8	90	10	104	10	106
Arbeitnehmerentgelt	5	100	6	102	6	118	6	115
Abschreibungen	2	100	2	115	2	127	2	134
Nettobetriebsüberschuss	2	100	1	45	1	54	2	65

Tabelle 4.2.3.6.2. – 20

und damit die vorherigen Investitionen kontinuierlich in erheblicher Weise an. Eine Erklärung dafür liegt nicht auf der Hand, zumal die Papierindustrie nicht das Ziel von umfangreichen Subventionen gewesen ist.

4.2.4 Investitionsgüter

4.2.4.1 F – Baugewerbe

4.2.4.1.1 Die alte BRD von 1970 bis 1991

Auf den ersten Blick ist die Entwicklung der Zahl der *Lohnabhängigen in der Bauwirtschaft* relativ unspektakulär. Von rund zwei Millionen schrumpft die Zahl um weniger als 200.000 auf 1,8 Millionen, um rund acht Prozentpunkte auf 92 Prozent. Der *Produktionswert* steigt auf 308, die *Bruttowertschöpfung* auf 269 Prozent. Das *Arbeitnehmerentgelt* steigt auf 292 Prozent. Die *Abschreibungen* steigen auf 245 Prozent und der *Nettobetriebsüberschuss* auf 230 Prozent.

    Wie die anderen, meist kleineren Wirtschaftszweige, macht auch die *Bauwirtschaft* stärkere konjunkturelle Schwankungen innerhalb der großen 20-jährigen Wachstumsperiode durch. Zunächst steigt die *Bruttowertschöpfung* schnell und stetig. Parallel dazu, aber nur mäßig, steigt auch die Zahl der *Lohnarbeiter*. Dagegen steigt die *Lohnsumme* die zwei letzten Aufschwungjahre vor der Krise 1975

F – Baugewerbe							
	1970		1975		1986		1991
		%		%		%		%
Lohnabhängige	2.008	100	1.802	90	1.721	86	1.839	92
Produktionswert	48	100					148	308
BruttoWertSchöpfung	26	100	32	123	51	195	70	269
ArbeitnehmerEntgelt	16	100	23	145	35	217	47	292
Abschreibungen	1,6	100	2,6	158	3,3	206	4,0	245
NettoBetriebsÜberschuss	8,0	100	5,5	69	12,0	150	18,4	230

Tabelle 4.2.4.1.1. – 21

sogar noch stärker, als die *Wertschöpfung*. Die *Nettobetriebsüberschüsse* steigen nur kurzfristig und nehmen schon vor dieser Krise dramatisch ab.

Erst kurz vor dem nächsten konjunkturellen Höhepunkt finden sie etwas mühsam wieder das Niveau vor der Krise. Die *Abschreibungen* steigen dagegen in größeren Stufen fast unbeeindruckt von der Konjunktur und der Krise unverdrossen bis zum nächsten Abschwung. Die Bauwirtschaft hat also ihre Investitionen im ganzen ersten Jahrzehnt erheblich vorangetrieben, auch wenn die Gewinne in den Krisen stark zurückgingen. Daher konnte die erhebliche *Produktionssteigerung* während dieser Zeit zunächst fast ohne Aufstockung der Belegschaften und später sogar bei stark sinkender Zahl der Lohnarbeiter bewältigt werden. Erst mit dem nächsten Höhepunkt werden fast wieder so viel Lohnarbeiter beschäftigt, wie zu Beginn der Periode.

Mit dem folgenden Abschwung und der nächsten Krise, die sich in der Bauwirtschaft bei der *Wertschöpfung* schon 1982 zeigt, wechselt das Szenario drastisch. Erst nach fünf Jahren wird das Niveau der Bruttowertschöpfung vor der letzten Krise wieder erreicht, was wohl heißt, dass die gesellschaftliche Nachfrage nach Bauleistungen nicht nur konjunkturell zurückgegangen ist. Diesmal sinkt die Zahl der *Lohnarbeiter* schon im Abschwung, sinkt in der Krise weiter und erholt sich erst, trotz schon vorher gestiegener *Wertschöpfung* und vermutlich auch der Auftragslage, nach acht Jahren bis auf das Ausgangsniveau. Dagegen sinkt die *Lohnsumme* auch in der Krise und trotz Rückgang der Arbeitskräftezahl überhaupt nicht – nur die Steigerungen fallen für einige Jahre in und nach der Krise gering aus. Erst nach der Krise, bei weiter stagnierender *Wertschöpfung* und weiter zurückgehender Zahl der *Lohnarbeiter* gibt auch die *Lohnsumme* für einige Jahre leicht nach. Die *Abschreibungen* stagnieren auf dem hohen Niveau, dass im letzten *Aufschwung* erreicht worden war, fast bis zum Ende der Periode. Die *Gewinne* sinken vom hohen Niveau im Aufschwung 1980/81, in der Krise wieder drastisch und erholen sich erst nach fünf Jahren gegen Ende der Periode.

Erst am Schluss zeigen alle Kennziffern neue Höchststände auch gegenüber der letzten Krise nach 1981. Im letzten Jahr steigen auch die *Abschreibungen* wieder, d. h. die Investitionen sind erst ab 1989 zögerlich und ab 1990 wieder erheblich angestiegen.

Auch die *Beschäftigung* erreicht erst dann wieder das Niveau nach der letzten Krise, allerdings nicht mehr jenes im Aufschwung vor der Krise.

4.2.4.1.2 Die erweiterte BRD von 1991 bis 2005

Der Sprung in den Zahlen der *Beschäftigung* durch die Vereinnahmung der DDR ist recht erheblich. 706.000 *Lohnarbeiter* sind hinzugekommen, das sind mehr als ein Viertel der Zahl in der alten BRD 1991 und immer noch rund 20 Prozent der neuen Gesamtzahl. Beim *Produktionswert* ist der Sprung etwas kleiner, er umfasst 27 Milliarden Euro und steigt auf 118 Prozent. Die Differenzen bei der *Bruttowertschöpfung,* der *Lohnsumme* und dem *Überschuss* fallen noch geringer aus. Die *Abschreibungen* zeigen dagegen zunächst kaum eine Vergrößerung.

Die erhebliche Ausdehnung des *Arbeitskörpers* in der Bauindustrie, die in der Tat vor allem in den Bauvorhaben in Ostdeutschland stattfand, ging also ohne größere Erweiterung der Ausrüstungen in der gesamten BRD vor sich. Anscheinend waren deren Bestände in der alten BRD so groß, dass sie ohne weiteres den Bauboom in Ostdeutschland mit versorgen konnten. Das zeigt sich an den geringen Steigerungen der *Abschreibungen* in der erweiterten BRD in den folgenden Jahren.

Der *Produktionswert* steigt die ersten Jahre zügig auch über die Krise um 1993 hinweg an und findet erst 1994/95 eine Grenze.

F – Baugewerbe								
	1991		1993		2000		2005	
		%		%		%		%
Arbeitnehmer	2.545	100	2.737	108	2.368	93	1.738	68
Produktionswert	175	100	221	126	225	129	184	106
Bruttowertschöpfung	84	100	104	124	96	115	80	96
Arbeitnehmerentgelt	58	100	71	122	66	114	51	88
Abschreibungen	4	100	5	127	6	140	5	113
Nettobetriebsüberschuss	21	100	26	128	24	117	24	116

Tabelle 4.2.4.1.2. – 22

Seit 1996 geht dieser Wert kontinuierlich wieder zurück und findet sich 2005 kaum sechs Prozent über dem Ausgangspunkt. Die Zahlen der *Lohnabhängigen* bewegen sich im gleichen Rhythmus, wenn auch zunächst mit erheblich geringeren Steigerungen, seit 1996. beim Abbau der Beschäftigung hingegen mit größeren Stufen. Dieser Abbau führt noch unter die Zahl der alten BRD in 1991 zurück und endet mit rund 1,74 Millionen *Lohnabhängigen* bei 68 Prozent des Ausgangspunktes in der erweiterten BRD. Wenn der Höchststand von 1995 als Bezugspunkt genommen wird, dann fällt die Verringerung in Prozentpunkten noch stärker aus.

Die Werte bei der *Bruttowertschöpfung* bewegen sich etwas weniger stark nach oben und unten, der letzte von 2005 endet bei 96 Prozent von 1991. Die *Lohnsumme* nimmt im Boom einen ähnlichen Verlauf, sinkt dann aber seit 1996 wieder und dann besonders stark mit und nach der Krise von 2002, und endet 2005 bei nur noch 88 Prozent des Wertes von 1991. Die *Abschreibungen* steigen sogar bis 1996 und gehen dann zunächst leicht und mit der Krise und danach erheblich zurück. Sie enden bei nur noch 113 Prozent von 1991.

Wenn man den gesamten Zyklus von 1970 einschließlich der Erweiterung der BRD bis 2005 betrachtet, dann ist der Rückgang der Beschäftigung bei den *Lohnabhängigen* von zwei Millionen auf 1,73 Millionen, also um 270.000 im Vergleich zu anderen Industrien nicht besonders groß. Erstaunlich ist dies insbesondere, weil in diesen über vierzig Jahren doch die Mechanisierung des Bauens stark gestiegen ist und das Ausmaß an vorgefertigten Einbauteilen erheblich zugenommen hat. Allerdings kann von einer durchgehenden industriellen Fertigung auch heute noch nicht die Rede sein.

Mit über 1,7 Millionen Beschäftigten ist die *Bauindustrie* jetzt der größte Industriezweig. Um allerdings ein genaueres Bild zu gewinnen, müsste doch zwischen den großen Teilzweigen unterschieden werden, wie Hochbau mit Bau- und Ausbaugewerbe und dem Tiefbau. Leider liegen dafür keine hinreichend detaillierten Zahlen vor.

Kennzeichnend für den gesamten Zweig ist allerdings, dass es eine riesige Spannbreite von Unternehmens- und auch von Betriebsgrößen gibt – ähnlich wie es eine entsprechende Spannbreite der Bauaufträge und Baustellen gibt. Ein ganz erheblicher Teil der *Lohn-*

abhängigen ist in kleineren Baufirmen beschäftigt, und der übergroße Teil der Firmen sind kleine und eher mittelständische Gewerbebetriebe, neben den grossen Konzernunternehmen, die sich allerdings der kleinen umfangreich als Subunternehmen bedienen.

4.2.4.2 DI – Glasgewerbe, Herstellung von Keramik, Verarbeitung von Steinen und Erden

4.2.4.2.1 Die alte BRD von 1970 bis 1991

Die Zuordnung des gesamten *Glasgewerbes* zum Investitionsgüterbereich geht nicht ganz auf. Für die Flachglasproduktion trifft die Zuordnung wohl weitestgehend zu. Ein Teil der Produktion von Behältern aus Glas, Trinkgläser, Vasen etc gehört eigentlich in den Bereich der Konsumgüter. Die beiden anderen Bereiche, Keramik und die Verarbeitung von Steinen und Erden gehören wohl gänzlich in den Bereich der Investitionsgüter, da sie einerseits Teile für die Ausstattung von Häusern liefern, andererseits auch Teile für die materielle Infrastruktur im Tiefbau.

In allen drei Bereichen spielt die Erzeugung und industrielle Anwendung von Hitze eine Rolle, sei es für das Schmelzen, das Formen oder das Härten. Insofern sind die Effektivitätsgewinne in den industriellen Hitzetechniken für alle Bereiche wesentliche Momente bei der Einsparung von Arbeitskräften. Für den Einsatz solcher fort-

DI - Glasgewerbe, Hstg.v.Keramik, Verarb.v.Steinen u.Erden							
	1970		1975		1986		1991
		%		%		%		%
Lohnabhängige	395	100	341	86	272	69	283	72
Produktionswert	11,8	100	15,8	134	24,1	204	31,2	264
BruttoWertSchöpfung	5,9	100	7,2	121	10,7	180	13,7	231
ArbeitnehmerEntgelt	3,4	100	4,4	131	6,5	191	8,3	247
Abschreibungen	0,6	100	1,1	176	1,7	276	2,1	325
NettoBetriebsÜberschuss	1,7	100	1,5	84	2,2	127	3,0	174

Tabelle 4.2.4.2.1. – 23

geschrittenen Techniken spielt sowohl technisch als auch ökonomisch die absolute Größe eine Rolle. Daher kann man vermuten, dass es eine erhebliche Konzentration der Betriebe und Unternehmen gegeben hat. Zum anderen werden die verschiedensten Arten der Mechanisierung der formenden Einwirkung auf die Materialien eine Rolle gespielt haben.

Der *Produktionswert* hat in der Periode auf 264 Prozent zugenommen, etwas geringer ist die *Bruttowertschöpfung* gestiegen, auf 231 Prozent. Da während der gleichen Zeit die Zahl der *Lohnabhängigen* um rund 110.000 auf 72 Prozent abgenommen hat, muss man von einer erheblichen Steigerung der Produktivität ausgehen.

Als Indiz der Effektivierung durch moderne Hitzetechnik und durch Mechanisierung, die sicher auch durch automatische Steuerungen unterstützt wurden, ist die Steigerung der *Abschreibungen* anzusehen, die während der gesamten Periode stärker zunahmen, als die *Bruttowertschöpfung*, zuletzt bis auf 325 Prozent, was rund 100 Prozentpunkte mehr als das Wachstum der anderen Kennziffern ist.

Trotz des Rückganges der Zahl der *Lohnarbeiter* um fast ein Drittel ist die *Lohnsumme* (hier als Bruttoarbeitnehmerentgelt) auf 247 Prozent gestiegen, was um über 15 Prozentpunkte über die Steigerung der *Bruttowertschöpfung* hinausgeht. Sehr überrascht die Entwicklung des *Nettobetriebsüberschusses*, der im gesamten Zeitraum nur bis auf 174 Prozent ansteigt, um rund 60 Prozentpunkte weniger als die Bruttowertschöpfung und die *Lohnsumme*. Verstärkt wird dieser Eindruck dadurch, dass diese Größe sowohl in den 70er als auch in den 80er Jahren jeweils einen erheblichen Rückgang um mehr als 30 Prozentpunkte für mehrere Jahre erlebte, wobei der Überschuss jeweils unter den Wert von 1970 gedrückt wurde. Was diese Besonderheit gegenüber den Entwicklungen in den bisher untersuchten anderen Industrien hervorrief und was sie bedeutet, ist hier leider nicht zu klären.

Aber ähnlich wie bei den anderen Industrien bewegen sich die Veränderungen der Kennziffern deutlich entsprechend den beiden Konjunkturen und Krisen in der Mitte der 70er und Anfang der 80er Jahre. Dabei fällt auch hier auf, dass die konjunkturelle Bewegung in den 80ern zwei Tiefpunkte und zwei Erholungen aufweist. Das zeigt sich sogar bei der Zahl der *Lohnarbeiter*, die am Ende der 80er Jahre leicht zunimmt, während sie sich nach der Krise in den

70ern kaum erholte, sondern weiter von dem wohl technisch bedingten Trend der Verringerung der erforderlichen Arbeit bestimmt war und sank.

4.2.4.2.2 Die erweiterte BRD von 1991 bis 2005

Der Sprung durch die Übernahme der DDR-Industrie beläuft sich bei den *Lohnabhängigen* auf rund 100.000, führt also für die erweiterte BRD fast wieder an den Ausgangspunkt von 1970 heran. Bei den anderen Größen sind die Zuwächse dagegen relativ gering und beim *Überschuss* ergibt sich sogar ein Rückgang um ein Drittel, was sicherlich eher auf die Entwicklung in Westdeutschland zurückzuführen ist.

Die Zahl der *Lohnabhängigen* wird dann zügig in großen Schritten bis 2000 fast auf das Niveau von Westdeutschland in 1991 zurückgeführt, stagniert dann in der kurzen Konjunktur und wird bis 2005 noch einmal um 50.000 auf dann 236.000, also nur noch 62 Prozent des Wertes von 1991 in der erweiterten BRD verringert.

Der *Produktionswert* steigt bis 2000 noch um 20 Prozent an und fällt bis 2005 wieder auf 107 Prozent des Ausgangswertes von 1991. Ähnlich verhält es sich mit dem Wert der *Bruttowertschöpfung*, die nicht ganz so hoch steigt und 2005 bei 93 Prozent von 1991 endet.

DI - Glasgewerbe, Hstg.v.Keramik, Verarb.v.Steinen u.Erden								
	1991		1993		2000		2005	
		%		%		%		%
Arbeitnehmer	380	100	341	90	296	78	236	62
Produktionswert	33	100	37	112	40	119	36	107
Bruttowertschöpfung	15	100	16	110	16	113	14	93
Arbeitnehmerentgelt	10	100	11	113	11	115	9	98
Abschreibungen	2	100	3	116	3	132	3	117
Nettobetriebsüberschuss	2	100	2	93	2	89	1	49

Tabelle 4.2.4.2.2 – 24

Auch die *Lohnsumme* nimmt einen ähnlichen Verlauf und endet bei 98 Prozent des Ausgangswertes. Ganz im Gegensatz zur Entwicklung in der alten BRD steigen jetzt die *Abschreibungen* nur noch moderat, erreichen 1995 eine Höhe von 127 Prozent von 1991 und halten ungefähr dieses Niveau bis 2002 um dann in 2005 wieder auf 117 Prozent zu sinken. Der Überschuss steigt nur für zwei Jahre über das Anfangsniveau stagniert längere Zeit und sinkt dann 2005 sogar auf die Hälfte ab.

Verwunderlich ist, dass die Entwicklung der *Produktion* ihren Höhepunkt eher um 2000 hat, als einige Jahre früher, da doch der Absatz vor allem an den Hochbau gekoppelt ist und der Boom in Ostdeutschland 2000 schon längst vorbei war.

Durch die Schrumpfung der Belegschaften und die Stagnation der Produktion gehört dieses Gewerbe inzwischen zu den eher kleineren des Bereiches der Investitionsgüterbranchen.

4.2.4.3 Herstellung von Metallerzeugnissen

4.2.4.3.1 Die erweiterte BRD von 1991 bis 2005

Wie oben unter 4.2.3.2. schon ausgeführt, ist es aufgrund der Anlage der Statistik nicht möglich die *Herstellung von Metallerzeugnissen* für die Zeit von 1970 bis 1991 in der alten Bundesrepublik in einer eigenständigen Analyse zu zeigen, weil sie nur zusammen mit der Metallerzeugung notiert wurde. Ab 1991 in der erweiterten BRD wurde dieser Zeig dann eigenständig aufgenommen.

Daher ist auch für den Zweig *Herstellung von Metallerzeugnissen* der Sprung in den Daten durch die Übernahme der DDR in der Statistik nicht verzeichnet. Aber es muss vermutet werden, dass er größer ist als bei der Metallerzeugung, da dieser Zweig auch in der DDR mit ihrem ausgedehnten Maschinenbau relativ groß war, auch wenn die Zulieferung zum Automobilbau kaum ins Gewicht fiel.

Mit 920.000 *Lohnabhängigen* 1991 war dieser sehr differenzierte Zweig innerhalb der Industrie der alten BRD einer der großen. Und blieb es mit 770.000 auch 2005. Die Zahl ging um 150.000 auf 84 Prozent von 1991 zurück. Im Jahr 2004 waren in diesem Zweig 60.000 Erwerbstätige beschäftigt, die keine *Lohnabhängigen* waren,

28 - H. v. Metall-Erzeugnissen							
	1991		1993		2000		2005
		%		%		%		%
Arbeitnehmer	920	100	859	93	813	88	770	84
Produktionswert	77	100	75	97	91	119	99	129
Bruttowertschöpfung	34	100	33	97	39	116	41	120
Arbeitnehmerentgelt	25	100	26	104	29	116	29	115
Abschreibungen	3	100	4	116	4	138	4	146
Nettobetriebsüberschuss	6	100	3	52	6	106	7	126

Tabelle 4.2.4.3.1. – 25

vermutlich also Eigentümer von Betrieben und Unternehmen. Das weist darauf hin, dass in diesem Zweig viele kleine und mittlere Unternehmer tätig sind.

Auch in diesem Zweig gilt, dass die Beschäftigung nicht durch Kapazitätsabbau verringert wurde, da der *Produktionswert* sich auf 129 Prozent vergrößerte. Allerdings zeigen die *Abschreibungen* mit einem Wachstum auf 146 Prozent doch eine erhebliche Steigerung, sodass Abbau von Beschäftigung und Steigerung der *Produktion* mit der zu unterstellenden weiteren Technisierung plausibel werden. Diese werden, ebenso wie die Produktionspalette, sehr differenziert sein.

Die Summe des *Arbeitnehmerentgeltes* ist auf 115 Prozent gestiegen, ein kleinerer Zuwachs als der *Produktionswert* und ebenfalls kleiner als beim *Nettobetriebsüberschuss*, allerdings gegenläufig zur Reduktion der Zahl der *Lohnabhängigen*. Die Gewinnsituation ist auch in diesem Zweig offenbar sehr konjunkturabhängig, sodass der Überschuss z. B. in der Krise von 1993 auf rund 50 Prozent von 1991 zurückging.

4.2.4.4 DK – Maschinenbau

4.2.4.4.1 Die alte BRD von 1970 bis 1991

Der *Maschinenbau* ist fast eine reine Investitionsgüterindustrie. Nur die unter dieser Rubrik auch notierte Herstellung von elektrischen Haushaltsgeräten und nicht elektrischen Geräten für Hitzeverwendung muss man wohl zu den langlebigen Gebrauchsgütern rechnen. Aber wegen des starken Überwiegens der Produktion von Maschinen für die Produktion wirken in ihm die strukturellen Entwicklungen aufgrund der Technisierung in doppelter Weise. Zum einen spielt sie bei der Art sowie der Entwicklung der Produkte und davon abhängig, dem Umfang von deren Produktion eine Rolle. Zum anderen ist die Produktion des Maschinenbaus selber, wie bei den anderen Industrie- und Gewerbezweigen auch, der Raum für Technisierung, nur dass hier die technischen Mittel dafür als Waren aus dem eigenen Wirtschaftszweig kommen.

Der *Maschinenbau* ist die vielleicht exportintensivste Branche der BRD-Industrie und bildet daher sowohl die strukturellen Entwicklungen der anderen Industrien als auch die jeweiligen Investitionskonjunkturen in der Welt ab.

Die Größenverhältnisse dieser Branche umfassen Betriebe kleinerer Mittelunternehmen bis zu Bestandteilen von großen industriellen Weltkonzernen. Wobei der Anteil von mittleren

DK - Maschinenbau							
	1970		1975		1986		1991
		%		%		%		%
Lohnabhängige	1.278	100	1184	93	1176	92	1286	101
Produktionswert	36	100	51	142	96	267	127	352
BruttoWertSchöpfung	16	100	22	140	40	253	54	337
ArbeitnehmerEntgelt	11	100	17	149	31	276	41	365
Abschreibungen	1,2	100	2,0	163	3,5	292	4,9	409
NettoBetriebsÜberschuss	3,3	100	3,4	102	5,4	163	7,3	221

Tabelle 4.2.4.4.1. – 26

Unternehmen, die für den Weltmarkt produzieren besonders groß ist.

Der *Produktionswert* wie auch die *Bruttowertschöpfung* des Maschinenbaus der BRD bewegen sich in der ganzen Periode nach oben, zeigen also in den beiden Krisen, die ja auch Krisen auf dem Weltmarkt waren, keinen Rückgang. Allerdings zeigen sich die beiden Krisen in der verringerten und unterschiedlichen Größe des jeweiligen jährlichen Zuwachses. So waren die Zuwächse in den 70er Jahren insgesamt moderat, aber auch die Auswirkungen der Krise Mitte der 70er Jahre. Die Krise Anfang der 80er bremste die schon allgemein geringen Wachstumsraten noch etwas, aber nicht dramatisch. Dann aber nahm das Wachstum von 1984 auf 1985, mit einem kleinen Dämpfer von 1986 auf 1987 bis zum Ende des gezeigten Zeitraumes, sehr kräftig zu.

Die Entwicklung der Beschäftigung bei den *Lohnabhängigen* folgt der Bewegung der Produktion in veränderter Weise. Sie nimmt bis zum Jahr 1983, dem Tiefpunkt der zweiten Krise, kontinuierlich ab, trotz der dauernden Steigerung der Produktion. In den beiden Krisen gibt es jedes Mal eine kleine Beschleunigung des Abbaus. Erst in den beiden Jahren nach 83 nimmt die Beschäftigung deutlich zu, stagniert dann noch einmal drei Jahre, um dann ab 89 wiederum deutlich zuzulegen und auf den Ausgangswert von 1970 zurück zukehren – mit einem *Produktionswert*, der inzwischen auf das 3,3-Fache gestiegen war.

Die *Abschreibungen* zeigen während der gesamten Periode eine relativ kontinuierliche Aufwärtsbewegung, wobei die beiden Krisen anscheinend keine Auswirkungen haben. Aber erst nach der Hälfte der Periode haben sich die *Abschreibungen* verdoppelt. Bis 1987 steigen sie auf das Dreifache, um dann in den letzten drei Jahren sprunghaft auf das Vierfache zu steigen. Dagegen sind die Steigerungen der *Bruttowertschöpfung* in dieser Zeit keineswegs außerordentlich und zudem steigt gerade während dieser Zeit die Zahl der *Lohnabhängigen* wieder auf das Niveau von 1970 an. Man muss wohl von einer besonderen Veränderung der technischen Produktionsweise ausgehen, die vielleicht auch mit neuen Produkten zu tun hat. Das kann hier nicht weiter untersucht werden.

Das *Arbeitnehmerentgelt* bewegt sich ein wenig stärker nach oben als die Bruttowertschöpfung, nämlich auf 365 Prozent – während sich gleichzeitig die Zahl der *Lohnabhängigen* bis 1983 verringert und erst dann langsam wieder ansteigt. In der ersten Krise sinkt das Arbeitnehmerentgelt für ein Jahr leicht ab, springt im Jahr darauf aber wieder kräftig nach oben. In der zweiten Krise ergibt sich nur eine Stagnation für ein Jahr.

Dagegen entwickeln sich die *Nettobetriebsüberschüsse* eher kläglich. Sie steigen kaum und verringern sich in der ersten Krise auf 88 Prozent. Danach erholen sie sich nur mäßig und erreichen wieder das Ausgangsniveau, verringern sich aber im Vorfeld der zweiten Krise noch einmal auf 92 Prozent. Später steigen sie zuerst moderat, springen in einem Jahr enorm an, stagnieren wieder, um gegen Ende in weiteren größeren Zuwächsen auf 243 Prozent zu steigen, aber 1991 schon wieder auf 221 Prozent abzurutschen.

Es steht zu vermuten, dass diese sehr sprunghafte Entwicklung mit drastischen Preisbewegungen auf dem Weltmarkt zu tun haben und weniger mit den innerbetrieblichen Produktivitätsentwicklungen oder den unternehmensinternen Kostenverhältnissen. Dem kann hier aber nicht weiter nachgegangen werden.

4.2.4.4.2 Die erweiterte BRD von 1991 bis 2005

Der Sprung in der Zahl der Beschäftigten durch die Vereinnahmung der DDR umfasst rund 300.000 *Lohnabhängige*, was fast 25 Prozent des Standes in der alten BRD entspricht. Der *Produktionswert* nimmt um rund 10 Milliarden Euro zu, was weniger als 10 Prozent sind. Die *Lohnsumme* nimmt um 4 Milliarden zu, was ebenfalls

DK - Maschinenbau	1991		1993		2000		2005	
		%		%		%		%
Arbeitnehmer	1.605	100	1.294	81	1.100	69	1.042	65
Produktionswert	135	100	120	89	157	117	181	134
Bruttowertschöpfung	56	100	51	91	62	110	69	123
Arbeitnehmerentgelt	45	100	44	98	49	109	50	112
Abschreibungen	5,3	100	5,9	113	6,1	115	6,0	114
Nettobetriebsüberschuss	5,3	100	0,6	12	6,2	118	11,7	221

Tabelle 4.2.4.4.2. – 27

etwa zehn Prozent entspricht. Die *Abschreibungen* steigen um eine ähnliche Größenordnung. Als einziger Wert geht der Überschuss mit der Übernahme um fast 30 Prozent ganz erheblich zurück.

Danach sinkt die Produktion schon 1992 mit der Krise und bis 1993 um zehn Prozent ab, weitet sich bis 2000 wieder moderat aus, stagniert zwei Jahre in der folgenden Krise und bewegt sich dann mit der wieder einsetzenden Weltkonjunktur kräftig nach oben. Die *Bruttowertschöpfung* bewegt sich ähnlich, wenn auch etwas gedämpfter. Der absolute Unterschied zwischen *Produktionswert* und Bruttowertschöpfung ist recht groß und steigt mit den Jahren. Er zeigt einen hohen Vorleistungsbezug an, der wohl kaum durch eine Vergrößerung des Rohstoffanteils hervorgerufen sein kann, sondern wahrscheinlich aus einer zunehmend ausgedehnten und teuren elektronischen Zurüstung bestehen wird.

Der dramatische Rückgang der *Beschäftigung* bis 1995 auf 71 Prozent dürfte weitgehend der Schließung von Kapazitäten in Ostdeutschland geschuldet sein, wo bis dahin die meisten eigenständigen Betriebe aufgeben mussten oder als vom Westen übernommene Konzernbetriebe geschlossen wurden. Das bedeutet, dass die Unternehmen und Betriebe in Westdeutschland ihren bisherigen Kurs weitgehend fortsetzen konnten. Der vermeintlich geringe Zuwachs der Investitionen, den die *Abschreibungen* anzuzeigen scheinen, ist eine statistische Täuschung. In Wahrheit schlagen die Kapazitäten in Ostdeutschland in den Bilanzen kaum zu Buche, während die Investitionen in Westdeutschland auf dem erhöhten absoluten Niveau, aber relativ zur erhöhten Basis mit niedrigem Prozentwert, weitergingen und sich noch moderat erhöhten.

Folgerichtig hat sich die *Lohnsumme* nach einem kleinen Rückgang in der Krise 1993 weiter sehr mäßig auf 114 Prozent in 2005 entwickelt.

Die Entwicklung des *Gewinns* zeigt in der Krise für drei Jahre einen dramatischen Rückgang, steigt dann wieder ordentlich bis 2000, stagniert während der Krise von 2002 und legt dann ab 2004 kräftig zu.

Mit den in den 90er Jahren weiter modernisierten Kapazitäten, mit moderaten Lohnanstiegen und etwa ähnlich großen Belegschaften konnten die westdeutschen Unternehmen des Maschinenbaus dann eine beispiellose Weltmarktoffensive vortragen, wie die Exportzahlen und die Gewinnausweise zeigen. Diese Situation hat bis 2007 angehalten und führte bald sogar zu öffentlichem Jammern über mangelndes Angebot an Facharbeitern und Ingenieuren in der Branche.

Auch zuletzt ist also der *Maschinenbau* in der erweiterten BRD das Herzstück ihrer Industrie, und mit der Belegschaft einer der wenigen ganz großen Zweige.

4.2.4.5 DL – Herstellung von Büromaschinen, DV-Geräten und -Einrichtungen, Elektrotechnik usw.

4.2.4.5.1 Die alte BRD von 1970 bis 1991

Diese Zusammenstellung besteht aus drei unterschiedlichen Branchen, mit unterschiedlichen Gewichten, die in etwa auch in der gesamten Periode bestehen bleiben. Die Verwendung von Elektrizität, oder eine bestimmte Endverwendung sind nicht der gemeinsame technische Nenner. Zudem finden sich in allen Dreien sowohl die Produktion von Investitionsgütern, als auch wichtige Bereiche von technischen Gebrauchsgütern für den Konsum. Das ist zum einen die *Herstellung von Lampen und Leuchten*, zum anderen die *Herstellung von fotografischen und optischen Geräten* sowie von *augenoptischen Erzeugnissen*, und zum Dritten die *Herstellung von Uhren*. Alle drei Produktarten werden für beide Verwendungen jeweils besonders produziert, aber es gibt ebenfalls Güter, die als Gleichartige in den unterschiedlichen Verwendungen benutzt werden.

Gleichwohl wird die Zusammenstellung der drei Zweige von uns zunächst als Ganzes untersucht, weil nur dafür auch die Zahlen über *Abschreibungen* und Nettobetriebsüberschüsse ausgewiesen sind, während sie in den drei einzelnen Branchen jeweils fehlen.

Der *Produktionswert* der summierten Branchen nimmt auf 413 Prozent zu, die Bruttowertschöpfung auf 380 Prozent. Das ist ein größerer Zuwachs, als im zentralen Investitionsgütersektor des Maschinenbaus. Dieser Zuwachs verteilt sich auf fast alle Jahre. In der ersten Krise in den 70ern gibt es für ein Jahr einen kleinen Rückgang. In der zweiten Krise in den 80er Jahren stagniert der *Produktionsumfang*. Die Steigerungen sind ebenfalls relativ gleichmäßig, nur in der zweiten Hälfte der 80er gibt es mehrmals erhebliche Sprünge bei der Ausweitung. Das deutet auf eine eher lockere Ver-

DL- H. v. Büromasch., DV-Gerät. u. -Einr.; Elektrotech. usw.							
	1970		1975		1986		1991	
		%		%		%		%
Lohnabhängige	1214	100	1154	95	1195	98	1304	107
Produktionswert	31	100	46	150	93	303	127	413
BruttoWertSchöpfung	16	100	23	144	47	294	60	380
ArbeitnehmerEntgelt	10	100	16	158	31	313	43	431
Abschreibungen	1,0	100	2,0	190	4,3	412	6,3	607
NettoBetriebsÜberschuss	4,7	100	4,9	104	11,1	237	11,0	235

Tabelle 4.2.4.5.1 – 28

bindung mit der allgemeinen Welt- und Binnenkonjunktur hin. Es kann andererseits bedeuten, dass die Steigerungen in den drei Branchen vor allem auf technische Neuerungen als Zulieferung für die Investitionsgüterindustrien zurückzuführen sind.

Die Zahl der *Lohnabhängigen* nimmt bis zum Ende der Berichtsperiode um 90.000, oder auf 107 Prozent zu. Der Verlauf der Beschäftigung zeigt, anders als die Produktion, eine ausgesprochene Abhängigkeit vom Konjunkturverlauf. Mit der Krise 1975 sackt die Beschäftigung in einem Jahr ruckartig um 100.000 und im darauf folgenden Jahr noch einmal um 30.000 *Lohnabhängige* ab. Bis zum Ende des Zwischenhochs um die 80er nimmt die Zahl der Beschäftigten nur unwesentlich wieder zu, um dann, noch vor der Krise beginnend, in drei Jahren noch einmal um 100.000 abzunehmen. Danach steigt die Beschäftigung der *Lohnabhängigen* in den nächsten Jahren zunächst in größeren Sprüngen wieder an, um dann die Aufwärtsbewegung moderater fortzusetzen und 1991 etwas über dem Ausgangspunkt von 1970 wieder anzukommen, bei einer inzwischen auf 413 Prozent gewachsenen Produktion und um 380 Prozent gewachsenen Bruttowertschöpfung.

Die bisherigen Zahlen von *Produktionswert, Bruttowertschöpfung* und *Beschäftigung* lassen eine erhebliche Produktivitätssteigerung durch Technisierung und also auch vermehrte *Abschreibungen* erwarten. Das ist nun in der Tat der Fall. Diese drei Branchen zusammen haben von allen bisher untersuchten mit 607 Prozent die mit Abstand höchste Steigerungsrate der *Abschreibungen*, also der jeweils zuvor getätigten Investitionen. Die Verteilung der Steigerungen ist wenig konjunkturabhängig und verläuft relativ gleichmäßig in Schritten von 15-20 Prozentpunkten. Nur in den letzen Jahren der Periode steigt die Investitionstätigkeit offenbar kräftig an, denn die *Abschreibungen* zeigen Steigerungen von 40 bis 50 Prozentpunkten in einem Jahr. Eine ökonomische oder technische Interpretation ist hier mangels weiterer Daten leider nicht möglich.

Das *Arbeitnehmerentgelt* nimmt in der gesamten Periode auf 431 Prozent zu, was im Vergleich zu den anderen bisher untersuchten Zweigen angesichts der ungefähr beibehaltenen *Beschäftigung* und der erheblichen Ausweitung der Produktion nicht wenig ist, aber doch nicht völlig aus dem Rahmen fällt. Bis zur ersten Krise gibt es ordentliche Steigerungen parallel zur geringen Steigerung der Beschäftigung und einer ordentlichen der Produktion. In der Krise selbst stagniert das Arbeitnehmerentgelt für ein Jahr, um dann die folgenden Jahre bei Stagnation der Beschäftigung und weiter steigender Produktion wieder moderat zu wachsen. In der zweiten Krise wächst das *Arbeitnehmerentgelt* moderat weiter, während die Beschäftigung innerhalb von drei Jahren eine Delle von 100.000 erleidet. Danach geht die Steigerung des Arbeitnehmerentgeltes in größeren und zuletzt großen Etappen weiter.

Die *Nettobetriebsüberschüsse* sind in der gesamten Periode auf moderate 235 Prozent gewachsen, was hinter der Produktionssteigerung und weit hinter der Steigerung des Arbeitnehmerentgeltes zurück bleibt. Auch wenn die Steigerung sich im Vergleich der Zweige und Branchen am oberen Ende bewegt, so ist sie angesichts der Steigerung der Produktion doch recht bescheiden. Der zeitliche Verlauf der Bewegung des Überschusses ist allerdings untypisch. Schon vor der ersten Krise stagniert er, geht in der Krise nur leicht zurück, steigt moderat und geht schon gegen Ende der 70er wieder zurück, steigt vor der Krise der 80er wieder ordentlich, stagniert in der Krise nur kurz, um sich dann einige Jahre wieder zu vergrößern. Danach gehen die *Überschüsse* der zweiten Hälfte der 80er wie in den spätern 70ern zurück und erholen sich bis Ende nur geringfügig.

Was diesem Unterschied bei der Entwicklung des Überschusses in den 70ern und in den 80ern zugrunde liegt, ist nicht offensichtlich und kann hier daher nicht weiter untersucht werden.

Die drei zugrunde liegenden Branchen zeigen im Wesentlichen ähnliche Verlaufsformen von Umsatz, Produktion und Beschäftigung. Die beiden anderen Größen, *Abschreibungen* und *Nettobetriebsüberschuss* können mangels Daten leider nicht verglichen werden. Die einzige Besonderheit findet sich in der *Herstellung von Rundfunk- und Nachrichtentechnik*, der nach der Beschäftigung relativ kleinsten Branche, am Ende der 70er Jahre. Zuvor waren Produktion und *Lohnsumme* ähnlich wie bei den anderen zurückgegangen. Die Produktion hatte sich, wiederum ähnlich, relativ schnell wieder erholt. Dagegen sanken sowohl die *Beschäftigung* und die *Lohnsumme* noch ein zweites Jahr in Folge. Die Beschäftigung erholte sich bis zum Beginn der zweiten Krise nicht mehr, während sowohl die Produktion, als auch erstaunlicher Weise die *Lohnsumme* wieder anstiegen und dann von der zweiten Krise kaum betroffen waren.

4.2.4.5.2 Die erweiterte BRD von 1991 bis 2005

Nur wegen des Vergleiches sollen die drei oben für 1970 bis 1991 zusammengefassten Branchen auch für 1991 bis 2005 zunächst zusammengefasst dargestellt werden. Da die Daten für diesen Zeitraum vollständig zur Verfügung stehen können im Anschluss die drei Branchen auch getrennt behandelt werden.

Zunächst ist fest zuhalten, dass der Sprung durch die Übernahme der DDR bei der Zahl der *Lohnabhängigen* 275.000 ausmacht. Wie schon in den vorher besprochenen Branchen steigt demgegenüber der *Produktionswert* nur unerheblich an, von 127 um fünf auf 132 Milliarden Euro, die *Bruttowertschöpfung* nur um zwei Milliarden Euro, und die *Lohnsumme* von 43 auf 46 Milliarden Euro.

Die *Abschreibungen* steigen noch weniger von 6,3 auf 6,7 Milliarden Euro und der Überschuss sinkt sogar von elf auf 8,9 Milliarden Euro.

Schon nach zwei Jahren in 1993 ist die Zahl der *Lohnabhängigen* in diesen drei Branchen in der erweiterten BRD wieder um über 300.000 gesunken, unter den Stand von 1991 in der alten BRD. Und die Zahl sinkt bis 2005 weiter um 280 auf 991.000 und nur noch 63 Prozent des Anfangsstandes der erweiterten BRD ab.

DL - H.v. Büromasch., DV-Gerät.u. -Einr.; Elektrotech.usw.							
	1991		1993		2000		2005
		%		%		%	%
Arbeitnehmer	1.577	100	1.261	80	1.071	68	991	63
Produktionswert	132	100	127	97	171	130	177	134
Bruttowertschöpfung	62	100	56	90	66	107	67	109
Arbeitnehmerentgelt	46	100	44	95	49	107	50	108
Abschreibungen	6,7	100	7,5	112	7,5	113	7,7	115
Nettobetriebsüberschuss	8,9	100	4,1	46	8,6	97	9,2	103

Tabelle 4.2.4.5.2. – 29

Der *Produktionswert* steigt nur noch mäßig auf 134 Prozent und die *Bruttowertschöpfung* noch geringer. Kaum verwunderlich, dass bei dem Schwund der *Lohnabhängigen* sich die *Lohnsumme* nur knapp 10 Prozent über dem Stand von 1991 bewegt.

Auch die *Abschreibungen* erhöhen mit 115 Prozent ihr Niveau nur wenig und die Gewinne brechen von 1993 bis 1996 dramatisch ein und schlagen in einen Verlust von minus 13 Prozent um, steigen wieder mühsam, erreichen im Boom ganz kurz wieder den Wert von 1991, fallen 2002 wieder dramatisch auf nur noch neun Prozent und übersteigen erst 2005 ganz knapp der Anfangsniveau von 1991.

Wenn man bedenkt, dass mit den Branchen Geräte zur Elektrizitätserzeugung und –verteilung, sowie Medizin, Mess- und Steuertechnik zwei ausgesprochene Exportbranchen in diesen Zahlen enthalten sind, dann verwundert doch der Kontrast zwischen der Entwicklung von 1970 bis 1991 und von 1991 bis 2005, denn der zweite Zeitraum zeigt eine Entwicklung, die sich knapp oberhalb der Stagnation bewegt. Inwieweit dort eine spezifische Exportschwäche oder eine Schwäche des Konsums bei den Anteilen an Gebrauchsgütern vorliegt, ist anhand dieser Zahlen nicht zu entscheiden.

Die Untersuchung der drei einzelnen Branchen wird sicherlich einigen Aufschluss über die Orte und die Ursachen dieser Entwicklung geben.

4.2.4.6 30 – Herstellung von Büromaschinen, DV-Geräten und -Einrichtungen

4.2.4.6.1 Die alte BRD von 1970 bis 1991

Diese Branche ist von den drei oben gesammelt dargestellten mit Abstand die kleinste und sie bleibt es auch bis 1991 in der alten BRD.

Der *Produktionswert* steigt in dieser Zeit auf 551 und die Bruttowertschöpfung auf immerhin noch 441 Prozent. Immerhin steigt auch die *Lohnsumme* in einer ähnlichen Größenordnung.

Es ist völlig offensichtlich, dass die Produktivität in diesem Zweig enorm zugenommen hat, und ausweislich der *Lohnsumme* nicht vorrangig aufgrund von Dequalifizierung der Arbeitskräfte und Intensivierung der Arbeitsprozesse.

Vielmehr wissen wir, dass der Abschied von allen mechanischen Bürogeräten und die Durchsetzung der Mikroelektronik der ersten Generationen in diese Zeit fallen. Das macht auch die Mechanisierung und sogar die Automatisierung etlicher Produktionsverfahren möglich. Allerdings finden weder die Verbreitung der PC noch die umfassende Digitalisierung der Telefone, und schon gar nicht die Verbreitung des Internets und der Mobiltelephonie in dieser Periode statt.

Als Resultat bleibt die Zahl der *Lohnabhängigen* mit 127.000 und 112 Prozent in der gleichen Größenordnung, wie 1970. Allerdings verbirgt sich dahinter eine wechselvolle Entwicklung. Die

30 – Herstellung von. Büromaschinen., DV-Geräten u. -Einrichtungen							
	1970		1975		1986		1991	
		%		%		%		%
Lohnabhängige	113	100	95	84	102	90	127	112
Produktionswert	3,28	100	4,71	144	13,02	397	18,07	551
BruttoWertSchöpfung	1,88	100	2,57	137	5,29	281	7,92	421
ArbeitnehmerEntgelt	1,05	100	1,57	150	3,40	324	4,10	390
Abschreibungen								
NettoBetriebsÜberschuss								

Tabelle 4.2.4.6.1. – 30

Bruttowertschöpfung ging in dieser Zeit nur mit der Krise 1975 und in 1989 kurz um Weniges zurück, ansonsten stieg sie ununterbrochen an. Dagegen sackte die Zahl der *Lohnabhängigen* von 1975 mit der Krise durchgehend bis 1984 ab, um erst dann wieder langsam anzusteigen und schließlich leicht den Ausgangswert zu übersteigen.

Das war sicherlich den technisch grundlegenden Veränderungen der Produkte und der Produktionstechnologien sowie den damit einhergehenden Veränderungen in den Richtungen und Höhen der Qualifikationen der *Lohnabhängigen* geschuldet.

4.2.4.6.2 Die erweiterte BRD von 1991 bis 2005

Die Zunahme der Zahl der *abhängig Beschäftigten* mit der Vereinnahmung der DDR fällt in dieser Branche mit 11.000 relativ gering aus. Die Zunahmen bei *Produktionswert* und *Bruttowertschöpfung* sind äußerst gering. Dagegen ist bei der *Lohnsumme* ein größerer Sprung von 35 Prozent gegenüber dem Wert der alten BRD festzuhalten. Bei *Abschreibungen* und *Überschuss* gibt es für die alte BRD leider keine Vergleichswerte.

Für den weiteren Verlauf seit 1991 in der erweiterten BRD zeigt sich bei Beschäftigung und Produktion eine dramatisch andere Entwicklung als in den Zeiten der alten BRD. Der *Produktionswert* geht auf 75 die *Bruttowertschöpfung* gar auf 48 Prozent zurück. Die *Abschreibungen* gehen seit 1994 kontinuierlich auf nur noch 46 Pro-

30 – Herstellung von Büromaschinen, DV-Geräten u. -Einrichtungen							
	1991		1993		2000		2005	
		%		%		%		%
Arbeitnehmer	138	100	82	59	47	34	41	30
Produktionswert	18	100	11,4	63	17	93	14	75
Bruttowertschöpfung	8,0	100	4,5	56	4,1	52	3,8	48
Arbeitnehmerentgelt	5,6	100	3,3	59	2,5	45	2,5	45
Abschreibungen	1,4	100	1,4	103	1,0	72	0,6	46
Nettobetriebsüberschuss	1,0	100	-0,3	-26	0,6	54	0,7	63

Tabelle 4.2.4.6.2. – 31

zent zurück. Folgerichtig schrumpft die Zahl der *Lohnabhängigen* um fast 100.000 auf nur noch 30 Prozent. Entsprechend gehen die *Lohnsumme* auf 45 und der Überschuss auf 63 Prozent zurück.

Im Gegensatz zur enormen Ausdehnung der Verwendung von Produkten dieses Bereiches schon in der alten BRD, was mit einer Verfünffachung des Produktionswertes bei stagnierender Belegschaft geschah und einer weiteren erheblichen Zunahme der Verwendung seit 1991, finden wir diesen Industriezweig in galoppierender Verkleinerung fast bis zur Bedeutungslosigkeit. Dabei bleibt das Verhältnis von Vorleistungen und *Wertschöpfung* auch in dieser Phase in der Größenordnung von 1,7 zu 1.

4.2.4.7 Zweig 31 – Herstellung von Geräten der Elektrizitätserzeugung und Elektrizitätsverteilung und ähnliches

Von den oben zusammen behandelten drei Branchen ist dies ein schon lange existierender, klassischer Investitionsgüterzweig. Turbinen, Generatoren, Transformatoren, Leitungen und Schalteinrichtungen bilden wohl den Hauptteil der Produkte. Er ist der größte unter den vieren und bleibt es auch. (siehe *Tabelle 4.2.4.7.1. – 32*)

4.2.4.7.1 Die alte BRD von 1970 bis 1991

Der *Produktionswert* steigt auf fast 400 und die *Bruttowertschöpfung* auf rund 380 Prozent. Die Relation dieser beiden Größen bleibt mit 2 zu 1 über die ganze Zeit ungefähr gleich.

Die Zahl der *Beschäftigten* nimmt leicht auf 108 Prozent zu. Der Verlauf dieser Entwicklung ist demjenigen der vorigen Branche durchaus ähnlich, wenn auch mit geringeren Ausschlägen nach unten. Im Auftakt zur und in der Krise 1975 beginnt die Zahl der *Lohnabhängigen* zu sinken, bleibt bis zur nächsten Krise auf dem erreichten Niveau, sinkt dort noch etwas, erholt sich wenig, bleibt auf dem Niveau, das noch unter dem von 1970 liegt und beginnt erst Ende der 80er Jahre über den Anfangsbestand hinauszuwachsen. Zwar wird man unterstellen können, dass auch in diesem Industriezweig die elektronische Steuerung bei den Produkten eine zunehmende Rolle spielt, aber ohne dass der Kern der

31 - H.v.Gerät.d.Elektriz.erzg.,-verteilung u.Ä.								
	1970		1975		1986		1991	
		%		%		%		%
Lohnabhängige	562	100	536	95	555	99	607	108
Produktionswert	16	100	24	148	46	289	64	397
BruttoWertSchöpfung	8,1	100	12	143	24	298	31	378
ArbeitnehmerEntgelt	4,6	100	7,2	158	14	315	19	425
Abschreibungen								
NettoBetriebsÜberschuss								

Tabelle 4.2.4.7.1. – 32

Produkte und der Produktionsverfahren technisch revolutioniert worden wäre.

Die starke Steigerung der *Produktion* ist also den üblichen, je aktuellen Technisierungen und Rationalisierungen der Produktionsprozesse geschuldet. Die erhebliche Steigerung der *Lohnsumme* bei wenig gestiegenen Zahlen der *Lohnabhängigen* weist darauf hin, dass das Qualifikationsniveau der Belegschaften dabei nicht verringert, sondern eher erhöht wurde, was man nach den geschilderten technischen Gegebenheiten auch vermuten muss.

Leider fehlen die Zahlen über die Höhe und Entwicklung der *Abschreibungen*, sodass die Investitionsentwicklung nicht beurteilt werden kann.

4.2.4.7.2 Die erweiterte BRD von 1991 bis 2005

Ähnlich wie in der vorher behandelten Branche nimmt die Zahl der *Lohnabhängigen* durch die Übernahme der DDR auch hier um rund 100.000 zu, was allerdings bei dem größeren Umfang nur 17 Prozentpunkte ausmacht. Der *Produktionswert* nimmt jedoch nur wenig und die Bruttowertschöpfung überhaupt nicht zu.

Die *Lohnsumme* wird nur geringfügig größer, während für den Vergleich der *Abschreibungen* und der *Überschüsse* die Zahlen für die alte BRD fehlen. Die weitere Entwicklung der Branche, die zu einem sehr großen Teil für den Export produziert, ist von einer Stagnation

31 - H.v.Gerät.d. Elektriz.erzg., -verteilung u.Ä.								
	1991		1993		2000		2005	
		%		%		%		%
Arbeitnehmer	712	100	570	80	529	74	489	69
Produktionswert	66	100	70	105	82	125	89	134
Bruttowertschöpfung	31	100	30	96	33	106	32	101
Arbeitnehmerentgelt	20	100	20	98	25	124	26	129
Abschreibungen	3,0	100	3,4	114	3,5	118	3,5	117
Nettobetriebsüberschuss	8,0	100	6,5	81	4,2	52	1,8	22

Tabelle 4.2.4.7.2. – 33

der *Wertschöpfung* gekennzeichnet, vorbei der Umfang der Vorleistungen zunimmt und der *Produktionswert* 134 Prozent erreicht. Dabei nimmt die Zahl der *Lohnabhängigen* um 220.000 ab, während die *Abschreibungen* sich seit 1993 etwa auf dem gleichen Niveau halten. Trotz der erheblichen Schrumpfung der Belegschaften nimmt die *Lohnsumme* noch auf 130 Prozent zu. Dagegen schrumpfen die *Überschüsse*, seit 1995 auf weniger als die Hälfte und stürzen ab 2001 regelrecht in den Keller, ohne sich bis 2005 ernsthaft zu erholen. Das lässt sich so interpretieren, dass die weltweite Nachfrage nur noch wenig gewachsen ist, und die Preise erheblich nachgegeben haben, oder die Konkurrenten erhebliche Teile eines noch wachsenden Weltmarktes bei ebenfalls gesunkenen Preisen übernommen haben.

Im Ergebnis ist die Branche im Verhältnis zur übrigen Industrie in der BRD immer noch groß und sicher auch im Verhältnis zum Weltmarkt noch bedeutend, spielt aber als Motor von Wirtschaftsleistung und vor allem von Beschäftigung keine positive Rolle mehr.

4.2.4.8 Zweig 33 – Medizin-, Mess-, Steuertechnik, Optik, Herstellung von Uhren

4.2.4.8.1 Die alte BRD von 1970 bis 1991

Dieser Zweig ist hinsichtlich der Produkte, der Art ihrer Verwendung als kommerzieller Apparat oder privates Gerät, im Inland oder im Export und sicherlich auch hinsichtlich der Produktionsverfahren sehr heterogen. *Mindestens vier, wenn nicht gar fünf Zweige* muss man unterscheiden. Die *Medizintechnik* umfasst kleinere Geräte für Verwendungen in Arztpraxen und Krankenhäusern, aber eben auch Großgeräte, die fast nur in Krankenhäusern und Spezialistenpraxen verwendet werden. Der Markt für die ersteren ist sicherlich vorrangig Europa, für die letzteren dagegen der Weltmarkt.

Die *Mess- und die Steuertechnik* ist sowohl für industrielle als auch für Forschungsanwendungen bestimmt. Solche von besonderer Qualität, technischer Komplexität und Größe werden nicht nur für den heimischen Markt, sondern auch für den Weltmarkt produziert.

Bei der Produktion von *Optischen Teilen und Geräten* kann man sicherlich zwischen industrieller und Anwendung in der Forschung sowie privatem Gebrauch unterscheiden. Auch die Produktionsverfahren werden dafür unterschiedlich sein. Welche relativen Größenordnungen beide Bereiche haben, lässt sich aufgrund der Daten nicht sagen. Auch hier werden die technisch hochwertigen Geräte zum erheblichen Teil für den Export hergestellt.

Für Uhren gilt wohl Ähnliches wie für die Optik.

Man kann sicher für alle vier Produktgebiete sagen, dass sich ein Teil, wenn nicht fast alle Produkte mit dem Einzug der Mikroelektronik grundlegend geändert haben, womit auch die Vorleistungen und der eigentliche Produktionsprozess verändert werden mßten.

33 - Medizin-, Mess-, Steuertechnik, Optik, H.v.Uhren							
	1970		1975		1986		1991
		%		%		%		%
Lohnabhängige	305	100	302	99	318	104	332	109
Produktionswert	5,9	100	9,4	160	18	305	23,5	400
BruttoWertSchöpfung	3,3	100	5,1	154	9,7	292	12,2	365
ArbeitnehmerEntgelt	2,2	100	3,6	165	7,0	320	9,3	426
Abschreibungen							
NettoBetriebsÜberschuss							

Tabelle 4.2.4.8.1. – 34

Entsprechend umfassen die Beschäftigten am Anfang der Periode andere Qualifikationen, als am Ende.

Der *Produktionswert* der zusammengefassten Bereiche ist auf 400 und die Bruttowertschöpfung auf 365 Prozent gewachsen. Der Anteil der Vorleistungen hat sich entsprechend leicht vergrößert.

Die Zahl der *Lohnabhängigen* hat sich um knapp 10 Prozent auf 330.000 vergrößert. Die *Lohnsumme* ist sogar stärker gestiegen, als der *Produktionswert*, was auf den Anstieg des Qualifikationsniveaus hinweist.

4.2.4.8.2 Die erweiterte BRD von 1991 bis 2005

Der *Produktionswert* der vier Bereiche ist auf 160 die *Bruttowertschöpfung* auf 157 angestiegen. Wie schon bei etlichen der Industriezweige, fallen diese Steigerungen in 15 Jahren gegenüber den 20 Jahren zuvor sehr viel geringer aus. Da die Steigerungen für beide Größen ähnlich sind, sind auch die Relationen von Vorleistungen und *Wertschöpfung* ungefähr gleich geblieben und stehen weiterhin bei zwei zu eins. Die *Abschreibungen* haben sich nur auf 136 Prozent gesteigert, sodass kaum von einer umfassenden weiteren Technisierung gesprochen werden kann. Die Verringerung der Zahl der *Lohnabhängigen* um 110.000, bei gestiegener Produktion weist allerdings darauf hin, dass die Produktivität weiter erheblich angestiegen ist.

Der Anstieg der *Lohnsumme* hält sich dementsprechend mit 122 Prozent in engen Grenzen.

Die Entwicklung des *Überschusses* überrascht dagegen. Sie waren vor der Krise von 1993 sehr bescheiden, gingen dann für einige Jahre ins Minus, erreichten danach kaum das Ausgangsniveau, um dann mit 2000 sprunghaft auf 300 und danach weiter auf 640 Prozent in 2005 zu steigen.

Welche Entwicklungen dem zugrunde lagen, lässt sich anhand der Zahlen nicht klären. Auf jeden Fall aber sind die Entwicklungen der Nachfrage, der Produktion und des Absatzes dafür nur bedingt verantwortlich. Es sieht eher nach einer durchgreifenden Preissteigerung auf den Weltmärkten aus.

In der Hierarchie der Industriezweige der BRD nach der Beschäftigungsgröße nehmen die vier Branchen weiterhin einen mitt-

33 - Medizin-,Mess-,Steuertechnik,Optik,H.v.Uhren								
	1991		1993		2000		2005	
		%		%		%		%
Arbeitnehmer	432	100	400	93	324	75	322	75
Produktionswert	25	100	26	103	36	142	40	160
Bruttowertschöpfung	13	100	13	101	17	133	20	157
Arbeitnehmerentgelt	11	100	12	115	13	121	13	122
Abschreibungen	1,0	100	1,2	115	1,3	126	1,4	136
Nettobetriebsüberschuss	0,8	100	-0,8	-101	2,4	300	5,2	641

Tabelle 4.2.4.8.2. – 35

leren Platz ein. Allerdings sind die technischen Zusammenhänge und Verflechtungen vor allem mit dem Maschinenbau und der sonstigen industriellen Fertigung eher noch tiefer geworden, wie an der strategischen Rolle der Mess- und Steuertechnik für die Maschinen, die Anlagen, sowie für ihre Produktion und die industrielle Fertigung mit ihrer Hilfe in anderen Zweigen zu sehen ist. Das gilt mittlerweile sogar für die Optik, die für die Automatisierung zunehmend wichtig wird.

Die vierte Branche der Zweigzusammenstellung, die Rundfunk- und Nachrichten-Technik, wird später unter den Industrien für Gebrauchsgüter behandelt.

4.2.4.9 DM – Fahrzeugbau

4.2.4.9.1 Die alte BRD von 1970 bis 1991

Der *Zweig Fahrzeugbau* besteht aus zwei nur mäßig verwandten Branchen. Zum einen geht es um die *Herstellung von Kraftwagen und Kraftwagenteilen* und zum anderen um den *sonstigen Fahrzeugbau*.

Im ersten Zweig werden die Produktionen von PKW, Bussen, Lastkraftwagen und Teilen dafür, sowie alle darauf basierenden Varianten zusammen notiert. In der zweiten sind Bahnindustrie, Schiffbau, Luft- und Raumfahrzeugbau sowie der Bau von

Motorrädern, Fahrrädern und Behindertenfahrzeugen als sehr heterogene statistische Gruppe von Industrien versammelt.

Die beiden Zweige sind von sehr unterschiedlicher Größe: Der *Bruttoproduktionswert* belief sich 1970 auf 9,6 Milliarden und 1,3 Milliarden Euro, 1991 auf 42 Milliarden und 6,5 Milliarden Euro. Die Zahlen der *Lohnabhängigen* beliefen sich 1970 auf 607.000 und 126.000, 1991 auf 812.000 und 130.000. Da wir auch bei diesen Branchen die Zahlen für alle Größen nur im gesamten Zweig DM Fahrzeugbau haben, können wir uns bei der genaueren Analyse nur darauf beziehen. Allerdings drücken die Gesamtzahlen wegen des Größenunterschieds der beiden Branchen überwiegend die Tendenzen der größeren Branche Herstellung von Kraftwagen und – Teilen aus.

Der *Produktionswert* stieg während der Periode um 110 Milliarden Euro auf 526 Prozent, während die *Bruttowertschöpfung* nur um etwa 38 Milliarden Euro auf 445 Prozent anstieg. Wie erwartet, stiegen die *Abschreibungen*, als Indiz für die vorherigen Investitionen genommen, noch stärker. Von 1,1 Milliarden um sechs Milliarden auf 7,2 Milliarden Euro, was 639 Prozent bedeutet.

Dem liegt die ganze Palette der Technisierung zugrunde: Gießmaschinen und Pressen, CNC-Drehmaschinen, ganze Straßen mit Schweißrobotern. inzwischen auch mit Lackierrobotern, Ausbau der Transferstraßen und Aufrüstung der technischen Hilfseinrichtungen bei den Montagebändern. Wobei elektronische Steuerungen jeweils grundlegend, wie bei den Robotern, oder zentral für die Produktivitätssteigerung, wie bei CNC-Maschinen, oder nur einfach nützlich waren. Die *Nettobetriebsüberschüsse* sind insgesamt von 2,5 um 3,5 auf sechs Milliarden Euro und auf 241 Prozent gestiegen.

Die Zahl der *Lohnabhängigen* stieg trotz der angesprochenen weit reichenden und umfänglichen Technisierungen der Produktion von 733 um rund 200 auf 942.000 oder auf 129 Prozent.

Das Arbeitnehmerentgelt stieg von sieben Milliarden um 28 Milliarden auf 35 Milliarden Euro und auf 501 Prozent. Das ist von den bisher untersuchten Branchen der mit Abstand höchste Zuwachs bei der *Lohnsumme*, selbst wenn man die Steigerung der Beschäftigung in Rechnung stellt.

Die Produktion von Kraftwagen und ihren Teilen verlief in den zwei Jahrzehnten mit dauerhaften Steigerungen, nur kurz von sehr kleinen Rückgängen in den beiden Krisen unterbrochen und von

DM - Fahrzeugbau								
	1970		1975		1986		1991	
		%		%		%		%
Lohnabhängige	733	100	717	98	866	118	942	129
Produktionswert	26	100	34	131	94	363	136	526
BruttoWertSchöpfung	11	100	16	147	36	331	49	445
ArbeitnehmerEntgelt	7,0	100	10,9	155	25	361	35	501
Abschreibungen	1,1	100	2,0	176	4,9	432	7,2	639
NettoBetriebsÜberschuss	2,5	100	2,8	113	5,1	201	6,1	241

Tabelle 4.2.4.9.1. – 36

Stagnationen in den Spätzeiten der beiden Jahrzehnte gebremst. Die Beschäftigung von *Lohnabhängigen* ist dagegen durchgängig von einer sehr langsamen Steigerung gekennzeichnet, die kaum von leichten Rückgängen in den beiden Krisen, sowie einer noch kleineren Delle Ende der 70er unterbrochen wurde.

Dagegen ist die *Lohnentwicklung* erstaunlich. Der leichte prozentuale Rückgang der Beschäftigung in den beiden Krisen schlägt sich nur in leichten Verringerungen des Anstiegs der *Lohnsumme* nieder. Selbst der Rückgang um 30.000 Beschäftigte 1974 in der ersten Krise wird noch von einer Steigerung der *Lohnsumme* um acht Milliarden Euro begleitet. Die Produktionsrückgänge und Stagnationen zeigen ebenfalls kaum eine Wirkungen bei der *Lohnsumme*. Wegen der großen und zunehmenden Bedeutung der Überstunden und der jeweiligen Zuschläge würde man eine stärkere Bewegung der *Lohnsumme* als bei den Zahlen der Beschäftigten erwarten. Daher liegt keine unmittelbare Interpretation auf der Hand.

Die *Abschreibungen* steigen während der gesamten Periode ohne Unterbrechung. Die Krisen spiegeln sich in den Zahlen kaum wieder, nicht vorher, nicht im Verlauf und nicht hinterher. Allerdings gibt es Phasen von ein bis zwei Jahren, wo der Anstieg der *Abschreibungen* auf unter 20 Prozentpunkte sinkt, sie sind aber nicht unmittelbar mit der Konjunktur in Verbindung zu bringen. Eine deutliche Steigerung ihres Wachstums ist in den 80er Jahren und dort noch einmal gegen Ende und vor allem 91 zu registrieren.

Die Entwicklung der *Nettobetriebsüberschüsse* ist im Vergleich zu allen anderen Daten geradezu erratisch. In der ersten Krise 1974 und 1980 noch einmal stürzen sie auf die Hälfte der vorherigen Werte ab, während die zweite Krise 1982/83 sich nur mit einem kleinen Rückgang bemerkbar macht. Zwei weitere kleine Rückgänge waren dann 1988 und 1990 zu verzeichnen. Dafür gingen dann in 1991 mit der *Wertschöpfung* sowohl die *Lohnsumme* als auch die *Gewinne* in großen Sprüngen nach oben.

Auch die *Produktion im Sonstigen Fahrzeugbau* ist durch relativ stetiges Wachstum gekennzeichnet. Die erste Krise von 1974 macht sich überhaupt nicht bemerkbar, erst in der Mitte der 70er gibt eine leichte Verlangsamung und in der zweiten Krise von 1983 einen ganz leichten Rückgang. Danach geht es in wechselnden Stufen wieder aufwärts um gegen Ende der 80er Jahre größere Steigerungen und 1991 geradezu eine Explosion von über 80 Prozentpunkten zu erleben. Über die Entwicklung der *Abschreibungen* und der *Gewinne* lassen sich für die Branche keine Aussagen machen, da die Daten fehlen. Die vorhandenen Daten lassen sich kaum interpretieren, da die so unterschiedlichen Branchen, wie Eisenbahnen, Schiffbau, Flugzeugbau oder Raumfahrt, sowie Fahrräder und Behindertenfahrzeuge kaum gemeinsame Strukturen und Entwicklungen aufweisen. Wobei in den vier erst genannten Zweigen Großaufträge die jeweiligen Jahresdaten schon verändern können.

Die *Beschäftigung* in diesen Branchen geht vor der ersten Krise leicht zurück, steigt in der Krise leicht an, geht ab 1975 bis 1979 wieder leicht zurück, steigt bis zur Krise wieder an, geht mit der Krise wieder zurück, stagniert einige Jahre und übersteigt dann erst 1991 leicht den Ausgangswert von 1970. Die *Lohnsumme* steigt, wie die Produktion, unbeeindruckt von der ersten Krise, stagniert dann fast im Jahr 1978, steigt wieder bis zur zweiten Krise, geht dort für zwei Jahre zurück, wächst wieder an um dann in 1990 und 1991 größere Sprünge nach oben zu machen

4.2.4.9.2 Die erweiterte BRD von 1991 bis 2005

Auch wenn ab 1991 für die erweiterte BRD die Zahlen für die beiden oben zusammengefassten Wirtschaftszweige getrennt vorliegen, sollen zur Kennzeichnung des Übergangs vom alten zum neuen

Gebietsstand die Zahlen für beide auch für die neue Periode zunächst noch einmal zusammen vorgestellt werden.

Der Sprung in der Beschäftigung der *Lohnarbeiter* fällt moderat aus. Es kommen gerade 120.000 zu den bisherigen 942.000 im Westen dazu, in Summe also 1.066.000.

Der *Produktionswert* steigt nur um weniges von 136 Milliarden auf 141 Milliarden, die Bruttowertschöpfung noch weniger von 48,5 Milliarden auf 50 Milliarden Euro. Der Wert der *Abschreibungen* stagniert praktisch. Die *Lohnsumme* steigt erheblich weniger als die Zahl der *Lohnabhängigen* und der *Überschuss* nimmt sogar leicht ab. Das Verhältnis von *Produktionswert* und *Abschreibungen* bleibt zunächst in etwa gleich. Der weitere Verlauf in der erweiterten BRD im zusammen gefassten Bereich zeigt dann gegenüber den vorherigen 20 Jahren die ähnlichen neuen Züge, die sich schon in den meisten anderen Industriezweigen fanden.

Die Zahl der *Lohnabhängigen* nimmt bis zur Krise 1993 und weiter bis 1995 stark ab, um über 150.000, erholt sich mit dem Boom 2000 auf 1.006 und 2001 bis 1.024.000, geht dann mit der nächsten Krise bis 2005 wieder auf 997.000 zurück.

Der *Produktionswert* steigt kontinuierlich an, nur mit einer kurzen und nicht tiefen Unterbrechung 1993/94, sowie einer leichten Verringerung in der nächsten Krise 2002/03 und erreicht 211 Prozent des Ausgangswertes im Jahr 2005. Die *Bruttowertschöpfung* macht in etwa die gleiche Bewegung, nur dass der erste Rückgang tiefer führt und seitdem eine langsame Steigerung eintritt, die von der Krise kaum berührt wird und 2005 bei nur rund 150 Prozent des Ausgangswertes liegt. Wie dieses Auseinanderdriften der beiden Werte zu interpretieren ist, muss offen bleiben, da die nahe liegende Überlegung durch die Zusammenstellung der Zweige zumindest teilweise ausgeschlossen ist. Eine weitere Ausweitung der Zulieferung von vorgefertigten Teilen, wird man unterstellen müssen. Aber soweit diese aus dem Gebiet der BRD selber kommen, sind sie in den Zahlen schon enthalten, da dort nicht nur die Fahrzeuge, sondern auch die Fahrzeugteile mitgezählt werden. Soweit sie allerdings aus dem Import stammen, ist das nicht der Fall. Dies ist mit dem Eintritt der osteuropäischen Staaten in die EU und danach in die Euro-Zone sehr wahrscheinlich geworden.

Die *Abschreibungen* steigen stärker als die *Wertschöpfung* auf 164 Prozent, aber die Steigerungswerte bis 1991 liegen in weiter Ferne

DM - Fahrzeugbau								
	1991		1993		2000		2005	
		%		%		%		%
Arbeitnehmer	1066	100	936	88	1006	94	997	94
Produktionswert	141	100	124	88	240	170	297	211
Bruttowertschöpfung	50	100	43	86	57	114	74	148
Arbeitnehmerentgelt	37	100	37	100	53	143	59	159
Abschreibungen	7,5	100	8,6	114	10,0	133	12,2	164
Nettobetriebsüberschuss	6,0	100	-2,3	-39	-5,3	-88	2,7	45

Tabelle 4.2.4.9.2. – 37

(640 Prozent). Die *Lohnsumme* ist mäßig auf 160 Prozent gestiegen. Allerdings hat sie sich stetig, von den Veränderungen der Zahlen der Beschäftigten wenig beeinflusst, in kleinen Schritten nach oben bewegt, und stagniert nur in den beiden Krisen leicht.

Wenn schon die Produktionszahlen keinen Hinweis auf die Ursachen für das mangelnde Wachstum der Branche geben, dann zeigt die Einwicklung des *Überschusses*, warum das so ist. Nach den Jahren 1991 und 1992, mit großen Gewinnen, die offenbar an gute Jahre Ende der 80er anschlossen, stürzen die Zahlen 1993 geradezu ab und zeigen erhebliche Verluste, erholen sich in den nächsten Jahren nur auf die Hälfte der Ausgangswerte, wenden 1996 noch einmal in die Verlustzone, erholen sich wenig, um schon 2000, mitten im Boom, wiederum tief in die roten Zahlen abzusacken. Von da an steigen sie wiederum nur auf die Hälfte der Ausgangswerte von 1991! Von daher ist der Zuwachs der *Wertschöpfung* auf 150 Prozent noch als erstaunlich zu bewerten.

4.2.4.10 Herstellung von Kraftwagen und Kraftwagenteilen

Die *Kfz.-Produktion* und die von *Kfz.-Teilen*, und dabei vor allem die von PKW, bilden den Kern und das Beispiel für die Herstellung von technischen Produkten der Industrie der alten und der neuen BRD, zugleich auch für die Exportorientierung. Dabei nimmt sie nach dem Maschinenbau und der Herstellung von Metallerzeugnissen nur den dritten Rang bei der Zahl der *Lohnabhängigen* ein, allerdings mit weitem Abstand den ersten beim Umfang des *Produktionswertes*, während sie bei der *Wertschöpfung* nur mit geringem Vorsprung vor den anderen beiden Zweigen liegt.

Vor allem die Zahl von 265 Milliarden Euro *Produktionswert* gegenüber 65 Milliarden Euro *Wertschöpfung* zeigt den Trend der industriellen Produktion. Obwohl die Zulieferung von Teilen für die Kfz.-Produktion im Inland in der Statistik mitgezählt wird, gibt es nicht nur die seit Jahrzehnten bestehende Differenz, sondern ihre enorme Vergrößerung. Das bedeutet, dass die Teile zunehmend aus dem Ausland zugeliefert werden und entsprechend die *Lohnabhängigen* sich auf die Endmontage und die Entwicklung und die Verwaltung konzentrieren. Das ist in Vergrößerung auch der Trend in den meisten anderen Industrien der BRD, die dafür in Frage kommen – mit den handgreiflichen Wirkungen auf die Größe und die Zusammensetzung der Lohnarbeiterschaft in den Industrien und dem *Feld einer orthodoxen Arbeiterklasse.*

4.2.4.10.1 Die alte BRD von 1970 bis 1995

Die *Wertschöpfung* steigt von 9,6 auf 42 Milliarden Euro. Der *Produktionswert* ist statistisch nicht genannt und auch für die *Abschreibungen* fehlen die Zahlen für diese Periode. Die Zahl der *Lohnabhängigen* nimmt von 600.000 auf 812.000 zu. Die *Lohnsumme* steigt von sechs Milliarden auf 30,7 Milliarden Euro.

34 - H. v. Kraftwagen und Kraftwagenteilen							
	1970		1975		1986		1991	
		%		%		%		%
Lohnabhängige	607	100	591	97	743	122	812	134
BruttoWertSchöpfung	9,59	100	13,56	141	32,03	334	42,08	439
ArbeitnehmerEntgelt	5,96	100	9,06	152	22,10	371	30,69	515
Abschreibungen								
NettoBetriebsÜberschuss								

Tabelle 4.2.4.10.1. – 38

4.2.4.10.2 Die erweiterte BRD von 1991 bis 2005

Wenn wir für die Zeit seit 1991 jetzt für das Gebiet der erweiterten BRD die Zahlen für die Herstellung der Straßenfahrzeuge im engeren Sinn, die Kraftwagen und ihre Teile, ins Auge fassen können, da die Statistiken auch die einzelnen Werte ausweist, dann zeigen sich die oben angedeuteten Entwicklungen in noch schärferer Ausprägung.

Die *Produktionswerte* bewegen sich ähnlich und zeigen bis auf die erste Krise tendenziell nach oben und enden bei ähnlichen Zuwächsen von 211 zu 216 Prozent. Die *Wertschöpfung* entwickelt sich ebenfalls ähnlich und zeigt auch hier ab 1995 ein geringeres Wachstum als der *Produktionswert*.

Die *Abschreibungen* zeigen ebenfalls fast den gleichen Verlauf, wie oben vorgestellt und auch die *Lohnsumme* bewegt sich ähnlich.

Bei der Zahl der *Lohnabhängigen* zeigt sich ein kleiner Unterschied. Auch hier sinken sie, anders als die Produktion schon seit 1992 bis 1996, steigen dann langsam wieder auf den Ausgangswert und stagnieren seitdem bei steigender Produktion.

Die *Überschüsse* sind noch abhängiger von der Konjunktur, zeigen größere Verluste und enden 2005 bei nur noch 34 Prozent von 1991! Wahrlich bis dahin keine profitable Branche.

34 - H. v. Kraftwagen und Kraftwagenteilen								
	1991		1993		2000		2005	
		%		%		%		%
Arbeitnehmer	872	100	767	88	867	99	862	99
Produktionswert	122	100	106	87	213	174	265	216
Bruttowertschöpfung	43	100	37	86	49	115	64	150
Arbeitnehmerentgelt	31	100	31	99	45	145	51	162
Abschreibungen	6,7	100	7,7	114	8,9	133	11,1	164
Nettobetriebsüberschuss	4,1	100	-2,0	-49	-5,3	-129	1,4	34

Tabelle 4.2.4.10.2. – 39

Kfz.-Handel, Instandhaltung/Reparatur von Kfz. und Tankstellen

Wenn man den zusammenhängenden Bereich der Produktion von Automobil-Teilen, die Produktion der Fahrzeuge selber und die regelmäßige Wartung und Reparatur der Fahrzeuge im Gebrauch und ökonomisch den Verkauf, die Wartung und den Gebrauchtwarenhandel zu einem stofflichen und ökonomischen Komplex rechnet, dann wäre es angemessen, Automobilhandel und Reparatur an dieser Stelle unserer Untersuchung mit zu behandeln.

Das gilt u.a. auch deshalb, weil der Verkauf und die Reparatur von PKW in technisch und ökonomisch markenspezifisch mit den Produktionskonzernen eng verbunden sind.

Da die Unternehmen für die Reparatur von Konsumgütern und den Handel auch mit PKW in der Systematik der Wirtschaftszweige beim Handel einsortiert sind, und es sich außerdem beim PKW-Handel und der Reparatur um kleinere Betriebe und Unternehmen handelt sollen sie in dieser Untersuchung auch dort, unter *4.2.10.1. Zweig 50 – Kfz.-Handel; Instandhaltung und Reparatur von Kfz.. und Tankstellen* behandelt werden.

4.2.4.11 Zweig 35 – Sonstiger Fahrzeugbau

4.2.4.11.1 Die erweiterte BRD von 1991 bis 2005

Der *Produktionswert* im *Fahrzeugbau* verläuft zunächst ähnlich wie bei den Kraftfahrzeugen, eine kleine Steigerung 1992, dann mit der Krise bis 1995 leichtere Rückgänge, ab 1996 langsame aber stetige Aufwärtsentwicklung bis 2001 mit 161 Prozent. Mit der Krise setzt schon 2002 ein Rückgang ein, kurz unterbrochen 2003, der bis 2005 auf 143 Prozent von 1991 zurückführt.

Die *Bruttowertschöpfung* zeigt, wiederum ähnlich wie bei den Kraftfahrzeugen, einen stärkeren Rückgang 1993 und danach, eine geringere Erholung seit 1996 auf 124 Prozent 2002 und seitdem einen Rückgang auf nur noch 105 Prozent in 2005.

Auch hier also die Auseinanderentwicklung von Produktion und *Wertschöpfung*, wie schon bei den Straßenfahrzeugen, die sicher die gleichen Tendenzen zum Ausdruck bringt und ähnliche, hier nicht zu verifizierende Ursachen hat. Die *Abschreibungen* steigen langsam aber stetig über den gesamten Zeitraum, von den Konjunkturen kaum beeinflusst, und bleiben erst 2005 mit 136 Prozent um zehn Prozent hinter dem Vorjahr zurück.

35 - Sonstiger Fahrzeugbau							
	1991		1993		2000		2005
		%		%		%		%
Arbeitnehmer	194	100	169	87	139	72	139	72
Produktionswert	19	100	18	93	27	143	27	143
Bruttowertschöpfung	7,8	100	6,5	84	8,2	105	8,2	105
Arbeitnehmerentgelt	5,7	100	6,2	108	7,4	129	7,4	129
Abschreibungen	0,7	100	0,9	119	1,0	136	1,0	136
Nettobetriebsüberschuss	1,9	100	-0,3	-16	0,0	1	0,0	1

Tabelle 4.2.4.11.1. – 40

Die Zahl der *Beschäftigten* geht gleich seit 1992 stetig bis 1998 zurück, steigt um weniges 2000 und stagniert seitdem bis 2005 bei 72 Prozent von 1991.

Demgegenüber steigt die *Lohnsumme* seit 1992 bis 1994, stagniert bis 1998 und springt dann 2000 auf 129 Prozent, steigt 2004 bis 140 und fällt 2005 ein wenig auf 136 Prozent.

Bei aller Ähnlichkeit mit dem sonstigen Fahrzeugbau und anderen Industrien, besonders beim Abbau der Belegschaften, zeigen die Bewegungen der einzelnen Größen doch eine eigenständige ökonomische Entwicklung, die hier nicht genauer untersucht werden kann, die aber wahrscheinlich mit den Veränderungen der Nachfrage auf den speziellen Weltmärkten zu tun haben.

4.2.5. Gebrauchsgüter

4.2.5.1 Zweig 32 – Rundfunk- und Nachrichtentechnik

4.2.5.1.1 Die alte BRD von 1970 bis 1991

Den *Zweig 32 Rundfunk- und Nachrichtentechnik* haben wir schon in der Zweigzusammenstellung DL Büromaschinen etc. implizit mit berührt und ihn damit als Investitionsgüterindustrie behandelt. In unserer veränderten Aufstellung der Industrien ist der *Zweig 32 als erster der Gebrauchsgüterindustrie* und als erster der gesamten *Abteilung aller Konsumgüterindustrien* einsortiert. Die Anteile der Produktion von Investitions- und von Konsumgütern sind in dieser Datenbasis nicht aufgeschlüsselt. Die Daten für diese Industrie sind unvollständig und können daher nur begrenzt interpretiert werden.

Der *Produktionswert* ist jedes fast Jahr, außer 1975, stetig und signifikant gestiegen, bis auf 390 Prozent in 1991. Die *Bruttowertschöpfung* hat sich ähnlich entwickelt, wobei erst in den letzten Jahren sich eine kleinere Differenz in den Zunahmen zu Lasten der *Wertschöpfung* auftut.

Die *Beschäftigung* sinkt schon mit der ersten Krise 1974/75 und erreicht erst 1989 wieder das Ausgangsniveau. Sie geht zunächst zwei Jahre zurück, steigt dann zwei Jahre lang, sackt mit der Krise 1974 um zehn Prozent ein, geht noch weiter zurück und stagniert bis 1981, sackt dann mit der Krise wieder drei Jahre ein, erholt sich dann bis 1989 in kleinen Schritten auf 100 und gelangt schließlich die letzten beiden Jahre auf 102 Prozent von 1991.

Die *Lohnsumme* hat sich während der ganzen Zeit, außer in den beiden Krisenhöhepunkten, stetig nach oben bewegt, fast unbeeinflusst von den zeitweiligen Rückgängen der Beschäftigung. Die Abwärtsschritte waren klein, während vor allem in der zweiten Hälfte der 80er Jahre bis 1991 teilweise enorme Zuwächse von über 20 Prozent zu verzeichnen waren und schließlich 1991 bei 402 in der alten BRD endeten.

32 - Rundfunk- u. Nachrichtentechnik							
	1970		1975		1986		1991
		%		%		%		%
Lohnabhängige	234	100	221	94	220	94	238	102
Produktionswert	5,5	100	8,1	148	15,6	287	21,4	392
BruttoWertSchöpfung	2,5	100	3,6	141	7,5	294	9,5	373
ArbeitnehmerEntgelt	2,1	100	3,3	155	6,3	298	8,5	402
Abschreibungen								
NettoBetriebsÜberschuss								

Tabelle 4.2.5.1.1. – 41

Auch in diesem Produktionszweig hat die Mikroelektronik mit den integrierten Schaltkreisen ein tiefe Umstellungen bewirkt: das betrifft die Produkte, die Produktionsverfahren und auch die Herstellungsstandorte. Letztere sind für viele Produkte erst nach Japan und dann an weitere Standorte in Südostasien gewandert. Trotz der Abwanderungen hat sich die *Produktion* und eben auch noch die *Wertschöpfung* fast vervierfacht. In welchen Produktbereichen und wie die verschiedenen Einflüsse gewirkt haben, kann aufgrund der fehlenden Aufschlüsslung der Daten nicht untersucht werden.

4.2.5.1.2 Die erweiterte BRD von 1991 bis 2005

Der Sprung in der Zahl der *Lohnabhängigen* macht 60.000 aus. Die Produktion nimmt nur um 600 Millionen und die *Wertschöpfung* nur um 500 Millionen Euro zu. Die *Lohnsumme* nimmt um eine Milliarde zu. Bei den *Abschreibungen* gibt es keine Vergleichszahl der alten BRD von 1991, ebenso wenig bei den Überschüssen.

Der *Wert der Produktion* sackt 1992/3 kurz um 10 Prozent ab, steigt dann wieder fast auf den Ausgangswert und stagniert dort bis 1998. Die *Wertschöpfung* sinkt erheblich weiter ab und fluktuiert unabhängig von der *Wertschöpfung*.

Dann machen beide Größen innerhalb von zwei Jahren einen Sprung nach oben, die Produktion von 100 auf 164 Prozent und die *Wertschöpfung* von 84 auf 122 Prozent. Beide Größen gehen mit der folgenden Krise zwei Jahre lang zurück und steigen dann langsam wieder, die *Produktion* auf 154 und die *Wertschöpfung* auf 118 Prozent im Jahr 2005. Wobei die *Wertschöpfung* wiederum sehr eigene Bewegungen auf- und abwärts macht.

Die *Abschreibungen* steigen dagegen kontinuierlich seit 1992 jedes Jahr fast unabhängig von der Produktionshöhe in kleineren oder größeren Schritten an. Erst seit 2002 verbleiben die *Abschreibungen* auf etwa dem gleichen Niveau.

Im Zusammenwirken dieser Entwicklungen sinkt die Beschäftigung der *Lohnabhängigen* zwei Jahre um jeweils 40.000, noch unter die Höhe von 1991 in der alten BRD. Die nächsten Jahre geht der Abbau der Beschäftigung weiter und langt 1998 bei nur 50 Prozent des Ausgangswertes von 1991 in der erweiterten BRD an. Die anziehende Konjunktur um 2000 lässt die Zahl der *Lohn-*

abhängigen noch einmal um acht Prozentpunkte ansteigen, aber danach geht es wieder abwärts bis 2005 auf 47 Prozent.

Die *Lohnsumme* sank entsprechend kontinuierlich bis 199/8 auf nur mehr etwas über 70 Prozent von 1991 und stieg dann in 2000 mit der Konjunktur um zwanzig Punkte an. Aber ab 2004 ging sie dann noch einmal um zehn Punkte auf schließlich 82 Prozent in 2005 zurück.

Die Entwicklung der *Überschüsse* ist kaum zu verstehen. Seit 1991 gibt es bis 1998 nur Verluste, die häufiger die Höhe von 1 oder 1,5 Milliarden Euro erreichen. Erst 2000 gibt es einen Überschuss von 1,5 Milliarden, dem aber schon 2001 und 2002 wieder Verluste von je über einer Milliarde folgten. Ab 2003 gibt es einen kleinen, 2004 einen spektakulären von 2,7 und 2005 schließlich einen Überschuss von 1,6 Milliarden Euro.

Die unterschiedlichen Entwicklungen des Produktionswertes und der *Wertschöpfung* lässt sich leicht als Anstieg des Anteils der Vorleistungen interpretieren. Damit wäre auch die Halbierung der Beschäftigung bei 50-prozentiger Zunahme der Produktion zu verstehen. Die Stetigkeit der *Abschreibungen*, dürfte sich der Mechanisierung oder Automatisierung von Endfertigungen verdanken. Die erratischen Bewegungen der *Gewinne* können sich mit dem zunehmend modischen Charakter der Produkte, wie bei den Handys und davon abhängig der Preisentwicklung erklären.

32 Rundfunk- u. Nachrichtentechnik ..								
	1991		1993		2000		2005	
		%		%		%		%
Arbeitnehmer	295	100	209	71	171	58	139	47
Produktionswert	22	100	20	92	36	164	34	154
Bruttowertschöpfung	10	100	8	84	12	122	12	118
Arbeitnehmerentgelt	9,4	100	8,0	85	8,5	91	7,7	82
Abschreibungen	1,3	100	1,5	114	1,8	137	2,2	168
Nettobetriebsüberschuss	-0,9	100	-1,3	-138	1,5	155	1,6	164

Tabelle 4.2.5.1.2. – 42

4.2.5.2 DN – Herstellung von Möbeln, Schmuck, Musikinstrumenten usw.

4.2.5.2.1 Die alte BRD von 1970 bis 1991

In der Periode 1970 bis 1991 für die alte BRD gibt es für die hier untersuchten Größen nur Zahlen für den gesamten statistisch zusammengefassten Bereich. Allerdings ist die Branche Recycling so klein, dass die Gesamtzahlen davon nur wenig beeinflusst werden und diese daher als Bewegung der Summe der drei genannten Industrien interpretiert werden können. Außer dem hier völlig fehl platzierten Recycling, arbeiten die genannten Industrien fast ausschließlich für den Konsum. Dabei bleibt allerdings die Möbelproduktion für Büros und Hotels mit eingeschlossen.

DN - H. v Möbeln, Schmuck, Musikinstr. usw; Recycling								
	1970		1975		1986		1991	
		%		%		%		%
Lohnabhängige	339	100	300	88	292	86	320	94
Produktionswert	9,0	100	12,5	140	19,7	220	27,4	306
BruttoWertSchöpfung	3,8	100	5,5	146	8,0	210	11,1	292
ArbeitnehmerEntgelt	2,4	100	3,7	153	5,9	241	8,1	332
Abschreibungen	0,3	100	0,6	188	1,0	313	1,2	381
NettoBetriebsÜberschuss	0,9	100	1,0	111	1,0	101	1,6	167

Tabelle 4.2.5.2.1. – 43

In der Gesamtentwicklung zeigen sich eine Verdreifachung des *Produktionswertes* und eine nur wenig geringere Steigerung der *Wertschöpfung*. Die *Abschreibungen* sind fast um das Vierfache auf 381 Prozent angestiegen und zeigen eine erhebliche Vergrößerung oder Technisierung der Ausrüstungen an, die offenbar die Produktivität erheblich hat anwachsen lassen. Entsprechend hat sich die Zahl der *Lohnabhängigen* nicht vergrößert, sondern sich um 19.000 auf 94 Prozent verringert. Die *Lohnsumme* ist stärker als Produktion und *Wertschöpfung* auf 332 Prozent angestiegen, was darauf hindeutet, dass sich nicht nur die Qualifikationsstruktur sondern auch die Marktlage der *Lohnabhängigen* verbessert hat. Dagegen haben sich die Gewinne nur auf 167 Prozent vergrößert.

Diese Entwicklung der *Gewinne* gehört zu den niedrigsten in den Wirtschaftszweigen aller großen Abteilungen. Ansonsten verläuft die Entwicklung der verschiedenen Größen innerhalb der zwei Jahrzehnte durchaus ähnlich wie in den anderen Zweigen. Es gibt mehr oder weniger große Rückgänge während der zwei Krisen, wobei sich im ersten Jahrzehnt etwas geringeres Wachstum, während das zweite Jahrzehnt eine stärkere Aufwärtsbewegung verzeichnet.

4.2.5.2.2 Die erweiterte BRD von 1991 bis 2005

Für die erweiterte BRD liegen die Daten für die drei Branchen ohne das Recycling vor. Beim *Produktionswert* ist der Sprung von der alten BRD zur erweiterten klein, ähnliches gilt für die *Wertschöpfung*. Bei der Zahl der *Lohnabhängigen* hat es einen Zuwachs von 77.000 gegeben. Die *Lohnsumme* ist unmittelbar um mehr als 10 Prozent gestiegen, während die *Abschreibungen* auf der gleichen Höhe verblieben sind. Bei den *Überschüssen* hat sich eine Verringerung um ein Drittel eingestellt.

Nach 1991 steigt der *Produktionswert* geringfügig, sinkt in der Krise kaum ab, steigt wieder und hält die Höhe bis 1997 und steigt dann bis 2000 bis auf 114 Prozent. Danach fällt er wieder bis auf 103 Prozent in 2005. Die *Wertschöpfung* steigt zunächst etwas stär-

36 - H. v. Möbeln, Schmuck, Musikinstr., Sportger. usw.							
	1991		1993		2000		2005
		%		%		%		%
Arbeitnehmer	397	100	356	90	292	74	223	56
Produktionswert	28,0	100	28,1	100	31,9	114	28,8	103
Bruttowertschöpfung	11,3	100	11,8	105	12,0	106	10,5	93
Arbeitnehmerentgelt	9,0	100	9,6	107	9,3	103	7,4	82
Abschreibungen	1,2	100	1,4	112	1,5	122	1,3	109
Nettobetriebsüberschuss	0,9	100	0,6	74	1,1	128	1,6	183

Tabelle 4.2.5.2.2. – 44

ker als der *Produktionswert*, fällt dann aber seit 1995 leicht stärker als jener und liegt dann 2005 bei 93 Prozent, womit sein Anteil am *Produktionswert* gegenüber 1991 leicht zurückgegangen ist. Die *Abschreibungen* nehmen seit 1991 stetig bis 1997 auf 122 Prozent zu, bleiben bis 2002 etwa auf dem gleichen Niveau, um danach wieder auf 109 Prozent in 2005 zurück zu gehen.

Die Zahl der *Lohnabhängigen* sinkt seit 1991 jedes Jahr zwischen 2 und 5 Prozentpunkte ab, ungeachtet der Bewegungen der sonstigen Größen oder der Konjunktur. Die leicht ansteigenden Investitionen bei wenig geändertem Produktionsumfang lassen auf eine kontinuierliche Umstrukturierung der Produktionsverfahren schließen. Ob auch tiefer greifende Veränderungen der Produktionspalette damit verbunden sind, kann hier nicht geklärt werden. Entsprechend führt der Abbau der Arbeitsplätze mit 174.000 auf nur noch 56 Prozent des Ausgangswertes in der erweiterten BRD von 1991 und damit sogar noch unter den Wert der alten BRD von 1991.

Der Gesamtverlauf in diesen drei typischen *Industrien* für Gebrauchsgüter des Konsums zeigt ein ähnliches Bild im Wechsel der Periode von 1970 bis 1991 zu jener von 1991 bis 2005, wie bei den *Investitionsgütern*. Wieweit diese Ähnlichkeiten Veränderungen in den Standortentscheidungen für die Produktion von Exportgütern eine Rolle spielen, kann aufgrund der vorliegenden Daten nicht entschieden werden.

4.2.5.3 DH – Herstellung von Gummi- und Kunststoffwaren

4.2.5.3.1 Die alte BRD von 1970 bis 1991

Dies ist einer der statistischen Industriezweige, die aufgrund des Materialprinzips der Zusammenstellung sowohl Vorleistungen für andere Produktionen, als Ge- und Verbrauchsgüter produzieren, ähnlich wie beim Papiergewerbe. Welche Gewichtung die verschiedenen Verwendungen haben, lässt sich anhand der Zahlen nicht feststellen. Daher hat die Einsortierung in den Sektor der Gebrauchsgüter etwas Willkürliches – für jede andere würde dies auch gelten.

Der Zweig gehört 1970 nach Produktionsumfang und Personal zu den kleineren der alten BRD. Der *Produktionswert* ist leider nicht

DH - H. v. Gummi- und Kunststoffwaren							
	1970		1975		1986		1991	
		%		%		%		%
Lohnabhängige	264	100	248	94	310	117	385	146
Produktionswert								
BruttoWertSchöpfung	3,83	100	5,10	133	12,00	313	17,15	448
ArbeitnehmerEntgelt	2,27	100	3,22	142	7,68	338	11,29	497
Abschreibungen	0,29	100	0,59	203	1,14	393	1,81	624
NettoBetriebsÜberschuss	1,19	100	1,17	98	2,93	246	3,76	316

Tabelle 4.2.5.3.1. – 45

ausgewiesen. Die *Wertschöpfung* steigt um mehr als das Vierfache, die *Abschreibungen* auf über das Sechsfache. Da die Zahl der *Lohnabhängigen* nur um etwa die Hälfte zulegt, ist die Ausweitung der Produktion vor allem der technisch begründeten Produktivitätszunahme geschuldet. 1970 bis 1991 werden sehr viele, früher mit Keramik, Holz oder Metall oder auch Papier produzierte Waren durch solche aus den inzwischen vielfältigen Kunststoffen ersetzt. Die leichte technische Bearbeitungsfähigkeit, wie Spritzguss, Pressen, usw., erleichtert die Ausweitung der Produktion vorrangig durch technische Verfahren.

Die *Lohnsumme* nimmt noch stärker zu als die *Wertschöpfung* während die Gewinne auf etwa das Dreifache steigt.

4.2.5.2 Die erweiterte BRD von 1991 bis 2005

Durch die Übernahme der DDR steigt die Zahl der *Arbeitnehmer* um 120.000, gleichwohl steigt die *Lohnsumme* nur wenig und die Bruttowertschöpfung nur unwesentlich. Die *Abschreibungen* und die Gewinne zeigen auch nur unwesentliche Zuwächse.

Die Entwicklung bis 2005 zeigt dann wieder die übliche veränderte Tendenz: Bei der *Beschäftigung* nur leichte Verringerungen und bei den anderen ökonomischen Größen mittlere bis leichtere Zunahmen. Das gilt auch für die jetzt ausgewiesenen Daten für den *Produktionswert*. Er ist 1991 etwas mehr als zweimal so groß, wie die *Wertschöpfung* und wächst bis 2005 leicht stärker als die *Wertschöpfung*.

30 DH - H. v. Gummi- und Kunststoffwaren								
	1991		1993		2000		2005	
		%		%		%		%
Arbeitnehmer	443	100	408	92	413	93	390	88
Produktionswert	42	100	41	99	52	123	58	138
Bruttowertschöpfung	18	100	18	100	20	114	22	124
Arbeitnehmerentgelt	12	100	12	104	14	123	14	122
Abschreibungen	2	100	2	119	3	140	3	148
Nettobetriebsüberschuss	4	100	3	78	3	72	4	115

Tabelle 4.2.5.3.1. – 46

4.2.5.4 DC – Ledergewerbe

4.2.5.4.1 Die alte BRD von 1970 bis 1991

Das *Ledergewerbe* gehört zu den kleinen konsumorientierten Zweigen. Allerdings werden in dieser statistischen Abgrenzung auch die Herstellung und die Aufbereitung von Leder vor dessen Verarbeitung für konsumtive Gebrauchsgüter zum Zweig gerechnet und bestimmen die Zahlen für das gesamte Gewerbe mit. Welche Größenordnung das ausmacht ist aufgrund der vorliegenden Zahlen nicht zu klären.

Der *Produktionswert* stieg in den 70ern langsam und stetig, nur leicht gebremst durch die Krise, stagniert dann lange Zeit über die Krise hinweg und legte erst gegen Ende der 80er Jahre wieder zu, um 1991 bei 147 Prozent anzukommen. Die *Wertschöpfung* fiel zwei Jahre nach 1970, stieg wieder auf den Ausgangswert und dann weiter langsam bis 1982 auf 126 Prozent. Ab da folgte dann wieder ein langsamer Abstieg bis 114 Prozent in 1991. Die *Abschreibungen* stiegen in größeren Schritten bis 1975 auf 144 Prozent, blieben bis 1979 auf diesem Niveau, stiegen dann weiter auf 178 Prozent bis 1982, blieben ein Weile auf diesem Niveau, gingen für je ein Jahr auch wieder zurück, um erst ab 1989 wieder stärker anzusteigen, bis auf schließlich 1991 auf 211 Prozent. Bei nur mäßig steigender *Produktion* und fast stagnierender *Wertschöpfung* reduzierte sich

DC - Ledergewerbe								
	1970		1975		1986		1991	
		%		%		%		%
Lohnabhängige	175	100	117	67	72	41	55	31
Produktionswert	2,9	100	3,1	109	4,1	144	4,2	147
BruttoWertSchöpfung	1,3	100	1,3	101	1,6	117	1,5	114
ArbeitnehmerEntgelt	0,9	100	1,0	102	1,1	117	1,0	109
Abschreibungen	0,1	100	0,1	144	0,2	178	0,2	211
NettoBetriebsÜberschuss	0,3	100	0,2	69	0,3	97	0,3	100

Tabelle 4.2.5.4.1. – 47

offenbar aufgrund der Investitionen die Beschäftigung der *Lohnabhängigen* kontinuierlich jedes Jahr um kleinere Beträge um insgesamt 120.000, sodass schließlich 1991 nur noch 55.000 oder 31 Prozent von ihnen übrig blieben. Dass dabei die *Lohnsumme* noch um rund 10 Prozent während der 20 Jahre gestiegen ist, bleibt eher verwunderlich. Allerdings stieg sie bis 1980 auf 129 Prozent an, verharrte einige Jahre auf dem Niveau, um sich ab 1983 stetig wieder auf 109 Prozent zu verringern.

Die *Überschüsse* sackten 1971/72 dramatisch ab, erholten sich langsam, stiegen 1981 sogar auf 110 Prozent, sackten wieder stärker ab und bewegten sich mit Schwankungen von 10 Prozent nach oben und unten auf 100 Prozent in 1991. Die Entwicklung der *Produktion* ist ähnlich der bei anderen Konsumgütern. Anfang der 70er geht die Produktion zurück, erholt sich kurz und sackt mit der Krise ab. Dann erholt sie sich langsam wieder bis zur zweiten Krise und sackt dann stetig bis zum Ende der Periode weiter ab. Bei der Beschäftigung sieht es ähnlich aus, allerdings verlaufen die Verringerungen ab den frühen 70er Jahren in größeren Sprüngen, während sie sich in den 80ern kontinuierlich in kleineren Etappen abspielen.

4.2.5.4.2 Die erweiterte BRD von 1991 bis 2005

Der *Produktionswert* und die *Wertschöpfung* gehen relativ kontinuierlich mit leichten Ausschlägen seit 1991 zurück. Dabei wechselt der Umfang des Rückgangs zwischen beiden Größen ein wenig, dennoch enden letztlich der *Produktionswert* bei 67 und die *Wertschöpfung* bei nur noch 60 Prozent des Ausgangwertes.

Die *Abschreibungen* sinken erst ab 1994 leicht, bleiben einige Zeit bei 95 Prozent und sinken dann stärker und stetig von 1998 bis 2005 auf nur noch 71 Prozent.

Die *Lohnsumme* sinkt seit 1992 durchgängig fast jedes Jahr und endet dann bei mageren 45 Prozent des Ausgangswertes. Die ist allerdings vor allem dem drastischen Sinken des zwar durch die DDR-Übernahme etwas erweiterten aber doch absolut schon geringen Bestandes von 80.000 in 1991 um 60.000 auf nur noch 20.000 geschuldet.

DC – Ledergewerbe							
	1991		1993		2000		2005
		%		%		%		%
Arbeitnehmer	80	100	51	64	32	40	21	26
Produktionswert	4,5	100	4,1	92	3,5	79	3,0	67
Bruttowertschöpfung	1,6	100	1,5	96	1,1	67	0,9	60
Arbeitnehmerentgelt	1,3	100	1,1	83	0,8	64	0,6	45
Abschreibungen	0,2	100	0,2	105	0,2	86	0,2	71
Nettobetriebsüberschuss	0,0	100	0,2	450	0,0	75	0,2	450

Tabelle 4.2.5.4.2. – 48

4.2.5.5 DB – Textil- und Bekleidungsgewerbe

Von der Produktionsweise her gesehen sind die beiden Zweige technisch völlig unterschiedlich. In der *Textilproduktion* sind schon seit langem hoch technisierte, automatisch laufende *Spinnmaschinen* bei der Garn-, und entsprechende *Webmaschinen* bei der Tuchproduktion verwendet worden. Sie wurden während der hier behandelten Periode nochmals mit elektronischen Steuerungen verbessert und sind durch die zunehmende Verwendung von Kunstfasern noch produktiver geworden. Schon 1970 spielte der Personalaufwand gegenüber dem für Maschinen oder Vorleistungen nur noch eine geringe Rolle.

20 - DB - Textil- und Bekleidungsgewerbe							
	1970		1975		1986		1991	
		%		%		%		%
Lohnabhängige	1.005	100	737	73	495	49	428	43
Produktionswert	21,0	100	24,3	116	31,0	148	35,5	169
BruttoWertSchöpfung	8,9	100	9,4	106	11,6	129	12,4	138
ArbeitnehmerEntgelt	5,7	100	6,7	118	8,2	144	8,9	156
Abschreibungen	0,7	100	1,0	148	1,2	181	1,5	227
NettoBetriebsÜberschuss	2,5	100	1,5	62	2,0	80	1,8	71

Tabelle 4.2.5.5.1. – 49

Das *Bekleidungsgwewerbe* gleicht mehr der Manufaktur. Zwar ist
der Zuschnitt inzwischen ebenfalls weitgehend technisiert und zum
Teil mit elektronischen Mitteln produktiver gemacht, oder gar automatisiert worden. Aber der Hauptteil der Produktion, das Zusam-
mennähen der Stoffteile ist nach wie vor von *individueller Handarbeit
mit Nähmaschinen* geprägt. Die mögen technisch verbessert worden
sein, aber die Grundkonstellation ist gleich geblieben. Auch wenn
diese Art der teilmechanisierten Handarbeit durchaus qualifiziert ist,
so ist häufig der individuelle Vorlauf der jungen Frauen aus der Fami-
lienarbeit hinreichend, um sie mit relativ kurzen Anlernphasen zu
produktiven und präzisen Näherinnen auszubilden. Durch das Steigen der Löhne auch für relativ »gering qualifizierte« Frauenarbeit in
den hoch entwickelten Ländern, das von der starken Produktivitätsentwicklung der Industrie mit beeinflusst ist, lohnte sich der hiesige
Einsatz nicht mehr für die Kapitalverwertung in der Bekleidungsindustrie – jedenfalls nicht in dem Markt für Massenkonfektion. Für
beide Industriezweige liegen also gänzlich unterschiedliche technische Konstellationen und entsprechend unterschiedliche ökonomische Kalküle für die dramatische Verlagerung der Produktion in Länder mit einem geringeren Lohnniveau vor.

4.2.5.5.1 Die alte BRD von 1970 bis 1991

Zunächst werden die beiden Branchen gemeinsam behandelt, da
für die Zeit von 1970 bis 1991 die Zahlen der einzelnen Branchen
für *Abschreibungen* und *Überschüsse* nicht verfügbar sind.

Hinsichtlich der Zahl der *Beschäftigten* mit rund einer Million gehörten die summierten Branchen 1970 zu den größten industriellen Zweigen überhaupt und daher auch im Konsumgütersektor. Die Aufteilung der Branchen in zwei getrennte, aber materialmäßig aufeinander aufbauende Zweige in der Proportion von etwa 60 zu 40 bei der Produktion und der Beschäftigung bleibt bis 1991 in etwa erhalten. (s. *Tabelle 4.2.5.5.1. – 50*)

Der summierte *Produktionswert* wächst auf rund 170 die *Wertschöpfung* auf rund 140 Prozent. Der Blick auf die einzelnen Branchen zeigt ein leicht differenziertes Bild. Beim Textilgewerbe lauten die entsprechenden Zahlen 160 und 132 Prozent, im Bekleidungsgewerbe 185 zu 150 Prozent.

Der Vergleich mit den Steigerungen der Produktion und der *Wertschöpfung* anderer Industriezweige in dieser Periode zeigt, dass diese beiden Branchen einen erheblich geringeren Zuwachs hatten, als die anderen. Ob dies nun an einem geringeren Zuwachs der inländischen Nachfrage gelegen hat, ist an den vorliegenden Zahlen nicht zu überprüfen.

Die summierten *Abschreibungen* und der drastische Rückgang der Zahl der *Lohnabhängigen* in beiden Branchen zeigen dagegen, dass die technische Modernisierung der Produktion durchaus weiter getrieben wurde. Die *Abschreibungen* steigen stärker als die Produktion und die *Wertschöpfung* auf mehr als das Doppelte des Ausgangswertes.

Die Zahlen der *Lohnabhängigen* sinken dagegen unter 50 Prozent, in der Textilbranche auf nur noch 41 und in der Bekleidungsbranche auf nur noch 45 Prozent. (s. *Tabelle 4.2.5.5.1. – 51*)

Die Steigerung der *Lohnsumme* liegt in der Textilproduktion bei 155 und in der Bekleidungsherstellung bei 160 Prozent, was angesichts der Reduzierung der Belegschaften auf weniger als die Hälfte fast schon erstaunlich ist. Die Zahlen für die Entwicklung der *Überschüsse* zeigen, dass beide Branchen schon im Verlauf der Periode stark an Profitabilität verloren haben: In der ersten Krise von 1975 gehen die *Überschüsse* gegenüber 1970 auf knapp 60 Prozent zurück, steigen bis 1986, nach der zweiten Krise, auf gerade mal 80 und enden 1991 nach 20 Jahren bei mageren 70 Prozent und einer Ausweitung der Produktion auf 170 Prozent.

4.2.5.5.2 DB – Textil- und Bekleidungsgewerbe von 1991 bis 2005

4.2.5.5.2 Textilgewerbe – die erweiterte BRD von 1991 bis 2005

Die Einverleibung der DDR zeigt sich im *Produktionswert* mit wenig mehr als 5 Prozent Steigerung während die *Wertschöpfung* noch weniger ansteigt. Dagegen nimmt die Zahl der *Lohnabhängigen* zunächst doch um 50.000 und 20 Prozent zu, die dafür aufgewandte *Lohnsumme* allerdings nur um weniger als 10 Prozent. Für *Abschreibungen* und *Überschuss* gibt es keine Vergleichszahl von 1991 aus der alten BRD.

Die Entwicklung innerhalb des nun erweiterten Territoriums zeigt einen kontinuierlichen Rückgang der Produktion über 86, 73 auf nur noch 60 Prozent in 2005. Der Rückgang der *Wertschöpfung* verläuft ähnlich und endet ebenfalls in 2005 bei 60 Prozent.

Die *Abschreibungen* steigen zunächst bis 1993 an, sinken dann aber ebenfalls, 2000 mit 90 auf 70 Prozent in 2005.

Die Zahl der *Lohnabhängigen* sinkt zunächst dramatisch um 90.000 bis 1993 auf 70 Prozent, das heißt um nur 40.000 über den Stand von 1991 in der alten BRD. Dann sinkt die Zahl weiter von 50 Prozent auf nur noch 36 Prozent und 108.000.

Wenn man das mit dem Ausgangspunkt der Statistik von 1970 in der alten BRD mit 596.000 *Lohnabhängigen* und einem *Produktionswert* von rund 13 Milliarden vergleicht, der Höchststand von 22 Milliarden ist 1991 in der erweiterten BRD erreicht, und kon-

17 – Textilgewerbe							
	1970		1975		1986		1991
		%		%		%		%
Lohnabhängige	596	100	429	72	278	47	245	41
Produktionswert	13,2	100	14,9	113	18,9	143	21,1	160
BruttoWertSchöpfung	5,8	100	5,8	100	7,2	125	7,6	132
ArbeitnehmerEntgelt	3,6	100	4,3	118	5,1	141	5,6	155
Abschreibungen							
NettoBetriebsÜberschuss							

Tabelle 4.2.5.5.1. – 50

18 – Bekleidungsgewerbe							
	1970		1975		1986		1991
		%		%		%		%
Lohnabhängige	409	100	308	75	217	53	183	45
Produktionswert	7,7	100	9,4	122	12,0	156	14,3	185
BruttoWertSchöpfung	3,2	100	3,7	115	4,3	136	4,7	149
ArbeitnehmerEntgelt	2,1	100	2,5	120	3,1	150	3,3	160
Abschreibungen							
NettoBetriebsÜberschuss							

Tabelle 4.2.5.5.1. – 51

statieren muss, dass der *Produktionswert* 2005 gerade einmal wieder den Stand von 1970 in der alten BRD erreicht, wird erst deutlich, welche dramatischen Entwicklungen sich ereignet haben und dass diese beiden Punkte nicht nur 35 Jahre, sondern industriestrukturell Welten trennen.

Die *Lohnsumme* sinkt in zunehmend großen Stufen auf nur noch 57 Prozent, während die *Überschüsse* bis 1993 noch etwas zunehmen, aber dann bis 2006 auf 75 Prozent von 1991 in der erweiterten BRD sinken.

4.2.5.5.2 Bekleidungsgewerbe – die erweiterte BRD von 1991 bis 2005

Die Vereinnahmung der DDR lässt den *Produktionswert* in der erweiterten BRD nur um rund fünf Prozent steigen, während die *Wertschöpfung* noch wesentlich weniger zunimmt. Hingegen steigt die Zahl der *Lohnabhängigen* zunächst um 60.000 und fast ein Drittel auf 242.000 und die *Lohnsumme* steigt immerhin zunächst um fast 20 Prozent. Für *Abschreibungen* und *Überschüsse* liegen hier für die alte BRD keine Vergleichsdaten vor.

Im weiteren Verlauf nimmt dann der *Produktionswert* kontinuierlich bis auf 62 Prozent in 2005 ab. Die *Wertschöpfung* sinkt noch stärker bis auf nur noch 53 Prozent in 2005.

Die *Abschreibungen* sinken sogar schon bis 1993 auf 72 Prozent, steigen dann etwas und stehen 2005 bei 74 Prozent.

17 - Textilgewerbe							
	1991		1993		2000		2005
		%		%		%		%
Arbeitnehmer	296	100	207	70	147	50	108	36
Produktionswert	22,3	100	19,1	86	16	73	13,3	60
Bruttowertschöpfung	7,9	100	7,1	90	5,7	72	4,7	60
Arbeitnehmerentgelt	6,0	100	5,4	91	4,3	72	3,4	57
Abschreibungen	1,4	100	1,4	106	1,2	90	1,0	70
Nettobetriebsüberschuss	0,4	100	0,5	111	0,1	23	0,3	75

Tabelle 4.2.5.5.2. – 52

Als Folge sinkt die Zahl der *Lohnabhängigen* bis 1993 auf 70, dann bis 2000 dramatisch um 90.000 auf 36 und bis 2005 auf nur noch 56.000 und 23 Prozent des Ausgangswertes in der erweiterten BRD von 1991.

Sowohl Textil- als auch Bekleidungsgewerbe waren im Verlauf der 20 Jahre in der alten BRD jeweils schon von rund 600 bzw. 400.000 *Lohnabhängigen* auf jeweils weniger als die Hälfte geschrumpft. Damit gehörten sie auch zusammen kaum noch zu den mittelgroßen Industriezweigen der alten BRD, und erst Recht nicht in der erweiterten neuen BRD. In den 15 Jahren seither ist die Schrumpfung beider Branchen, wenn auch unterschiedlich, so

18 – Bekleidungsgewerbe							
	1991		1993		2000		2005
		%		%		%		%
Arbeitnehmer	242	100	171	71	87	36	56	23
Produktionswert	14,9	100	13,2	89	11,1	74	9,3	62
Bruttowertschöpfung	4,9	100	4,3	88	3,2	65	2,6	53
Arbeitnehmerentgelt	3,9	100	3,5	89	2,3	60	1,8	45
Abschreibungen	0,7	100	0,5	72	0,6	80	0,5	74
Nettobetriebsüberschuss	0,7	100	0,5	72	0,6	80	0,5	74

Tabelle 4.2.5.5.3. – 53

weit fortgeschritten, dass sie als Industrie und Großmanufaktur aus der Produktion der heutigen BRD fast vollständig verschwunden sind.

4.2.6 Verbrauchsgüter

Unter der Kategorie »*Verbrauchsgüter*« finden sich nach unserer Umstellung der Wirtschafszweige nur das *Ernährungsgewerbe* und die *Tabakverarbeitung*. Das hat seinen Grund in der Einteilung der Wirtschaftszweige durch das Statistische Bundesamt und die nicht hinreichende Aufschlüsselung der daraus vorliegenden Daten für eine weiter reichende Umstellung. So sind etliche der konsumtiven Verbrauchsgüter, wie Reinigungs- und Pflegemittel, Klebstoffe und Pharmaka, sowie Kunststoffverpackungen für den Konsum, beim Chemischen Gewerbe rubriziert. Beim Papiergewerbe sind alle Papierprodukte, die verbraucht werden, wie Hygiene-, Verpackungs- und Beschriftungspapiere, bei der Papierproduktion aufgeführt.

4.2.6.1 DA Ernährungsgewerbe und Tabakverarbeitung

Die offizielle statistische Zusammenfassung der beiden Zweige macht nur insoweit Sinn, als es sich in beiden Fällen um die industrielle Verarbeitung von gewachsenen Rohstoffen für Zwecke des individuellen Verbrauchs handelt. Die alleinige Ausgliederung des Tabakgewerbes als Genussmittel, kommt dadurch zustande, dass einerseits die Genussmittel für die Einverleibung, wie Süßigkeiten, Alkohol, unter die Ernährung gezählt werden, und andererseits die Tabakerzeugnisse nicht über den Magen vereinnahmt werden. Die Drogen werden dagegen bei der pharmazeutischen Industrie geführt. Da aber die beiden Zweige in der Größenordnung fast im Verhältnis von 20 zu 1 stehen, ist der Mangel einer getrennten einzelnen statistischen Ausweisung nicht gravierend.

Das *Ernährungsgewerbe* umfasst eine große Palette von sehr unterschiedlichen Gewerben, was die Verarbeitungsstufe, die technischen und sonstigen Produktionsweisen, deren Technisierungsgrad und die Nähe zum Vertrieb und zum Konsum anlangt. Dabei sind für die *verschiedenen Grundstofflinien* ganz unterschiedliche

DA - Ernährungsgewerbe und Tabakverarbeitung								
	1970		1975		1986		1991	Diff
		%		%		%		%	
Arbeitnehmer	813	100	776	95	746	92	775	95	-38
Produktionswert	44	100	64	144	93	211	112	255	68
Brutto-wert-schöpfung	11	100	15	132	24	213	30	270	19
Arbeit-nehmer-entgelt	6,1	100	8,9	146	13,8	227	17,5	289	11,5
Abschreibungen	1,6	100	2,5	159	3,9	249	4,8	306	3,2
NettoBetriebsÜberschuss	3,6	100	3,3	92	6,7	187	8,3	231	4,7

Tabelle 4.2.6.1.1.1. – 54

Gegebenheiten maßgebend: Für die *Fleischverarbeitung*, die *Milchverarbeitung*, die *Getreide-, Kartoffel-, Gemüse-* und die *Obstverarbeitung* und nicht zuletzt die Herstellungen von *Getränken und Backwaren*. Einzelne Zweige, wie die *Mühlenindustrie*, die *Zuckerindustrie* und die *Alkoholherstellung* waren schon im 19. Jahrhundert stark technisiert und wegen der großtechnischen Anlagen sowie dem somit hohem Kapitaleinsatz zum Teil sehr konzentrierte Industrien.

Die ebenfalls schon früh teiltechnisierte *Konservenindustrie* für die Verarbeitung von Gemüse und Obst, die aber mit massenhafter fließbandartiger Beschäftigung von Frauen organisiert war, ist in den Jahrzehnten nach 1945 weitgehend mechanisiert oder gar automatisiert worden. Dem entsprechend ist die vorherige Art der Beschäftigung weitgehend verschwunden. Dafür ist eine ähnliche Beschäftigung von Frauen in der Herstellung von Fertiggerichten bei der Bestückung eingetreten. Allerdings dürften die heutigen Zahlen die vorherigen längst nicht mehr erreichen.

Die großbetriebliche und zentralisierte Verarbeitung von Milchprodukten tritt erst einige Jahrzehnten nach 1945 in großem Stil auf und wiederum etwas später die massenhafte industrialisierte Herstellung von Backwaren. Bei Fleischwaren löst sich mit der Zentralisierung der Schlachthäuser und der parallelen Entwicklung der Super- und Großmärkte, sowie der Verbreitung von privaten Kühl- und Gefrierschränken der Verkauf von der Produktion. Die Schlachtereien sind kaum noch eigenständig im Vertrieb präsent. Bei den Backwaren findet sich einige Jahrzehnte nach 1945 zunächst eine ähnliche Entwicklung. Aber die zunehmende Verbreitung von täglich frischen Backwaren führt zu einer lokalen Zentralisation und Technisierung, die mit lokalen Verkaufsstellen verbunden bleiben.

Bei Mühlen, Zuckerfabriken und Brauereien verbinden sich weitere technische Fortschritte bis zur Automation mit entsprechend weiteren zentralisierten Vergrößerungen der Betriebe und der Unternehmen.

Daher spiegeln die summierten Zahlen der *Lohnabhängigen* nicht nur die Weiterexistenz von lokal zentralisierten Bäckereien mit ihrem gewerblichen Personal wieder, sondern auch das möglicherweise noch gewachsene Personal der zunehmenden Verkaufstellen. Dagegen gibt es nur noch wenige Schlachter mit Verkaufstellen und noch weniger Käsespezialgeschäfte, und überhaupt keine Milchläden mehr.

4.2.6.1.1 Die alte BRD von 1970 bis 1991

Der *Produktionswert* stieg in den 20 Jahren auf 255, die *Wertschöpfung* sogar auf 270 Prozent. Man kann wegen der relativen Größe der beiden zusammengefassten Branchen die Daten für die *Abschreibungen* als Indiz für die technischen Investitionen der Ernährungsbrache nehmen. Deren Anstieg auf über 300 Prozent zeigt, wie oben schon für die verschiedenen Produktionslinien begründet, dass die Technisierung erheblich zugenommen hat. Wenn darüber hin-

15 - Ernährungsgewerbe								
	1970		1975		1986		1991	Diff
		%		%		%		%	
Arbeit-nehmer	775	100	749	97	728	94	759	98	-16
Produktionswert	43	100	62	145	90	211	108	254	66
Bruttowertschöpfung	11	100	14	133	23	217	29	270	18
Arbeit-nehmer-entgelt	6	100	8	146	13	229	17	292	11
Abschrei-bungen			.		.			
NettoBetriebsÜberschuss			.		.			

Tabelle 4.2.6.1.1.3. – 55

aus die zweieinhalbfach vergrößerte Produktion mit fast der gleichen Zahl an *Lohnabhängigen* erreicht wurde, dann muss man wohl folgern, dass der größere Anstieg der *Wertschöpfung* sowohl auf einer Verbilligung der Vorprodukte, als auch auf einer Vertiefung der Produktionsstufen beruht, nicht aber auf einem spezifisch vermehrten Einsatz von Arbeitskräften.

Die Steigerung der *Lohnsumme* bei etwa gleich bleibenden Belegschaften auf fast 290 Prozent deutet an, dass die Produktion mit zunehmend qualifiziertem Personal erfolgt, das nicht so leicht zu ersetzen ist. Die Steigerung der *Überschüsse* liegt mit 231 Prozent etwas unterhalb der der Produktion und noch tiefer als der der *Lohnsumme*, zeigt aber, dass das Ernährungsgewerbe durchaus profitabel war. (s. *Tabelle 4.2.6.1.1.3. – 56)*

Die *Tabakverarbeitung* gehörte schon 1971 zu den von *Produktionswert* und Belegschaften her fast winzigen Industriezweigen der BRD. Dieser Stellenwert hat sich mit der Steigerung der *Produktion* auf 276 Prozent nicht geändert. Dabei ist die *Wertschöpfung* etwas weniger auf 258 Prozent angestiegen. Obgleich auch schon 1970 die Produktion hoch technisiert war, hat das bis 1991 noch erheblich zugenommen. Spezifische Zahlen zu den *Abschreibungen* des Zweiges gibt es in dieser Datenbasis nicht, aber die Steigerung der *Abschreibungen* im zusammengefassten Zweig auf über 300 Prozent wird man ohne weiteres auch für die Tabakverarbeitung annehmen können, in der inzwischen wohl eine fast vollständige Automatisierung der Verarbeitungsprozesse erreicht worden ist.

Entsprechend ist die Zahl der *Lohnabhängigen* auf 16.000 auf weniger als die Hälfte geschrumpft. Die *Lohnsumme* ist gleichwohl

16- Tabakverarbeitung								
	1970		1975		1986		1991	Diff
		%		%		%		%	
Arbeitnehmer	38	100	27	71	18	47	16	42	-22
Produktionswert	1,5	100	1,9	126	3,4	228	4,1	276	2,6
Bruttowertschöpfung	0,5	100	0,5	104	0,6	123	1,3	258	0,8
Arbeitnehmerentgelt	0,3	100	0,4	133	0,5	193	0,6	222	0,3
Abschreibungen				.		.			
NettoBetriebsÜberschuss									

Tabelle 4.2.6.1.1.3. – 56

noch auf 220 Prozent gestiegen, sodass das Qualifikationsniveau wohl weiter gestiegen sein wird.

Über die *Gewinnentwicklung* bei der Tabakverarbeitung in Absetzung von der Ernährungsbranche lassen sich leider keine Aussagen machen. Aber dass sie um einiges besser ist, als dort, kann man wohl ohne weiteres unterstellen.

4.2.6.1.2 Die erweiterte BRD von 1991 bis 2005

4.2.6.1.2.1 Zweig 15: Ernährungsgewerbe

Der Sprung durch die Angliederung der DDR macht beim *Produktionsumfang* immerhin rund zehn, bei der *Wertschöpfung* allerdings nur gut drei Prozent aus. Die Zahl der *Lohnabhängigen* steigt um 170.000 auf rund zwanzig Prozent, während die *Lohnsumme* nur um rund sechs Prozent ansteigt.

Der weitere Verlauf unterscheidet sich doch stark von den Entwicklungen in den anderen Industrien, die bisher behandelt wurden. Zwar steigen auch dort häufig der *Produktionswert* und die *Wertschöpfung* noch an, so wie hier auf 115 und 114 Prozent, aber meistens sank doch die Beschäftigung dramatisch ab. Hier hält sich das in sehr engen Grenzen. Zwar gibt es bis 1993 auch erst einmal einen beträchtlichen Rückgang der Zahl der *Lohnabhängigen* um

15 – Ernährungsgewerbe								
	1991		1993		2000		2005	
		%		%		%		%
Arbeitnehmer	930	100	865	93	880	95	864	93
Produktionswert	119	100	119	101	125	105	137	115
Bruttowertschöpfung	31	100	33	106	35	112	35	114
Arbeitnehmerentgelt	18,3	100	20,2	110	22,4	122	23,2	127
Abschreibungen	5,0	100	5,9	118	6,3	125	6,0	120
Nettobetriebsüberschuss	8,6	100	6,9	80	5,9	68	5,9	68

Tabelle 4.2.6.1.2.1. – 57

65.000 auf 93 Prozent, doch dann stabilisiert sich die Beschäftigung und findet sich 2005 weiterhin bei 94 Prozent des Ausgangswertes in der erweiterten BRD von 1991.

Die *Abschreibungen* steigen bis 2000 auf 125 Prozent und finden sich dann 2005 bei 120 Prozent von 1991. Die *Lohnsumme* steigt etwas stärker als die Produktion auf 127 Prozent, während die *Überschüsse* zunächst in großen Schritten bis 2000 auf 68 Prozent zurückgehen und sich bis 2005 auf diesem Niveau halten.

Auf diese Weise bleibt das doch differenzierte Ernährungsgewerbe mit über 850.000 *Lohnabhängigen* weiter eine der größten Branchen in der Gewerbe- und Industrielandschaft der BRD, allerdings seit 1993 im Durchschnitt der Produktionslinien anscheinend nicht sehr profitabel.

4.2.6.1.2.2 Zweig 16: Tabakverarbeitung

Die Beschäftigung sinkt noch weiter, während die *Lohnsumme* doch noch etwas zulegt. Der *Produktionswert* und die *Wertschöpfung* steigen, die *Abschreibungen* stagnieren hingegen. Der Zweig ist hinsichtlich der Belegschaften inzwischen nur noch als winzig zu bezeichnen.

Tabakverarbeitung			
	1991	1993	2000	2005
Arbeitnehmer	19	16	13	12
Produktionswert	4,36	4,04	5,46	4,54
Bruttowertschöpfung	1,46	1,28	2,07	1,64
Arbeitnehmerentgelt	0,63	0,66	0,69	0,76
Abschreibungen	0,21	0,21	0,21	0,20
Nettobetriebsüberschuss	0,80	0,41	0,95	0,55

Tabelle 4.2.6.1.2.2. – 58

4.2.6.4 Papiergewerbe: siehe unter C Halbzeug/Vorprodukte
4.2.3.6 DE – 21 – Papiergewerbe

4.2.7. Materiell-technische Dienste für Unternehmen

4.2.7.1 Zweig 71: Vermietung beweglicher Sachen ohne Bedienungspersonal

Unter dieser Rubrik finden sich u .a. die Vermietungen von PKW, von Transportfahrzeugen aller Art, von Baumaschinen, Büromaschinen und anderen Maschinen und Geräten, aber auch die Vermietung von Gebrauchsgeräten und Gegenständen, wie Arbeitskleidung und Wäsche. Es gehören aber auch die Vermietungen für den Konsum dazu, wie Fahrräder, Sportgeräte, aber auch Leihbüchereien und Videotheken. Vor allem bei den PKW-Vermietungen sind die wirtschaftlichen und die privaten Nutzungen in dieser Statistik nicht zu unterscheiden.

Die Vermietung von Baumaschinen mit Bedienungspersonal, die vom Charakter der gesellschaftlichen Arbeitsteilung her gesehen ebenfalls unter die Kategorie der materiell-technischen Dienste für Unternehmen gehören würde, ist in den vorliegenden Daten beim Baugewerbe rubriziert und dort nicht mit gesonderten Zahlen ausgewiesen.

4.2.7.1.1 Die alte BRD von 1970 bis 1991

Die enorme Vergrößerung des *Produktionswertes* und der *Bruttowertschöpfung* auf über 1.500 Prozent signalisiert wohl vor allem ökonomisch-rechtliche Veränderungen in der Organisierung der laufenden Wertschöpfungsprozesse. Die unter dem Schlagwort outsourcing bekannt gewordene Unternehmensstrategie hat sich vor allem in der Automobilindustrie unter dem Antrieb der veränderten Produktionsorganisation von just-in-time offenbar enorm beschleunigt und ausgebreitet. Schon früher, gerade in der Kopiertechnik gebräuchliche Verfahren der langfristigen Vermietung, einschließlich Wartung und technischer Erneuerung sind anscheinend in neue Bereiche vorgedrungen und haben neue Dimensionen

71 – Vermietung bewegl. Sachen ohne Bedienungspersonal								
	1970		1975		1986		1991	Diff
		%		%		%		%	
Arbeitnehmer	20	100	24	120	32	160	45	225	25
Produktionswert	1,7	100	3,3	195	13,0	760	26,6	1.556	17,2
Bruttowertschöpfung	1,2	100	2,3	194	9,1	776	18,3	1.566	1,0
Arbeitnehmerentgelt	0,1	100	0,3	223	0,7	508	1,1	831	
Abschreibungen			.		.				
NettoBetriebsÜberschuss			.		.				

Tabelle 4.2.7.1.1. – 59

erreicht. Das lässt sich auch daran erkennen, dass vor allem in den letzten hier notierten Jahren bis 1991, von einer schon stark gewachsenen Basis noch einmal Sprünge in den Zuwachsraten eingetreten sind.

Dagegen hat die Zahl der *Lohnarbeiter* in diesem Zweig mit 225 Prozent auf etwas mehr als das Doppelte, angesichts der Explosion der *Wertschöpfung*, nur moderat zugenommen. Da die Daten über *Abschreibungen* und *Gewinne* in der vorliegenden Statistik nicht enthalten sind, lassen sich die Technisierung und deren Kosten nicht einschätzen. Aber dass der Wert der einzelnen verliehenen Maschinen und Geräte erheblich größer geworden ist, liegt auf der Hand. Die Steigerung der *Lohnsumme* des Zweiges auf das drei- bis vierfache der Steigerung bei der Zahl der Lohnarbeiter deutet nicht nur auf die günstige Verhandlungssituation aufgrund des Wachstums hin, sondern signalisiert auch eine erhebliche Verbesserung ihres Qualifikationsniveaus.

4.2.7.1.2 Die erweiterte BRD von 1991 bis 2005

Der Sprung von der alten zur neuen BRD bei der Zahl der *abhängig Beschäftigten* umfasst nur rund 10.000. Sie machen aber über 20 Prozent des vorherigen Bestandes aus. Bei allen anderen Größen ist der Zuwachs weniger groß und liegt um 10 Prozent.

Der weitere Verlauf zeigt dann, dass die Branche, auch wenn man von einer einheitlichen nicht reden kann, ihre dramatische

Wachstumsphase in den späten 80ern hinter sich hat. Der *Produktionswert* steigt auf 155 die *Wertschöpfung* auf 172 Prozent. Die *Abschreibungen* entwickeln sich weiter kräftig auf 212 Prozent, was nicht nur einer Ausweitung des Geschäfts, sondern wohl auch der Steigerung der Werte der verliehenen technischen Gegenstände geschuldet sein wird. Die *Lohnsumme* steigt mehr als der *Produktionswert*, und ähnlich wie die *Wertschöpfung*. Das ist angesichts des Verhältnisses von Personaleinsatz und Aufwand für die verliehenen Gegenstände von 1 zu 20, bei Zunahme des Geschäftsumfanges, nicht verwunderlich. Dagegen zeigt die Entwicklung der *Überschüsse* einen ähnlichen Verlauf, wie in verschiedenen anderen Industriezweigen. Mit der Krise von 1993 gehen sie stark auf 64 Prozent zurück und steigen dann auch nach der nächsten Krise von 2002 nur noch auf 73 Prozent in 2005.

Die Zeiten einer massiven Ausweitung scheinen vorerst vorbei zu sein.

4.2.7.2 Zweig 74 – Dienstleister überwiegend für Unternehmen

Dieser Wirtschaftszweig ist von den Gegenständen und den Ergebnissen der Tätigkeiten her völlig heterogen. Das gleiche gilt für das Qualifikationsniveau der Tätigkeiten und die Komplexität der Ergebnisse. Ebenso ist der »Einsatzort« der Dienstleistung im Funktionszusammenhang der Betriebe der Auftraggeber ganz unter-

71 - Verm. bewegl. Sachen oh. Bedienungspersonal								
	1991		1993		2000		2005	
		%		%		%		%
Arbeitnehmer	54	100	59	109	82	152	82	152
Produktionswert	29,25	100	32,04	110	45,31	155	45,31	155
Bruttowertschöpfung	20,21	100	22,66	112	34,80	172	34,80	172
Arbeitnehmerentgelt	1,23	100	1,52	124	2,19	178	2,19	178
Abschreibungen	13,41	100	17,48	130	28,45	212	28,45	212
Nettobetriebsüberschuss	5,42	100	3,49	64	3,97	73	3,97	73

Tabelle 4.2.7.1.2. – 60

schiedlich. Die Gemeinsamkeit besteht in der Tat vorrangig darin, dass die Verträge zwischen den Unternehmen nicht den Einkauf oder Verkauf von gegenständlichen Waren sondern dem generellen Inhalt nach Dienstleistungen für die eine Seite umfassen, die die andere Seite liefert. Dabei kann es sich um Leistungen handeln, die schon von je her eigenständig auf einem Markt angeboten wurden, oder es kann sich um Leistungen handeln, die aus großen Unternehmen und Betrieben ausgegliedert wurden, oder um Dienste, die aufgrund unterschiedlicher Umstände ganz neue Dimensionen angenommen haben – wie etwa die Unternehmensberatungen oder die Werbung oder die Callcenter, und die daher inzwischen eigenständig und mit neuen Qualitäten auf dem Markt angeboten werden.

Ein kurzer Blick auf die innere Gliederung dieses Zweiges zeigt unmittelbar einige der angesprochenen Zusammenhänge.

So sind unter *74.1 Rechts-, Steuer- und Unternehmensberatung*, Wirtschaftsprüfung, Buchführung, Markt- und Meinungsforschung sowie Managementtätigkeiten von Holdinggesellschaften notiert. Das heißt Dienste für die Unternehmensleitungen, die der Kapital-förmigkeit oder den Marktbeziehungen geschuldet sind.

Danach folgen unter *74.2 Architektur und Ingenieurbüros* sowie ähnliche technisch-wissenschaftliche Dienste. Unter *74.4 folgt* dann die Werbung, die eigentlich besser zu 74.1 gepasst hätte. Dann schließen sich unter *74.5 die Stellenvermittlungen* und vor allem die Überlassung von Arbeitskräften, also die Zeitarbeitsfirmen an. Es folgen unter *74.6 die traditionellen Gewerbe* wie Wach- und Sicher-heitsdienste sowie Detekteien und unter *74.7 die Reinigungsdienste* an Gebäuden usw. Danach kommt unter 74.8 ein Sammelsurium von Diensten, die auf keinen gemeinsamen Nenner passen, wie Fotographie, Abfüllung und Verpackung, Sekretariate, Übersetzun-gen, Callcenter, Ausstellungen und Messen, Designateliers und Inkassobüros.

Wenn man nicht aus der allgemeinen Wirtschaftspresse und der eigenen Erfahrung wüsste, dass einerseits die Rechts-, Steuer- und Unternehmensberatungen, die Werbung und die Meinungsfor-schung florieren und andererseits die Leiharbeit oder auch die Call-center boomen würden, hätte man kaum Anhaltspunkte um die unten stehenden Zahlen interpretieren zu können.

4.2.7.2.1 Die alte BRD von 1970 bis 1991

Mit 1,3 Millionen *Lohnabhängigen* in 1991 noch in der alten BRD ist dieser Wirtschaftszweig im Verhältnis zu den produzierenden Branchen einer der großen. Da er aber so heterogen ist, sagt das nur aus, dass die Unternehmen inzwischen so umfangreich, rationalisiert und solvent, sind, dass ihre eigene Ausdifferenzierung sich auch in der Ausdifferenzierung der Zuarbeiten niederschlägt. Hinsichtlich der Produktion spielt dabei die Zeitarbeit eine besondere Rolle: Die Kombination von Lohndrückerei mit konjunktureller Flexibilisierung der Arbeitsverhältnisse. Hinsichtlich des kapitalistischen Charakters der Unternehmen zeigt sich, dass die Gewinnmacherei und die Konkurrenz im Gegensatz zur Rationalisierung und Technisierung der Produktion zur Ausdehnung der eingesetzten Arbeit drängen, also die Ausdehnung und die Spezialisierung der teils auch parasitären Unternehmensfunktionen zunehmen.

Vermutlich wegen der immensen Heterogenität und der Verbreitung von Kleinbetrieben sowie dem ausgeprägten Charakter als Praxen und Büros und den unterschiedlichen Rechtsformen sind weder die *Abschreibungen* noch die Nettobetriebsüberschüsse statistisch ausgewiesen. Aber man kann davon ausgehen, dass die sicher vorhandene Technisierung sich in Umfang und Wirkung auf die Zahl der Arbeitskräfte in Grenzen hält.

Der *Produktionswert* hat sich auf 139 Milliarden Euro was 970 Prozent und die *Wertschöpfung* auf 96 Milliarden Euro, was 80 Prozent entspricht, erhöht.

74 - Dienstleister überwiegend für Unternehmen							
	1970		1975		1986	1991	Diff
		%		5	%		5
Arbeitnehmer	540	100	632	117	971	180	1.387	257	847
Produktionswert	14	100	28	192	72	499	139	969	125
Bruttowertschöpfung	11	100	20	180	52	474	96	883	85
Arbeitnehmerentgelt	4	100	7	185	18	457	31	758	27
Abschreibungen									
NettoBetriebsÜberschuss									

Tabelle 4.2.7.2.1. – 61

Die Zahl der *Lohnabhängigen* hat sich auf 1,3 Millionen erhöht, was fast 260 Prozent entspricht. Aus einer anderen Statistik geht hervor, dass die Zahl der *tätigen Unternehmer und der Selbständigen* zusammen um 154 Prozent, von 172 auf 265.000, gestiegen ist. Im Durchschnitt haben sich also auch diese kleinen Unternehmen und Betriebe vergrößert. Aber man kann vermuten, dass ein großer Teil dieser Veränderungen auf einige wenige große Firmen im Gewerbe der Reinigung, der Leiharbeit sowie bei Callcentern zurückzuführen ist. Bei den anderen wäre demnach die Struktur von Klein- bis Kleinstbetrieben erhalten geblieben.

Trotz der boomenden Branchen fällt die Steigerung des *Arbeitnehmerentgeltes* geringer aus als die des *Produktionswertes* und der *Wertschöpfung*. Das ist leicht verständlich, wenn man sich die Ausdehnung der Zeitarbeit, die in diesem Zweig notiert wird und jene der prekären Arbeitsverhältnisse vergegenwärtigt, die sich in einigen anderen der hier versammelten Branchen, wie z.B. dem Reinigungsgewerbe oder den Callzentren, ausgebreitet haben.

Auffällig ist, dass die Ausdehnung der lohnabhängigen Erwerbstätigkeit in diesem Zweig bis 1975 moderat verläuft, sich dann aber bis 1986, noch gesteigert bis 1991, in großen Sprüngen vollzieht.

4.2.7.2.2 Die erweiterte BRD von 1991 bis 2005

Der Sprung durch die Vereinnahmung der DDR ist in den hier versammelten Branchen in Summe doch ganz erheblich. Bei den *abhängig Beschäftigten* handelt es sich um rund 360.000, auf mehr als 250 Prozent. Beim *Produktionswert* und bei der *Wertschöpfung* beläuft sich die Steigerung auf jeweils unter zehn Prozent. Die *Lohnsumme* steigt um etwas mehr als zehn Prozent. Das ist angesichts der stark gestiegenen Zahl der *Lohnabhängigen* ausgesprochen gering. Der weitere Verlauf zeigt, dass die Branchen weiterhin boomen, wenn auch die dramatischen Zuwächse aus dem Ende der 80er Jahre nicht mehr zu finden sind.

Der *Produktionswert* hat sich auf 190 Prozent fast verdoppelt, während die *Wertschöpfung* mit 180 Prozent diese Zahl nicht ganz erreicht.

Die *Abschreibungen* sind erst nach 1993 in großen Schritten auf 257 Prozent angestiegen. Diese Größe bleibt etwas mysteriös, da

74 - Dienstleister überwiegend für Unternehmen							
	1991		1993		2000		2005
		%		%		%		%
Arbeitnehmer	1.624	100	1.798	111	2.980	183	3.311	204
Produktionswert	148	100	180	122	253	171	283	191
Bruttowertschöpfung	102	100	114	112	156	153	181	178
Arbeitnehmerentgelt	34	100	43	124	75	219	89	261
Abschreibungen	3	100	3	100	4	170	6	257
Nettobetriebsüberschuss	65	100	78	120	77	119	84	130

Tabelle 4.2.7.2.2. – 62

kaum eine der oben aufgezählten Branchen einen dramatischen Sprung in der technischen Ausrüstung gemacht hat. Die Verpackung und Abfüllung war schon seit langem stark mechanisiert, in der Photographie hat sich die Ausrüstung mit der Digitalisierung sicher stark vergrößert. Die Callzentren sind von vorn herein auf einem bestimmten technischen Niveau eingerichtet worden.

Die Zahl der *abhängig Beschäftigten* nimmt nach 1993 in absoluten Größen dramatisch zu: Von 1991 bis 2000 sind es 1,3 Millionen und bis 2005 noch einmal 330.000, das sind insgesamt 204 Prozentpunkte. Die *Lohnsumme* steigt auf 260 Prozent, was bei einer solch boomenden Branche eher moderat erscheint.

Fast gegensätzlich zur Konjunktur steigen die *Überschüsse* bis 1993 auf 120 Prozent, stagnieren jedoch im nächsten Boom um 2000 herum und steigen erst bis 2005 auf 130 Prozent, dreißig Prozentpunkte in fünfzehn Jahren.

Für eine genauere Analyse fehlen in dieser Datenbasis leider die Zahlen für die vielen unterschiedlichen einzelnen Gewerbe, die hier als *Dienstleister für Unternehmen* zusammengefasst sind. Dass dabei die Zeitarbeit für die Produktion, z.B. auch für die Automobilindustrie eine große Rolle spielt, ist aus anderen Statistiken bekannt. Ob die boomenden Callzentren für die Zahl der Beschäftigten eine ähnliche Rolle spielen, kann hier nicht geklärt werden.

4.2.8 Geistige Dienste für Produktion, Unternehmen und öffentliche Verwaltungen

4.2.8.1 Zweig 72 – Datenverarbeitung und Datenbanken

Erwartungsgemäß hat sich der Betrieb von Datenverarbeitung und Datenbanken in der untersuchten Zeit dramatisch vergrößert. Das liegt an der zunehmend leicht verfügbaren, immer leistungsfähigeren und auch immer billigeren Hardware und der zunehmenden Standardisierung und damit Verfügbarkeit und Verbreitung der Software.

Gleichwohl sind die in der Tabelle angegebenen Größen nur ein Ausschnitt der Digitalisierung von Daten und der Computerisierung ihrer Verarbeitung. Die Übersetzung von Daten in elektronisch handhabbare Form und ihre elektronische Verarbeitung zum einen in der Produktion durch Prozessrechner in großen Unternehmen und Betrieben datiert schon seit den 60er Jahren und wird jeweils in dem anwendenden Wirtschaftszweig und nicht hier gezählt. Das gleiche gilt für die Anwendung großer und mittlerer Datenverarbeitungsmaschinen in den Großverwaltungen der privaten Unternehmen oder der öffentlichen Dienste.

Zudem befindet sich die breite Einführung von Arbeitsplatzrechnern, dem PC als kleiner Datentechnik, bis 1991 erst in Anfängen. Ebenso ist die Einführung der Internetplattform des World-Wide-Web in den Geschäftsverkehr noch in den Anfängen. Die breite Verwendung des Internet als technische Basis des Datenverkehrs liegt noch in der Zukunft. Die unten angegebenen Zahlen zeigen also einerseits nur die organisatorisch und unternehmerisch selbstständigen Einrichtungen der Datenverarbeitung, die als Serviceeinrichtungen für die Verwaltungen fremder Auftraggeber fungieren. Zu Beginn und bis Ende der 80er Jahre vollzieht sich das vor allem mit den großen Datenverarbeitungsmaschinen.

4.2.8.1.1 Die alte BRD von 1970 bis 1991

Aber auch mit diesen Einschränkungen sind die Zahlen über das Wachstum der Branche eindruckvoll. Der *Produktionswert* steigt auf 2.350 Prozent, der der *Wertschöpfung* auf 2.100. Allerdings ist der

absolute Umfang der *Wertschöpfung* von der minimalen Ausgangs-
basis von gerade mal 500 Millionen auf 12,6 Milliarden Euro in
1991 noch relativ klein.

Leider sind die Zahlen für die *Abschreibungen* in der Statistik
nicht angegeben, so dass das Resultat aus zunehmendem Umfang
der Rechenanlagen und erheblicher Verbilligung von Anlagen und
Programmen nur vermutet werden kann.

Die Zahl der *Lohnabhängigen* in dieser Branche hat sich auf 371
Prozent vergrößert, von 45.000 um 122.000 in zwei Jahrzehnten,
auf 167.000.

Die Steigerung der Zahl der *Lohnabhängigen* ist geringer als jene
des Produktionswertes. Daher ist auch die *Lohnsumme* auf immer
noch enorme 1.350 Prozent gestiegen. Das verweist auf das stark
steigende Lohnniveau und diese damit auf die verbreitet hohe Qualifikation der dort beschäftigten *Lohnabhängigen*. Die Vergrößerung
der Spreizung zwischen *Wertschöpfung* und *Lohnsumme* deutet auf
die zunehmende Produktivität der Datenverarbeitung, was sowohl
auf die Programme als auch auf die Maschinen zurück zu führen
ist.

Weder die *Überschüsse* noch die *Abschreibungen* sind für die
Branche ausgewiesen. Aber man kann davon ausgehen, dass die Profitabilität weiter groß geblieben ist, wie die starke Expansion erweist,
bei gleichzeitig dramatischer Verbilligung der Maschinen und Programme.

72 - Datenverarbeitung und Datenbanken								
	1970		1975		1986		1991	Diff
		%		%		%		%	
Arbeitnehmer	45	100	68	151	124	276	167	371	122
Produktionswert	0,8	100	1,6	219	9,1	1.217	17,6	2.349	16,9
Bruttowertschöpfung	0,6	100	1	212	7	1.213	12,6	2.093	12
Arbeitnehmerentgelt	0,4	100	1	253	3	798	5,5	1.365	5,1
Abschreibungen									
NettoBetriebsÜberschuss									

Tabelle 4.2.8.1.1. – 63

4.2.8.1.2 Die erweiterte BRD von 1991 bis 2005

Der Sprung durch die Ausweitung der alten BRD beträgt bei den *Lohnabhängigen* 20.000. Der *Produktionswert* und die *Wertschöpfung* steigen nur geringfügig. Der Zuwachs in der *Lohnsumme* beläuft sich auf eine ähnliche Größenordnung. Für die Veränderungen bei den *Abschreibungen* und den Überschüssen fehlen die Ausgangsdaten.

Bemerkenswert ist allerdings, dass noch 1991 in der erweiterten BRD die Steigerung der *Überschüsse* leicht umfangreicher ausfällt als die der *Lohnsumme*. Erst ab 1993 kehrt sich dieses Verhältnis um. Die *Lohnsumme* ist bis 2005 auf 370 Prozent gestiegen, während sich die *Überschüsse* in 2000 nur noch auf 117 Prozent steigern und 2005 sogar auf 84 Prozent absinken.

Dem liegt eine Ausweitung des *Produktionswertes* auf 248 und der *Wertschöpfung* auf 236 Prozent zugrunde. Das geht mit einer Vervierfachung der *Abschreibungen* bis 2005 einher, was bei der massiven Verbilligung der Hard- und Software-Komponenten auf eine erhebliche Ausweitung der Ausrüstungen gegenüber der Steigerung der *Wertschöpfung* hindeutet.

Als Resultat steigt die Zahl der *Lohnabhängigen* um 230 auf 417.000 und 224 Prozent. Damit rückt diese Branche als spezifischer Dienstleister für Industrie, Vermittlungs- und Kapitalbranchen sowie der öffentlichen Verwaltung in die vorderen Ränge bei der Zahl der Beschäftigten ein.

72 - Datenverarbeitung und Datenbanken								
	1991		1993		2000		2005	
		%		5		%		%
Arbeitnehmer	186	100	203	109	411	221	417	224
Produktionswert	19	100	22	116	41	215	47	248
Bruttowertschöpfung	13	100	15	115	28	208	32	236
Arbeitnehmerentgelt	5,9	100	7,4	127	17,3	295	21,8	373
Abschreibungen	1,0	100	1,2	124	2,8	286	4,1	419
Nettobetriebsüberschuss	6,5	100	6,7	104	7,6	117	5,4	84

Tabelle 4.2.8.1.2. – 64

4.2.8.2 Zweig 73 – Forschung und Entwicklung

4.2.9.2.1 Die alte BRD von 1970 bis 1991

Diese statistische Kategorie umfasst alle organisatorisch selbständigen Einrichtungen kommerzieller öffentlicher oder öffentlich-rechtlicher oder vereinsrechtlicher Art, die Forschung und Entwicklung betreiben. Unklar bleibt, ob die Forschung und Entwicklung, die innerhalb von Universitäten und Hochschulen ohne selbstständige Organisationsform betrieben wird, hier gezählt wird. Die gleiche Frage stellt sich für Forschungen, die innerhalb von Unternehmen vor sich geht. Entwicklungsarbeiten die innerhalb von Produktionsunternehmen integriert sind, werden nicht hier gezählt.

Aufgrund dieser Ausschlüsse und der genannten Unklarheit ist die Aussagekraft der folgenden Tabelle sehr begrenzt. (s. folgende Seite *Tabelle 4.2.8.1.2. – 65*)

Der *Produktionswert* ist auf 435 und die *Wertschöpfung* auf 485 Prozent gestiegen. Die Kategorien des *Produktionswertes* und der *Bruttowertschöpfung* sind in dieser Branche nur von begrenzter Aussagekraft, da viele Großforschungseinrichtungen keine kommerziellen oder kommerziell geführten Einrichtungen sind. D. h. ihre Forschungsergebnisse werden nicht als Ware für einen den Aufwand deckenden Marktpreis verkauft.

Da die Größe der Ausrüstungen über die *Abschreibungen* nicht ausgewiesen sind, kann auch dies nicht als Indiz für die Entwicklung genommen werden. Aber selbst wenn es der Fall wäre, hätte auch diese Zahl nur geringen Aussagewert, da in öffentlichen Einrichtungen in der Regel keine kaufmännische Vermögensrechnung geführt wird.

Die Zahl der beschäftigten *Lohnabhängigen* ist da schon ein deutlicherer Indikator der Tätigkeit von Forschungseinrichtungen. Sie ist innerhalb von zwanzig Jahren nur auf 183 Prozent gestiegen. Wegen der oben angedeuteten Zählungsweisen ist dies kein ausreichender Hinweis auf eine vermeintlich nur geringe Ausweitung von Forschung und Entwicklung in der volkswirtschaftlichen Gliederung und Arbeitsteilung.

Die *Lohnsumme* hat sich stärker vergrößert als die Zahl der abhängig Beschäftigten, was darauf hinweist, dass die Löhne pro Kopf erheblich gestiegen sind. Man kann auch für diese Branche

73 - Forschung und Entwicklung								
	1970		1975		1986		1991	Diff
		%		5		%		5
Arbeit-nehmer	42	100	52	124	67	160	77	183	35
Produktionswert	1,6	100	3,2	199	6,1	383	6,9	435	5,3
Brutto-wert-schöpfung	0,6	100	1,3	215	2,8	456	3,0	485	2,4
Arbeit-nehmer-entgelt	0,4	100	1,0	243	2,0	469	2,6	619	2,2
Abschrei-bungen								
NettoBetriebsÜberschuss								

Tabelle 4.2.8.1.2. – 65

vermuten, dass dies auf eine Verbesserung der Qualifikationsstruktur hinweist. Sowohl die Zahl der abhängig *Beschäftigten*, wie der Umfang der *Wertschöpfung* zeigen deutlich, dass Forschung und Entwicklung außerhalb der Unternehmen und Hochschulen in den 20 Jahren zugenommen haben. Ob mit einer Erfassung der Forschungstätigkeiten in den Unternehmen und den Hochschulen, vor allem aber der Entwicklungsarbeiten in den Unternehmen, von einer erheblich gestiegenen Rolle der Wissenschaften für den gesamten gesellschaftlichen Reproduktionsprozess gesprochen werden könnte, lässt sich anhand der vorliegenden Zahlen nicht einmal vermuten.

4.2.9.2.2 Die erweiterte BRD von 1991 bis 2005

Mit der Vereinnahmung der DDR steigt der *Produktionswert* um etwa 20, die *Wertschöpfung* um etwas mehr als 10 Prozent, immer mit dem Vorbehalt der Aussagekraft, der oben für die Branche formuliert worden ist. Der Anstieg der *Abschreibungen* kann leider nicht festgestellt werden.

Die Zahl der *Lohnabhängigen* hat um knapp 20.000, also um mehr als 20 Prozent zugenommen. Die Veränderung dieser Zahl beinhaltet auch all die Schließungen, Abwicklungen und Neueinstellungen, die mit der Vereinnahmung der DDR gerade in der Forschung stattgefunden haben.

Die weitere Entwicklung lässt den *Produktionswert* auf fast 200 Prozent und die *Wertschöpfung* sogar leicht darüber ansteigen.

73 - Forschung und Entwicklung							
	1991		1993		2000		2005
		%		%		%		%
Arbeitnehmer	95	100	103	108	127	134	136	143
Produktionswert	8,5	100	10,2	120	13,4	158	16,8	198
Bruttowertschöpfung	3,5	100	4,3	124	7,4	213	7,2	206
Arbeitnehmerentgelt	2,9	100	3,6	123	5,5	189	6,0	206
Abschreibungen	0,8	100	1,0	118	1,3	159	1,5	177
Nettobetriebsüberschuss	0,1	100	0,1	186	1,0	1.486	0,0	-14

Tabelle 4.2.8.2.1. – 66

Die *Abschreibungen* erhöhen sich etwas moderater auf knapp 180 Prozent. Die Zahl der *Lohnabhängigen* steigt auch bis 1993 und dann in größeren Schritten über 134 Prozent in 2000 auf 143 Prozent und 136.000 in 2005.

Die *Lohnsumme* steigt ähnlich wie die *Wertschöpfung* auf 206 Prozent. Dagegen steigen die *Überschüsse* bis 1993 moderat auf 186 Prozent, explodieren dann bis 2000 geradezu auf 1.480 Prozent und weisen dann in 2005 wiederum einen Verlust aus.

Die hier als Branche ausgewiesenen Forschungs- und Entwicklungsaktivitäten stellen mit einem *Gesamtpersonal* von 136.000 noch keinen qualitativen Sprung in der gesellschaftlichen Arbeitsteilung dar, selbst im Vergleich zu den 41.000 von 1970. Die Permanenz einer wissenschaftlich-technischen Revolution müsste sich wohl doch in anderen Größenordnungen zeigen.

4.2.9 Verkehr und Nachrichtenübermittlung

Wie die Überschrift schon andeutet, ist diese Abteilung eine Zusammenfassung zweier unterschiedlicher Zweige. Die Unterschiede liegen zum einen im Gegenstand und den Arten der Tätigkeiten, entsprechend sind auch die technischen und organisatorischen Mittel sehr verschieden. Zum anderen liegt er Unterschied in der Funktion innnerhalb der gesellschaftlichen Arbeitsteilung.

Der eine Zweig umfasst den Verkehr und der andere, etwas kleinere, die Nachrichtenübermittlung.

In der offiziellen Systematik der Wirtschaftszweige von 2003 sind die folgenden Zweige bei dem zweiten Großsektor G bis P – Dienstleistungsbereiche einsortiert und der folgend dargestellte unter G bis I – Handel, Gastgewerbe und Verkehr.

Ich habe in der Umstellung der Systematik diese Zweige unter die stofflichen Vermittlungen gestellt, die die Verbindungen zwischen den Produktionen selbst und den Verteilungsstellen, sowie der wirtschaftlich organisierten Personenbewegungen im Zusammenhang mit den Arbeitstellen und den Konsumgelegenheiten bewerkstelligen.

Als informationelle Vermittlung zwischen Produktionen, Unternehmen, zu ihren Konsumenten, sowie zwischen Informations-, Kultur- und Unterhaltungsproduzenten wird danach die Kommunikation mit Ausnahme von Funk und Fernsehen dargestellt.

4.2.9.1 Die alte BRD von 1970 bis 1991

Der *Produktionswert* steigt bis 1991 in beiden Zweigen zusammen auf über 400 die *Wertschöpfung* etwas geringer auf rund 370 Prozent. Dabei liegen beide Größen 1970 in der Verkehrsbranche doppelt so hoch wie in der Nachrichtenübermittlung. Ihre Steigerungen liegen dagegen um vieles unterhalb derjenigen der Nachrichtenübermittlung. Der absolute *Produktionswert* des Verkehrs beläuft sich 1991 auf 48 Milliarden, bei der Nachrichtenübermittlung auf 37 Milliarden Euro. Bei der *Wertschöpfung* ergibt sich eine umgekehrte Staffelung. Dieser liegt beim Verkehr 1991 bei 27 Milliarden und in der Nachrichtenübermittlung bei 32 Milliarden Euro. Die Steigerungen sind also sehr differenziert und sollen unten noch genauer besprochen werden.

Mit insgesamt 1,35 Millionen *Lohnabhängigen* gehören beide Branchen zusammen zu den größeren bei der Beschäftigung, sowohl bei den stofflich orientierten, als auch bei den Diensten. Das Wachstum, für beide gemeinsam von etwa 450.000 und 133 Prozent verteilt sich absolut mit 134 und 138.000 etwa gleich auf beide Branchen. Die Ungleichheit der Ausgangsgrößen von 670 und 460.000 reproduziert sich dann auch 1991 mit 804 und fast 600.000 *Lohnabhängigen* in den jeweiligen Zweigen. Die Differenz zur Gesamtzahl von 125.000 in 1970 und rund 400.000 in 1991 ist den sogenannten Hilfsgewerben für den Verkehr mit einer Steigerung von 275 *Lohnabhängigen* zuzurechnen. Diese Umfassen vor allem die Lagerung und die Vermittlungstätigkeiten.

Im Gesamtzweig steigen die *Abschreibungen* doch recht erheblich auf 480 Prozent. Die Zurechnung zu den zwei Branchen ist anhand der vorliegenden Daten nicht möglich und auch Vermutungen über ihre technischen oder baulichen Entwicklungen sind nicht leicht anzustellen. Klar ist nur, dass die inzwischen schon länger existierenden Verteilzentren mit den Lagerhallen und Umschlageinrichtungen in diesen 20 Jahren entstanden sind.

Die recht große Steigerung der *Abschreibungen* lässt sich auch den beiden Zweigen nicht zuordnen, da in dieser Statistik dafür keine Zahlen ausgewiesen werden. Die Statistik ist darüber hinaus auch insofern unvollständig, als für alle Arten des Transportes die Größe der *Abschreibungen* wesentliche Teile der Transportinfrastruktur nicht enthält: Bau, Reparatur und Unterhaltung von Straßen, Schienen, Bahnhöfe, Häfen und Flughäfen und auch von Kanälen sowie deren technische Zusatzeinrichtungen, die meist von den zuständigen öffentlichen Händen bestellt und bezahlt werden und daher in keiner Unternehmensbilanz auftauchen. Dagegen sind anscheinend die Rohrleitungen, in denen Güter transportiert werden, einbezogen, da sie meist von Unternehmen selbst bestellt, bezahlt und betrieben werden, also keine öffentlichen Infrastruktureinrichtungen darstellen.

Die Einbeziehung der Verkehrsinfrastrukturen in die Kapitalrechnungen und ihre Anrechnung bei den *Abschreibungen* würde, ihrem riesigen Umfang gemäß, natürlich ganz andere Zahlen erge-

I - -Verkehr und Nachrichtenübermittlung									
	1970		1975		1986		1991		Diff.
		%		%		%		%	
Arbeit-nehmer	1.356	100	1.492	110	1.570	116	1.803	133	447
Produktionswert	34	100	53	157	99	292	138	406	104
Brutto-wert-schöpfung	20	100	31	153	56	277	74	368	54
Arbeit-nehmer-entgelt	13	100	22	173	36	280	48	372	35
Abschrei-bungen	3,9	100	6,7	174	13.9	359	18,7	482	14,8
NettoBetriebsÜberschuss	3,5	100	3,4	98	5,2	151	6,4	185	2,9

Tabelle 4.2.8.2.2. – 67

ben. So würden die *Bruttowertschöpfung*, wie auch die *Abschreibungen* erheblich höher liegen. Daher müssten die Preise höher und die *Gewinne* wahrscheinlich niedriger sein.

Immerhin ist die *Lohnsumme* im Gesamt beider Zweige in etwa ähnlich gewachsen, wie die *Wertschöpfung* und damit doch erheblich stärker als die Zahl der *Lohnabhängigen*.

Insgesamt hat die *Lohnsumme* sich in den drei Branchen auf 372 Prozent erhöht, beim Verkehr auf 325 und bei der Nachrichtenübermittlung auf fast 360 Prozent. Damit liegen die Steigerungen in diesen beiden Zweigen erheblich über dem Zuwachs bei der Zahl der *Lohnabhängigen*. Die *Überschüsse* sind insgesamt nach einem kleinen Rückgang 1975 dann über 1986 auf nur mäßige 185 Prozent in 1991 gestiegen. Über die Verteilung auf die zwei Branchen lässt sich keine Aussage treffen.

4.2.9.2 Zweig 60 – Landverkehr, Transport in Rohrfernleitungen

Unter dieser Überschrift sind alle nicht privaten Güter- und Personenverkehre auf Schienen im Fern- und Nahverkehr, auch von Seilbahnen, sowie alle Güter und Personenverkehre mit Straßenfahrzeugen, sowie Personenverkehr mit Taxis versammelt.

4.2.9.2.1 Die alte BRD von 1970 bis 1991

Auch 1991 war klar, dass der Güter- und der öffentliche Personenverkehr erheblich zugenommen hatten, während die Anteile der Eisenbahnen und des öffentlichen Personennahverkehrs gesunken waren.

Daher erscheint es erstaunlich, wenn die Zahl der *abhängig Beschäftigten* nur von 670.000 auf 800.000 und damit nur auf 120 Prozent zugenommen hatten. Auch die relativ zum Transportumfang geringe Steigerung der *Wertschöpfung* auf 265 Prozent, mit einem Wertumfang von rund 25 Milliarden deutet auf innere, eventuell technische Veränderungen des Transportgewerbes hin. Es muss angenommen werden, dass die Personenintensität einiger Bereiche des Gewerbes erheblich abgenommen hat. Dabei kann gerade der enorm gewachsene Bereich des Güter-

59 - Landverkehr; Transport i. Rohrfernleitungen								
	1970		1975		1986		1991	Diff
		%		%		%		%	
Arbeit-nehmer	670	100	744	111	709	106	804	120	134
Produktionswert	15	100	21	138	35	233	48	320	33
Brutto-wert-schöpfung	10,1	100	12,9	127	20,5	203	26,8	265	16,7
Arbeit-nehmer-entgelt	6,6	100	11,3	170	16,5	249	21,6	325	14,9
Abschrei-bungen								
NettoBetriebsÜberschuss								

Tabelle 4.2.9.1.1. – 68

transportes mittels LKW auf den Straßen nicht viel dazu beigetragen haben, da hier immer noch ein Fahrer pro Fahrzeug erforderlich ist. Zu denken ist hier an größere Produktivitätssprünge und daher relative Personaleinsparungen beim Umschlag und Lagerungsgewerbe.

Die Vergrößerung der *Lohnsumme* liegt wesentlich über der Steigerungsrate der Zahl der *Lohnabhängigen*, was darauf hindeutet, dass es im gesamten Gewerbe bis 1991 nicht zu umfassender Lohndrückerei gekommen ist.

4.2.9.2.2 Die erweiterte BRD von 1991 bis 2005

Da für die Zeit von 1991 bis 2005 in den drei Branchen die Zahlen für alle Kategorien vorliegen, können wir uns diesen gleich zuwenden.

Der Sprung durch die Übernahme der DDR macht beim *Produktionswert* über 10 Prozent aus, bei der *Wertschöpfung* ebenfalls mehr als 10 Prozent. Die Zahl der *Lohnabhängigen* steigt um 310.000, was rund 40 Prozent ausmacht. Entsprechend steigt die *Lohnsumme* stärker als der *Produktionswert* und die *Wertschöpfung* um rund 20 Prozent. Über *Abschreibungen* und *Überschüsse* lässt sich mangels Daten aus der alten BRD nichts sagen.

Der weitere Verlauf zeigt dann nach einem kleinen Rückgang bis 1993 einen nur moderaten Anstieg des Produktionswertes auf 113 Prozent, während die *Wertschöpfung* durchgängig weitgehend

60 - Landverkehr;Transport i.Rohrfernleitungen								
	1991		1993		2000		2005	Diff
		%		%		%		%	
Arbeitnehmer	1.122	100	1.039	93	877	78	844	75
Produktionswert	56	100	54	98	62	112	63	113
Bruttowertschöpfung	30	100	29	97	29	95	29	94
Arbeitnehmerentgelt	26	100	28	110	25	96	24	94
Abschreibungen	6	100	7	117	6	105	7	117
Nettobetriebsüberschuss	-0,1	100	-5	4.558	-0,2	133	-2	1.617

Tabelle 4.2.9.2.1. – 69

stagniert und auf 94 Prozent zurückgeht. Entsprechend sinkt die Zahl der *abhängig Beschäftigten* erheblich, bis 1993 auf 93 und bis 2000 auf 78 Prozent. Bis 2005 sinkt sie dann auf 844.000, was insgesamt einem Abbau von 278.000 auf nur noch 75 Prozent entspricht. Demgemäß ist auch die *Lohnsumme* auf 94 Prozent gesunken, obgleich sie bis 1993 sogar noch angestiegen war.

Die *Abschreibungen* nehmen bis 1993 immerhin um 17 Prozent zu, gehen dann im Boom um das Jahr 2000 auf nur noch 105 Prozent zurück und befinden sich 2005 wieder bei 117 Prozent.

Die *Überschüsse* zeigen bis auf drei Jahre nach 2000 nur negative Werte, z. T. von erheblicher Größenordnung. Und die Gesamttendenz zeigt keine Besserung an. Dazu wollen die nicht ganz unerheblichen Investitionen, wie sie in den *Abschreibungen* zum Ausdruck kommen, nicht recht passen.

In diese Zeit fällt die etappenweise Überführung der Bahn in private Rechtsform und ihr Betrieb zunächst unter Gesichtspunkte der Wirtschaftlichkeit und dann der Rendite. Dabei wurde die Belegschaft um mehrere Hunderttausend *Lohnabhängige*, darunter auch Beamte verringert, es wurden erhebliche Teile des Netzes und der Bahnhöfe stillgelegt, sowie andererseits große Investitionen in die Erneuerung der Bahninfrastruktur Ostdeutschlands und in den weiteren Ausbau von Schnellfahrstrecken vorgenommen.

Es gab mit Sicherheit sowohl Verlagerungen von Güterverkehren auf die Straße und auf die Lastwagen, als auch Ausweitungen des Güterverkehrs, die unmittelbar auf die Straße führten. Bei beidem spielt die Einführung von just-in-time-Transporten sicher eine erhebliche Rolle. Ähnliches gilt für die Ausweitung des Container-Verkehrs.

Mit solchen gegenläufigen Entwicklungen mögen die *Produktionswerte*, die Investitionen, die *Abschreibungen* und die *Beschäftigung* erklärt werden können, jedoch nicht die Bewegung der *Überschüsse*, bzw. genauer die Verluste.

4.2.9.3 Zweig 61 – Schifffahrt, Luftfahrt, Nebengewerbe
4.2.9.4 Zweig 62 – Luftfahrt
4.2.9.5 Zweig 63 – Hilfs- und Nebentätigkeiten für den Verkehr, Verkehrsvermittlung

4.2.9.5.1 Die alte BRD von 1970 bis 1991

Für diese drei anderen Bereiche liegen für die alten BRD von 1970 bis 1991 in der hier ausgewerteten Statistik nicht einmal Zahlen für die *Erwerbstätigen* oder die *Lohnabhängigen* vor. Das gilt ebenso für die vier hier sonst ausgewerteten Kategorien. Jedenfalls sind die beiden Transportbereiche der Luftfahrt und der Schifffahrt auch zusammen beim Personal wesentlich kleiner, als die Bereiche des Landverkehrs zusammen. Über Transportvolumen und Weltschöpfung ist damit noch wenig gesagt. Es kann dagegen vermutet werden, dass der Bereich der Hilfs- und Nebentätigkeiten für den Verkehr und die Verkehrsvermittlung sich personell erheblich vergrößert haben, sowohl im Bereich der Schreibtischtätigkeiten im Güter- und im Personenverkehr, z. B. Reisebüros und Reiseveranstalter, wie auch im Güterumschlag und der Lagerei.

Bei einer Aufrechnung der Summe der *Lohnabhängigen* im Landverkehr und in der Nachrichtenübermittlung mit der Gesamtzahl der im Abschnitt Verkehr und Nachrichtenübermittlung Tätigen ergibt sich 1970 eine Größe von 227.000, die in Schifffahrt, Flugverkehr und Nebengewerben gearbeitet haben, und im Jahr 1991 von 402.000 *Lohnabhängigen*, also 175.000 mehr.

Die Vergrößerung und Diversifizierung des Personen- und Gütertransportes hätte sich damit personell vor allem im Flugverkehr und andererseits im Güterumschlagumschlag und in den administrativen Tätigkeiten ausgewirkt.

4.2.9.5.2 Die erweiterte BRD von 1991 bis 2005

Ein Vergleich mit den Zahlen aus der Zeit der alten BRD ist nicht möglich, da für jene Zeit die Daten fehlen.

Bei 1,1 Millionen *abhängig Beschäftigten* im eigentlichen Transportgewerbe finden wir in dieser Branche von Hilfsgewerben 385.000, also etwas mehr als ein Drittel. Der *Produktionswert* liegt nur 10 Prozent unter dem des Transportes selbst. Er vergrößert sich bis 2005 auf das Doppelte. Die *Wertschöpfung* fängt bei nur einem Drittel des Wertes im Transportgewerbe an, steigert sich dann aber auf über 300 Prozent ihres eigenen Ausgangspunktes und übersteigt mit 34 Milliarden Euro nicht unerheblich die *Wertschöpfung* im Hauptgewerbe.

In diesem Hilfsgewerbe steigen auch die *Abschreibungen* und damit die Investitionen erheblich auf über 300 Prozent.

Die Zahl der *abhängig Beschäftigten* steigt um 165.000 auf 553.000 und 144 Prozent. Dies sind dann schon zwei Drittel des eigentlichen Transportgewerbes. Die *Lohnsumme* steigt auf 197 Prozent.

Die *Überschüsse* bewegen sich bis 1993 im Negativen und steigen dann aber bis 2005 auf 6,4 Milliarden Euro an.

Für diese Branche ist die Entwicklung des Umschlagwesens für den Transport mit Lastwagen mittels Verteilzentren und die Ausweitung des Containerverkehrs und seines Umschlages von erheblicher Bedeutung.

63 - Hilfs-u.Nebentätigkeiten f.d.Verkehr, Verkehrsverm.								
	1991		1993		2000		2005	
		%		%		%		%
Arbeitnehmer	385	100	389	101	519	135	553	144
Produktionswert	41	100	48	117	71	175	84	206
Bruttowertschöpfung	11	100	14	128	26	233	34	306
Arbeitnehmerentgelt	9,5	100	10,7	113	16,3	172	18,7	197
Abschreibungen	2,7	100	3,2	121	6,6	247	8,1	303
Nettobetriebsüberschuss	-1,4		-0,1		2,3		6,4	

Tabelle 4.2.9.2.2. – 70

4.2.9.6 Zweig 64 – Nachrichtenübermittlung

Die Verbindung der Nachrichtenübermittlung mit dem Verkehr in einer Abteilung ist für uns nur insoweit wichtig, als beim Zweig 64 Nachrichtenübermittlung die beiden ökonomischen Kategorien *Abschreibungen* und Gewinn nicht ausgewiesen sind. Der Bezug zur Erhöhung der Produktivität durch erhöhten Einsatz von Kapital für die Technik kann also nicht hergestellt werden.

Zur Zeit der noch traditionellen Technik und Organisation umfasst dieser Zweig statistisch alle Postdienste und alle leitungsgebundenen sowie funktechnischen Fernmeldedienste. Die neuen Techniken des Satellitenfunks, der Glasfaserleitungen, des Mobilfunks haben daran grundsätzlich nichts verändert. Nur die organisatorischen Aufspaltung, die technische Diversifizierung und die Privatisierung lassen den Eindruck revolutionärer Umwälzungen entstehen.

Die Statistik zählt zu diesem Bereich weder die Erstellung noch die (technische) Verbreitung von Radio- und Fernsehprogrammen. Diese werden unter der Rubrik sonstige öffentliche und private Dienstleistungen und dort unter 92 Kultur, Sport und Unterhaltung notiert. Auch die Fernsprechauftragsdienste (u. a. Callcenter) werden nicht hier sondern unter 74 Erbringung wirtschaftlicher Dienstleistungen aufgeführt.

4.2.9.6.1 Die alte BRD von 1970 bis 1991

Die Zunahme der Zahl *Lohnabhängigen* in den 20 Jahren ist eher gering. Sie beträgt rund 140.000 auf 130 Prozent. Die Vergrößerung der *Wertschöpfung* auf 500 Prozent verweist dagegen doch auf eine erhebliche Ausweitung der Leistungen dieses Zweiges. Das ist umso bemerkenswerter, als bis 1990 noch die meisten neuen technischen Verbreitungssysteme, wie Glasfaserleitungen für die Signalübertragung, auch für das Internet, oder digitales Fernsehen über Leitungen oder Mobilfunk, noch nicht verbreitet waren.

Die Digitalisierung des Telefonbetriebes fällt schon in diese Zeit und machte erhebliche Personaleinsparungen im technischen Betrieb möglich. Zwar fällt die Ausdehnung der Rundfunk- und der Fernsehprogramme ebenfalls schon in diese Zeit, aber deren

64 - Nachrichtenübermittlung								
	1970		1975		1986		1991	Diff
		%		%		%		%	
Arbeitnehmer	459	100	496	108	549	120	597	130	138
Produktionswert	7	100	14	194	27	359	37	496	29
Bruttowertschöpfung	6,0	100	12,3	204	23,0	381	30,7	510	25
Arbeitnehmerentgelt	4,1	100	7,5	181	12,2	296	14,8	359	11
Abschreibungen								
NettoBetriebsÜberschuss								

Tabelle 4.2.9.2.2. – 71

Zahlen werden nicht hier sondern unter anderen Rubriken gezählt. Daher bleibt zunächst offen, was sich konkret hinter der Personalausdehnung verbirgt. Die Vergrößerung der *Lohnsumme* auf 360 Prozent übersteigt die Vergrößerung der Zahl der *Lohnabhängigen* signifikant und deutet darauf hin, dass die Steigerung eher mit Hilfe von qualifizierten Tätigkeiten erfolgt ist.

Mit Sicherheit kann man davon ausgehen, dass die technische Ausrüstung der hier angesprochen Dienste in dieser Periode erheblich modernisiert und ausgedehnt worden ist. Dabei wird der Materialanteil wohl drastisch gesunken sein, etwa beim Ersatz der elektromechanischen Vermittlungsstellen durch mikroelektronische für den digitalisierten Betrieb. Die Größen der Gewinne sind in diesem Bereich bis 1990 weder richtig erhoben worden noch spielten sie eine wesentliche Rolle, da die Bundespost für die stoffliche, die elektromagnetische und für die elektrisch/elektronische Nachrichtenübermittlung ein staatliches Monopol hatte und als öffentliche Anstalt betrieben wurde. Die Privatisierungen erfolgen erst in der nächsten Zeitperiode nach 1990.

4.2.9.6.2 Die erweiterte BRD von 1991 bis 2005

Der Sprung durch die Übernahme der DDR beträgt im *Produktionswert* wie auch bei der *Wertschöpfung* etwas weniger 10 Prozent. Die Zahl der lohnabhängig Beschäftigten steigt um rund 125.000 auf rund 120 Prozent. Die *Lohnsumme* nimmt über 10 Prozent zu.

64 - Nachrichtenübermittlung								
	1991		1993		2000		2005	
		%		%		%		%
Arbeitnehmer	724	100	697	96	515	71	493	68
Produktionswert	40	100	49	122	70	174	87	217
Bruttowertschöpfung	33	100	38	115	36	109	41	123
Arbeitnehmerentgelt	17	100	18	111	15	93	15	88
Abschreibungen	9	100	11	120	11	114	9	97
Nettobetriebsüberschuss	7	100	8	110	10	134	17	229

Tabelle 4.2.9.5.1. – 72

Über die Differenz bei *Abschreibungen* und Überschüssen lässt sich mangels Vergleichsdaten nichts sagen.

In der weiteren Entwicklung verdoppelt sich der *Produktionswert* auf 217 Prozent, während die *Wertschöpfung* nur auf 123 Prozent steigt. In diesem Fall nimmt der Vorleistungseinsatz entsprechend zu, da die *Abschreibungen*, nach einer 20-prozentigen Steigerung bis 1993 dann bis 2005 wieder auf 97 Prozent zurückgehen.

Die *Lohnsumme* steigt bis 1993 um 10 Prozent und fällt dann bis 2005 auf 88 Prozent. Die *Überschüsse* steigen dagegenbis 2000 auf nur 134, dann aber bis 2005 auf rund 230 Prozent.

Die ökonomischen Daten haben nur bedingte Aussagekraft, da in diese Zeit die etappenweise Überführung der Post in private Rechtsform fällt und ihr Betrieb zunächst unter Gesichtspunkten der Wirtschaftlichkeit und dann der Rendite erfolgt.

4.2.10 Güterverteilung und Stoffeinsammlung

Unter diese neue Zweiggruppe fallen Teile der folgenden Zweiggruppen und Zweige der Systematik WZ 93

G – Handel; Instandhaltung und Reparatur von Kfz. und Gebrauchsgütern

51 – Handelsvermittlung u. Großhandel (ohne Kfz.)

52 – Einzelhandel (ohne Handel mit Kfz. und Tankstellen); Reparatur von Gebrauchsgütern

90 – Erbringung von Entsorgungsleistungen

4.2.10.1 Zweig 50 – Kfz.-Handel; Instandhaltung und Reparatur von Kfz. und Tankstellen

4.2.10.1.1 Die alte BRD von 1970 bis 1991

Der Verkauf von Kfz. und die Tankstellen fallen im Alltag der Städte vor allem wegen der großen Ausstellungshallen und den Tankanlagen in den Vorstädten und an den Ausfallstraßen auf. Bei der Personalausstattung sind aber die damit verbundenen Reparaturwerkstätten vermutlich umfangreicher. Die relativen Größen des Umsatzes von Kfz.-Verkauf, Benzinverkauf oder Kfz.-Reparatur können hier nicht angegeben werden. Da der geschäftlich betriebene Kundendienst vor allem beim privaten Kfz.-Betrieb zentral für den Gebrauchswert der Kfz. ist, haben wir es bei diesem Zweig eigentlich mit einer Besonderheit zu tun und nicht nur mit einem speziellen Zweig des Einzelhandels.

Ähnliches gilt ja eigentlich auch für den Auto-Verkehr auf den öffentlichen Straßen, der in den Kommunen zudem noch in erheblichem Ausmaß von der Nutzung für den privaten Personenverkehr bestimmt ist. Diese ist weitgehend vom arbeitstäglichen Verkehr zu und von den Arbeitstellen gekennzeichnet. Der gesamte Komplex der Autoverwendung in den entwickelten kapitalistischen Gesellschaften wäre also eigentlich einer gesonderten Betrachtung zu unterziehen, weil er aus den sonst üblichen gesellschaftlichen Arbeitsteilungen und Funktionsbestimmungen heraus fällt. Das kann an dieser Stelle nicht geleistet werden.

50 - Kfz-Handel; Instandh.u.Rep.v.Kfz; Tankstellen								
	1970		1975		1986		1991	Diff
		%		%		%		5
Arbeitnehmer	462	100	453	98	501	108	589	127	127
Produktionswert	7,2	100	9,9	139	19,6	274	33,3	466	26
Bruttowertschöpfung	5,2	100	7,2	138	13,7	263	21,5	413	16
Arbeitnehmerentgelt	3,2	100	5,0	154	9,4	292	13,4	418	10
Abschreibungen								
NettoBetriebsÜberschuss								

Tabelle 4.2.9.6.1. – 73

Der *Produktionswert* und die *Wertschöpfung* steigen stetig an, bis auf kleine »Dellen« in den Krisenjahren 1974 und früh schon 1981/82. Größere Zuwächse ergeben sich am Ende der 80er Jahre. Der *Produktionswert* beläuft sich 1991 auf 460 Prozent und die *Wertschöpfung* auf 400 Prozent. Die zunehmende Differenz von *Produktionswert* und *Wertschöpfung* zeigt die Ausweitung der Verwendung von Ersatzteilen in der Kfz.-Repatur an. Im Gegensatz zur praktischen Bedeutung von Wartung und Benzin für den Gebrauch der Kfz. verbleiben der *Produktionswert* und die *Wertschöpfung* absolut auch 1991 mit 33 und 21 Milliarden Euro in vergleichsweise kleinen Größenordnungen.

Die Zahl der *Lohnabhängigen* in diesem Zweig folgt einem ähnlichen Muster. Sie schrumpft nach der ersten Krise 1975, erholt sich nur zögerlich und steigt langsam bis zur nächsten Krise 1983, die aber ohne personelle Auswirkung bleibt. Erst in der zweiten Hälfte der 80er Jahre vergrößert sich die Zahl deutlicher und steigt bis 1991 um etwa 130.000 auf 127 Prozent.

Die *Lohnsumme* bewegt sich mit über 400 Prozent ähnlich wie die *Wertschöpfung* nach oben, und geht also erheblich über die Steigerungsrate der Beschäftigung hinaus. Wie weit dies mit einer gestiegenen Qualifikation der *Lohnabhängigen* zu tun hat oder mit einem knappen Angebot an Fachpersonal, muss hier offen bleiben.

4.2.10.1.2 Die erweiterte BRD von 1991 bis 2005

Der Sprung durch die Vereinnahmung der DDR liegt beim *Produktionswert* bei rund zehn und bei der *Wertschöpfung* bei weniger als zehn Prozent. Bei den *Lohnabhängigen* ergibt sich ein Zuwachs von rund 120.000, was fast zwanzig Prozent ausmacht. Die *Lohnsumme* steigt um etwas mehr als zehn Prozent. Wie auch sonst kann über die *Abschreibungen* und die *Überschüsse* nichts gesagt werden.

Die weitere Entwicklung zeigt den schon üblichen Verlauf aller Größen mit einer moderaten Steigerung bis 2005. Dazwischen gibt es bis 1993 einen leichten Rückgang, der aber vor allem konjunkturell bedingt scheint, wie die weitere Entwicklung zeigt.

Der *Produktionswert* steigt, mit einer Delle von 94, auf 150 Prozent in 2005. Die *Wertschöpfung* bewegt sich über 94 in 1993 auf

50 - Kfz-Handel; Instandh.u.Rep.v.Kfz;Tankstellen								
	1991		1993		2000		2005	
		%		%		%		%
Arbeitnehmer	713	100	694	97	787	110	813	114
Produktionswert	36	100	34	94	45	125	54	150
Bruttowertschöpfung	23	100	21	89	29	125	36	156
Arbeitnehmerentgelt	14,9	100	16,8	112	22	145	24	159
Abschreibungen	1,6	100	1,8	115	1,8	115	2,3	144
Nettobetriebsüberschuss	6,1	100	1,5	24	5,3	87	9,1	149

Tabelle 4.2.9.6.2. – 74

156 Prozent 2005. Die *Abschreibungen* steigen bis 1998 kontinuierlich auf 134 Prozent, sacken dann um 15 Prozentpunkte ab, steigen im nächsten Jahr schon wieder auf 145 Prozent und stagnieren dann bei dieser Größenordnung bis 2005.

Die Zahl der *Lohnabhängigen* geht von der erweiterten Grundlage 1991 bis 1995 um 15.000 auf 96 Prozent wieder zurück und steigt seitdem in sehr kleinen Schritten bis 2004 auf 115 Prozent. 2005 beläuft sie sich auf 813.000 und 114 Prozent, was nur 100.000 mehr sind als der Wert in 1991 schon in der erweiterten BRD.

Diese Entwicklungen sind angesichts des massiven Schubs an Automobilisierung nach der Übernahme der DDR sehr plausibel. Hingegen erfordert die Interpretation der *Überschussentwicklungen* zusätzliche Überlegungen. Schon unmittelbar in 1992 fangen die *Überschüsse* an zu sinken, stürzen dann geradezu auf nur noch 24 Prozent in 1993 ab, erholen sich langsam, erreichen erst 1997 wieder die Ausgangsgröße, steigen mit einer Delle 2001 bis 2002 auf 164 Prozent und bewegen sich auf etwas verringertem Niveau um 150 Prozent bis 2005. Hier spielen die allgemeinen Konjunkturbedingungen eine Rolle, die dann von den Sonderbedingungen des Autoverkaufs in Ostdeutschland noch verstärkt werden.

4.2.10.2 Zweig 51 – Handelsvermittlung + Großhandel (ohne Kfz.)

4.2.10.2.1 Die alte BRD von 1970 bis 1991

Auf den ersten Blick erstaunt die absolute Größe des *Personals* dieses Zweiges, deren Betriebstättenzahl doch weit unterhalb der Verkaufstätten des Einzelhandels liegen muss. Das zeigt, dass der Umfang und die Differenzierung des Güterangebots aus der sehr spezialisierten Güterproduktion auch schon vor der Endverteilung einen erheblichen administrativen Aufwand erfordern.

Der *Produktionswert* steigt auf fast 390, die *Wertschöpfung* nur auf 345 Prozent. Die Bedeutung des Vorleistungseinsatzes ist offensichtlich gestiegen. Über die *Abschreibungen* und Investitionen kann mangels Daten keine Aussage getroffen werden.

Die Vergrößerung der Zahl der *Lohnabhängigen* um 230.000 auf 120 Prozent ist im Vergleich mit der Steigerung von *Produktionswert* und *Wertschöpfung* doch eher gering. Das deutet auf dreierlei Produktivitätssteigerungen hin. Zum ersten auf die Verbesserung der Verpackungen von Seiten der Produzenten, die die Handhabung in der Umverpackung für den Einzelhandel sehr erleichtert hat. Zum zweiten auf die technische Verbesserung der Lagerung und der Handhabung beim Großhandel selber und zum dritten auf die technische Erleichterung der Administration durch die Verstärkung des EDV-Einsatzes.

Die Steigerung der *Lohnsumme* auf 450 Prozent, erheblich mehr als die Steigerung der Zahl der *Lohnabhängigen* und auch mehr als

51 - Handelsvermittlung u. Großhandel (oh. Kfz)									Diff
	1970		1975		1986		1991		
		%		%		%		%	
Arbeitnehmer	1.129	100	1.160	103	1.139	101	1.358	120	229
Produktionswert	31	100	43	141	73	238	119	388	88
Bruttowertschöpfung	18,6	100	25,6	138	45	244	64	346	46
Arbeitnehmerentgelt	9,0	100	15,4	172	28	307	40	449	31
Abschreibungen									
NettoBetriebsÜberschuss									

Tabelle 4.2.10.1.1. – 75

bei der *Wertschöpfung*, deutet die mit der technischen Verbesserung und der Ausrüstung mit EDV verbundene Anhebung der Qualifikationen an.

4.2.10.2.2 Die erweiterte BRD von 1991 bis 2005

Der Sprung durch die Übernahme der DDR liegt beim *Produktionswert* bei etwas mehr als 5 und bei der *Wertschöpfung* etwas weniger als 10 Prozent. Die Steigerung bei den *abhängig Beschäftigten* liegt mit etwa 15 Prozent bei 230.000, während die *Lohnsumme* auf etwas weniger als 10 Prozent steigt.

Der weitere Verlauf zeigt eine Steigerung des Produktionswertes auf 126 Prozent bis 2005. Er steigt bis 1995, geht dann wenig zurück steigt 1998 auf 125 Prozent, stagniert bis 2001 sackt um 10 Prozentpunkte ab und steigt danach schrittweise bis auf 125 Prozent in 2005 an. Die *Wertschöpfung* steigt bis 1995 an, zeigt eine kleine Delle und erreicht schon 1998 ihren höchsten Wert mit 139 Prozent. Danach geht es etwas rauf und runter und erreicht 2005 dann 132 Prozent des Ausgangswertes in der erweiterten BRD von 1991.

Die *Abschreibungen* steigen kontinuierlich bis 2001 auf 158 Prozent, um dann langsam und etwas pendelnd bis 2005 auf 155 zurück zu gehen. Die bemerkenswerte Stabilität und Höhe der *Abschreibungen* deutet auf einen stringenten Kurs der Modernisierung, Mechanisierung und Rationalisierung hin. Die Erfolge zeigen sich dann seit 1997 bei der abnehmenden Belegschaftsstärke.

Die Zahl der *Lohnabhängigen* bleibt bis 1996 fast stabil bei rund 100 Prozent, und geht seitdem bis 2005 um insgesamt 173.000 in kleinsten Schritten zurück.

Die *Lohnsumme* steigt bis 1993 auf 122 Prozent, stagniert mit einer kleinen Delle 1994 bis 1998, steigt dann erst bis 2001 auf 134 Prozent, um dann bis 2005 in kleinen Schritten wieder auf 128 Prozent zurück zu gehen.

Die *Überschüsse* bewegen sich wie in den meisten Zweigen, erheblich heftiger als alle anderen Größen. Von 1991 geht es abwärts auf 94 Prozent in 1992 und wieder aufwärts in 1994 auf 153 Prozent, 1996 auf 127 und 1998 wieder auf 173 Prozent. Danach geht es mit leichtem Hin und Her auf 91 in 2003 zurück und dann bis 2005 wieder auf 124 Prozent.

51 - Handelsvermittlung u. Großhandel (oh. Kfz)							
	1991		1993		2000		2005	
		%		%		%		%
Arbeitnehmer	1.589	100	1.599	101	1.545	97	1.416	89
Produktionswert	126	100	137	109	157	125	159	126
Bruttowertschöpfung	68	100	80	117	91	134	90	132
Arbeitnehmerentgelt	43	100	51	118	56	130	55	128
Abschreibungen	4,4	100	5,4	122	6,9	156	6,8	155
Nettobetriebsüberschuss	18	100	21	116	24	131	22	124

Tabelle 4.2.10.1.2. – 76

Die Entwicklung der Zahl der *Beschäftigten* und der *Abschrei-bungen* zeigen, dass es sich entgegen dem sonstigen Augenschein doch um ein relativ stabiles Geschäft handelt, dass im allgemeinen Bereich der Dienstleistungen, besonders aber bei den stofflichen Vermittlungen einen erstaunlich großen Stellenwert hinsichtlich der Zahl der Beschäftigten hat.

4.2.10.3 Zweig 52 – Einzelhandel (ohne Handel mit Kfz. und Tankstellen), Reparatur von Gebrauchsgütern

4.2.10.3.1 Die alte BRD von 1970 bis 1991

Der *Produktionswert* steigt auf 430 und die *Wertschöpfung* auf 380 Prozent. Auch hier findet sich eine Spreizung des Wachstums beider Größen in der Periode, ähnlich wie beim Großhandel. Die Zahl der *lohnabhängig Beschäftigten* steigt um 840.000 auf 2,2 Millionen und 160 Prozent. Das sind 1991 fast eine Million mehr als im Großhan-del, während die Differenz beider Zweige 1970 nur 250.000 betrug.

Die relativ große Steigerung der Zahl der *Lohnabhängigen* ge-schieht einerseits trotz der zunehmenden Schließung von kleinen Einzelhandelsgeschäften und der Umstellung auf Kaufhallen und Supermärkte mit Selbstbedienung, die als Filialen von Konzernen geführt werden. Andererseits ist darin auch die Entstehung vieler neuer Spezialgeschäfte, die zum Teil auch als Filialen oder Franchi-seunternehmen geführt werden enthalten. Zum Dritten spiegelt darin auch die größere Zahl an Teilzeitbeschäftigten, die bisherige

52 - Einzelh. (oh.Handel m.Kfz. u.Tankst.); Rep.v.Geb.-güt.									
	1970		1975		1986		1991		Diff
		%		%		%		%	
Arbeitnehmer	1.380	100	1.553	113	1.901	138	2.219	161	839
Produktionswert	20	100	34	168	55	274	87	429	67
Bruttowertschöpfung	13,4	100	22,1	165	36	267	51	383	38
Arbeitnehmerentgelt	7,9	100	14.2	178	28	359	39	495	31
Abschreibungen									
NettoBetriebsÜberschuss									

Tabelle 4.2.10.2.1. – 77

Vollzeitstellen ersetzen. Dies alles ist nicht nur die Änderung der Betriebsformen und Betriebsgrößen, sondern findet als Teil einer umfassenden Kapitalisierung des Einzelhandels statt.

Die Vergrößerung der *Lohnsumme* auf fast 500 Prozent ist aber doch schon bemerkenswert, spiegelt aber sicher vor allem die Umstellung von selbständigen Gewerbetreibenden auf Verkaufsstellen von größeren Unternehmen.

4.2.10.3.2 Die erweiterte BRD von 1991 bis 2005

Der Sprung durch die Übernahme der DDR liegt beim *Produktionswert* leicht über zehn, bei der *Wertschöpfung* bei etwa 15 Prozent. Die Zahl der *abhängig Beschäftigten* nahm um 400.000, d. h. um fast 20 Prozent, zu. Die *Lohnsumme* hat sich allerdings nur um vier Prozent vergrößert. Beides zusammen bedeutet, dass selbst die schon recht niedrigen Löhne im Einzelhandel des Westens nicht auf die übernommenen *abhängig Beschäftigten* des Einzelhandels im Osten übertragen wurden.

Die weitere Entwicklung zeigt für *Produktionswert* und *Wertschöpfung* eine relativ kontinuierliche Steigerung auf einerseits 148 und andererseits auf 145 Prozent. Dabei zeigt sich, wie schon in der alten BRD, dass die beiden Größen der Tendenz nach weiter auseinanderstreben. Das bedeutet praktisch, dass der Anteil des Lohnaufwandes am Umsatz gegenüber den Waren abnimmt: Niedrige Löhne plus zunehmende Teilzeit der *Lohnabhängigen* muss man als Ursache unterstellen.

Die Zahl der *Lohnabhängigen* nimmt in der Krise 1993 nicht ab, und steigt danach langsam um insgesamt 350.000 bis auf etwa 115 Prozent in den drei Jahren der Konjunktur von 2000 bis 2002, um dann wieder um 100.000 auf 111 Prozent abzunehmen.

Die *Lohnsumme* steigt nach 1991 über die Krise hinweg auf rund 20 Prozent, nimmt dann in den Jahren der Hochkonjunktur noch einmal um zehn Prozentpunkte zu, um danach weitgehend zu stagnieren und 2005 141 Prozent zu erreichen. Angesichts der erheblich größeren Zahl an *abhängig Beschäftigten* bedeutet das weiterhin niedrige Löhne und viele Teilzeitbeschäftigung.

Die *Abschreibungen* steigen zügig und durchgehend bis 2001 auf 191 Prozent, um danach leicht zurückzugehen und bei 175 Prozent in 2005 zu landen. Wie weit dahinter vor allem der Ausbau und die Modernisierung in Ostdeutschland stecken, lässt sich aus den Daten nicht entnehmen.

Die *Überschüsse* entwickeln sich stark konjunkturabhängig. Bis 1994 stürzen sie ab auf nur noch 51, erholen sich 1995 wieder auf 100 Prozent, steigen dann die nächsten Jahre mäßig, machen dann in der Hochkonjunktur 2000/01 einen Sprung auf 173/169 Prozent und gehen diesmal langsam auf 153 Prozent in 2005 zurück.

Das zeigt, dass trotz der ja seit fast zwei Jahrzehnten sich nur sehr mäßig entwickelnden Binnennachfrage nach Konsumgütern, sich im Groß- und Einzelhandel aufgrund der Arbeitszeit- und Lohnpolitik, aber auch aufgrund der starken Konzentration relativ profitable Geschäfte machen ließen.

52 - Einzelh. (oh.Handel m.Kfz u.Tankst.); Rep. v. Geb.-güt.							
	1991		1993		2000		2005
		%		%		%		%
Arbeitnehmer	2.622	100	2.656	101	3.005	115	2.903	111
Produktionswert	97	100	105	108	136	141	143	148
Bruttowertschöpfung	58	100	62	107	85	147	84	145
Arbeitnehmerentgelt	43	100	51	117	60	138	61	141
Abschreibungen	3,1	100	4,0	130	6	188	5,4	175
Nettobetriebsüberschuss	10,0	100	5,3	53	17	173	15,3	153

Tabelle 4.2.10.2.2. – 78

4.2.10.4 Zweig 90 – Erbringung von Entsorgungsleistungen

4.2.10.4.1 Die alte BRD von 1970 bis 1991

Am Schluss der Großgruppe von Wirtschaftszweigen zur stofflichen Vermittlung von Produktion und Verbrauch wird die Umkehrung der Verteilung mit dem Zweig der Erbringung von Entsorgungsdienstleistungen dargestellt. In der alten Gliederung ist dieser erst in der Abteilung O Sonstige öffentliche und private Dienstleister notiert.

Der *Produktionswert* steigt um 750 die *Wertschöpfung* auf 650 Prozent. Aus der Rückschau hat sich erwartungsgemäß mit der zunehmenden Umwelt- und Entsorgungsgesetzgebung dieser Zweig auch schon bis 1991 erheblich erweitert und umgebildet. Dagegen ist das Wachstum der Zahl der *lohnabhängig Beschäftigten* um 53.000 auf nur 175 Prozent relativ gering. Beides zusammen genommen deutet auf tiefgreifende technische Umstellungen des Gewerbes hin. Der Anstieg der *Lohnsumme* auf 561 Prozent deutet ebenfalls auf eine erhebliche Technisierung der Aufgaben und den Einsatz von besser bezahltem Personal hin.

Das kann hier nicht mit Daten belegt werden.

Für die sich praktisch anschließende Branche des Recycling der eingesammelten Stoffe gibt es in der vorliegenden Statistik keinerlei Daten, weil er offenbar bis 1991 zu klein war.

90 - Erbringung von Entsorgungsleistungen								
	1970		1975		1986		1991	Diff
		%		%		%		%	
Arbeitnehmer	70	100	82	117	102	146	123	176	53
Produktionswert	2,1	100	4,6	222	10,0	484	15,9	766	13,8
Bruttowertschöpfung	1,3	100	2,9	230	5,8	463	8,2	654	6,9
Arbeitnehmerentgelt	0,6	100	1,1	192	2,2	373	3,3	561	2,7
Abschreibungen								
NettoBetriebsÜberschuss								

Tabelle 4.2.10.3.1. – 79

4.2.10.4.2 Die erweiterte BRD von 1991 bis 2005

Die Vereinnahmung der DDR zeigt sich beim *Produktionswert* und bei der *Wertschöpfung* mit Zuwächsen um etwa fünfzehn Prozent. Die Zahl der *Lohnabhängigen* nimmt um rund 30.000 zu, was rund 25 Prozent entspricht. Die *Lohnsumme* steigt dagegen nur um knapp zwanzig Prozent.

In der weiteren Entwicklung steigt der *Produktionswert* bis 2000 auf 146 Prozent und steigt dann ab 2003 weiter auf 158 Prozent in 2005. Die *Wertschöpfung* steigt bis 1998 auf 137 Prozent und steigt, ebenfalls ab 2003, auf dann 145 Prozent in 2005. Beides deutet auf ein mäßiges Wachstum des Gewerbes, gegenüber den dramatischen Entwicklungen in der alten BRD hin.

Die Zahl der *Lohnabhängigen* steigt leicht bis 1995 auf 103 Prozent und sinkt seitdem kontinuierlich, wenn auch langsam auf nur noch 133.000 und 86 Prozent in 2005.

Die *Abschreibungen* steigen bis 1995 in großen Schritten und steigen dann langsamer aber kontinuierlich weiter auf 166 Prozent in 2005. Zusammen mit den Zahlen der *Beschäftigten* und den Umsätzen deutet dies auf eine erste Phase stärkerer Mechanisierung und dann auch bei nachlassender Dynamik der Umsätze auf weitere unspektakuläre Rationalisierungsschritte hin.

Die *Lohnsumme* steigt in den ersten beiden Jahren in großen Schritten, dann langsam weiter bis 1995 auf 128 Prozent, stagniert, sinkt etwas, erreicht 2001 trotz sinkender Zahl der *Lohnabhängigen*

90 - Erbringung von Entsorgungsleistungen							
	1991		1993		2000		2005
		%		%		%		%
Arbeitnehmer	155	100	157	101	139	90	133	86
Produktionswert	18	100	21	114	27	146	29	158
Bruttowertschöpfung	9,4	100	11,5	121	12,7	134	13,7	145
Arbeitnehmerentgelt	3,9	100	4,6	119	4,8	125	4,9	127
Abschreibungen	4,6	100	5,5	121	7,0	154	7,6	166
Nettobetriebsüberschuss	1,3	100	1,9	144	1,4	104	1,5	115

Tabelle 4.2.10.3.1. – 80

wieder 128 Prozent, stagniert seitdem und erreicht 127 Prozent in 2005.

Die *Überschüsse* springen 1992 schon auf 145 und steigen bis 1996 auf 163 Prozent. Sie fallen dann dramatisch in 200/02, mitten in der Hochkonjunktur auf nur noch 56 und 50 Prozent, erholen sich danach auf 90 und 85 Prozent und enden 2005 bei 115 Prozent.

Für diese heftigen Ausschläge der Gewinnentwicklung, die stark mit dem Investitionsverhalten kontrastiert, gibt es aufgrund der Daten keinerlei Erklärung. Andere Hintergründe stehen hier nicht zur Verfügung.

4.2.11 Geistige Dienste und Unterhaltung

Unter diese Großrubrik fallen die Branchen Verlags-, und Druckgewerbe, Vervielfältigung sowie der Zweig Kultur, Sport und Unterhaltung. Die drei Branchen des ersten Zweiges arbeiten sowohl als Zulieferer und Dienst für Unternehmen, wie auch für private Konsumenten, während der andere Zweig fast gänzlich einzelne Zuschauer privat oder öffentlich und kollektiv bedient. Dabei erwirtschaftet vor allem der Sport inzwischen durch Werbung für andere Unternehmen mehr, als durch die Einnahmen von den Zuschauern. Druck- und Verlagsgewerbe gehören unter dem Gesichtspunkt der Verarbeitungsstufe und dem Charakter der Tätigkeit nicht zusammen, obwohl das Druckgewerbe als Teil des Verlagsgewerbes entstanden ist und beide lange Zeit oft in einem Unternehmen zusammen geführten wurden. Die vorliegende öffentliche Statistik hat die beiden Zweige dagegen als Fortsetzung des Papiergewerbes zusammengestellt, also die Stufen der Papierverarbeitung bis zum Endprodukt für den Konsum als Buch, Zeitung oder Werbung etc. Eine Einschätzung über die relativen Größen hinsichtlich der *Lohnabhängigen* ist daher leider nicht möglich.

Auf jeden Fall sind beide Zweige und ihre Untergruppen stark vom Dienstleistungscharakter bestimmt und relativ konsumnah.

4.2.11.1   DE – 22: Verlags-, Druckgewerbe, Vervielfältigung

4.2.11.1.1 Die alte BRD von 1970 bis 1991

Der *Produktionswert* hat sich in der gesamten Periode auf rund 400, der der *Wertschöpfung* auf 360 erhöht. Die zunehmende Differenz zwischen den beiden Größen deutet auf eine ebenfalls zunehmende Bedeutung von Vorleistungen hin, stofflich oder preislich. Für alle drei Gewerbe gilt sicherlich, dass es erhebliche Veränderungen, teilweise sogar Umwälzungen der Produktionstechniken oder der Hilfsmittel gegeben hat. Wieweit sich das in der Höhe der Investitionen und dann der *Abschreibungen* niedergeschlagen hat, lässt sich wegen fehlender Daten nicht sagen.

Die Zahl der *Lohnabhängigen* ist insgesamt um 50.000 auf nur 110 Prozent gewachsen. Dem liegen aber vermutlich sehr unterschiedliche Entwicklungen zugrunde. Das Verlags- und das Vervielfältigungsgewerbe sind stark von kleinen Unternehmens- und Betriebseinheiten geprägt. Trotz der enormen Verbesserung der Kopierautomaten ist davon auszugehen, dass sich die Zahl der *Lohnabhängigen* in diesem Gewerbe nicht stark verändert hat.

Beim Verlagsgewerbe ist zu berücksichtigen, dass dort eine riesige Konzentrationswelle stattgefunden hat. Das betraf wohl weniger die Kleinverlage, von denen etliche eher überhaupt aus dem Geschäft ausstiegen, als viele mittlere Verlage, die von einigen Großverlagen aufgekauft und integriert wurden. Das wird nicht

22 - Verlags-, Druckgewerbe, Vervielfältigung								
	1970		1975		1986		1991	Diff
		$		%		%		%	
Arbeitnehmer	504	100	462	92	488	97	552	110	48
Produktionswert	10	100	16	156	30	304	40	402	30
Bruttowertschöpfung	4,9	100	7,2	146	13,4	274	17,6	360	12,7
Arbeitnehmerentgelt	3,4	100	4,8	142	8,7	259	12,0	356	8,6
Abschreibungen								
Nettobetriebsüberschuss								

Tabelle 4.2.10.3.1. – 81

ohne erhebliche Einschnitte bei der Zahl der angestellten *Lohnabhängigen* im Fach- und Verwaltungsbereich abgegangen sein.

Beim Druckgewerbe, das vom Herkommen häufig mit dem Verlagsgewerbe kombiniert war, hat es ebenfalls eine starke Konzentration gegeben. Diese war zum Teil auf die Konzentration bei den Verlagen, zum Teil aber auch auf die weitere Vergrößerung und erhebliche Verbesserung der großen Druckmaschinen zurückzuführen. In allen Druckbereichen hat sich auch schon bis Anfang der 90er Jahre die gesamte Satztechnik, die dem Druck vorausgeht in mehreren Schüben grundlegend in Richtung Bildschirm und Computer verändert. Hier wird ein erheblicher Abbau von Arbeitsplätzen, die mit Satz und Layout befasst waren, stattgefunden haben. Aber auch bei den Druckern, als Einrichter und Bediener der Maschinen wird es erhebliche Verringerungen der Zahl der *Lohnabhängigen* gegeben haben.

Wie und wo sich die verschiedenen Abbautendenzen bei der Zahl der *Lohnabhängigen* mit gegenteiligen Tendenzen mehr als ausgeglichen haben, kann aufgrund der Datenlage nicht entschieden werden.

Was die Sache noch komplizierter macht, ist die stark konjunkturell beeinflusste Entwicklung der Zahl der *Lohnabhängigen*. Beide Krisen haben jeweils einen Rückgang der Beschäftigung mit sich gebracht, der nur langsam, wie in anderen Branchen auch, wieder ausgeglichen wurde und erst in der zweiten Hälfte der 80er Jahre in eine Expansion übergegangen ist. In welchem der drei Gewerbe diese dann im Ergebnis doch geringe Expansion von 10 Prozent stattgefunden hat, bleibt unklar.

Die *Lohnsumme* ist in ähnlicher Größenordnung wie die *Wertschöpfung* gewachsen, d. h. erheblicher stärker als die Zahl der *Lohnabhängigen*. Über die *Abschreibungen* und *Gewinnentwicklung* lässt sich wegen fehlender Daten nichts sagen.

4.2.11.1.2 Die erweiterte BRD von 1991 bis 2005

Der Sprung von der alten zur erweiterten BRD macht beim *Produktionswert* nur fünf und bei der *Wertschöpfung* weniger als zehn Prozent aus. Die Zahl der *Lohnabhängigen* nimmt um 90.000, also um etwas weniger als 20 Prozent zu, während die *Lohnsumme* nur um rund zehn Prozent zulegt.

Der weitere Verlauf zeigt, dass *Produktionswert* und *Wertschöpfung* zunächst auch nach 1991 auf der erweiterten Basis steigen, rund zwei Jahre im Verlauf der Krise stagnieren und dann ab 1995 bis 2000 auf 130 Prozent ansteigen. Danach schrumpfen beide in der Krise etwas, um erst 2005 wieder auf dann 121 und 118 Prozent anzuwachsen.

Die *Abschreibungen* steigen nach 1991 in recht großen Schritten, verlangsamen sich etwas in der Krise, steigen weiter bis auf 145 Prozent in 2001 und gehen seitdem sehr langsam bis auf 137 Prozent in 2005 zurück.

Die Zahl der *Lohnabhängigen* sinkt insgesamt um 210.000 auf nur noch 67 Prozent. Sie sinkt sofort nach der Übernahme der DDR, in der Krise etwas stärker, erreicht aber erst 1998 etwa das Ausgangsniveau von 1991 der alten BRD. Danach geht es bis zur Hochkonjunktur in großen Schritten abwärts, moderater in der Hochkonjunktur und erreicht 2005 mit 434.000 nur noch 67 Prozent des Ausgangswertes der erweiterten BRD von 1991 und sogar 120.000 weniger als 1991 in der alten BRD.

Die *Lohnsumme* steigt in kleineren oder größeren Schritten bis auf 125 Prozent in 1998. Danach fällt sie in zwei Jahren, am Anfang der Hochkonjunktur um 25 Prozentpunkte, parallel zum Rückgang der Zahl der *Lohnabhängigen* um 10 Prozentpunkte. Danach sinkt die *Lohnsumme* weiter in kleineren Schritten bis 2005 auf nur noch 88 Prozent des Wertes von 1991.

22 - Verlags-, Druckgewerbe, Vervielfältigung							
	1991		1993		2000		2005
		%		%		%		%
Arbeitnehmer	643	100	608	95	492	77	434	67
Produktionswert	42	100	43	103	54	130	51	121
Bruttowertschöpfung	19	100	20	107	24	130	22	118
Arbeitnehmerentgelt	12,7	100	13,8	109	13,0	102	11,1	88
Abschreibungen	2,5	100	3,0	117	3,6	143	3,5	137
Nettobetriebsüberschuss	3,0	100	2,7	90	7,1	235	6,9	228

Tabelle 4.2.10.4.2. – 82

Die *Überschüsse* steigen bis 1992 auf 111 Prozent, und fallen dann dramatisch in zwei Jahren auf nur noch 57 Prozent. Bis 1998 erreichen sie wieder rund 100, gehen wieder auf rund 85 Prozent zurück und machen dann einen enormen Sprung nach oben. 2000 und 2001 erreichen sie 235 und 218 Prozent. Danach gehen sie bis 2003 auf 155 Prozent zurück und erreichen 2005 schließlich 228 Prozent. Das ist angesichts der Steigerung der *Wertschöpfung* von nur 118 Prozent ein doch erheblicher Zuwachs der *Überschüsse*. Auch wenn sich aus der Reduktion der Beschäftigtenzahl und technischer Produktivitätssteigerungen durch recht hohe Investitionen ein Teil der Erhöhung der *Überschüsse* erklären lässt, so sind die enormen Sprünge nach oben und unten damit keinesfalls plausibel zu machen. Da die Preisgestaltung bei Büchern, Zeitschriften und Zeitungen sich in sehr engen Bahnen und nur nach oben bewegt, bleibt als zusätzliche Erklärung nur eine große Volatilität des Absatzes und des Umsatzes. Dem kann hier nicht weiter nachgegangen werden.

4.2.11.2 Zweig 92 – Kultur, Sport und Unterhaltung

4.2.11.2.1 Die alte BRD von 1970 bis 1991

Die Sparten Kultur, Sport und Unterhaltung haben zusammen ihren *Produktionswert* auf 680 und ihre *Wertschöpfung* auf über 700 Prozent erhöht. Dabei ist die Zahl der dort *abhängig Beschäftigten* um 175.000 auf 324.000 gewachsen, ein Anstieg auf 217 Prozent. Die *Lohnsumme* hat sich in ähnlichen Dimensionen vergrößert, wie der *Produktionswert*, nämlich auf 640 Prozent. Der Verlauf zeigt das Wachstum aller Größen fast unbeeindruckt von den beiden Krisen 1974 und 1982/83, nur fielen die Wachstumsraten etwas geringer aus. Dagegen machen *Wertschöpfung* und *Lohnsumme* gegen Ende der Periode zunehmend große Sprünge nach oben.

Wie die unterschiedlichen Zuwachsraten zeigen, ist nur ein geringerer Anteil des Wachstums durch den Zuwachs an lohnabhängigem Personal zustande gekommen. Ein größerer Anteil muss also im Aufwand für Maschinen, Apparate und Gebäude und von einer relativen Verbesserung der Bezahlung getragen worden sein. Da der *Produktionswert* etwas geringer gewachsen ist als die *Wert-*

92 - Kultur, Sport und Unterhaltung								
	1970		1975		1986		1991	Diff
		%		%		%		%	
Arbeitnehmer	149	100	182	122	257	172	324	217	175
Produktionswert	5,1	100	9,0	175	23	439	35	679	30
Bruttowertschöpfung	3,1	100	5,5	177	14	445	22	705	19
Arbeitnehmerentgelt	1,4	100	2,9	207	6,3	452	8,9	642	8

Tabelle 4.2.11.1.1. – 83

schöpfung hat es also auch keinen überproportionalen Zuwachs an Vorleistungen gegeben.

Wie sich die Entwicklung der drei Sparten relativ zueinander verhält hat, lässt sich nicht klären und auch kaum vermuten.

4.2.11.2.2 Die erweiterte BRD von 1991 bis 2005

Durch die Übernahme der DDR steigt der *Produktionswert* um 4 Milliarden von 35 auf 39 Milliarden Euro, also um etwas mehr als 10 Prozent, während die *Wertschöpfung* etwas weniger gewachsen ist. Die Zahl der *Lohnabhängigen* steigt um 85.000, rund 25 Prozent, während die *Lohnsumme* um etwas mehr als zehn Prozent steigt.

Die Entwicklung des Zweiges zeigt dann beim *Produktionswert* eine Steigerung auf 170 und bei der *Wertschöpfung* auf 157 Prozent. Daran sind die *Abschreibungen* mit dem stärksten Wachstum aller Größen auf 186 Prozent beteiligt.

Die Zahl der *Lohnabhängigen* nimmt insgesamt um 205.000 auf 615.000 und 150 Prozent zu. Die *Lohnsumme* steigt stärker als diese drei Größen auf 176 Prozent. Die *Überschüsse* wachsen mit 126 Prozent am geringsten.

Der Verlauf zeigt unterschiedliche Entwicklungen. *Produktionswert* und *Wertschöpfung* wachsen bis 1993 nur moderat, legen bis 2000 kräftiger zu und stagnieren dann bis 2005 fast gänzlich. Die *Abschreibungen* bewegen sich in ähnlicher Weise, aber nehmen auch nach 2000 noch etwas zu.

Die Zahl der *Lohnabhängigen* steigt bis 1993 zunächst kaum,

92 - Kultur, Sport und Unterhaltung							
	1991		1993		2000		2005	
		%		%		%		%
Arbeitnehmer	410	100	423	103	567	138	615	150
Produktionswert	39	100	44	114	66	170	66	169
Bruttowertschöpfung	24	100	27	112	37	156	38	157
Arbeitnehmerentgelt	10,2	100	12,2	119	17,4	171	17,9	176
Abschreibungen	4,9	100	5,7	118	8,4	171	9,1	186
Nettobetriebsüberschuss	8,6	100	8,6	100	11,2	130	10,8	126

Tabelle 4.2.11.1.2. – 84

nimmt dann bis 2000 deutlich zu und steigt noch etwas bis 2005. Die *Lohnsumme* bewegt sich ähnlich wie die *Abschreibungen*. Die *Überschüsse* stagnieren bis 1993, nehmen dann deutlich bis 2000 auf 130 Prozent zu und gehen bis 2005 wieder leicht auf 126 Prozent zurück.

Offensichtlich ist, dass das Entwicklungsmuster in der erweiterten BRD anders ist, als in der vorherigen Periode. Das Wachstum ist in allen notierten Größen erheblich geringer. Dagegen fällt das recht starke Wachstum der *Abschreibungen* im Vergleich zur Produktion und zur *Wertschöpfung* auf, wofür es aber keine Vergleichszahlen für die erste Periode gibt.

Die *Überschüsse* habe eine eigene Dynamik. Bis 1993 stagnieren sie, sacken dann sogar um sieben Prozent ab, steigen seit 1997 langsam auf 137 Prozent in 2001 und sinken dann 2004 auf 110 und steigen 2005 wieder auf 126 Prozent an.

Auch seit 1991 können die gesonderten Entwicklungen der drei Sparten mangels Zahlen nicht differenziert werden.

Bemerkenswert bleibt aber, dass im Vergleich mit der Industrie und selbst mit den vermittelnden Branchen ein größeres Wachstum der Zahl der *Lohnabhängigen* zu verzeichnen ist.

4.2.12 Persönliche und private Dienste

Unter dieser Kategorie werden die drei folgenden Zweige zusammengefasst, die in der ursprünglichen Gliederung an verschiedenen Stellen zu finden sind:
H – Gastgewerbe
93 – Sonstige Dienstleister
P – Häusliche Dienste

4.2.12.1 H – Gastgewerbe

Die Positionierung des Gastgewerbes innerhalb des offiziellen Verzeichnisses der Wirtschaftszweige zwischen Handel und Verkehr ist schon an anderer Stelle kritisiert worden. Das Gastgewerbe ist ein klassisches Dienstleistungsgewerbe für persönliche Dienste. Allerdings werden diese persönlichen Dienste einerseits als individueller privater Konsum in Anspruch genommen und andererseits von Geschäftsreisenden für ihre Tätigkeit für Unternehmenszwecke. Wie groß die Anteile sind und sich entwickeln lässt sich anhand der vorliegenden Zahlen nicht bestimmen. Ebenso, wie beim Verkehr könnte man daher den Anteil an Geschäftsreisen in die Rubrik der unternehmensnahen Dienstleistungen, also für Unternehmenszwecke bestimmt, einsortieren. Hier wird unterstellt, dass der Anteil des privaten Konsums neben dem Erwerbsleben und den Urlaubsreisen höher ist als die Reisen für kommerzielle Zwecke. Daher behandeln wir den gesamten Zweig als persönliche und private Dienstleistung. Die verschiedenen Teile des Gewerbes, Gastwirtschaften, Speiselokale, Pensionen, Großstadt-Hotels und Ferienbeherbung, erforderten eigentlich jeweils eine gesonderte Untersuchung. Aber die Daten stehen auch hier nur gesammelt für den ganzen Zweig zur Verfügung.

4.2.12.1.1 Die alte BRD von 1970 bis 1991

Der *Produktionswert* ist auf 360, die *Wertschöpfung* auf 394 Prozent gestiegen. Der Anstieg der *Wertschöpfung* geht in den 70er Jahren, durch die Krise ungebremst, kontinuierlich in 10-Prozent-Schritten aufwärts. Erst die Krise 1983 verlangsamt den Anstieg etwas. Aber ab 1986 geht es wieder in größeren Schritten und ab 1989 eher in Sprüngen aufwärts.

Die Zahl der beschäftigten *Lohnabhängigen* steigt von 336.000 um 432 auf 768.000. Der Zuwachs ist größer als die Zahl am Ausgangspunkt und ergibt 230 Prozent. Dieser Zuwachs ist bis auf eine Stagnation für drei Jahre noch vor der Krise 1974/75 über die ganze Periode recht kontinuierlich verteilt und geht daher in kleinen Schritten vor sich. Nur die beiden letzten Jahre zeigen stärkere Anstiege. Die *Abschreibungen* erhöhen sich unabhängig von den Krisen kontinuierlich. In der zweiten Hälfte der 80er Jahre steigen sie kräftiger und machen in den letzten drei Jahren richtige Sprünge. Ihr Volumen vergrößert sich ähnlich, wie die *Wertschöpfung* auf 396 Prozent. Beides zusammen, die Vergrößerung des Personals auf mehr als das Doppelte und die Vervierfachung der *Abschreibungen*, also ein großer Strom von Investitionen, machen die schließliche Vervierfachung der *Wertschöpfung* möglich.

Die Vergrößerung der *Lohnsumme* auf 553 Prozent übersteigt die Personalaufstockung um 230 Prozent erheblich.

Die *Überschüsse* steigen auch über die erste Krise hinweg bis 1981 auf 169 Prozent an, sinken bis 1985 stark auf nur noch 106 Prozent, um dann wieder zu steigen, dabei in 1987 um ganze 50 Prozent, und 2005 bei 192 Prozent zu enden. Die praktischen Entwicklungen, die all dem zugrunde liegen müssen für verschiedene Teile des Gastgewerbes gesondert bedacht werden. Die Vergrößerung der *Zahl der Beschäftigten* wird vor allem außerhalb der Pen-

H – Gastgewerbe								
	1970		1975		1986		1991	Diff
		%		%		%		%	
Arbeit-nehmer	336	100	371	110	598	178	768	229	432
Produktionswert	12,1	100	17,6	145	31	254	44	360	32
Brutto-wert-schöpfung	4,5	100	6,8	151	12,3	271	17,9	394	13,3
Arbeit-nehmer-entgelt	2,3	100	3,5	156	8,7	383	12,5	553	10,2
Abschrei-bungen	0,5	100	0,8	163	1,5	308	1,9	396	1,4
NettoBetriebsÜberschuss	1,7	100	2,4	139	2,0	116	3,3	192	1,6

Tabelle 4.2.10.3.1. – 85

sionen und Ferienbeherbung vor sich gegangen sein. Bei Restaurants und Hotels ist während dieser Zeit eine erhebliche Konzentration vor sich gegangen. So haben sich die Restaurantketten gerade in diesen beiden Jahrzehnten kräftig ausgedehnt und auch die Zahl der Großhotels hat durch Neueinrichtungen erheblich zugenommen.

Die Vergrößerung der *Lohnsumme* dürfte u. a. auch Ausdruck der Tatsache sein, dass in den großbetrieblich organisierten Restaurants und Küchen bis 1991 die Beschäftigungsverhältnisse zunehmend formalisiert und tariflichen Standards angeglichen wurden und ein Teil der *mithelfenden Familienangehörigen* aus aufgegebenen oder umgewandelten Betrieben verschwunden ist. Außerdem ist das wohl auch aufgrund einer erheblichen Produktivitätssteigerung möglich geworden, die durch die Vermehrung der Großküchen und deren Technisierung stattgefunden hat, einerseits bei der Versorgung von Kantinen und bei der Produktion für Caterer.

In der erheblichen Vergrößerung der *Abschreibungen* kommen die Technisierung der großbetrieblich organisierten Küchen zum Ausdruck, aber auch die großen baulichen Investitionen bei den neuen Großhotels und zum Teil auch bei und durch die neuen Restaurantketten. In beiden Unterzweigen hat daher nicht nur eine Veränderung der Unternehmensform stattgefunden, sich der Einsatz von Technik erweitert, sondern damit auch die Verwertung von Kapital an Bedeutung gewonnen. Dies bestätigt sich in der Entwicklung der *Überschüsse*, die sich fast verdoppelt haben.

4.2.12.1.2 Die erweiterte BRD von 1991 bis 2005

Der Sprung durch die Vereinnahmung der DDR umfasst beim *Produktionswert* zehn und bei der *Wertschöpfung* gerade mal fünf Prozent. Die Zahl der *Lohnabhängigen* hat sich um 135.000 auf 904.000 erhöht, also um weniger als 20 Prozent, während die *Lohnsumme* um etwas mehr als zehn Prozent gestiegen ist. Die *Abschreibungen* sind ebenfalls um etwa zehn Prozent gestiegen, während die *Überschüsse* zunächst sogar um zehn Prozent gesunken sind.

Die weitere Entwicklung zeigt beim *Produktionswert* eine nur mäßige Steigerung auf 130, bei der *Wertschöpfung* eine stärkere auf

170 Prozent. Die Zahl der *Lohnabhängigen* ist um 520.000 auf rund 1,4 Millionen auf 157 Prozent gestiegen. Die *Lohnsumme* ist um genau den gleichen Satz auf 157 Prozent gestiegen, was bei der Ausweitung der Nachfrage nur bedeuten kann, dass die Beschäftigung von »billigen« Arbeitskräften erheblich zugenommen hat. Das können Teilzeit-, darunter auch Saisonkräfte, oder auch sonst prekär Beschäftigte sein. Die *Abschreibungen* bewegen sich noch unterhalb der Steigerung des Produktionswertes auf 120 Prozent, während die *Überschüsse* sich nach kurzem Rückgang auf 280 Prozent steigern. Die doch erstaunliche Vergrößerung der *Wertschöpfung* erklärt sich also vor allem aus der erheblichen Zunahme der *Überschüsse*. Das Gewerbe scheint zumindest für einen Teil der Eigentümer ein durchaus profitabler Kapitaleinsatz zu sein.

Der Verlauf zeigt, dass die Entwicklung von *Produktionswert* und *Wertschöpfung* nur sehr gering von den beiden Krisen beeinflusst war – aufs Ganze gesehen ging es stetig, mit leichten Verzögerungen in den Krisen, aufwärts. Noch kontinuierlicher steigt die Zahl der *abhängig Beschäftigten* an. Nach einem größeren Sprung 1992 steigt die *Lohnsumme* ebenfalls kontinuierlich, aber mit leichtem Zurückbleiben gegenüber der *Wertschöpfung* an. Die *Abschreibungen* bleiben fast die ganze Zeit auf dem gleichen Niveau, d.h. relativ zur Steigerung der *Wertschöpfung* bleiben sie zunehmend zurück, was ein gänzlich anderes Bild als das in der alten BRD ergibt. Die Entwicklung der *Überschüsse* zeigt sich ebenfalls wenig von konjunkturellen Einflüssen beeindruckt, bis

H - Gastgewerbe	1991		1993		2000		2005	
		%		%		%		%
Arbeitnehmer	904	100	973	108	1.264	140	1.422	157
Produktionswert	48	100	54	113	64	135	63	132
Bruttowertschöpfung	19	100	22	113	30	158	33	171
Arbeitnehmerentgelt	14	100	16	114	21	146	22	157
Abschreibungen	2,0	100	2,3	113	2,6	130	2,4	121
Nettobetriebsüberschuss	2,9	100	3,1	107	6,9	235	8,2	279

Tabelle 4.2.10.3.1. – 86

auf zwei Ausreißer nach unten 1992 und 1995 geht es damit kontinuierlich bergauf.

Mit einem Gesamtzuwachs von fast 1,1 Millionen *Lohnabhängigen* von 1970 in der alten bis 2005 in der erweiterten BRD zeigt sich an einer zentralen Stelle der persönlichen Dienstleistungen eine Veränderung der gesellschaftlichen Arbeitsteilung zur Ausweitung von persönlichen Dienstleistungen. Wenn man den Teil des Gastgewerbes, der im Ausland stattfindet und in dieser Rubrik nicht gezählt wird, hinzunähme, würde sich dieser Tatbestand noch verstärken.

Dass diese Ausweitung des persönlichen Dienstleistungsangebotes nach Art und Qualität in sich sehr differenziert und abgestuft ist, muss kaum betont werden. Entsprechend rekrutieren sich natürlich die Konsumenten aus jenen Einkommensbeziehern, die selber jeweils wesentlich mehr verdienen als jene *Lohnabhängigen*, von denen die Dienste geleistet werden.

4.2.12.2 Zweig 93 – Sonstige Dienstleister

Diese Rubrik umfasst eine ganze Reihe von weitgehend traditionellen, marktvermittelten und außerhalb von Haushalten erbrachte persönliche und private Dienstleistungen, wie Wäschereien, chemische Reinigungen, Friseure, Bäder, Saunen, Massagen, Heiratsvermittlungen, Bestattungswesen etc..

Einige von ihnen beinhalten Dienste, die bislang gewerblich geleistet wurden und die im Zuge der Technisierung der meisten Haushalte mittels Maschinen und Apparaten zunehmend in Eigenarbeit in den Haushalten selbst erledigt werden. Das auffälligste sind die Wäschereien für private Wäsche. Andere Gewerbe haben sich über die Jahrzehnte ganz neue Kundenschichten erobert, wie z.B. die Saunen und ähnliche Einrichtungen, womit sich auch der Charakter der Dienste geändert hat.

Die Entwicklungen in den Gewerben sind Ausdruck der einerseits durch höhere Einkommen, andererseits durch Verbesserungen und dramatische Verbilligungen von technischem Gerät entstandenen Veränderungen der privaten Lebensweisen.

4.2.12.2.1 Die alte BRD von 1970 bis 1991

Der *Produktionswert* steigt auf 494 und die *Wertschöpfung* auf 527 Prozent. Die Vergrößerung der Bruttowertschöpfung auf rund 530 Prozent wird wohl zum erheblichen Teil auf den Anstieg der *Lohnsumme* auf rund 450 Prozent zurückzuführen sein.

Das geringe Ausgangsniveau von 184.000 *Lohnabhängigen* ist ohne weitere Informationen aus der vorherigen Zeit nicht richtig zu interpretieren. Ist darin noch ein dürftiger Ausbau der sonstigen Dienstleistungen oder schon der Anfang eines Abbaus zu sehen und mit welchem Tempo hätten sich beide möglichen Bewegungen vollzogen.

Das Wachstum um nur 100.000 *Lohnabhängige* in zwanzig Jahren bei einer Verfünffachung der wertmäßigen Leistung und vor allem auch der *Lohnsumme*, ist wohl nur mit einer inneren Umstellung des Gewerbes zu erklären. Es könnte sich um den Übergang von Familienbetrieben zu stärker wirtschaftlich orientierten und an eine anonymisierte Kundschaft ausgerichteten Betrieben mit *Lohnabhängigen* gehandelt haben – also um die Umwandlung von mithelfenden Familienangehörigen als Arbeitskräften in *Lohnabhängige*. Für die Steigerung der *Lohnsumme* kann jedenfalls nicht eine erhebliche gewerkschaftliche Organisierung und tarifliche Aktivität eine Rolle gespielt haben.

Der Zuwachs von nur 100.000 in zwanzig Jahren, in denen die »Dienstleistungsgesellschaft« ausgerufen wurde, auf gerade mal 284.000 und 155 Prozent ist doch überraschend niedrig.

93 - sonstige Dienstleister								
	1970		1975		1986		1991	Diff
		%		%		%		%	
Arbeitnehmer	184	100	220	120	274	149	285	155	101
Produktionswert	4,2	100	6,1	145	13,8	329	20,8	494	16,6
Bruttowertschöpfung	2,9	100	4,2	143	10,6	364	15,3	527	12,4
Arbeitnehmerentgelt	0,7	100	1,4	184	2,8	374	3,3	447	2,6
Abschreibungen								
NettoBetriebsÜberschuss								

Tabelle 4.2.12.1.1. – 87

Da die Statistik erst mit 1970 beginnt und die einzelnen Gewerbe hier nicht mit Zahlen vertreten sind, kann schwer abgeschätzt werden, inwieweit einzelne weitgehend verschwunden sind, so z. B. Wäschereien von Haushaltswäsche, und wieweit andere Gewerbe neu dazu gekommen sind oder sich kräftig ausgedehnt haben. Tendenziell ist aber wohl der Anteil von *Lohnabhängigen* an den Beschäftigten im Durchschnitt weitgehend gleich geblieben. Anders gesagt, eine grundlegende Bewegung in Richtung Großbetrieb und darin eingeschlossen zur Konzentration und Kapitalisierung, sowie Vergrößerung und Modernisierung der technischen Ausstattung hat es wohl nicht gegeben, außer bei den chemischen Reinigungen, die meist als Ketten oder als Franchiseunternehmen geführt werden.

4.2.12.2.2 Die erweiterte BRD von 1991 bis 2005

Mit der Vereinnahmung der DDR haben sich der *Produktionswert* leicht über 10 Prozent und die *Wertschöpfung* noch etwas stärker vergrößert. Die Zahl der *Lohnabhängigen* ist um 55.000 und rund 20 Prozent gestiegen, die *Lohnsumme* hingegen nur um etwa 10 Prozent größer geworden.

Der weitere Verlauf zeigt bis 2004 ein Wachstum des *Produktionswertes* auf 154 und der *Wertschöpfung* auf 157 Prozent. Die *Abschreibungen* steigen bis 2004 auf 205 Prozent. Die Zahl der *Lohnabhängigen* steigt um 80.000 auf 123 Prozent, die *Lohnsumme*

93 - Sonstige Dienstleister								
	1991		1993		2000		2004	
		%		%		%		%
Arbeitnehmer	341	100	347	101	393	115	421	123
Produktionswert	23,8	100	27,9	117	33,8	142	36,6	154
Bruttowertschöpfung	17,7	100	20,8	118	25,4	144	27,7	157
Arbeitnehmerentgelt	3,8	100	4,3	115	5,3	141	5,8	154
Abschreibungen	0,6	100	0.7	118	1,0	189	1,1	205
Nettobetriebsüberschuss	13,1	100	15,5	118	18,6	142	20,3	155

Tabelle 4.2.12.1.2. – 88

auf 154 Prozent. Die *Überschüsse* steigen etwa in Höhe der Produktion auf 155 Prozent. Der Verlauf der Entwicklung zeigt, außer bei der Zahl der *Lohnabhängigen*, über 1993 und 2000 ein gleichmäßiges Wachstum, das sich dann bis 2004 abflacht. Die Zahl der *Lohnabhängigen* steigt erst ab 1993 und nimmt dann ab 2000 in geringerem Maß zu.

Das einzig Bemerkenswerte ist der relativ starke Anstieg der *Abschreibungen*. Bei der großen Zahl sehr unterschiedlicher Gewerbe sind plausible Vermutungen über die Ursache nicht möglich.

Im Verhältnis zu etlichen der inzwischen sehr geschrumpften industriellen Wirtschaftszweige ist die Zahl von 420.000 Beschäftigten für die sonstigen Dienstleistungen nicht wenig, im Verhältnis zu der Zeitdiagnose einer *Dienstleistungsgesellschaft*, ist sie doch eher gering.

4.2.12.3 P – Häusliche Dienste

Hier geht es um den traditionellen Kern der Dienstleistungen, das Hauspersonal für private Haushalte. Das Personal dieser Dienste wird zwar inzwischen wohl auch über eine Art von Markt für Arbeitskräfte rekrutiert, aber der Form nach weder warenförmig noch gar kapitalistisch verausgabt. Auch die Bezahlung wird sich kaum nach Marktgesichtspunkten richten, da nur sehr einkommensreiche Haushalte davon Gebrauch machen können. In den Erläuterungen zur Statistik ist nicht recht ersichtlich, ob unter dieser Rubrik nur Personal gezählt wird, dass dauerhaft beschäftigt wird, oder auch solches, dass in Teilzeit bei verschiedenen privaten Haushalten tätig ist, wie Putzhilfen und Kinderaufsichten usw.

4.2.12.3.1 Die alte BRD von 1970 bis 1991

Wenn wir unterstellen, dass es sich pro Haushalt nur um einen Hausangestellten handelt, dann waren 1970 immerhin rund 200.000 Haushalte in der Lage und geneigt, diese zu beschäftigen. Tatsächlich werden es erheblich weniger gewesen sein, da mit zunehmendem Reichtum und entsprechend zunehmender Größe und

Zahl der Häuser der Familien auch die jeweilige Zahl der Angestellten zunimmt. Man wird davon ausgehen können, dass es sich bei diesen Haushalten einerseits um wenige noch reich gebliebene Großgrundbesitzer mit größeren Anwesen handelt, andererseits um die wirklich großen Kapitalbesitzer und um eine größere Zahl von Managern von Großkonzernen mit sehr großem Einkommen. Die beiden letzteren Gruppen sind bis 1991 sicher zahlreicher geworden und ihr Einkommen hat überproportional zugenommen. Außerdem haben die Spitzen dieser Gruppen ihr Einkommen noch einmal erheblich stärker vergrößert, als die anderen.

So verwundert es nicht, dass die Zahl der *Lohnabhängigen* bis 1991 auf 480.000 oder 243 Prozent kräftig zugenommen hat, was wohl vor allem einer Steigerung der Zahl der Haushalte, die Angestellte beschäftigen, entspricht und nur zum geringen Teil auf die Zunahme des Personals in den Haushalten. Der *Produktionswert* entspricht in diesem Falle der *Wertschöpfung* und diese der *Lohnsumme*, da es keine *Abschreibungen* und keine *Überschüsse* gibt. Daher ist die Steigerung auf rund 540 Prozent überall die gleiche. Eine Größe, die einerseits aus der reichlichen Verdoppelung des Personals stammt und andererseits auch den allgemeinen Einkommenssteigerungen geschuldet ist.

Da die Hausangestellten einen erheblichen Anteil jener Dienste verrichten, die für einen Teil der der gemeinen Bevölkerung bei den sonstigen Dienstleistern über den Markt zugänglich ist, kann man deren Zahl mit jener der privat angestellten Haushaltshilfen vergleichen, in 1991 285.000 zu 480.000. Zwar muss man in Rechnung stellen, dass es am Markt doch eine große Zahl von selbstän-

P - Häusliche Dienste								
	1970		1975		1986		1991	Diff
		%		%		%		%	
Arbeitnehmer	205	100	224	109	378	184	480	234	275
ProduktionsWert	0,7	100	1,0	139	2.8	393	3,9	542	3,1
BruttoWertschöpfung	0,7	100	1,2	172	2.8	393	3,9	542	3,1
Arbeitnehmerentgelt	0,7	100	1,2	172	2.8	393	3,9	542	3,1
Abschreibungen								
NettoBetriebsÜberschuss								

Tabelle 4.2.12.1.2. – 89

dig tätigen Gewerbetreibenden gibt, die keine *Lohnabhängigen* beschäftigen und außerdem ein größerer Teil der Gastronomie für die Masse der Bevölkerung arbeitet, so bildet sich doch die Spitze der Einkommenspyramide, die sich aus Kapitaleinkommen speist, auch bei den häuslichen Diensten ab.

4.2.12.3.2 Die erweiterte BRD von 1991 bis 2005

Wie nicht anders zu erwarten, ist der Zuwachs von *Produktionswert* bis zum Arbeitnehmerentgeld durch die Übernahme der DDR mit 2,5 Prozent fast unerheblich, so ähnlich wie der Zuwachs an *Lohnabhängigen* um 16.000 um gerade drei Prozent. Wie schon zuvor fallen keine *Abschreibungen* oder *Überschüsse* an.

Der weitere Verlauf zeigt einen Zuwachs der Zahl der *Lohnabhängigen* um fast 190.000 auf 138 Prozent. Die *Lohnsumme* und die anderen Größen steigen auf 172 Prozent, etwas mehr als bei der Zahl der Beschäftigten, sodass ein wenig spektakulärer Anstieg der Löhne zu vermuten ist.

Die Zahl der *Lohnabhängigen* bei den sonstigen (persönlichen) Diensten, die über den Markt den normalen zahlungskräftigen Nachfragern zugänglich sind, belief sich 2004 auf 421.000. Die Zahl der häuslichen *Dienstleistenden*, mehrheitlich wohl bei den Haushalten von Vermögensinhabern und *Selbständigen*, belief sich 2005 auf 682.000. Die Differenz der beiden Gruppen von Beschäf-

P - Häusliche Dienste								
	1991		1993		2000		2005	
		%		%		%		%
Arbeitnehmer	496	100	519	105	649	131	682	138
Produktionswert	4	100	4	112	6	158	7	172
Bruttowertschöpfung	4	100	4	112	6	158	7	172
Arbeitnehmerentgelt	4	100	4	112	6	158	7	172
Abschreibungen	0	100	0	0	0	0	0	0
Nettobetriebsüberschuss	0	100	0	0	0	0	0	0

Tabelle 4.2.12.2.1. – 90

tigten, die ähnliche Dienste für unterschiedliche Kunden leisten, ist auf 260 zugunsten der höheren Einkommen gestiegen. Wenn man die Anteile an Übernachtungen und Gastronomie der Luxuskategorie hinzuziehen würde, wäre diese Differenz wohl noch erheblich größer.

Es zeigt sich, dass der nur noch moderat zunehmende Reichtum aus der Produktion, angezeigt durch die relativ geringen Wachstumsraten, im Vergleich der beiden Arten der Erreichung persönlicher Dienste, sich vor allem bei den sehr wohlhabenden Schichten wiederfindet. Dagegen hat sich die Zunahme der Einkommen auch der höheren Schichten der *Lohnabhängigen* nur wenig in der Steigerung der über den Markt zu erlangenden persönlichen Dienste niedergeschlagen.

Auch für diese Periode gilt, dass im Verhältnis zu etlichen der inzwischen sehr geschrumpften industriellen Wirtschaftszweige die Zahl von 682.000 Beschäftigten für die häuslichen Dienste nicht wenig ist, dagegen im Verhältnis zur Zeitdiagnose einer über den Markt organisierten Dienstleistungsgesellschaft eher groß ist.

4.2.13 Eigentums- und Kapital-Dienste

Auch wenn Daten der einzelnen Gewerbe aufgeschlüsselt vorliegen, soll mit der statistischen Zusammenfassung begonnen werden, da bei den einzelnen Zweigen die Daten für die *Abschreibungen* und für den *Gewinn* fehlen. In dem allgemeinen Bereich Eigentums- und Kapitaldienste sind zwei Unterbereiche zusammengefasst. In dem einen werden die drei Kapitaldienste Kredit-, Versicherungs- und deren Hilfsgewerbe zusammen notiert. Der andere umfasst das Grundstücks- und das Wohnungswesen.

4.2.13.1 J – Kredit- und Versicherungsgewerbe

Zunächst also zu den drei Diensten für das Geld-Kapital. Zwar sind sowohl das Kredit- als auch das Versicherungsgewerbe von der Unternehmensstruktur und den Tätigkeiten her sehr von ihren Hilfsgewerben unterschieden. Die Mehrzahl der bei Banken und Versicherungen *abhängig Beschäftigten* arbeiten bei mittleren und sehr großen Unternehmen in deren Zentralverwaltungen und vielen örtlichen Niederlassungen. Bei den Hilfsgewerben handelt es sich nur bei den Börsen um größere Betriebe, während die Vertreter, Makler und Agenturen eher individuelle *Selbständige* sind. Da jedoch die Größe der Hilfsgewerbe hinter den beiden anderen stark zurück steht, sind die Daten für die Zusammenfassung gleichwohl noch aussagekräftig genug.

4.2.13.1.1 Die alte BRD von 1970 bis 1991

Schon 1970 gehört der Bereich mit 640.000 *Lohnabhängigen* zu den größeren Dienstleistungszweigen. Diese Zahl vergrößert sich um rund 370.000 auf eine Million *Lohnabhängige* und 156 Prozent in 1991. Der *Produktionswert* erhöht sich auf 606, die *Wertschöpfung* auf 530 Prozent. Das ist zum Teil dem vergrößerten Umfang der Geschäfte geschuldet. Aber auch die vergrößerte *Lohnsumme*, die auf 550 Prozent gestiegen ist, hat daran offensichtlich Anteil. Angesichts der erheblich geringeren Steigerung der Zahl der *Lohnabhängigen*, kommt darin zum Ausdruck, dass auch die Qualifikationsanforderungen hoch geblieben, wenn nicht sogar gestiegen sind. Bemerkenswert ist die Vergrößerung der *Abschreibungen*. Sie stiegen auf über 600 Prozent. Darin kommen wohl zwei sehr unterschiedliche Vorgänge zum Ausdruck.

Zum einen haben fast alle größeren Banken und Versicherungen große und moderne Bürogebäude für ihre Zentralverwaltungen gebaut, häufig in zentraler und teurer Lage. Zum anderen schlagen

J - Kredit- und Versicherungsgewerbe									
	1970		1975		1986		1991		Diff.
		%		%		%		%	
Arbeitnehmer	642	100	757	118	882	137	1001	156	359
Produktionswert	18	100	34	188	77	427	109	606	91
Bruttowertschöpfung	11	100	21	189	44	397	59	527	48
Arbeitnehmerentgelt	6,5	100	13,1	201	26	392	36	554	30
Abschreibungen	0,8	100	1,4	185	3,5	449	4,7	608	4,0
NettoBetriebsÜberschuss	3,2	100	5,5	169	13,6	421	15,9	491	12,6

Tabelle 4.2.12.2.2. – 91

hier die Ausrüstungen der Verwaltungen zunächst mit großen zentralen Rechenanlagen und später mit Bürocomputern zu Buche. Die Steigerung der Gewinne auf 490 Prozent zeigt, dass das Geschäft sich nicht nur ausgedehnt hat, sondern auch lukrativ geblieben ist.

4.2.13.1.2 Die erweiterte BRD von 1991 bis 2005

Erwartungsgemäß ist der Zuwachs durch die Vereinnahmung der DDR nicht groß, da diese Wirtschaftszweige dort nur geringen Umfang hatten. Die Zahl der *Lohnabhängigen* ist um knapp zehn-Prozent gestiegen, der *Produktionswert* hat um fünf und die *Wertschöpfung* hat ebenfalls um etwa fünf Prozent zugenommen. Die *Lohnsumme* hat um etwas mehr als fünf Prozent zugenommen, während der Überschuss leicht stärker gestiegen ist. Auch die Steigerung der *Abschreibungen* liegt in der gleichen Größenordnung.

Der weitere Verlauf zeigt dann eine Steigerung des Produktionswertes auf 200 und der *Wertschöpfung* auf 160 Prozent. Da die Gesamtzahl der *Lohnabhängigen* dieser Zweiggruppe sogar fast gleich geblieben ist, und für die laufenden Geschäfte keine besondere Vorleistungen in Frage kommen, ist diese Differenz, die auch schon 1970 existiert, wohl mit den Provisionen der selbständigen Versicherungsagenturen und Agenten zu erklären.

Die Steigerung der *Abschreibungen* auf 147 Prozent bewegt sich im Rahmen der Größenordnung des Zuwachses der *Wertschöpfung*.

J - Kredit- und Versicherungsgewerbe								
	1991		1993		2000		2005	
		%		%		%		%
Arbeitnehmer	1.098	100	1.153	105	1.145	104	1.093	100
Produktionswert	114	100	132	115	163	143	230	201
Bruttowertschöpfung	62	100	74	118	78	125	101	163
Arbeitnehmerentgelt	38	100	45	117	53	139	55	144
Abschreibungen	4,9	100	5,3	107	7,5	153	7,2	147
Nettobetriebsüberschuss	17,0	100	20,8	123	14,2	83	35,8	211

Tabelle 4.2.12.3.1. – 92

Die Steigerung der *Lohnsumme* liegt mit 144 Prozent leicht darunter, während jene der *Überschüsse* mit 211 Prozent in 2005 erheblich darüber liegt. Allerdings waren die *Überschüsse* zwischenzeitlich, 2000 und 2001, also am Ende der Hochkonjunktur auf nur noch 83 und 77 Prozent gefallen.

Wie sich die einzelnen Entwicklungen auf die drei beteiligten Zweige verteilen, soll die weitere Untersuchung zeigen.

4.2.13.2 – Kreditgewerbe

4.2.13.2.1 Die alte BRD von 1970 bis 1991

Von den drei oben zusammen dargestellten Gewerben ist das Kreditgewerbe, d. h. also im Wesentlichen die Banken das bei weitem größte. Die zahlenmäßig wesentlichen Bewegungen sollten also hier zu finden sein.

1970 wurden 400.000 *Lohnabhängige* allein im Kreditgewerbe beschäftigt. Der *Produktionswert* stieg im Verlauf bis 1991 auf 540, die *Wertschöpfung* auf 490 Prozent. Immerhin rund fünf Mal so viel wie 1970. Die Zahl der Lohnarbeiter stieg um 280.000, auf 686.000, also 170 Prozent. Die *Lohnsumme* stieg auf 600 Prozent und damit noch einmal um 100 Prozentpunkte höher als die Steigerungen des Geschäftsumfanges, woran natürlich auch der doch erhebliche Beschäftigungszuwachs beteiligt war, aber wohl auch nicht unerhebliche Steigerungen der Gehälter.

65 – Kreditgewerbe									
	1970		1975		1986		1991		Diff.
		%		%		%		%	
Arbeitnehmer	404	100	494	122	610	151	686	170	282
ProduktionsWert	11,2	100	19,3	173	45	402	60	539	49
BruttoWertschöpfung	8,4	100	14,3	170	31	375	41	492	33
ArbeitnehmerEntgelt	4,2	100	8.7	208	17,7	427	24,9	600	21
Abschreibungen	.				.		.		
NettoBetriebsÜberschuss	.								

Tabelle 4.2.12.3.2. – 93

4.2.13.2.2 Die erweiterte BRD von 1991 bis 2005

Die Übernahme der DDR brachte in diesem Zweig 10 Prozent
Zuwachs bei der Zahl der *abhängig Beschäftigten*. Beim *Produktionswert* waren es etwas weniger und bei der *Wertschöpfung* gerade zehn
Prozent. Die *Lohnsumme* stieg dagegen nur um rund drei Prozent.
Über die Steigerungen bei den *Abschreibungen* und den Überschüssen kann mangels Daten für die alte BRD nichts gesagt werden. Der
weitere Verlauf zeigt nach zögerlichem Beginn dann bis 2000 und
2005 ein Wachstum des Produktionswertes auf 190 Prozent. Dagegen sprang die *Wertschöpfung* bis 1993 auf fast 200 Prozent nach
oben, stagnierte bis 2000 fast und erreichte 2005 dann 262 Prozent. Die Zahl der *Lohnabhängigen* stieg zunächst unmittelbar auf
nicht ganz 105 Prozent, stagnierte bis 2002, um dann langsam wieder auf 95 Prozent in 2005 zu sinken. Entsprechend steigt dann die
Lohnsumme stetig aber langsam auf 140 Prozent in 2000 und stagniert bis 2005. die *Abschreibungen* steigen langsam und stetig bis
2001 auf 162 Prozent, um dann langsam und geringfügig bis 2005
wieder auf 156 Prozent zu sinken. Der Nettoüberschuss steigt im
Jahr 2005 auf 200 Prozent. Dazwischen bewegt er sich nicht nur
im Takt der Konjunktur, sondern alle paar Jahre um 20 bis sogar
50 Prozentpunkte rauf und runter. Für die Ursachen kann es im
Rahmen dieser hier ausgewerteten Art von Daten nicht einmal Vermutungen geben.

65 - Kreditgewerbe								
	1991		1993		2000		2005	
		%		%		%		%
Arbeitnehmer	756	100	790	104	790	104	720	95
ProduktionsWert	64	100	76	117	103	160	124	192
BruttoWertschöpfung	44	100	52	119	54	122	69	158
ArbeitnehmerEntgelt	26	100	31	118	37	139	37	139
Abschreibungen	3,2	100	3,7	116	5,2	164	5,0	156
Nettobetriebsüberschuss	12,3	100	15,6	127	9,5	78	25,1	204

Tabelle 4.2.13.1.1. – 94

4.2.13.3 Zweig 66 – Versicherungsgewerbe

4.2.13.3.2 Die alte BRD von 1970 bis 1991

Das Versicherungsgewerbe beschäftigt 1970 weniger als halb so viele *Lohnabhängige*, als das Kreditgewerbe und fällt mit einer nur geringen Vergrößerung von rund 40.000 auf 120 Prozent 1991 sogar noch zurück. Dagegen ist beim *Produktionswert*, der *Wertschöpfung* und der *Lohnsumme* eine inverse Entwicklung zu verzeichnen. Der *Produktionswert* steigt bei den Versicherungen auf 750, die *Wertschöpfung* auf 600 Prozent, beides erheblich stärker als bei den Banken. Die Steigerung der *Lohnsumme* ist hingegen mit 460 Prozent um einiges geringer, als bei den Banken.

66 - Versicherungsgewerbe									
	1970		1975		1986		1991		Diff..
		%		%		%		%	
Arbeitnehmer	185	100	201	109	190	103	223	121	38
ProduktionsWert	4,9	100	11,5	236	25	505	36	747	31
BruttoWertschöpfung	1,9	100	5,5	282	9,4	485	11,7	607	10
ArbeitnehmerEntgelt	2,0	100	3,7	189	6,4	323	9,2	466	7
Abschrei-bungen	.		.		.		.		
NettoBetriebsÜberschuss	.								

Tabelle 4.2.13.1.2. – 95

Die Versicherungen sind in der alten BRD auch 1991 noch hinsichtlich der Belegschaftsgrößen ein relativ kleines Gewerbe. Die Besonderheit liegt, wie bei den Banken, darin, dass es sich hier fast ausschließlich um Angestellte handelt, die außerdem eine mittlere bis gehobene Qualifikation haben.

4.2.13.3.2 Die erweiterte BRD von 1991 bis 2005

Die Zuwächse durch die Übernahme der DDR im Bereich der Versicherungen halten sich im Rahmen des Üblichen. Die Zahl der *Lohnabhängigen* wächst um rund zehn Prozent. *Produktionswert* und

66 - Versicherungsgewerbe							
	1991		1993		2000		2005
		%		%		%		%
Arbeitnehmer	242	100	254	105	240	99	241	100
Produktionswert	37,2	100	42,8	115	58.4	157	76,7	206
Bruttowertschöpfung	12,0	100	14,6	121	14.8	123	18,2	151
Arbeitnehmerentgelt	9,6	100	11,0	115	13.0	135	14,0	145
Abschreibungen	1,7	100	1,9	112	2,2	129	2,1	125
Nettobetriebsüberschuss	0,4	100	1,4	311	-1.3	-284	1,0	227

Tabelle 4.2.12.1.2. – 96

Wertschöpfung steigen nur um wenige Prozente, ebenso die *Lohn-summe*. Über die Steigerungen von *Abschreibungen* und Überschüssen können keine Aussagen gemacht werden.

Der weitere Verlauf zeigt eine Steigerung des Produktionswertes auf 200 und der *Wertschöpfung* auf 150 Prozent, eine ähnliche Differenz wie in diesem Zweig von 1970 bis 1991, aber umgekehrt als bei den Banken von 1991 bis 2005.

Die Zahl der *Lohnabhängigen* ändert sich mehrfach, aber nur mit kleinen Ausschlägen. Bis 1994 steigt die Zahl auf 104 Prozent und fällt dann 1995 auf rund 100 und pendelt dort bis 2001, steigt noch einmal für zwei Jahre auf 104 Prozent und sinkt dann bis 2005 wieder auf 100 Prozent, d. h. 240.000 Beschäftigte. Die *Lohn-summe* steigt dagegen in kleinen Schritten auf mäßige 145 Prozent in 2005, etwas mehr als bei den Banken. Die *Abschreibungen* steigen dagegen erheblich geringer auf nur 125 Prozent des Wertes von 1991 in der erweiterten BRD. Das um ein Drittel gestiegene Geschäftsvolumen ist also mit fast der gleichen Belegschaft und nur unwesentlich gestiegener materieller Ausstattung abgewickelt worden. Ob der Entwicklung bei den Versicherungen eine massive Verlagerung der Tätigkeiten in den Bereich der Versicherungsagenturen und -vertreter zugrunde liegt, wird die Analyse des folgenden Gewerbes zeigen.

4.2.13.4 Zweig 67 -Kredit- und Versicherungshilfsgewerbe

4.2.13.4.1 Die alte BRD von 1970 bis 1991

In diesem Bereich finden sich einerseits Börsen und zugehörige Dienste, sowie vor allem Makler für Dritte und Versicherungsvertreter. Letztere erfüllen somit eine ähnliche Funktion in der Fläche, wie die Filialen für die Banken.

Dieses Gewerbe hat mit rund 644 Prozent seinen *Produktionswert* etwas geringer gesteigert als die Versicherungen, während seine *Wertschöpfung* mit 680 Prozent wiederum stärker gestiegen ist als bei den Versicherungen. Der *Produktionswert* bleibt während der gesamten Periode doppelt so groß, wie die *Wertschöpfung*. Der Tatbestand verwundert, weil weder umfangreiche Vorleistungen eingekauft, noch wertvolle Ausrüstungen eingesetzt werden. Absolut bleibt der *Produktionswert* bei der Hälfte bis ein Drittel des Wertes im Versicherungsgewerbe, bei der *Wertschöpfung* verbleibt der Abstand bei rund der Hälfte.

Die Zahl der *Lohnabhängigen*, d. h. ausschließlich der sicher großen Zahl der *Selbständigen* in diesem Gewerbe hat sich um rund 40.000 von 50 auf 92.000 und 174 Prozent vergrößert. Das ist eine ähnliche Größe wie im Versicherungsgewerbe, aber prozentual ein erheblich größere Steigerung. Die *Lohnsumme* steigert sich um etwas mehr als bei den Versicherungen, was darauf hinweist, dass die Aufgabe der direkten Repräsentanz in der Fläche und der Ersatz durch selbständige Agenturen bis 1991 jedenfalls

67 - Kredit- und Versicherungshilfsgewerbe								
	1970		1975		1986		1991	Diff.
		%		%		%		%	
Arbeitnehmer	53	100	62	117	82	155	92	174	39
ProduktionsWert	1,9	100	2,9	156	7,1	380	12,0	644	10,2
BruttoWertschöpfung	0,9	100	1,4	161	3,7	420	6,0	677	5,1
ArbeitnehmerEntgelt	0,4	100	0,7	184	1,4	366	2,0	513	1,6
Abschreibungen	.		.		.		.		
NettoBetriebsÜberschuss	.		.		.		.		

Tabelle 4.2.12.1.2. – 97

keine deutliche Lohnabsenkung für die dort *abhängig Beschäftigten* bedeutet hat.

4.2.13.4.2 Die erweiterte BRD von 1991 bis 2005

Mit der Vereinnahmung der DDR vergrößerte sich die Zahl der *abhängig Beschäftigten* um rund zehn Prozent. *Produktionswert* und *Wertschöpfung* vergrößerten sich um etwa fünf Prozent. Ähnlich war die Steigerung bei der *Lohnsumme*.

67 - Kredit- und Versicherungshilfsgewerbe							
	1991		1993		2000		20005
		%		%		%		%
Arbeitnehmer	100	100	100	109	97	97	132	132
Produktionswert	12,7	100	13,5	210	15,1	236	29	459
Bruttowertschöpfung	6,4	100	6,6	317	7,3	351	14,0	673
Arbeitnehmerentgelt	2,1	100	2,6	125	2.6	124	4,0	194
Abschreibungen	0,0	100	0,0	100	0.1	175	0,1	300
Nettobetriebsüberschuss	4,3	100	3,9	92	4 6	109	9,7	227

Tabelle 4.2.13.2.1. – 98

Die weitere Entwicklung zeigt mit 460 Prozent und 673 Prozent erhebliche Steigerungen *Produktionswert* und *Wertschöpfung*, die weit über die Entwicklung im Versicherungsgewerbe und auch im Bankgewerbe in dieser Periode hinausgehen. Da die Zahl der *lohnabhängig Beschäftigten* sich nur moderat um rund 30.000 und 130 Prozent vergrößert hat, könnte es sein, dass das Bearbeitungspotential der vorherigen Personalausweitung sich erst jetzt richtig auswirkt, oder dass eine doch erforderliche Personalausweitung durch die Vergrößerung der Zahl der *Selbständigen* erfolgt ist.

4.2.13.5 Zweig 70 – Grundstücks- und Wohnungswesen

Dieser Zweig besteht aus drei verschiedenen mit Grundstücken und Wohnungen verbundenen Gewerben. Zum einen Erschließung von

Grundstücken und Handel mit ihnen und Gebäuden, zum anderen Vermietung und Verwaltung von eigenen Grundstücken, Gebäuden und Wohnungen, also vor allem gemeinnützige und kommerzielle Wohnungsgesellschaften, sowie Vermittlung, Verpachtung und Verwaltung von fremden Wohnungen, Gebäuden und Grundstücken – also das spezifische Maklergewerbe für Immobilien. Die Zahlen liegen nur für die Summe der drei Gewerbe vor, aber man kann davon ausgehen, dass alle drei von der Ausdehnung der Geschäfte, der Erhöhung der Preise für Grundstücke, Gebäude und Wohnungen profitiert haben, wenn auch wohl nicht in gleicher Weise. Wie beim Versicherungshilfsgewerbe gibt es auch im Maklergewerbe viele *Selbständige*, die keine oder nur wenige Angestellte beschäftigen. Von daher stellen die Tendenzen, die man anhand der Zahlen der *Lohnabhängigen* festmachen kann, immer nur einen Teil der tatsächlichen Entwicklung dar.

4.2.13.5.1 Die alte BRD von 1970 bis 1991

Der *Produktionswert* hat sich um 675 und die *Wertschöpfung* um 580 Prozent vergrößert. Das sind Größenordnungen der Ausweitung der Geschäfte, die wir oben auch im Geldvermögenssektor gefunden haben. Absolut waren das 1970 bei den beiden Größen 25 und 21 Milliarden Euro und 1991 schon 170 und 122 Milliarden, also Steigerungen um 145 und 100 Milliarden Euro.

70 - Grundstücks- und Wohnungswesen								
	1970		1975		1986		1991	Diff.
		%		%		%		%	
Arbeitnehmer	68	100	82	121	117	172	161	237	93
ProduktionsWert	25	100	44	176	114	451	170	675	145
BruttoWertschöpfung	21	100	37	176	86	412	122	582	101
ArbeitnehmerEntgelt	0,6	100	1.2	192	2,8	439	4,2	661	3,6
Abschreibungen									
NettoBetriebsÜberschuss									

Tabelle 4.2.13.2.2. – 99

Der Immobiliensektor ist damit 1991 im *Produktionswert* um rund ein Drittel und bei der *Wertschöpfung* mehr als das Doppelte größer als der Sektor der Geld- und Kapitaldienste. Er kommt dabei aber mit nur 16 Prozent der Zahl an *abhängig Beschäftigten* aus.

Die Zahl der *Lohnabhängigen* hat sich von rund 70.000 um rund 90.000 auf immerhin 160.000 oder 237 Prozent erhöht. Da über die *Abschreibungen* und die *Gewinne* für diesen Wirtschaftszweig keine gesonderten Zahlen vorliegen, und die Sammelrubrik, in der diese enthalten sind, u. a. wegen der dort notierten Unternehmensdienstleistungen keine vernünftigen Aussagen zulässt, bleibt die Frage nach der Kapitalausstattung und der Profitabilität dieses Gewerbes offen.

4.2.13.5.2 Die erweiterte BRD von 1991 bis 2005

Die Übernahme der DDR brachte eine Vergrößerung der Zahl der *Lohnabhängigen* um rund 40.000 und etwa 25 Prozent. Der *Produktionswert* erhöhte sich um rund drei Prozent und die *Wertschöpfung* nur um etwa ein Prozent. Entsprechend erhöhte sich auch die *Lohnsumme* um rund zwanzig Prozent.

Die weitere Entwicklung zeigt eine Steigerung des *Produktionswertes* um 180 und der *Wertschöpfung* auf fast 200 Prozent. Das sind in 2005 und absoluten Zahlen immerhin 312 und 242 Milliarden Euro. Die *Abschreibungen* steigen in einer ähnlichen Größenord-

70 - Grundstücks- und Wohnungswesen								
	1991		1993		2000		2005	
		%		%		%		%
Arbeitnehmer	206	100	239	116	377	183	387	188
Produktionswert	175	100	221	127	282	161	312	179
Bruttowertschöpfung	123	100	140	114	207	168	242	197
Arbeitnehmerentgelt	5	100	7	130	10	202	11	213
Abschreibungen	45	100	54	120	73	162	85	188
Nettobetriebsüberschuss	71	100	89	126	116	164	137	193

Tabelle 4.2.13.3.1. – 100

nung um rund 190 Prozent. Auch die absolute Höhe der *Abschreibungen* ist bemerkenswert, sie steigt von 45 Milliarden Euro in 1991 auf immerhin 85 Milliarden Euro in 2005. Die Zahl der *Lohnabhängigen* verdoppelt sich fast auf 387.000 und 188 Prozent. Die *Lohnsumme* steigt noch stärker, auf 213 Prozent, was zeigt, dass zumindest die mittleren bis größeren Unternehmen der Branche bei den Löhnen nicht knausern. Die *Überschüsse* bewegen sich ebenfalls im Rahmen des Zuwachses der anderen Größen auf 193 Prozent. Aber die absolute Größe und der Vergleich mit den anderen Ziffern ist doch beeindruckend: Sie betragen 137 Milliarden Euro bei einer *Wertschöpfung* von 242 Milliarden Euro – also mehr als die Hälfte dieser Größe. Allerdings gab es dieses Verhältnis auch schon 1991.

4.2.14 Private Vereinigungen für Interessen und Ideologie: Verbände, Vereine, Parteien, Kirchen und religiöse Vereine

In dieser Rubrik sind zum Einen die Verbände der »Arbeitgeber« und Unternehmer, sowie öffentlich-rechtliche Berufsvertretungseinrichtungen und andererseits gewerkschaftliche Verbände aufgelistet, dazu Berufsverbände und Organisationen von anderen Personengruppen, Zusammenschlüsse von Einrichtungen, dabei auch öffentlich-rechtliche, Parteien, sowie kirchliche und religiöse Vereinigungen.

Es handelt sich also um Vereinigungen, die um spezifische Interessen herum organisiert sind, die sich in unterschiedlicher Weise, nach innen oder nach außen, allgemein oder speziell, um diese Interessen und ihre Verwirklichung bemühen.

4.2.14.1 Zweig 91 – Interessenvertretungen, kirchliche und sonstige Vereinigungen

4.2.14.1.1 Die alte BRD von 1970 bis 1991

Die Steigerung der Zahl der dort beschäftigten *Lohnabhängigen* von 140.000 um 200 auf rund 350.000 und 246 Prozent könnte man einfach auf einen Prozess der Differenzierung einer reichen Gesellschaft zurückführen. In vieler Hinsicht wird dies auch zutreffen.

Größen wie *Produktionswert* und Bruttowertschöpfung sind in diesem Bereich eigentlich nicht sinnvoll anzuwenden. Der »Umsatz«, der sich weitgehend nicht aus einem Verkauf von Leistungen ergibt, zeigt eigentlich nur die Summe der Aufwendungen, wie Vorleistungen, Mieten usw. und die *Lohnsumme*. Alles dies muss dann von Mitgliedsbeiträgen, Gebühren und Spenden aufgebracht werden. Insofern ist die Nähe der Zahlen von Bruttowertschöpfung und *Lohnsumme* plausibel. Die Differenz zum *Produktionswert* wird durch den Aufwand für Vorleistungen und Sonstiges gebildet. Die Vergrößerung der drei Größen auf mehr als das Fünffache zeigt einerseits die Verdoppelung der *Lohnabhängigen* und andererseits den Anstieg der Löhne.

Wenn man aber bedenkt, dass die Kirchen seit vielen Jahrzehnten Mitglieder verlieren, ebenso die Gewerkschaften und inzwischen auch die Parteien, und dass alle diese Verbände daher auch ihren hauptamtlichen Apparat einschränken müssen, so bleiben einerseits die Verbände der Freizeitorganisationen, wie Sportverbände oder Automobilclubs und andererseits eine Fülle von sekundären Interessenverbänden vor allem der Unternehmen und ihrer Eigentümer als Feld der Erweiterung der in diesem Sektor abhängig Beschäftigten.

Daten über *Abschreibungen* oder *Überschüsse* sind für die erste Periode nicht verzeichnet.

91 - Interessenvertr., kirchl. u. sonst. Vereinigungen								
	1970		1975		1986		1991	Diff.
		%		%		%		%	
Arbeitnehmer	141	100	197	140	297	211	347	246	206
Produktionswert	2,52	100	5,0	200	10,9	433	13,2	522	11
Bruttowertschöpfung	1,62	100	3,4	212	7,6	467	9,0	555	7
Arbeitnehmerentgelt	1,50	100	3,2	216	7,1	472	9,2	615	8
Abschreibungen	.		.		.			
Nettobetriebschuss	.		.		.		.	

Tabelle 4.2.13.4.1. – 101

4.2.14.2.2. Die erweiterte BRD von 1991 bis 2005

Durch die Übernahme der DDR wächst die Zahl der *abhängig Beschäftigten* um etwa 40 und auf 391.000, also unter 20 Prozent. Der *Produktionswert* steigt um über zehn Prozent und die *Wertschöpfung* ebenfalls. Die *Lohnsumme* bleibt etwas dahinter zurück.

Im weiteren Verlauf steigt der *Produktionswert* auf 150 und die *Wertschöpfung* auf 160 Prozent. Die Zahl der *abhängig Beschäftigten* steigt um 85 auf 475.000 und 120 Prozent. Die *Lohnsumme* bewegt sich verständlicher Weise mit 155 Prozent ähnlich wie *Produktionswert* und *Wertschöpfung*. Die *Abschreibungen* steigen ebenfalls auf 150 Prozent. Diese Zahl ist wenig aussagekräftig, da die meisten der hier erfassten Organisationen wohl kaum eine Kapitalrechnung führen. Die verzeichneten *Überschüsse* bewegen sich über 62 auf minus 150 Prozent. Deren Charakter ist besonders unklar.

Immerhin expandiert dieser Sektor, der zum Einen Teil der spezifisch kapitalistischen Organisationsform dieser Gesellschaft ist und zum Anderen dem Reichtum und der Differenzierung der sog. Zivilgesellschaft geschuldet ist, nach der enormen Vergrößerung in der Vorperiode, immer noch weiter.

91 - Interessenvertretungen, kirchl. u. sonst. Vereinigungen	1991		1993		2000		2005	
		%		%		%		%
Arbeitnehmer	391	100	424	108	496	127	476	122
ProduktionsWert	14,9	100	17,2	115	22	148	23	152
BruttoWertschöpfung	10,2	100	11,9	117	15,8	155	16,2	159
ArbeitnehmerEntgelt	9,9	100	11,8	119	15,5	157	15,4	156
Abschreibungen	0,5	100	0,6	117	0,7	140	0,7	149
NettoBetriebsÜberschuss	-0,1	100	-0,1	100	0,0	62	0,1	-150

Tabelle 4.2.13.4.1. – 102

4.2.15 Dienste für die biologische und soziale Reproduktion der Gesellschaft

Unter diese Rubrik haben wir zwei Wirtschaftszweige der offiziellen Gliederung gestellt.

Zum einen den Zweig M – Erziehung und Unterricht. Seine gesellschaftliche Funktion ist offensichtlich und seine Tätigkeitsarten ebenfalls. Zum anderen das N – Gesundheits-, Veterinär- und Sozialwesen. Auch hier ist die Funktion für die gesellschaftliche und die biologische Reproduktion ihrer Individuen offensichtlich. Die Tätigkeitsbereiche, die Tätigkeiten selbst sind allerdings relativ weit auseinander liegend.

Für einige Unterzweige gilt, dass sie weit überwiegend auf der Ebene der Kommune manchmal auch der Länder organisiert, und d. h. zumeist auch finanziert sind. Der private oder halb-öffentliche Betrieb von Kindergärten und Schulen ist ebenfalls auf staatliche Finanzierungen von Ländern und Kommunen angewiesen und die »Konsumenten« zahlen eher Gebühren und als Preise für Dienstleistungen.

Für die privaten Praxen, Kliniken und Einrichtungen im Gesundheitswesen ist die Finanzierung aus gesetzlichen Zwangs- oder privaten Versicherungen charakteristisch, die Beiträge zentralisiert einsammeln und dann nach Leistungsausweisen an die Dienstleister verteilen. Streng genommen ist also weder die Abwesenheit von Kapitalverwertung, von Mehrwertproduktion noch von Warenförmigkeit der Dienstleistungen oder umgekehrt die öffentliche Finanzierung aus Steuermitteln noch die öffentliche Organisierung das Kriterium für die Zugehörigkeit zu einer gemeinsamen Rubrik, weil es von allem, außer der Mehrwertproduktion, etwas gibt.

Es ist vielmehr die gesellschaftliche Funktion, die eine gemeinsame Eigenschaft darstellt. Von diesem funktionellen Gesichtspunkt her gehören eigentlich auch der Einzug und die Verwaltung der gesetzlichen Kassen für Krankenkosten, für Alters- und Invalidenrenten und für Arbeitslosenunterstützung sowie für die verschiedenen Sozialunterstützungen dazu. Diese werden jedoch nach der WZ 03 im Zweig der staatlichen Verwaltung rubriziert.

Die privaten Versicherungen werden dagegen wegen ihres Charakters als Kapitalverwerter auch in der hier vertretenen Einteilung zu den Kapitaldiensten, und nicht zu den sozialen Diensten gezählt.

4.2.15.1 Erziehung und Unterricht

Dieser Zweig umfasst öffentliches und privates Bildungswesen auf allen Stufen, für alle Berufe, in allen Formen und mit allen Medien. Nicht enthalten sind Kinderkrippen, die nach WZ 93 zum Sozialwesen gezählt werden. Enthalten sind dagegen sonstige Ausbildungen für verschiedenste Zwecke, wie Autofahren, Sport etc.

4.2.15.1.1 Die alte BRD von 1970 bis 1991

Vom *Personalumfang* her gesehen, hat der öffentliche Sektor des Erziehungs- und Bildungswesens den größten Anteil. Da in der hier ausgewerteten Statistik keine weiteren Angaben existieren, können auch keine Schwerpunkte und Umstände benannt werden, die für das Wachstum verantwortlich sind.

Wie auch bei anderen Zweigen ohne Wirtschaftlichkeits- und Kapitalrechnung sind auch hier die Größen des *Produktionswertes* und der *Bruttowertschöpfung* von sehr beschränkter Aussagekraft.

Der *Produktionswert* und die *Wertschöpfung* sind um etwas mehr als 470 Prozent gewachsen. Die Zahl (und die Bezahlung) des Lehrpersonals bilden außerhalb der staatlichen Verwaltungen den ganz überwiegenden Teil der Beschäftigten und damit auch der Aufwendungen. Die Zahl der *Lohnabhängigen*, also vor allem beamtete und angestellte Lehrer, ist von 710.000 in 1970 um 480.000 auf rund 1,2 Millionen, also auf etwa 170 Prozent angewachsen. Die *Lohnsumme* ist sogar auf 490 Prozent angewachsen. Die absolute Größe

M - Erziehung und Unterricht								
	1970		1975		1986		1991	Diff. I
		%		%		%		%	
Arbeitnehmer	709	100	868	122	1.139	161	1.195	169	486
ProduktionsWert	11,8	100	23	198	46	394	56	473	44
BruttoWertschöpfung	9,7	100	19,6	203	38	396	47	481	37
ArbeitnehmerEntgelt	8,5	100	17,5	206	34	399	42	492	33
Abschreibungen	1,0	100	1,9	186	4,4	431	5,3	520	4,2
NettoBetriebsÜberschuss	0,2	100	0,3	147	0,3	174	-0,2	-121	-0,4

Tabelle 4.2.15.1.1. – 103

der *Lohnsumme* liegt 1970 sehr nahe bei der *Bruttowertschöpfung*, und hat sich bis 1991 nur leicht davon entfernt. Das weist darauf hin, dass der öffentliche, nicht-kommerzielle Sektor, in dem keine Gewinne gemacht, werden immer noch dominierend ist. Absolut ist der *Personalaufwand* mit mehr als 40 Milliarden Euro 1991 doch schon relativ umfangreich.

Die *Abschreibungen* beziehen sich nur auf den privaten, also den recht kleinen Teil des gesamten Sektors. Das gleiche gilt für die Größe des *Gewinns*. Dessen Einbruch nach 1986 bis 1991 auf minus 121 Prozent lässt sich hier nicht aufklären.

4.2.15.2.2 Die erweiterte BRD von 1991 bis 2005

Wie zu erwarten zeigt die Übernahme der DDR in diesem Zweig bei den *abhängig Beschäftigten* einen kräftigen Zuwachs – um 600.000 auf fast 1,8 Millionen. Der *Produktionswert* steigt um über zwanzig und die *Wertschöpfung* um etwas weniger. Entsprechend der hohen Zunahme der Zahl der Beschäftigten steigt auch die *Lohnsumme* um rund zwanzig Prozent. Die *Abschreibungen* steigen um rund 10 Prozent, während die *Überschüsse* aus dem Minus um rund 700 Prozentpunkte ansteigen. Diese Zahl, aber auch diejenigen der *Abschreibungen* machen für Aussagen über den gesamten Zweig wenig Sinn.

Der weitere Verlauf zeigt einen weiteren Anstieg des *lohnabhängigen Personals* um 380.000 auf 2,1 Millionen und 120 Prozent. Die

M - Erziehung und Unterricht								
	1991		1993		2000		2005	
		%		%		%		%
Arbeitnehmer	1.785	100	1.887	106	2.066	116	2.166	121
ProduktionsWert	69	100	80	117	102	149	118	171
BruttoWertschöpfung	56	100	66	118	83	148	92	163
ArbeitnehmerEntgelt	50	100	60	119	76	153	82	164
Abschreibungen	5,9	100	6,6	113	7,6	130	8,0	136
NettoBetriebsÜberschuss	1,4	100	1,4	101	0,4	29	2,2	160

Tabelle 4.2.15.1.1. – 104

Lohnsumme steigt auf 165 Prozent und *Produktionswert* sowie *Wertschöpfung* steigen in ähnlichen Größenordnungen. Die *Abschreibungen* steigen auf 135 Prozent und die *Überschüsse* auf 160 Prozent. Letzteres könnte auf einen steigenden Anteil des kommerziellen Teils der Bildungseinrichtungen hindeuten.

4.2.15.2 Gesundheits-, Veterinär- und Sozialwesen

4.2.15.2.1 Die alte BRD von 1970 bis 1991

Dieser Beeich umfasst Krankenhäuser, Arztpraxen, Rehabilitationseinrichtungen, Physiotherapien etc, Heime aller Art, besonders Alten- und Pflegeheime, Pflegedienste, Soziale Dienste und Beratungen sowie Kinderkrippen, aber nicht Kindergärten und Horte, die im Bereich Erziehungs- und Bildungswesen notiert sind.

Da auch in dieser Statistik keine weitere Aufschlüsselung vorliegt, können keine Angaben gemacht werden, in welchem speziellen Bereich des Sektors die außergewöhnlichen Zuwächse stattgefunden haben und was die vermutlichen Umstände oder Ursachen sind.

Auch für diesen Zweig gilt, dass die Angaben über *Produktionswert* und *Bruttowertschöpfung* wenig Aussagekraft haben. Sie stiegen beide in der Größenordnung von 650 Prozent. Der Abstand beider bleibt auch 1991 etwa in der gleichen Größenordnung, d.h. das Ausmaß der Vorleistungen hat nicht überproportional zugenommen. Mit 65 Milliarden in 1991 bleibt die *Wertschöpfung* um zwan-

N - Gesundheits-, Veterinär- und Sozialwesen									
	1970		1975		1986		1991		Diff..
		%		%		%		%	
Arbeitnehmer	862	100	1.147	133	1.727	200	2.116	245	1.254
Produktionswert	14,4	100	35	244	69	483	96	671	82
Bruttowertschöpfung	10,2	100	24	241	48	468	65	643	55
Arbeitnehmerentgelt	6,7	100	14,6	217	34	505	48	715	41
Abschreibungen	1,1	100	2,2	190	6,3	560	8,9	788	8
NettoBetriebsÜberschuss	2,3	100	7,7	334	7,5	324	11,2	484	9

Tabelle 4.2.15.2.2. – 105

zig Milliarden über der *Lohnsumme*. Das ist dem privaten und nicht-staatlichen Teil dieses Sektors geschuldet, der sich in Arzt- und sonstigen Praxen, sowie ebenfalls in Heimen und Diensten darstellt.

Die Steigerung der *Abschreibungen* auf fast 800 Prozent deutet eventuell auf eine Ausweitung des privaten Anteils in diesem Sektor hin, auf jeden Fall aber auf die erhebliche Verbesserung des baulichen Umfangs, seiner Qualität und Ausstattung. Die Steigerung des Gewinns auf 480 Prozent ist etwas geringer als bei der *Wertschöpfung*, bleibt aber anteilig in der gleichen Größenordnung.

Die Zahl der in diesem Zweig beschäftigten *Lohnabhängigen* lag 1970 in einer ähnlichen Größenordnung wie im Bereich von Erziehung und Unterricht. Von 862.000 stieg sie dann aber um 1,25 Millionen auf 2,11 Millionen und 245 Prozent bis 1991.

Auch in diesem halb öffentlichen Sektor ist die *Lohnsumme* die wichtige Größe. Sie ist von 6,7 Milliarden 48 Milliarden Euro um über 700 Prozent angewachsen. Neben der erheblich vergrößerten Zahl an *Lohnabhängigen*, weist das auf eine starke Erhöhung des Qualifikationsniveaus, etwa durch erhöhte formelle Anforderungen, oder auf eine Verschiebung des Qualifikationsprofils hin, mit den normalen Folgen einer entsprechenden höheren tariflichen Einstufung.

4.2.15.2.2 Die erweiterte BRD von 1991 bis 2005

Die Übernahme der DDR zeigt bei der Zahl der *Lohnabhängigen* einen Zuwachs von rund 500.000, eine ähnliche Größenordnung wie im Zweig Erziehung und Unterricht mit 600.000. Die Steigerungen beim *Produktionswert* und bei der *Wertschöpfung* liegen bei etwa 15 Prozent, haben aber auch an dieser Stelle wenig Aussagekraft. Die *Lohnsumme* steigt ebenfalls um über 10 Prozent. Die *Abschreibungen* steigen nur minimal und die *Überschüsse* nur wenig. (s. *Tabelle 4.2.15.2.2. – 106*)

Der weitere Verlauf zeigt beim *Produktionswert* eine Steigerung auf fast 190 Prozent, während die *Wertschöpfung* etwas weniger auf 167 Prozent zunimmt. Die Spreizung dieser beiden Werte hat offenbar zugenommen. Welche Entwicklung dem zugrunde liegt, kann aufgrund der Daten nicht geklärt werden. In Frage kommt eine zunehmende Zulieferung von Verbrauchsmaterial in der Kran-

N - Gesundheits-, Veterinär- und Sozialwesen								
	1991		1993		2000		2005	
		%		%		%		%
Arbeitnehmer	2.610	100	2.752	105	3.348	128	3.630	139
Produktionswert	110	100	125	114	183	166	208	189
Bruttowertschöpfung	74	100	90	121	124	167	124	167
Arbeitnehmerentgelt	56	100	65	115	85	152	95	169
Abschreibungen	9	100	10	114	14	154	16	181
Nettobetriebsüberschuss	12	100	19	151	29	236	39	309

Tabelle 4.2.15.2.2. – 106

kenversorgung. Die *Lohnsumme* steigt im gleichen Maß, wie die *Wertschöpfung* auf 170 Prozent, was bei der Personalintensität dieses Bereiches nicht weiter wundert.

Die Zahl der *Lohnabhängigen* nimmt noch einmal um über eine Million von 2,6 auf 3,6 Millionen auf 140 Prozent zu. Als einzelner Zweig ist er der größte in der Volkswirtschaft. Erst danach kommt der Einzelhandel mit 2,9 Millionen.

Die *Abschreibungen* nehmen in der Größenordnung der Steigerung beim *Produktionswert* auf 180 Prozent zu. Da trotz der massiven Tendenz zur Privatisierung gerade in diesem Bereich, ein großer Teil immer noch öffentlich ist, bleibt die Aussagekraft dieser Daten weiterhin unklar. Die Steigerung der *Überschüsse* auf über 300 Prozent kann diese Privatisierungen widerspiegeln und auch anzeigen, dass das Gewerbe zunehmend profitabel wird.

4.2.16 Öffentliche Verwaltung und Sicherheit; soziale Umverteilung

4.2.16.1 L – Öffentliche Verwaltung, Verteidigung, Sozialversicherung

Schon in der Überschrift sind die drei völlig unterschiedlichen Bestandteile dieses öffentlichen Sektors ausgewiesen. Die öffentliche Verwaltung umfasst zum einen die Verwaltungen von Bund, Ländern und Gemeinden, sowie die zentralen Einrichtungen, die ihren Bereichen angeschlossenen sind. Dazu gehören auch die Verwaltungen der öffentlichen Bildungs- und Erziehungseinrichtungen. Die Verteidigung umfasst natürlich die Truppen selbst, aber auch ihre Verwaltung, soweit sie nicht dem Ministerium eingegliedert ist. Der Bereich der Sozialversicherungen ist in zwei zentralen Verwaltungen, für Renten und für Arbeitslose organisiert und ansonsten als selbständige öffentlich-rechtliche Krankenkassen. Alle drei Zweige gehören weder rechtlich noch faktisch unmittelbar zur staatlichen Verwaltung, sondern verwalten sich selbst, teils unter staatlicher Mitbestimmung und sind ansonsten nur von den Gesetzen der Sozialversicherungen strukturiert und durch Finanzzuwendungen des Staates mit beeinflusst.

4.2.16.1.1 Die alte BRD von 1970 bis 1991

Die Größe des Militärs dürfte in diesen zwei Jahrzehnten nicht wesentlich gewachsen sein. Dagegen ist der Verwaltungsapparat der drei staatlichen Ebenen tatsächlich gewachsen. Und auch der Umfang des Personals der drei Sozialversicherungen hat zugenommen. In welchen Anteilen sich der Gesamtzuwachs von etwa 680.000 *Lohnabhängigen* von 1,9 auf rund 2,6 Millionen und auf 136 Prozent auf die drei Bereiche und dort auf die Bestandteile verteilt, kann hier mangels Daten nicht bestimmt werden.

   Die Steigerung der *Lohnsumme* dürfte sich ursächlich einerseits auf die größere Personenzahl und andererseits auf die Verbesserung der Entlohnungsstruktur aufteilen. Wobei, ähnlich wie in den beiden vorhergehenden Sektoren der Daseinsvorsorge, der Anteil der Arbeiter verschwindend gering ist und zusätzlich der Anteil an mitt-

L - Öff. Verw., Verteidigung, Sozialversicherung								
	1970		1975		1986		1991	Diff.
		%		%		%		%	
Arbeitnehmer	1.908	100	2.258	118	2.523	132	2.590	136	682
ProduktionsWert	31	100	55	177	96	312	119	387	89
BruttoWertschöpfung	21	100	39	188	67	320	84	406	64
ArbeitnehmerEntgelt	17,7	100	34	193	56	316	70	398	53
Abschreibungen	3,0	100	5,0	164	10,8	356	14,2	466	11,1
NettoBetriebsÜberschuss	0,0		0,0		0,0		0,0		

Tabelle 4.2.16.1.1. – 107

leren und höheren Beamten und Angestellten und an Personal mit akademischer Ausbildung ebenfalls. Dabei dürfte sich letzterer noch gesteigert haben.

Zwar werden 1970 *Abschreibungen* in Höhe von 3 und 1991 von 14 Milliarden Euro ausgewiesen, eine Steigerung von 466 Prozent. Aber das Fehlen von Daten für *Überschüsse* zeigt doch an, dass der gesamte Bereich öffentlich, ohne Kapitaleinsatz, *Abschreibungen* und Gewinne betrieben wird, so dass die Interpretation offen bleiben muss.

Entsprechend haben auch *Produktionswert* und *Wertschöpfung* nur geringe Aussagekraft, da in vielen Bereichen weder Umsatz noch Vorleistungen oder Sachaufwand auf Leistungen bezogen werden. Der *Produktionswert* nimmt um fast 390, die *Wertschöpfung* sogar um 400 Prozent zu. Die Steigerung beider Zahlen dürfte vorrangig aus der Steigerung der *Lohnsumme* auf rund 400 Prozent resultieren, die in diesem Sektor den Hauptaufwandsposten ausmacht.

4.2.16.1.2 Die erweiterte BRD von 1991 bis 2005

Die Übernahme der DDR bringt bei den *Lohnabhängigen* einen Sprung um 600.000 von 2,6 auf 3,2 Millionen. Der *Produktionswert* steigt um fünf auf 134 Milliarden Euro und die *Bruttowertschöpfung* um zehn Milliarden auf 94 Milliarden Euro. Die *Lohnsumme* steigt um neun Milliarden auf 79 Milliarden Euro. Die *Abschreibungen* um 1,8 Milliarden auf 16 Milliarden Euro.

L - Öff. Verw., Verteidigung, Sozialversicherung								
	1991		1993		2000		2005	
		%		%		%		%
Arbeitnehmer	3.204	100	3.092	97	2.857	89	2.670	83
ProduktionsWert	134	100	150	112	167	124	179	134
BruttoWertschöpfung	94	100	106	113	118	126	122	130
ArbeitnehmerEntgelt	79	100	90	114	99	126	102	129
Abschreibungen	16	100	17	113	19	123	20	128
NettoBetriebsÜberschuss								

Tabelle 4.2.16.1.2. – 108

Der weitere Verlauf zeigt eine gegenüber allen anderen Dienstleistungsbereichen völlig andere Entwicklung bei der Zahl der *Lohnabhängigen*:

Von 3,2 Millionen in 1991 sinkt die Zahl bis 2005 bis auf 2,67
Millionen oder 83 Prozent ab. Diese Zahl entspricht bis auf 80.000
jener der staatlichen und Sozialverwaltungen in der alten BRD in
1991.

Diese Reduktion ist mit keinerlei sachlich begründeten oder
ökonomisch notwendigen Entwicklung zu erklären, sondern einfach der Ausfluss einer ideologisch begründeten Sparpolitik, einer
dem entsprechenden Kürzung der Steuern auf Einkommen und
Unternehmensgewinne, sowie der Absicht den Staatsapparat möglichst zu verkleinern und seine Aufsichtsmöglichkeiten beim privaten Gewinnmachen zu verringern.

Trotz dieser drastischen Kürzungen der Personalausstattungen
steigt die *Lohnsumme* noch mäßig um 23 Milliarden auf 102 Milliarden Euro und 128 Prozent.

Der *Produktionswert* ist auf 134 und die *Bruttowertschöpfung* auf
130 Prozent gestiegen. Die leicht vergrößerte Differenz ist möglicherweise auf den zunehmenden Zukauf von privaten Vorleistungen für die Erbringung staatlicher Dienste zurückzuführen.

Die *Abschreibungen* steigen von 16 auf 20 um 4 Milliarden Euro
und 128 Prozent.

Im Abschnitt 3.3.2. haben wir in 14 Punkten eine kurze Zusammenfassung der Entwicklung der Verteilung der *Erwerbstätigkeit* auf die Zweige der volkswirtschaftlichen Gesamtrechnung gegeben.

Hier soll nun zusammengefasst werden, wie diese Veränderungen bei den Zahlen der Beschäftigung sich durch die in diesem Abschnitt untersuchten Entwicklungen der ökonomischen Größen von *Produktionswert*, *Wertschöpfung* und *Abschreibungen* in den Zweigen und Sektoren verstehen lassen. In den einzelnen Punkten wird vorweg noch einmal die kurze Kennzeichnung der Zahlen der *Lohnabhängigen* wiedergegeben und dann eine möglichst kurze Erläuterung der ökonomischen Größen und ihrer Wirkung auf die Entwicklung der Beschäftigung versucht. Es zeigte sich

1. eine starke Schrumpfung der *Erwerbstätigkeit* in der *Landwirtschaft*; besonders bei den weiblichen Mithelfenden Familienangehörigen, trotz der Beibehaltung der betrieblichen Struktur ohne *Lohnabhängige*.

Die Schrumpfung der Zahl der *Selbständigen*, dabei besonders der *Mithelfenden Familienangehörigen*, um 1,1 Millionen und um 40 Prozent in der ersten Periode in der alten BRD geht einher mit einer Steigerung der *Wertschöpfung* um etwa 50Prozent. Die *Lohnsumme* der nur noch 288.000 *Lohnabhängigen* steigt noch um 30Prozent. Statistisch ist leider die Größe des *Produktionswertes* nicht ausgewiesen, sodass das zu vermutende Wachstum der Vorleistungen an Saatgut, Düngemitteln, Pestiziden und Motoreinsatz nicht zu verifizieren ist. Allerdings nehmen die *Abschreibungen* um 70 Prozent zu.

Für die zweite Periode, nach dem Zuwachs durch die Übernahme der DDR, stagnieren *Produktionswert* und *Wertschöpfung* und auch die *Abschreibungen*. Die Zahlen der *Selbständigen* und der *Lohnabhängigen* gehen dagegen von den gestiegenen Werten 1991 auf nur noch jeweils rund 55 Prozent zurück. Offenbar reicht die weiter laufende Rationalisierung bei gleichem Wertaufwand noch für eine weitere erhebliche Einsparung von *Arbeitskräften*;

2. eine erhebliche Schrumpfung der *lohnabhängigen Erwerbstätigkeit in fast allen Industrien*.

In der Sektorzusammenstellung Verarbeitendes Gewerbe in der alten BRD geht die Zahl der *Lohnabhängigen* in der ersten Periode von 1970 bis 1991 um 600.000 auf 93 Prozent zurück. Das geht einher mit einer Steigerung der *Wertschöpfung* um 210 Prozent. Der *Produktionswert* ist nicht ausgewiesen. Die *Abschreibungen* steigen um 285 Prozent, und die *Lohnsumme* um 245 Prozent.

In der erweiterten BRD geht die Zahl der *Lohnabhängigen* im Verarbeitenden Gewerbe von 1991 bis 2005 um 2,9 Millionen auf 70 Prozent zurück. Die *Wertschöpfung* steigt nur noch mäßig auf 117 Prozent, der *Produktionswert,* also einschließlich der Vorleistungen und der Nettoinvestitionen auf 135 Prozent. Die *Abschreibungen* liegen 2004 bei 125 Prozent.

In diesen Durchschnittswerten sind recht unterschiedliche Zweigergebnisse enthalten;

3. eine starke Reduktion besonders bei der *Produktion* von *Energie-Rohstoffen* und *Vorprodukten* (Produktions-Stoffe) sowie bei den Halbzeug liefernden Zweigen;

Die *Steinkohle* bildet einen Sonderfall. Die starke Reduktion ihrer *Belegschaften* und ihrer *Produktion* fällt schon in die Zeit von 1950 bis 1970, von 620.000 auf 282.000 (laut Arbeitsstättenzählung). Die Reduktion der Zahl der *Lohnabhängigen* von 1970 bis 1991 auf nur noch 55 Prozent, geht immer noch mit einer leichten Ausweitung der *Produktion* um fast 40 Prozent und einer erheblichen Steigerung der *Abschreibungen* einher. 1991 bis 2005 verkleinert sich die Zahl der *Lohnabhängigen* parallel mit dem weitgehenden Rückgang von *Produktionswert* und *Wertschöpfung* und der *Abschreibungen.*

Dagegen nehmen in der *Kokerei* und der *Mineralölverarbeitung* die Zahlen der *Lohnabhängigen* in beiden Perioden stark ab, während *Produktionswert* und *Wertschöpfung* beide deutlich zunehmen. Die *Abschreibungen* in der ersten Periode und auch in der zweiten stagnieren. Das verweist auf den Ersatz der Verwendung von *Steinkohle durch Erdöl* und damit auf die Reduktion der *Kokereien* und den Ausbau der *Raffinerien.*

Bei der *Produktion von Metall und Halbzeug,* von *Chemischen Produkten* und bei der *Holz- und Papierproduktion* zeigt sich das auch sonst verbreitete Muster: erhebliche Ausweitung der *Produktion* mit moderaten Reduktionen der Zahl der *Lohnarbeiter* in der ersten Periode, nur noch moderate Ausweitung oder Stagnation der *Produktion,* und stärkere Reduktion der *Beschäftigung* von Lohnarbeitern;

4. generell eine starke Reduktion der Zahl der *Lohnabhängigen* auch bei den *Zweigen der verarbeitenden Gewerbe und Industrien*, also bei den *Investitionsgütern* und den *Gebrauchsgütern für den Konsum*.

Auch hier findet sich das schon gesehene Muster mehr oder weniger deutlich: In der ersten Periode moderate Reduktion der Zahl der *Lohnabhängigen* mit erheblicher Ausweitung der *Produktion*. In der zweiten Periode erhebliche Reduktionen der Zahl der *Lohnabhängigen* bei nur noch moderater Ausweitung der *Produktion*;

5. daneben auch eine Variation des Musters einer allgemeinen Reduktion.

Das sind bei den *Industrien* vor allem die *Herstellung von Metallerzeugnissen*, der *Maschinenbau* und der *Bau von Kfz.* sowie das Ernährungsgewerbe.

a) In der ersten Periode sind *Metallerzeugung und Metallbearbeitung* sowie die *Herstellung von Metallerzeugnissen* statistisch nicht getrennt. Ein Rückgang der Zahl der *Lohnabhängigen* von 1,3 Millionen auf 1,14 Millionen geht einher in einer Erhöhung von Produktion und *Wertschöpfung* auf 250 bis 260 Prozent, und mit einer Steigerung der *Abschreibungen* auf fast 270 Prozent und der *Lohnsumme* auf 290 Prozent. Vermutlich ergeben sich aus den stark angestiegenen Investitionen sehr große Produktivitätsfortschritte.

Diese dürften bei der *Herstellung von Metallerzeugnissen* nicht so groß gewesen sein, auch weil die Produktion wohl noch stärker gestiegen sein wird als im Gewerbe der Vorleistungen dafür vorgesehen.

In der zweiten Periode schrumpft bei der *Metallerzeugung* und *Metallbearbeitung* die Zahl der *Lohnabhängigen* von 480.000 auf nur noch 260.000, gerade noch 55 Prozent. *Produktionswert* und *Wertschöpfung* steigen trotzdem, aber nur auf 150 und 120 Prozent. Die *Abschreibungen* fallen sogar leicht. Dem liegt offenbar eine enorme Vergrößerung der Produktivität zugrunde und andererseits ein kaum noch steigender Absatz in den weiter verarbeitenden Industrien.

Dagegen zeigt die *Herstellung von Metallerzeugnissen* das sonst übliche Muster der zweiten Periode: leichter Rückgang der Zahl der Lohnarbeiter von 950.000 auf 770.000 um 15 Prozent und leichte Steigerung der Produktion und der *Wertschöpfung* auf 130 und 120

Prozent, bei Steigerung der *Abschreibungen* auf noch immerhin noch 145 Prozent.

b) Beim *Maschinenbau* finden wir in der ersten Periode eine Stagnation der *Zahl der Lohnabhängigen* bei einer kräftigen Steigerung der *Produktion* und der *Wertschöpfung* um 150 und 140 Prozent und einer der *Abschreibungen* um 300 Prozent.

In der zweiten Periode finden wir nach dem Abbau der 300.000 zusätzlichen *Lohnabhängigen* aus der DDR Industrie noch einen moderaten Abbau von 1,29 auf 1,04 Millionen *Lohnabhängigen*. Dies findet seinen Grund in dem nur noch geringen Wachstum von *Produktionswert* und *Wertschöpfung* auf 134 und 123 Prozent und der *Abschreibungen* auf nur noch 111 Prozent!

Damit kann sich auch der Maschinenbau dem allgemeinen Trend nicht vollständig entziehen.

c) Die *Herstellung von Kfz.* und *Kraftwagenteilen* zeigt für die erste Periode ein Wachstum der Zahl der Lohnarbeiter um 200 auf 810.000, auf immerhin 135 Prozent. Das findet seinen Grund im Anstieg der *Wertschöpfung* auf 440 Prozent. Der *Produktionswert* wird noch stärker gestiegen sein und die *Abschreibungen* werden das noch überstiegen haben.

In der zweiten Periode finden wir eine Stagnation der *Beschäftigung* auf dem hohen Niveau von 1991 bis 2005, begründet in der Ausweitung von *Produktionswert* und *Wertschöpfung* auf 215 und 150 Prozent und der *Abschreibungen* auf immer noch 165 Prozent.

d) Das *Ernährungsgewerbe* mit 775.000 Lohnabhängigen in 1970 der größte Zweig im Bereich der *Konsumgüter* verliert bis 1991 davon nur 16.000. Dem liegt die Ausdehnung von *Produktionswert* und *Wertschöpfung* auf 254 und 270 Prozent zugrunde. Über die Rolle der Technisierung kann mangels Daten über die Abschreibung wenig gesagt werden.

Nach Abbau des Zuwachses aus der DDR bleibt die Zahl der *Lohnabhängigen* nach 1993 bis 2005 bei 865.000 erhalten, obgleich *Produktionswert* und *Wertschöpfung* nur auf je 115 Prozent wachsen. Die *Abschreibungen* steigen auf 120 Prozent. Eine durchgreifende Erhöhung der Produktivität findet in dieser Periode anscheinend nicht mehr statt;

6. eine erhebliche Ausdehnung der *Beschäftigung* im Zweig der Kfz.-Reparatur als einem nicht selbständig produzierenden Gewerbe. Auch dieses Gewerbe, technisch, von der Nutzung her gesehen und unternehmerisch eine Art Fortsetzung der Automobilproduktion, modifiziert das allgemeine Muster der Produktion. Hingegen dürfte es als technische Dienstleistung stellvertretend einen allgemeinen Trend ausdrücken.

In der ersten Periode nimmt die Zahl der *Lohnabhängigen* von 460 auf 590.000 zu, um 27 Prozent. Das liegt an der Steigerung von *Produktionswert* und *Wertschöpfung*, die um 365 und 310 Prozent zulegen. Die *Abschreibungen* sind nicht ausgewiesen.

In der zweiten Periode nimmt die Zahl der *Lohnabhängigen* von 713 auf 813.000 nur noch um 14 Prozent zu. Dem liegt die Steigerung von *Produktionswert* und *Wertschöpfung* auf nur noch 150 und 155 Prozent zugrunde. Die *Abschreibungen* steigen auf 144 Prozent.

Der *Service* und der *Verkauf* beschäftigen 2005 inzwischen mehr *Lohnabhängige* als die *Produktion von Kfz.*. Das liegt also vorrangig an der Ausweitung der Zahl der zugelassenen Automobile und eventuell an der Ausweitung der Serviceintensität;

7. die *technisch-wissenschaftlichen Zuarbeiten für die materielle Produktion*, wie z. B. die Verarbeitung und Übermittlung von Daten, sowie Forschung und Entwicklung sind hinsichtlich der absoluten Beschäftigtenzahlen weiterhin wenig bedeutend und ihre prozentuale Ausweitung ist nicht beeindruckend.

Wegen der geringen Gesamtgröße von 555.000 in 2005 brauchen die einzelnen Zahlen hier nicht genannt zu werden. Beide Bereiche wachsen bei Personal und ökonomischen Größen in beiden Perioden. In der ersten Periode mehr und der zweiten geringer. Bemerkenswert ist vor allem der insgesamt geringe Umfang und die Abnahme der Wachstumsrate;

8. jene Zweige, die informationell, organisatorisch und stofflich die Warenproduktion, ihre Organisation und ihre Verteilung vermitteln, wie Nachrichtenübermittlung, Transport (Verkehr), Großhandel und Einzelhandel, haben ihre lohnabhängige Beschäftigung absolut ausgeweitet, verbleiben damit allerdings weitgehend im Rahmen eines kaum gestiegenen Anteils an der volkswirtschaftlichen Gesamtbeschäftigung.

Selbst dieser ganze Großsektor, der als Gesamtheit seine Beschäftigung von *Lohnabhängigen* und die ökonomischen Leistungen von 1970 bis 2005 erheblich ausdehnt, zeigt das bisher in der Industrie gesehene Muster:

In der ersten Periode eine Ausdehnung der *Beschäftigung* und eine erhebliche der *Wirtschaftsleistung*, in der zweiten Periode nur noch mäßige Ausdehnung der *Beschäftigung*, vereinzelt sogar ein kleiner Rückgang, und eine kleinere Vergrößerung der *Wirtschaftsleistung*.

Davon etwas ausgenommen sind einerseits das *Gewerbe der Hilfs- und Nebentätigkeiten für den Verkehr* und die *Verkehrsvermittlung* und der *Einzelhandel*. In beiden Zweigen geht das Wachstum des lohnabhängigen Personals und auch das der Wirtschaftsleistung in der zweiten Periode weiter, wenn auch mit geringen Wachstumsraten;

9. die im Verlauf der 34/36 Jahre seit 1970 unternehmerisch *aus der Industrie ausgelagerten Tätigkeitsbereiche* finden sich jetzt statistisch bei den *Dienstleistungen für Unternehmen*, dazu gehört auch die Leiharbeit. Dieser gesamte Wirtschaftszweig hat seine lohnabhängige Erwerbstätigkeit seit 1991 um mehr als 2 Millionen erweitert. Das umfasst die *Randbereiche industrieller Produktion* in Betrieben, Teile der Kernproduktion mit Hilfe von *Leiharbeit*, sowie Teile der *kommerziellen und anderen Dienste für die Unternehmen*. Der größte Teil sind ausgelagerte Bestandteile einer früher einheitlichen Betriebsorganisation.

Die Zahl der *Lohnabhängigen* steigt von 1970 bis 1991 von 540.000 auf 1,3 Millionen, um 850.000 auf 257 Prozent.

Das findet seinen Grund in der Steigerung des *Produktionswertes* auf 970 Prozent, der *Wertschöpfung* auf 830 Prozent und der *Abschreibungen* auf 760 Prozent. Insgesamt haben wir es also mit einer außergewöhnlichen Ausdehnung der hier versammelten Unterzweige zu tun. Dabei spielen rein personalintensive einerseits und offenbar auch solche mit Investitionsbedarf eine Rolle.

In der zweiten Periode geht diese außergewöhnliche Ausdehnung der Zahl der *Lohnabhängigen* weiter, anders als in den *Industriezweigen*, aber ähnlich wie in anderen *Dienstleistungsbereichen*: Von 1,6 auf 3,3 Millionen, um 1,7 Millionen auf 205 Prozent. Die Steigerung des *Produktionswertes* und der *Wertschöpfung*, die das antreiben, sind zwar noch groß aber keineswegs mehr spektakulär, ähnlich wie bei den *Abschreibungen*. Jetzt sind also wohl vor allem die personalintensiven Bereiche des Zweiges weiter stark gewachsen. Die inhaltliche Heterogenität des Zweiges kann hier nur genannt, aber nicht mehr dargelegt werden;

10. die für individuelle und kollektive Nachfrage über den Markt angebotenen *konsumtiven Dienste* haben ihre *lohnabhängige Beschäftigung* insgesamt nur mäßig ausgeweitet; hinsichtlich dieses Angebotes kann quantitativ von einer Dienstleistungsgesellschaft keine Rede sein.

Die *Sonstigen Dienstleistungen* und die *Häuslichen Dienste* sind vom Personalumfang her weder absolut besonders groß, noch ist deren Wachstum außergewöhnlich. Einzig das *Gastgewerbe* ragt etwas heraus.

In der ersten Periode steigert es sein lohnabhängiges Personal um 430.000 und 130 Prozent auf 770.000. Die Steigerung von *Produktionswert*, *Wertschöpfung* und auch der *Abschreibungen* liegen zwischen 160 und 195 Prozent.

In der zweiten Periode steigt die Zahl der *Lohnabhängigen* um 500.000, auf 157 Prozent und 1,42 Millionen und damit für die privaten Dienstleistungen auf eine volkswirtschaftlich erhebliche Größenordnung;

11. die spezifisch der Form des Geldkapitals geschuldeten *Dienste von Banken und Versicherungen*, sowie mit dem Charakter des *Immobilieneigentums* verbundenen *Dienste des Immobiliengewerbes* haben sich erheblich ausgeweitet, stellen aber weiterhin einen erstaunlich geringen Anteil an der *Erwerbstätigkeit* dar.

Versicherungen, Banken und ihr Hilfsgewerbe hatten 1970 zusammen rund 700.000 *Lohnabhängige*. 2005 waren es etwas über 1,2 Millionen. Das *Kreditgewerbe*, also vor allem die *Banken* sind daran 1970 mit 404.000 und 2005 mit 720.000 *Lohnabhängigen* beteiligt. Personalentwicklung und Geschäftsausdehnung verhalten sich dabei wie folgt: In der ersten Periode gibt bei allen eine moderate Ausdehnung des Personals aber eine erhebliche der Geschäftstätigkeit. In der zweiten Periode stagniert die Zahl des lohnabhängigen Personals oder geht sogar leicht zurück, während die Geschäftstätigkeit nur noch moderat wächst.

Das *Grundstücks- und Wohnungswesen* hat auch 2005 mit 387.000 *Lohnabhängigen* personell nur eine geringe Relevanz. In der ersten Periode steigt die *Beschäftigung* um fast 140 Prozent, dagegen die Geschäftstätigkeit auf 675 oder 580 Prozent. *Abschreibungen* sind nicht notiert. In der zweiten Periode steigt die Zahl der lohnabhängig Beschäftigten weiter, wenn auch nur noch moderat. Die *Geschäftstätigkeit* steigt allerdings weiter auf 310 oder 240 Prozent.

Die jetzt notierten *Abschreibungen* wachsen von 45 Milliarden Euro auf 85 Milliarden Euro und zeigen damit einen absoluten Umfang, der die *gesamte Investitionsentwicklung der BRD maßgeblich beeinflusst.*

Aber mit rund 1,6 Millionen *abhängig Beschäftigten* hat dieser Sektor angesichts der Bedeutung der Geldkapital- und der Immobilienkapitalbewegungen in den aktuellen Jahren einen bemerkenswert kleinen Personalumfang;

12. die *Organisierung von Interessen,* des vorstaatlichen politischen Betriebes und der Weltanschauungen hat ihre zunächst geringe Beschäftigung von *Lohnabhängigen* erheblich ausgeweitet, stellt aber weiterhin einen *sehr geringen Anteil an der gesamten lohnabhängigen Beschäftigung.*

1970 beginnt dieser Zweig mit wenigen 140.000 *Lohnabhängigen,* 2005 finden wir dann 475.000. Der Zuwachs ist in der ersten Periode groß in der zweiten geringer. Die Aktivitäten und die »*Geschäftstätigkeit*«, deren Kern sich nur mangelhaft in ökonomischen Größen ausdrückt, steigen in der ersten Periode entsprechend stark in der zweiten nur noch moderat;

13. der Sektor der *kollektiven, gesellschaftlichen,* zumeist nicht privat und nicht kapitalförmig organisierten Dienste zur *gesellschaftlichen Reproduktion* umfasst den *Zweig Erziehung und Unterricht und das Gesundheits-, Veterinär- und Sozialwesen.* Zusammen verzeichnet der Sektor schon 1970 über 1,58 Millionen *Lohnabhängige,* überwiegend Angestellte und Beamte.

Bis 1991 in der alten BRD sind es dann schon 3,3 Millionen *Lohnabhängige.* Der Zuwachs durch die Übernahme der DDR von rund einer Million *abhängig Beschäftigter* bleibt erhalten und wir zählen 4,3 Millionen. Ab 1991 bis 2005 wächst die Zahl weiter um 1,4 Millionen, wobei eine Million auf den *Zweig des Gesundheits- und Sozialwesens* entfallen.

Diese Bereiche sind weitestgehend von politischen Beschlüssen abhängig, den Gebietskörperschaften Bund, Länder und Gemeinden, und auf die Finanzierung durch Sozialabgaben, Steuern oder auch Gebühren angewiesen. Das gilt sowohl für die Alters- und Pflegeheime, als auch für die Kliniken.

Die *Ausweitung des Personals* ist also weitgehend auf politische Beschlüsse zur Ausweitung der in diesen Zweigen gelieferten Dienstleistungen zurück zu führen und nicht auf eine Ausweitung einer privaten Nachfrage nach diesen Dienstleistungen über die Märkte. Im Bereich der Gesundheits- und Pflegedienste vollzieht sich die Ausweitung teilweise in privaten Organisationsformen. Bei den Kliniken führt die zunehmende Privatisierung zur Ausweitung des Feldes der Kapitalverwertung, und tendenziell zu einer Reduzierung des Personals;

14. der Sektor der *Öffentliche Verwaltung und Sicherheit, soziale Umverteilung* beginnt 1970 mit 1,9 Millionen *Lohnabhängigen*, davon ein überwiegender Teil Beamte. 1991 finden sich dann noch in der alten BRD 2,59 Millionen. 1991 sind rund 600.000 *Lohnabhängige* durch die Übernahme der DDR hinzugekommen und die Zahl steigt auf 3,2 Millionen. Bis 2005 finden sich davon dann nur noch 2,67 Millionen.

Davon entfallen einige Hunderttausend auf die Verkleinerung der um die Volksarmee erweiterten Bundeswehr. Diese Reduktion ist ein politischer Beschluss aufgrund einer neuen praktischen militärischen Lage. Die in allen sonstigen Verwaltungen erfolgte Verkleinerung der Verwaltungsapparate ist dagegen nicht einem geringeren Verwaltungsbedarf oder einer technischen Effektivierung der Arbeit geschuldet, sondern eine Auswirkung der neoliberal getönten Vorstellungen von einer Verschlankung des Staates und einer damit zusammen hängenden relativen Senkung der Steuereinnahmen aus Kapitaleinkommen oder vom Kapital.

5. Berufe, Berufsgruppen und Qualifikationen in den Wirtschaftszweigen und der gesellschaftlichen Arbeitsteilung

5.1 Einleitung: Die Ausgangsfragen

Diese lauteten: In welchen Feldern der gesellschaftlichen Arbeitsteilung können wir die *Mitglieder einer Arbeiterklasse* im Verständnis von Engels und Marx finden, wie viele sind es jeweils und welche Summe ergibt sich daraus?

Den ökonomisch-sozialen Charakter der *Arbeiterklasse* hatten wir wie folgt bestimmt:

Ihre Mitglieder sollen bei kapitalistischen Unternehmen der materiellen Produktion die Reproduktion des Kapitals und die Produktion von Mehrwert (mit) bewirken. Daher sollen sie bei durchschnittlicher Qualifikation für ihren Arbeitsplatz auch keine hohen Spezialisteneinkünfte beziehen.[50]

Können wir nun hoffen mit Hilfe einer weiteren, der vierten statistischen Untersuchung, anhand der *Berufsstatistik der Bundesagentur für Arbeit*, zusätzliche Informationen zur Beantwortung der Fragen zu bekommen?

Die bisherigen Untersuchungen haben gezeigt, dass die *sozialstatistische Gruppe der Arbeiter* absolut geschrumpft ist: mindestens seit 1970 in der alten BRD, nach 1990 weiter auf dem alten Territorium, und dramatisch auch in der einverleibten DDR, also auch in der erweiterten BRD. Das gilt sowohl für die Männer, als auch für die Frauen. Die Zahl der *weiblichen Arbeiter* ist dabei auf eine Größenordnung geschrumpft, die keine große Relevanz mehr für die *Klassenverhältnisse* der heutigen BRD hat (2005 in allen Zweigen und Tätigkeiten 2,7 Millionen; 2008 nur 1,2 Millionen in den Produktiven Zweigen, aber allen Arten von Tätigkeiten).

Da die *Arbeiter* überwiegend in der materiellen Produktion bei privaten Unternehmen beschäftigt waren und auch heute noch sind, *bildeten sie den Hauptbestandteil einer Arbeiterklasse im o. g. Sinn und tun es auch heute noch.* Daraus ergibt sich die Schlussfolgerung, dass auch *die Arbeiterklasse* stark geschrumpft ist, wenn sie nicht durch technische Angestellte entsprechend aufgefüllt wurde.

Die Vermutung, dass sich dieser Trend auch in den Proportionen der Beschäftigung zwischen den beiden Großsektoren der *materiellen Produktion* und der *Dienstleistungen* zeigen würde, bestätigte sich. Aber nach einer Umstellung der Gruppierung der Wirtschaftszweige für die Volkswirtschaftliche Gesamtrechnung (nach der Systematik WZ 03) zeigte sich, dass die Verschiebung zwischen den Bereichen der materiellen Produktion und der Dienstleistungen erheblich geringer ist, als sich ohne Korrekturen der Zurechungen ergibt.

Die *Untersuchung der Berufsstatistik* soll drei Aspekte umfassen:

Wie haben sich die *Proportionen* zwischen den verschiedenen *Berufsgruppen* (Tätigkeitsarten) entwickelt – den *produktiv Tätigen* und den Anderen? Was auch immer unter diesen zu verstehen ist.

Wie spiegelt sich die *Veränderung dieser Proportionen* in der Zuordnung der Berufsgruppen zu den *Wirtschaftszweigen*, und dort besonders den beiden Bereichen *materielle Produktion* und *Dienstleistungen.*

Welche Schlussfolgerungen ergeben sich für die Abgrenzung, den Umfang und die innere Charakteristik einer *Arbeiterklasse* im eingangs genannten Sinne?

Aus der Eigenart der Berufsstatistik ergibt sich, dass die drei Aspekte im Durchgang durch die Wirtschaftszweige nur gleichzeitig herausgearbeitet werden können.

5.2 Probleme der Zuordnung von Berufsgruppen zu Wirtschaftszweigen

Die Statistik der Erwerbstätigen nach Berufsgruppen beginnt nach der *Systematik der Berufe*, die für die untersuchte Periode gilt, ab 1993 und bezieht sich auf das *Territorium der erweiterten BRD*. Daher wird auch bei der *Statistik der Erwerbstätigkeit* nach den Wirtschaftszweigen der *Systematik WZ 03* aus dem *Mikrozensus für die erweiterte BRD* mit dem Jahr 1993 begonnen, obgleich deren Zahlen schon ab 1991 für das gesamte Territorium zur Verfügung stehen. Das hat auch einen inhaltlich positiven Effekt, weil bis 1993 die aus der Übernahme der DDR herrührenden, nur kurze Zeit andauernden Veränderungen der Zweigstruktur und der Struktur der Erwerbstätigkeit nach Berufen sich einigermaßen konsolidiert hatten. Die bis zur Erarbeitung dieser Untersuchung veröffentlichten Zahlen der Statistik reichten bis 2006.

Die *Berufsstatistik der Bundesagentur für Arbeit* zählt die meldungspflichtigen Beschäftigungsverhältnisse in Unternehmen und Einrichtungen. Zu diesen Vertragsverhältnissen müssen die jeweiligen Leitungen die Tätigkeiten der Personen in diesen Verhältnissen nach einer von der Agentur vorgegebenen *Berufssystematik* angeben. Ob die gemeldeten Personen mit den angegebenen Tätigkeiten tatsächlich die in der Systematik unterstellten Ausbildungen und Abschlüsse vorweisen, bleibt dabei faktisch den die Formulare für die Meldung ausfüllenden Stellen und damit den Betrieben und Einrichtungen überlassen. In der Regel werden die konkreten Berufstätigkeiten, die nach der Systematik eine fachspezifische Ausbildung unterstellen im Bereich der materiellen Produktion auch in den dafür üblichen Gewerben und Industrien ausgeübt. Wenn und soweit es diese fachspezifischen Ausbildungen für die meldepflichtigen Arbeitsverträge nicht gibt, werden die Tätigkeiten anscheinend auf den engeren Produktionszweig bezogen. Es heißt dann: »*Berufe im …*« oder »*Berufe für …*«

Ob und wie umfangreich solche spezifischen Berufstätigkeiten in anderen Zweigen und Gewerben vorkommen, kann aus der Statistik selber nicht entnommen werden.

In den meisten Fällen ist die Zuordnung von spezifischen Berufen zu bestimmten Industrien und Gewerben unmittelbar plausibel. Für die Einordnung in eine Qualifikations- und Verantwortungshierarchie, damit auch in eine der Bezahlung usw. lassen sich aber nicht durchgehend klare Schlüsse ziehen, die eine einfache Summierung mit Tatbeständen aus anderen Zweigen vorbehaltlos zulassen. Eine eigentlich gebotene kritischere Verwendung der Berufsstatistik hätte einen unabsehbaren Aufwand erfordert, ohne dass klar wäre, ob überhaupt genauere Ergebnisse zu erwarten wären. Hier sind diese Unklarheiten einfach übergangen worden.

Für alle jene Tätigkeiten, die keine für einen Wirtschaftszweig spezifische Ausbildung voraussetzen, und die nicht mit einem speziellen Gewerbe verbunden sind, ergeben sich damit Probleme der Zuordnung. Das gilt zum einen für die *Produktionsberufe*, also für die Beteiligung an der materiellen, industriellen Produktion und an den handwerklichen Produktions- und Reparaturarbeiten, sowie generell für die Maschinen- und Apparatebedienung und für die technischen Wartungsarbeiten. Das gilt zum anderen aber vor allem für die *Tätigkeiten in Büros*, soweit sie nicht von vorn herein als spezielle Tätigkeiten in bestimmten Zweigen notiert sind, wie bei etlichen zweigspezifischen kaufmännischen Berufen.

Darüber hinaus ist ein *Abgleich beider Statistiken schwierig*, weil die gezählten »Einheiten« der Beschäftigungsverhältnisse ([Lohn-]Arbeitsverträge, Selbständigkeit und Unternehmensleitung aus Eigentum) in beiden Statistiken unterschiedlich wiedergegeben werden. Bei der *Statistik zur Erwerbstätigkeit in den einzelnen Wirtschaftszweigen* wird zwischen *Selbständigen* und *Arbeitnehmern* unterschieden und ihre Summen werden genannt. Weder wird eine Aufteilung nach *Arbeitern* und *Angestellten* vorgenommen, noch eine nach Geschlechtern. Insoweit gibt es keine Hinweise auf den Ort in der betrieblichen Arbeitsteilung, wie Produktion, Lager, Transport, technische oder ökonomische Verwaltung, Leitung, Planung usw. und auch keine zur betrieblichen Hierarchie oder Entlohnung. Nur für die Kleinbetriebe wäre der Unterschied von *Selbständigen* (Eigentümern) und Arbeitnehmern ein Hinweis für den Unterschied von Leitung und Planung sowie Ausführung. Aber die Kleinbetriebe sind statistisch nicht gesondert aufgeführt. Die Durchschnittsangaben lassen nur für längere Zeiträumen sehr vorsichtige Aussagen über Entwicklungstendenzen zu. Für einzelne Zeitpunkte sind sie jedoch fast bedeutungslos.

Bei der Berufsstatistik werden *vorhandene Erwerbstätigkeiten* in Betrieben und Unternehmen sowie *Selbständige mit und ohne »Arbeitnehmer« zusammengezählt*, also Arbeitsverträge und Eigentümerschaft/Selbständigkeit. Aber es gibt eine durchgehende Unterteilung nach dem Geschlecht. Dagegen bleibt die *Stellung im Beruf* (selbständig, abhängig) im Dunkeln. Wenn in manchen Berufszweigen, richtiger beruflichen Arbeitsfeldern, alle Qualifikationsstufen aufgrund von Ausbildungs- und Examensstufen und damit verbundenen Tätigkeitsfeldern angegeben werden (Facharbeit, Techniker, Ingenieure, oder Schwestern und Ärzte im Gesundheitswesen), ergeben sich daraus auch Hinweise auf die Stellung in der betrieblichen Arbeitsteilung, der Hierarchie und der Entlohnung.

Soweit die *Berufsausbildungen* die *Arbeitstätigkeiten* der *Erwerbstätigen* bestimmen, sind solche *Erwerbstätigen* manchmal nicht nur in jeweils einem einzelnen »passenden« spezifischen Wirtschaftszweig beschäftigt. Diese Verbindung variiert je nach Beruf mehr oder weniger stark. Für die *Zuordnung von Berufen zu einzelnen Wirtschaftszweigen* oder übergeordneten Summen gibt es *keine eigene Systematik* und anscheinend bisher auch keine aus der Empirie destillierte Regelmäßigkeit. Daher wurde hier jeweils eine eigene qualitative Einschätzung vorgenommen.

Um gleichwohl eine Zuordnung zu den oben gewonnenen Kategorien der gesellschaftlichen Arbeitsteilung zu gewinnen (*vgl.: 3.2.3*), ist die *Anordnung der Wirtschaftszweige* der untersten, in der Systematik der Wirtschaftszweige von 2003 ausgewiesenen Ebene, nach diesen Kategorien vorgenommen worden, auch wenn sich bei den Berufen keine »Passungen« finden ließen – und das ist nicht selten der Fall.

Soweit bei *Berufen* eine Aufgliederung nach *Ausbildungsart und Spezifik der Tätigkeit* vorhanden und statistisch ausgewiesen ist, lassen sich die *Proportionen der Qualifikationszusammensetzung* der *Erwerbstätigen* und die Entwicklung in manchen Gewerben herausarbeiten, in seltenen Fällen sogar für die gesamte Volkswirtschaft.

5.3 Ausblick auf wichtige Ergebnisse der Untersuchung

Die bisherigen Ergebnisse aus den anderen statistischen Untersuchungen bestätigen sich weitgehend. Die *Zahl der materiell technischen Tätigkeiten* in der weit gefassten materiellen Produktion nimmt ab, z. T. erheblich. Daran sind fast alle Zweige beteiligt. Das betrifft alle großen Bereichen der materiellen Produktion, wie Landwirtschaft, Bergbau, Industrie und Baugewerbe, auch die Verarbeitungsstufen der Industrie: Vorprodukte, Halbzeug, Investitionsgüter, einschließlich Bau, Ge- und Verbrauchsgüter. Das zeigt sich auch in den Industrien in einer Sortierung nach Stoffen: chemische Produktion, Metallprodukte, Produktion von Holz und Papier, von Keramik u Baustoffe, oder nach dem physikalischen Funktions- oder Aufgabenprinzip, wie Geräte zur Elektrizitäts-Erzeugung und -Verteilung, sowie elektrische Apparate und Geräte und optische Geräte. *Nur in ganz wenigen Industriezweigen gibt es eine Zunahme des Personals mit einschlägigen Berufen*, meist in sehr kleinen Größenordnungen, die den Trend nicht verändern. Die *Qualifikationsentwicklung* zeigt fast durchgehend eine *Verringerung der unteren Stufen* und eine *Erhöhung der obersten*, während die *mittleren eher stagnieren.*

Die Entwicklung der Beschäftigung in den Zweigen, die hier als *Vermittlungen und als Dienste* behandelt werden zeigt dagegen generell *eine absolute Ausdehnung.* Dabei halten die Vermittlungen ihren Anteil an der insgesamt gewachsenen Zahl der *Erwerbstätigen*, während die Zahlen bei den *Diensten sich sehr unterschiedlich entwickeln.* In einigen Zweigen gibt es enorme Steigerungen in anderen mäßige und im engeren Staatsdienst sogar Verringerungen. Die Ausdehnung der Dienste geht in der Regel mit einer Vergrößerung der Anteile von qualifiziertem Personal einher, mittlerer oder höherer Qualifikation, da es sich zumeist um Tätigkeiten mit längerer Ausbildung und formalen Abschlüssen handelt.

5.4 Entwicklung der einzelnen Wirtschaftszweige

5.4.1 Ur-Produktion/Grundstoffe

5.4.1.1 Landwirtschaft und verwandte Zweige

1993 waren im *Zweig A 01 Landwirtschaft und Jagd* 1.136.000 Erwerbstätige beschäftigt. Davon waren 676.000 *selbständige Landwirte* und 460.000 *abhängig Beschäftigte.* In der Zahl der *Selbständigen* ist in dieser Statistik die Zahl der mithelfenden Familienangehörigen mit enthalten. Die Erwerbstätigkeit in der *Tierwirtschaft und der Jagd* und auch im *Gartenbau* ist ebenfalls mit einbegriffen. Dagegen werden hier die in der *Forstwirtschaft* Beschäftigten extra ausgewiesen: Das waren 4.000 *Selbständige* und 44.000 abhängig Beschäftigte, darunter sicher auch etliche Beamte im Staatsdienst.

Die *Berufsstatistik* verzeichnet im gleichen Jahr 728.000 Erwerbstätige *mit landwirtschaftlichem Beruf* und 70.000 mit tierwirtschaftlichem Beruf, dazu 66.000 mit Forst- und Jagdberufen, also 854.000 mit land- und tierwirtschaftlichen Berufen. Sie verteilen sich in beiden Bereichen etwa wie 4:3 auf Männer und Frauen.

Wegen der je unterschiedlichen Ausweisung von Tätigkeiten bei der *Jagd* und der *Forstwirtschaft* bei Zählung nach Zweigen und bei den Berufszählungen müssen wir diese außer Acht lassen. Zudem haben wir zwar bei den Berufen eine Aufteilung nach Geschlechtern, aber nicht nach Qualifikationsstufen. Daher können wir gelernte Waldarbeiter und studierte Forstwirte nicht unterscheiden.

	Nr.	Wirtschaftszweige
1	A-B	Land- u Forstwirtschaft, Fischerei
2	A	Land- und Forstwirtschaft
3	01	Landwirtschaft und Jagd
4	02	Forstwirtschaft
5	B	Fischerei und Fischzucht

Tabelle 5.4.1.1. – 1

Land- und Forstwirtschaft, Fischerei	1993			2004		
	EwT	SbSt	AN	EwT	SbSt	AN
Land- u Forstwirtschaft, Fischerei	1.192	683	509	873	416	457
Land- und Forstwirtschaft	1.184		504	868		454
Landwirtschaft und Jagd	1.136	676	460	831	408	423
Forstwirtschaft	48	4	44	37		31
Fischerei und Fischzucht	8		5	5		3

Tabelle 5.4.1.1. – 2

Allerdings sind bei der *Berufsstatistik Verwaltungs-, Beratungs- und technische Fachkräfte in der Land- und Tierwirtschaft* gesondert ausgewiesen. Ihr zahlenmäßiger Umfang mit nur 21.000 ist jedoch sehr klein. Hier sind völlig überwiegend Männer beschäftigt (17.000).

Auch wenn nicht gesagt ist, dass alle selbständigen Landwirte ihren Beruf formell gelernt oder sogar studiert haben und andererseits alle *abhängigen landwirtschaftlichen Arbeitskräfte* nicht studiert oder nicht gelernt haben, so wird man doch unterstellen können, dass die Proportion von *Selbständigen* zu Abhängigen in etwa die Größenordnung von höher Qualifizierten zu weniger qualifizierten angibt. D. h. in diesem Fall allerdings nicht, dass beide Personengruppen in der direkten landwirtschaftlichen Tätigkeit nicht Ähnliches tun, aber die kaufmännischen und landwirtschaftlichen Dispositionen werden doch bei den *Selbständigen* verbleiben, es sei denn sie werden in wenigen Fällen von den wenigen Kräften mit verwaltungs- und Beratungsberufen erledigt.

In der *Berufsstatistik werden für 1993 Beschäftigte im Gartenbau* mit 320.000 ausgewiesen. Allerdings werden keine Qualifikationsunterschiede angegeben. Hier ist die Aufteilung 19:12 zwischen Männern und Frauen.

Bis 2004 hat sich die Zahl der *selbständigen Landwirte* um 270.000 auf 408.000 verringert, während die Zahl der *abhängig Beschäftigten* nur um 40 auf 423.000 gesunken ist. Weder 1993 noch 2004 sind die Anteile von *Selbständigen* und *Mithelfenden* getrennt ausgewiesen. In welchen der beiden Kategorien sich die

Berufsgruppe, Berufsordnung	Nr.	Geschl.	1993		2006		Diff 06-93-
Landwirtschaftliche Berufe	01	i	728	728	383	383	-345
		m	408		267		-141
		w	319		116		-203
Tierwirtschaftliche Berufe	02	i	70	70	6868		-2
		m	37		35		-2
		w	33		33		0
Verwaltungs-, Beratungs- u. technische Fachkräfte in der Land-u Tierwirtschaft	03	i	21	21	26	26	5
		m	17		19		2
		w	/		6		
Gartenbauberufe	05	i	320	320	400	400	80
		m	191		248		57
		w	129		152		23
Forst-, Jagdberufe	06	i	66	66	57	57	-9
		m	59		52		-7
		w	7		/		
Summen		i		1.205		934	-542

Tabelle 5.4.1.1. – 3

Zahl um wie viel verringert hat, lässt sich daher nicht sagen. In der Berufsstatistik werden 2006 nur noch 383.000 *Beschäftigte mit landwirtschaftlichem Beruf* gezählt, 345.000 weniger als 1993, davon 141.000 weniger Männer und 203.000 weniger Frauen. Es steht zu vermuten, dass von den 203.000 aus der Statistik verschwundenen weiblichen *Selbständigen* eine größere Zahl Mithelfende Familienangehörige waren.

Bei den *tierwirtschaftlichen Berufen* gibt es einen sehr kleinen Rückgang Beschäftigtenzahl.

Bei den *Gartenbauberufen* zeigt sich eine Vergrößerung der Zahl der Beschäftigten um 80 auf 400.000. Davon entfallen 57.000 auf die Frauen und 23.000 auf die Männer.

Ob sich von den in der *Berufszählung* gezählten fast eine Million *Hilfsarbeitern* ohne nähere Angaben auch *landwirtschaftliche Arbeitskräfte* befinden, muss offen bleiben. Diese Kategorie von Beschäftigten umfasst 2006 nur noch 589, also 410 weniger.

Die Zahl der insgesamt in der *Landwirtschaft Beschäftigten* ist in den letzten fünfzehn Jahren weiter erheblich gesunken ist, bei den *Selbständigen und Mithelfenden* stärker, als bei den Abhängigen. Es hat eine starker Konzentrationsprozess stattgefunden. Dem lag die Aufgabe von selbständigen Betrieben und die Vergrößerung der Betriebseinheiten, der Fläche pro Betrieb, zugrunde – kein umfang-

Berufsgruppe, Berufsordnung	Geschl.	1993	2006	Diff 06-93
Hilfsarbeiter/innen ohne nähere Tätigkeitsangabe	i	999	589	-410
	m	627	357	-270
	w	372	232	-140

Tabelle 5.4.1.1. – 4

reiches Aufgeben von Betrieben mit der Brachlegung von Flächen. Es handelt sich also bei der Reduktion und den unterschiedlichen Veränderungen bei den Personengruppen um die Ausschöpfung der schon vorhandenen technischen und personellen Produktivitäts-möglichkeiten und nicht um eine Verschiebung der Verursachung des Produktionsumfanges von den Personen auf Technik, Chemie oder Biologie.

Hingegen ist die Abhängigkeit dieser Betriebe von kapitalisti-schen Zuliefer- und Abnahmeunternehmen sicherlich gewachsen und damit ihre Einbindung in die kapitalistisch dominierte Waren-produktion und Absatzorganisation.

Für die 400.000 *Erwerbstätigen im Gartenbau* muss man eine etwas andere Situation annehmen. Neben sehr vielen kleinen und mittleren rein örtlich orientierten Gärtnereien wird es auch einige Großbetriebe mit überregionaler Bedeutung und Versandgeschäft ihrer Produkte geben. Für die kleinen und mittleren Betriebe wird wohl gelten, dass sie von *Selbständigen Gärtnern* oder *Gartenbauar-chitekten* geleitet werden und jeweils nur wenige zusätzliche abhän-gige Kräfte beschäftigen. Wie die Aufteilung ist, kann hier nicht gesagt werden. Bei den Großbetrieben werden dann auch größere Zahlen von *abhängig Beschäftigten* mit Gartenbauberufen zu finden sein.

5.4.1.2. Bergbau und sonstige Stoffgewinnung

5.4.1.2.1 Kohlenbergbau, Torfgewinnung

Nach dem dramatischen Zurückfahren der *Förderung im Steinkohlenbergbau* in den 60er Jahren, der Konzentration der Gruben, und dem damit einhergehenden Abbau der Beschäftigung, und dem weiteren kontinuierlichen Rückgang bis 1989, sind bis 1993 weitere erhebliche Rückgänge auf nur noch 177.000 Erwerbstätige zu verzeichnen. Davon sind praktisch alle abhängig erwerbstätig, d.h. sie arbeiten in wenigen, als Kapitalgesellschaften organisierten Großbetrieben. Wie die unten stehende Aufstellung zeigt, drittelt sich die Zahl der *Lohnabhängigen* bis 2004 noch einmal auf nur noch 55.000, die nur noch in ganz wenigen Gruben arbeiten.

Da in der *Berufsstatistik* für 2006 nur noch Zahlen für *Bergleute*, aber keine mehr für *Techniker und Ingenieure* ausgewiesen sind, sollen hier nur die Zahlen von 1993 kommentiert werden.

Wie die unten stehende Aufstellung zeigt, sind im Jahr 1993 nur noch 73.000 Bergleute tätig, von 177.000 Beschäftigten insgesamt. Die Aufstellung bietet uns jeweils nur eine Summe von *Technikern und von Ingenieuren*, die im Bergbau und in der Hüttenindustrie tätig sind. Wie viele davon auf den Bergbau entfallen, bleibt offen. Zu den *Bergleuten* kommen also ein Teil der 15.000 *Bergbau- und Hüttentechniker*, von denen die meisten wohl in der Hüttenindustrie beschäftigt sind und 13.000 *Ingenieure*, für die das gleiche gilt.

Die Differenz zu den in der oben wiedergegebenen Statistik angeführten 177.000 *Erwerbstätigen im Kohlenbergbau* wird auf zwei Bereiche zurückzuführen sein. Zum einen werden diese in all den umfangreichen Nebenbetrieben für den Bergbau und zum

Wirtschaftszweig	1993			2004		
	EwT	SbSt	AN	EwT	SbSt	AN
Kohlenbergbau, Torfgewinnung	177	0	177	55	0	55

Tabelle 5.4.1.2. – 5

Berufsgruppe, Berufsordnung	Nr.	Geschl	1993	2006	Diff 06-93
Bergleute	07	i	73	64	-9
		m	70	63	-7
		w	/	/	
Bergbau-, Hütten-, Gießerei-Techniker/innen	625	i	15	/	
		m	15	/	
		w	/	/	
Bergbau-, Hütten-, Gießerei-Ingenieure/innen	605	i	13	/	
		m	12	/	
		w	/	/	

Tabelle 5.4.1.2. – 6

anderen in den zugehörigen technischen und kaufmännischen Verwaltungen beschäftigt sein.

Die Proportionen der *direkt und indirekt* mit dem *bergbaulichen Arbeits- und Produktionsprozess Beschäftigten*, fast vollständig *Lohnabhängige*, sind 73.000 gelernte *Bergleute*, und einschließlich der Hüttenindustrie 15.000 *Techniker* und 13.000 *Ingenieure*. Bergleute und Techniker waren sicher in den letzten Jahrzehnten nicht nur wegen der Produktionseinschränkung und der Betriebsaufgaben einer ständigen Veränderung und Verringerung ihrer Zahl ausgesetzt, sondern ebenfalls aufgrund der zunehmenden und sich verändernden Technik des Bergbaus. Für die Ingenieure gibt es wohl gegensätzliche Tendenzen.

Die Reduktion der *Erwerbstätigen* im *Bergbau* von 177.000 1993 auf nur noch 55.000 in 2004, findet sich bei den Berufen nur in stark verringertem Maß, von 73 auf 64.000 in 2006 bei den Bergleuten selbst und auf vermutlich (wegen der Angaben der Differenz bei den Technikern) zwei Drittel bei den Kategorien von der höher Qualifizierten.

Wie sich die Diskrepanz von 55.000 *Erwerbstätigen* im Kohlenbergbau von 2004 und die Zahl an Bergleuten von 64.000 in 2006 auflösen lässt, bleibt unklar.

Wirtschaftszweig	1993			2.004		
	EwT	SbSt	AN	EwT	SbSt	AN
CB - Erzbergbau, Gew. v.Steinen u. Erden,sonst.Bergbau	49	4	45	33	1	32

Tabelle 5.4.1.2. – 7

5.4.1.2.2 CB – Erzbergbau, Gewinnung von Steinen und Erden, sonstiger Bergbau

Zu vermuten ist, dass es sich dabei um *Bergleute im Erz- und im Kali-Bergbau* handelt. Die entsprechenden Zahlen für den Zweig lauten 33.000 Erwerbstätige und 32.000 *Lohnabhängige*. Darin enthalten ist auch der Zweig *Gewinnung von Steinen und Erden*, also etwa Steinbrüche und Kies- und Sandgruben.

Über die Verteilung auf Kaligruben mit größeren Belegschaften und auf Kiesgruben oder Ähnliches lassen sich hier keine Vermutungen anstellen.

5.4.1.3 Recycling

Die Struktur der Betriebe, nicht notwendig der Unternehmen, wird eher größeren Gewerbebetrieben ähneln, mit Belegschaften bis zu maximal 50 *Lohnabhängigen*.

Die Zahl der *Erwerbstätigen* dieses Zweiges ist sehr klein, auch wenn sie von 1993 bis 2004 fast auf das doppelte gewachsen ist.

Wirtschaftszweig	1993			2004		
	EwT	SbSt	AN	EwT	SbS	AN
Recycling	12	1	11	20		19

Tabelle 5.4.1.3. – 8

5.4.2 Materielle InfraStruktur

5.4.2.1 E – Energie- und Wasserversorgung
Zweig 40 – Energieversorgung
Zweig 41 – Wasserversorgung

Die beiden von der Zahl der Beschäftigten her so unterschiedlichen Zweige bilden in unserer neuen Gliederung zusammen den Sektor der materiellen Infrastruktur. Die Energieversorgung mit Strom ist mittlerweile völlig von wenigen Kapitalgesellschaften beherrscht, sie bilden ein Oligopol. Dagegen ist die Versorgung mit Erdgas zwar ebenfalls von wenigen Großlieferanten mit großen Rohrsystemen abhängig, die oftmals gleichzeitig auch die Importeure sind. Dazu gibt es aber eine größere Zahl von städtischen Versorgungsunternehmen, die zwar von der Zulieferung der Rohrleitungsbetreiber abhängig sind, aber doch eine eigene Geschäfts- und Beschäftigungspolitik betreiben können. Die Wasserversorgung ist dagegen, abgesehen von wenigen sehr weitreichenden Netzwerken, meist lokal, und zum erheblichen Teil in kommunalen Eigenbetrieben organisiert.

Berufsgruppe, Berufsordnung	Nr.	1993			2004		
		EwT	SbSt	AN	EwT	SbSt	AN
Energie- und Wasserversorgung	E	389		389	293		293
Energieversorgung	40	339	0	339	250	0	250
Wasserversorgung	41	50	0	50	43	0	43

Tabelle 5.4.2.1. – 9

5.4.2.1.1 Zweig 40 – Energieversorgung

Nur die *Energiemaschinisten* sind aus den *verschiedenen* Berufen einigermaßen eindeutig dem Zweig der Energieversorgung zuzurechnen. Von 1993 21.000 geht ihre Zahl um 5.000 auf 15.000 zurück.

Das lässt sich kaum auf den Einfluss von technischen Veränderungen zurückführen. Zudem sind die Großkraftwerke technische Anlagen mit Laufzeiten von mehreren Jahrzehnten, in denen sich die technische Konstellationen im hier untersuchten Zeitraum grundsätzlich nur wenig geändert haben werden.

Gegenüber den gesamten 250.000 *Lohnabhängigen* in 2006 sind die nur 16.000 *gelernten technischen Arbeiter* ein verschwindend geringer Teil. Ein anderer Teil dürfte mit dem Bau, der Wartung und Reparatur der Überlandleitungen für Strom und den Schaltstellen beschäftigt sein. Ein wesentlich größerer Teil ist sicher in den kaufmännischen Verwaltungen der Versorgungsunternehmen tätig.

Berufsgruppe, Berufsordnung	Nr.	Ge-schl.		1993	2006	Diff 06-93
		i		21	16	-5
Energiemaschinisten/innen	541	m		20	16	
		w		/	/	

Tabelle 5.4.2..1. – 10

Die Reduktion der Zahl der *Lohnabhängigen* in der *Energieversorgung* von 1993 auf 2004 um etwa 90.000 auf nur noch 250.000, zeigt einerseits das große Rationalisierungspotential und andererseits in der Konzentration der Verwaltungen die Unterwerfung unter die Kapitalverwertung.

5.4.2.1.2 Zweig 41 – Wasserversorgung

Die 2004 noch 43.000 *Lohnabhängigen* in der *Wasserversorgung* sind wenige und meist bei kommunalen, nicht kapitalistisch organisierten Betrieben und Unternehmen beschäftigt. Ihre potentielle Rolle als Teil einer Arbeiterklasse ist kaum auszumachen. Ihre technischstoffliche Rolle in der Reproduktion von Produktion und Konsum, d. h. bei der gesamten Reproduktion der Gesellschaft ist dagegen kaum zu überschätzen und potentiell strategisch.

Der Anteil an *produktiv tätigen Arbeitern* und *technischen Fachleuten* in beiden Zweigen an den insgesamt 2004 noch 293.000 *Lohnabhängigen* lässt sich aus dem vorliegenden Zahlenmaterial nicht einmal schätzen. *Wie groß daher ein Arbeiterklasse-Anteil sein könnte muss offen bleiben.*

5.4.3 Vorprodukte und Halbzeug

5.4.3.1 I Glasgewerbe, Herstellung von Keramik, Verarbeitung von Steinen und Erden

Diese Kombination von Zweigen war in unseren bisherigen Erörterungen an einer anderen Stelle eingeordnet. In der ursprünglichen Zweigsystematik WZ 03 ist sie wiederum noch anders und mit einer anderen Reihenfolge einsortiert.

Da diese ursprüngliche Reihenfolge im Hinblick einer Gliederung nach Verarbeitungsstufen und nach der Rolle in der Reproduktion von Produktion und Gesellschaft, wie Investition und Konsum, nicht zu halten war, haben wir sie an einer anderen Stelle positioniert. Andererseits werden in dieser Zweigkombination sowohl Halbzeug, z. B. im Bereich der Ver- und Bearbeitung von Steinen und Erden und bei der Glasherstellung, als auch Investitionsgüter, z. B. Keramik für die Ausrüstung von Bädern, als auch Endprodukte für den Konsum, bei wie bei Glas, hergestellt. Aus diesem Grund

Nr Systematik		Wirtschaftszweige
DA		Ernährungsgewerbe und Tabakverarbeitung
	15	Ernährungsgewerbe
	16	Tabakverarbeitung
DB		Textil- und Bekleidungsgewerbe
	17	Textilgewerbe
	18	Bekleidungsgewerbe
DC		Ledergewerbe
DD		Holzgewerbe (ohne H. v. Möbeln)
DE		Papier-, Verlags- und Druckgewerbe
	21	Papiergewerbe ?
	22	Verlags-, Druckgewerbe, Vervielfältigung
DF		Kokerei, Mineralölverarbeitung, H.v.Brutstoffen
DG		H. v. chemischen Erzeugnissen
DH		H. v. Gummi- und Kunststoffwaren
DI		Glasgewerbe, H.v.Keramik, Verarb.v.Steinen u.Erden
DJ		Metallerzg.u.-bearb., H.v.Metallerzeugnissen
	27	Metallerzeugung und -bearbeitung

Tabelle 5.4.3.1. – 11..

haben wir die Zweigkombination in der Mitte zwischen Halbzeug und Konsumgütern bei den Investitionsgütern einsortiert.

Ein weiterer Grund, sie in diesen Überlegungen an dieser Stelle zu behandeln, besteht darin, dass in der Berufssystematik folgende Berufsfelder, die für die fachlichen Tätigkeiten in den Bereichen der angegebenen Zweigkombination in Frage kommen, unmittelbar nacheinander aufgeführt werden:

10 – Steinbearbeiter/innen

11 – Baustoffhersteller/innen

12 – Keramiker/innen

13 – Berufe in der Glasherstellung und Glasbearbeitung

Für die zu behandelnde Zweigzusammenstellung werden für 1993 und 2004 die folgenden Zahlen an *Erwerbstätigen* notiert:

Wirtschaftszweig	1993			2004		
	EwT	SbSt	AN	EwT	SbSt	AN
I Glasgewerbe, Herstellung von Keramik, Verarbeitung von Steinen und Erden	360	19	341	258	13	245

Tabelle 5.4.3.1. – 12

Die Zahlen für die Beschäftigten in den vier oben angegebenen Berufsfeldern sind folgende (s. *Tabelle 5.4.3.1. – 13*)

Unterstellt, dass sich die *Zweige* und die *Berufsfelder* weitgehend decken, sind von den 340.000 *Lohnabhängigen* in 1993 nur 102.000 direkt mit den *materiellen Veränderungen der Stoffe* befasst.

Womit der Rest von 238.000 *Lohnabhängigen* beschäftigt ist, lässt sich aus dem vorliegenden Material nicht sagen. Auf jeden Fall kommen damit technische Nebenprozesse und die Tätigkeiten in den kaufmännischen Verwaltungen in Frage. Eine solche Proportion von 3:1 sieht jedoch etwas unwahrscheinlich aus. Die technische Ausstattung und damit der Mechanisierungs- und Automatisierungsgrad, sind bei den in Rede stehenden Gewerben höchst unterschiedlich und selbst innerhalb der Gewerbe weit auseinander liegend, wie zum Beispiel zwischen Glasbläserei und der Herstellung von Pressglas und noch weiter gehend Flachglas im Floatverfahren. Bei der Herstellung von *Baustoffen*, wie Zement oder

Berufsgruppe, Berufsordnung	Nr.	Geschl.	1993	2006	Diff 06-93
Steinbearbeiter/innen	10	i	25	22	-3
		m	24	20	-4
		w	/	/	
Baustoffhersteller/innen	11	i	9	/	
		m	9	/	
		w	/	/	
Keramiker/innen	12	i	34	19	-15
		m	21	12	-9
		w	13	8	-5
Berufe in der Glasherstellung u. - bearbeitung	13	i	34	23	-11
		m	25	17	-8
		w	8	6	-2
Summen			102	64	-38

Tabelle 5.4.3.1. – 13

gepressten und gebrannten Bausteinen sind enorme technische Anlagen mit sehr wenig Personal bestimmend. Bei der Keramikherstellung werden sie , ähnlich wie bei der Glasherstellung, nur in einem Teil verwendet, während und in einem anderen Teil qualifizierte Handarbeit, teilweise sogar mit künstlerischem Einschlag, geleistet wird. *Steinbearbeiter und Baustoffhersteller* sind fast ausschließlich Männer, bei der Keramikherstellung sind Männer und Frauen im Verhältnis von 2:1 und der Glasherstellung und Glasbearbeitung im Verhältnis von 3:1 tätig. Diese Proportionen verändern sich bis 2006 kaum.

Die Zahl der *Lohnabhängigen* in der *Statistik der Zweigzusammenstellung* zeigt einen Rückgang um fast 100.000 auf 245.000. In den vier behandelten Berufsfeldern sinkt die Zahl um 35.000 auf 64.000. In den einzelnen Feldern sehr unterschiedlich, zwischen 10Prozent bei den *Steinbearbeitern* und fast der Hälfte bei den *Keramikern*. Da für die *Baustoffherstellung* keine Zahlen angegeben sind, müssten bei einer Schrumpfung um 50 Prozent noch 5.000

Beschäftigte hinzu gezählt werden, wären also noch 70.000 in diesen Berufsfeldern als gelernte Kräfte tätig. Dabei ist aus den Zahlen keine Stufung der Qualifikation zu entnehmen.

1993 liegt die durchschnittliche Betriebsgröße bei 18 *Lohnabhängigen*, 2004 steigt sie unwesentlich auf 19. Die Durchschnittsangaben wären selbst für die einzelnen Gewerbe wenig aussagekräftig, da es alle Betriebs- und Unternehmensgrößen gibt: hoch technisierte Großbetriebe, sowie Mittel- und Kleinbetriebe.

Der Anteil an *Lohnabhängigen* in kapitalistischen und von Technik bestimmten Großbetrieben ist daher unbekannt. Bekannt ist allerdings, dass die *Zementindustrie* hoch technisiert und bei den Unternehmen noch höher konzentriert ist. Wie es bei den anderen Berufsfeldern aussieht, ist hier nicht festzustellen.

Da es sich in den Zweigen z. T. um kapitalistische Großbetriebe mit großer technischer Ausstattung und Belegschaften mit speziellen Qualifikationen handelt, ist unklar, wieweit ihre Arbeitsplätze von technischen Veränderungen, oder von Marktprozessen berührt sind. Zumindest die Baukonjunktur wird sich hier stark bemerkbar machen.

5.4.3.2 F – Kokerei, Mineralölverarbeitung, Herstellung von Brutstoffen

Als zweite Zusammenstellung von Zweigen bei der Gruppe von Vorprodukten und Halbzeug findet sich *Kokerei, Mineralölverarbeitung, Herstellung von Brutstoffen*. Deren jeweilige Anteile an den 2004 noch beschäftigten 21.000 *Lohnarbeitern* sind nicht bekannt.

Allerdings ist die letzte Anlage für Brutstoffe in der BRD in Hanau lange stillgelegt und in das Ausland verkauft worden.

Wirtschaftszweig	1993			2004		
	EwT	SbSt	AN	EwT	SbSt	AN
DF - Kokerei, Mineralölverarbeitung, Herstellung von Brutstoffen			35	21		21

Tabelle 5.4.3.2. – 14

Auch der Zweig der *Kokerei* ist wegen des Abbaus der *Roheisen-produktion* in den letzten Jahrzehnten stark geschrumpft. Eine noch recht moderne und große Kokerei in Dortmund wurde in den letzten Jahren nach China verkauft und abgebaut. Die Zahl der Beschäftigten im Rest der Betriebe ist hier nicht verfügbar.

Der größte Teil der Beschäftigten und der *Lohnabhängigen* wird in dem weiter prosperierenden Zweig der *Mineralölverarbeitung* in den meist riesigen Raffinerien arbeiten. Aber auch dafür sind in der *Berufsstatistik* keine einschlägigen Zahlen zu finden.

Daher ist eine Schätzung über Anteile von produktiven Arbeitern und Technikern als Teilen einer Arbeiterklasse nicht möglich.

5.4.3.3 Metallerzeugung und Metallbearbeitung

Neben dem Kohlebergbau war die unter *Metallerzeugung und -bearbeitung* rubrizierte *Hüttenindustrie* einst das Fundament und der Kern der Großindustrie in Deutschland und auch noch in der ersten Zeit der alten BRD. Darauf bauten sowohl der Maschinenbau als auch die Elektroindustrie auf. Die chemische Industrie gründete vor der massenhaften Erdölverarbeitung ebenfalls auf Kohle als Rohstoff. Einerseits ist die massenhafte Produktion von Ausrüstungen für den Bau und Betrieb von Eisenbahnen, von Schienen und rollendem Material inzwischen sehr zurückgegangen, andererseits ist die Verwendung von Eisen und Stahl für Bauzwecke massiv ausgeweitet worden. Inzwischen ist mit dem Bau von Kfz. ein weiterer großer Zweig der BRD-Industrie als Verarbeiter von metallenen Grundstoffen und Halbzeug hinzugekommen.

Insoweit hat die stoffliche Bedeutung der *Metall-Erzeugung und -bearbeitung* gegenüber den Zeiten bis zum Ersten Weltkrieg eher noch zugenommen. Die Erzeugung von *Roheisen* ist in den Jahrzehnten der BRD-Wirtschaftsgeschichte mehr als halbiert worden. Bei der Erzeugung von *Stahl* sieht die Sache etwas weniger dramatisch aus, u. a. wegen des Einsatzes großen Mengen Schrott. Wenn auch die Entwicklung nicht so dramatisch ist, wie beim Kohlebergbau durch die weitgehende Substitution der *einheimischen Produktion durch Importe* oder durch andere importierte Rohstoffe, wie *Erdöl und Erdgas*, so ist doch grundsätzlich eine ähnliche Tendenz festzustellen. Leider sind die Zahlen dieses Zweiges nicht über 1991 zurückzuverfolgen, da er vor 1991 nur

Wirtschaftszweig	1993			2004		
	EwT	SbSt	AN	EwT	SbSt	AN
Metallerzeugung und Metallbearbeitung	371		369	265		263

Tabelle 5.4.3.3. – 15

zusammen mit dem Zweig *Herstellung von Metallerzeugnissen* notiert wurde.

Allerdings legt ein Vergleich der Zahlen von 1991 vor und nach der statistischen Umstellung nahe, auch wenn sie gleichzeitig mit der Übernahme der DDR eine Veränderung des Gebietsstandes einschloß, dass der Rückgang der Beschäftigung dieses Zweiges schon vor vielen Jahrzehnten begonnen hat. Dies wiederum läßt vermuten, dass , neben der Reduktion des Umfanges der Produktion, vor allem die enormen Verbesserungen bei den Anlagen, den Hochöfen, den Stahlkonvertern und Walzwerken durch Vergrößerung und Verbesserung der Verfahren, die Mechanisierung von Transport und Beschickung und die Computerisierung der Steuerungen und Messverfahren es waren, die diese Reduktion möglich gemacht haben.

Jedenfalls sind 1993 noch 370.000 *Lohnabhängige* in der Eisen- und Stahlindustrie im weiteren Sinn beschäftigt und 2004 nur noch 263.000, also 105.000 weniger.

In der Berufsstatistik finden sich für diese Zeit die folgenden Zahlen:

Etwa 50.000 sind 1993 in der *Hütten- und Halbzeugindustrie* und 2006 noch 42.000, also rund 10.000 weniger beschäftigt. Bei den *Gießereiberufen* sind 1993 43.000 und 2006 61.000, also 18.000 mehr beschäftigt. Von 260.000 *Lohnabhängigen* in den beiden Unterzweigen insgesamt, haben wir 2006 also 94.000 gelernte Arbeiter.

In der Berufsstatistik finden sich keine Angaben über Techniker und Ingenieure, die spezifisch der Hüttenindustrie und den Gießereien zugeordnet werden könnten.

Techniker und Ingenieure werden für den Bergbau, die Hüttenindustrie und die Gießereien zusammen ausgewiesen: 15.000

Berufsgruppe, Berufsordnung	Nr.	Geschl.	1993	2006	Diff 06-93
Berufe in der Hütten- und Halbzeugindustrie	19	i	51	42	-9
		m	49	40	-9
		w	/	/	
Gießereiberufe	20	i	43	61	18
		m	40	58	18
		w	/	/	
Summe			94	103	9

Tabelle 5.4.3.3. – 16

Techniker und 13.000 Ingenieure für 1993. Wie viele davon auf die hier behandelten beiden Unterzweige entfielen, kann nicht geklärt werden.

Wieweit sich unter den 290.000 Technikern und den 230.000 Ingenieuren ohne Angabe besonderer Sparten, solche aus diesen beiden Unterzweigen befinden, ist ebenfalls nicht zu klären.

Es finden sich aus diesem Zweig für 2006 also rund 100.000 qualifizierte Arbeiter. Sie sind nur noch in wenigen sehr großen Betrieben, meist im technischen und betrieblichen Verbund mit der Eisen- und Stahlgewinnung und in etlichen mittleren und kleineren Spezialbetrieben von Gießereien und Hammerwerken mit der Herstellung von Halbzeug für die nachfolgenden Verarbeitungsstufen beschäftigt.

Die Art der Betriebe und die dort verwendeten Produktionstechniken erzwingen eine feste und lange Zeit während Kooperation der Belegschaften und schaffen daher eine Basis für gewerkschaftliche Organisierung.

Alle Betriebe dürften kapitalistisch betrieben werden, die großen sind wohl in der Regel Bestandteile sehr großer Konzerne.

Die Situierung der Betriebe und der Wohnungen der Arbeiter in einem Industrie- und Siedlungsmilieu mit dadurch geprägter Charakteristik ließ im Ruhrgebiet und an der Saar entsprechende Arbeitertraditionen entstehen. Das weitgehende Verschwinden dieser Milieus durch das Schrumpfen der Industrien, der Produktion und der Belegschaften, mit dem Abnehmen der massenhaften direkten industriellen Tätigkeiten, hat auch die Traditionen der Organisierung beseitigt.

Wenn die Zahlen aus den beiden unterschiedlichen Statistiken für diesen Zweig die Größe und Struktur der Beschäftigten richtig wiedergeben, dann haben wir 2004/6 263.000 *Lohnabhängige*, von denen rund 100.000 gelernte Arbeiter sind. Die hinzukommenden Techniker und Ingenieure lassen sich nicht genau bestimmen, umfassen aber kaum mehr als jeweils 10.000. Das Verhältnis von *Lohnabhängigen* mit unmittelbaren Tätigkeiten für die Produktion zu anderen Tätigkeiten, einschließlich der Verwaltung und ökonomischen Führung, beliefe sich somit auf 1 zu 2,6. Allerdings muss hier noch ein Fragezeichen angebracht werden, weil zu vermuten ist, dass nur die lohnabhängigen Arbeiter in diesen beiden Zweigen, die unmittelbar als Gelernte, sowie als Un- oder angelernte die zweigspezifischen Arbeiten verrichten, gezählt wurden und alle anderen nicht, die mit anderen Arbeiten betraut sind, wie z. B. Transport etc..

Gleichwohl ist dies doch ein Hinweis darauf, *dass selbst in den großbetrieblichen Kernen der Industrie die Beschäftigung nicht-industrieller Art inzwischen mindestens an die der unmittelbaren Fabrikarbeit heranreicht.*

5.4.3.4 DG – Herstellung von chemischen Erzeugnissen

In der *chemischen Industrie* sind von 620.000 *Lohnabhängigen* 1993 im Jahr 2004 noch 460.000 beschäftigt, also 160.000 weniger. In der Berufsstatistik sind für 1993 insgesamt 390.000 fachspezifische Beschäftigte ausgewiesen, weitestgehend wohl *Lohnabhängige*.
Das Zahlenverhältnis beläuft sich 1993 also auf 230.000 fachunspezifisches zu 390.000 Fachpersonal. Unter dem fachunspezifischen Personal befinden sind wahrscheinlich auch eine Anzahl von Arbeitern verschiedener Fachrichtungen oder Tätigkeiten, über deren Anzahl sich aber nichts sagen lässt. 1993 zeigt die qualifikatorische Zusammensetzung des Fachpersonals 209.000 *gelernte Arbeiter* (Chemieberufe), 91.000 *Laboranten* sowie 35.000 *Techniker* und 55.000 *studiertes Fachpersonal, Chemiker und Ingenieure*, also kurz >209 : 91 : 35 : 55<.

Wirtschaftszweig	Nr.	1993			2004		
		EwT	SbSt	AN	EwT	SbSt	AN
H. v. chemischen Erzeugnissen	DG 29	622	2	620	465	3	462

Tabelle 5.4.3.4. – 17

2004 werden noch 460.000 *Lohnabhängige* gezählt. 2006 sind noch 335.000 als *Fachpersonal* vorhanden, also eine Reduktion gegenüber 1993 um 55.000. 2004/06 haben wir damit ein Verhältnis von 125.000 allgemeines zu 335.000 *Fachpersonal*.

Wie die Tabelle zeigt, verteilt sich dieser Rückgang auf die verschiedenen Qualifikationen sehr ungleich. Jetzt werden nur noch 155.000 *Chemiefacharbeiter* gezählt, also rund 55.000 weniger. *Laboranten* sind noch 76.000 vorhanden, 15.000 weniger. Die Zahl der Techniker bleibt mit 36.000 fast gleich. Die Zahl der Chemiker und Ingenieure nimmt dagegen um 13.000 auf 68.000 zu. Die neuen fachspezifischen Proportionen lauten >155 : 76 : 36 : 68<.

Berufsgruppe, Berufsordnung	Nr.	Ges chl.	1993		2006		Diff. 06-93
		i	209	209	155	155	-54
Chemieberufe	14	*m*	164		125		-39
		w	46		30		- 16
		i	91	91	76	76	-15
Chemielaboranten/innen	633	*m*	38		31		
		w	53		45		
Zwischensumme				300		231	-69
		i	35	35	36	36	1
Chemo-, Physikotechniker/innen	626	*m*	24		23		
		w	10		13		
Chemiker/innen, Chemie-, Verfahrensingenieure/innen	611	*i*	55	55	68	68	13
		m	44		54		
		w	11		15		
Zwischensumme				90		104	14
Summen				390		335	-55

Tabelle 5.4.3.4. – 18

Die Veränderungen lassen zwei unterschiedliche Bewegungen erkennen. Zum Einen ist das unspezifische Personal, also wohl vor allem in der Verwaltung und bei fachunspezifischen Arbeiten um 105.000 reduziert worden, während beim Fachpersonal in Summe 55.000 eingespart wurden. Bei diesem Personal ist vor allem der Arbeiteranteil, also das am wenigsten qualifizierte Fachpersonal verringert worden, um 55.000, während bei den Laboranten nur 15.000 verschwunden sind. *Die Zahl der Techniker ist fast gleich geblieben, während die Zahl der studierten Fachkräfte vergrößert wurde und nun die Zahl der Techniker noch mehr übersteigt, als schon vorher.*

Die ersten beiden Qualifikationsstufen des Fachpersonals in der *chemischen Industrie* umfassen 1993 300.000 *Lohnabhängige*. Diese Anzahl wird bis 2006 um 70.000 auf 230.000 reduziert. Diese können wir in beiden Jahren ohne weiteres zum Feld der potentiellen Arbeiterklasse zählen.

Die Techniker sowie die Chemiker und Ingenieure machen 1993 zusammen 90.000 *Lohnabhängige* aus. Ihre Zahl erhöht sich um rund 15.000, vor allem bei den akademisch Ausgebildeten.

Die Proportionen beim Fachpersonal sind also 1993 bei 300.000 Einfach- und Mittel-Qualifizierte zu 90.000 höher und hoch Qualifizierte, und 2004/06 bei 230.000 zu 104.000.

Ob sich die Techniker in einer Lage befinden, die sie tendenziell in die Reihen oder die Nähe der beiden anderen Stufen bringen, was Sicherheit des Arbeitsplatzes, Höhe der Bezahlung, Möglichkeit des Wechsels und Haltbarkeit ihrer Qualifikation und relative Selbstständigkeit der Arbeitstätigkeiten anlangt, lässt sich anhand der vorliegenden Zahlen nicht beurteilen. Eine Zuordnung der Techniker, mit der relativ geringen Zahl von 36.000 im Jahr 2006, in das Feld der potentiellen Arbeiterklasse würde die Größenverhältnisse bei diesem Teil des Fachpersonals nicht wesentlich verändern.

Über die innere Organisiertheit der Arbeitsvollzüge und damit die Basis der Kooperation in der chemischen Industrie lässt sich nichts Allgemeines sagen, da sowohl technisch wie von der Größenordnung völlig heterogene Betriebe und Unternehmen in dieser Branche tätig sind. Das reicht von der Herstellung von chemischen Grundstoffen in riesigen automatisierten Anlagen, von Massenproduktion in ebenfalls weitgehend automatisierten und mechanisierten Verfahren bei Chemikalien, Farben, Kunststoffen und Pharmaka bis zu Spezialproduktionen in diesen und anderen Feldern in relativ kleineren Betrieben. Entsprechend sind auch die Anteile an Forschung und Entwicklung völlig unterschiedlich. Erschwerend kommt hinzu, dass bei den wirklich sehr wenigen Riesenunternehmen die unterschiedlichsten Spezialbetriebe sogar auf einem gemeinsamen Gelände konzentriert sind, wie immer noch bei BASF und teilweise bei Bayer. Bei Höchst wurden dagegen trotz des gemeinsamen Standortes das gemeinsame unternehmerische Dach und z. T. auch der technische Verbund beseitigt

So sind auch die errechenbaren Betriebsgrößen wenig aussagekräftige Durchschnitte, die sogar paradoxe Ergebnisse zeitigen: 1993 mit einem Durchschnitt von 300 und 2004 von 150 *Lohnabhängigen* pro Betrieb und Unternehmen.

5.4.3.5 D – Holzgewerbe (ohne Herstellung von Möbeln)

Von den 1993 in diesem Gewerbe Beschäftigten 201.000 *Lohnabhängigen* können nur rund 50.000 als *gelernte Holzarbeiter* identifiziert werden. Weitere qualifizierte Fachkräfte lassen sich in der Berufsstatistik nicht ausmachen.

Bis 2004 sind rund 50.000 der *Lohnabhängigen* verschwunden. Von den eben genannten *gelernten Holzarbeitern* sind noch rund 40.000 tätig, also 10.000 weniger.

Nun werden weder 1993 alle 150.000 Nicht-Fachkräfte in den Verwaltungen arbeiten, und 2004/06 nicht alle 110.000. Wie viel anderes technisches und wie viel Verwaltungs-Personal sich allerdings darunter befindet, ist nicht auszumachen.

Die relativ große Zahl an *Selbständigen*, 42.000 im Jaht 1993 und 35.000 in 2004 deutet schon an, dass die Betriebe und Unternehmen in diesem Gewerbe eher klein und mittelgroß sind.

Wirtschaftszweig	Nr.	1993			2004		
		EwT	SbSt	AN	EwT	SbSt	AN
D Holzgewerbe (ohne H. v. Möbeln)	DD	243	42	201	184	35	149

Tabelle 5.4.3.5. – 19

Berufsgruppe, Berufsordnung	Nr.	Geschl	1993	2006	Diff 06-93
Berufe in der Holzbearbeitung, Holz- u. Flechtwarenherstellung	18	i	48	39	-9
		m	37	32	-5
		w	11	6	-5

Tabelle 5.4.3.5. – 20

Die durchschnittliche Belegschaftsgröße liegt 1993 bei fünf und 2004 bei vier Beschäftigten. Es handelt sich um Sägewerke und um die Herstellung von Vorprodukten aus Holz, wie Balken, Leisten etc., sowie Sperrholz oder Spanplatten. Inzwischen werden auch in diesen Bereichen vorrangig hochtechnische Ausrüstungen verwendet werden, sodass Arbeitsorganisation und Kooperation vor allem von der Technik bestimmt wird, obgleich die relative Kleinheit der Betriebe eher paternalistische Verhältnisse vermuten lassen.

5.4.3.6 Papiergewerbe

Das Papiergewerbe ist von der Zahl der Beschäftigten her gesehen, ähnlich groß, wie das Holzgewerbe. Allerdings ist es, technisch und von den Betriebs- und Unternehmensgrößen her gesehen, völlig anders strukturiert. Den Zahlen zufolge gibt es ganz überwiegend mittlere und ganz große Betriebe. 1993 sind 173.000 *Lohnabhängige* beschäftigt. (s. *Tabelle 5.4.3.6. – 22*)

Wirtschaftszweig	Nr	1993			2004		
		EwT	SbSt	AN	EwT	SbSt	AN
Papiergewerbe	21..26	174	1	173	155	1	154
Diff.							19

Tabelle 5.4.3.6. – 21

Wirtschaftszweig	Nr.	Geschl	1993	2006	Diff 06-93
Papier- Herstellungs- u Verarbeitungsberufe	16	i	33	37	4
		m	24	29	5
		w	8	8	0

Tabelle 5.4.3.6. – 22

Davon waren 33.000 Facharbeiter. Andere spezifische Berufe des Zweiges mit höheren Qualifikationen sind in der Berufsstatistik nicht zu finden.

Der Rest von 140.000 *Lohnabhängigen* ist also einerseits mit allgemeinen technischen Aufgaben betraut oder in der Verwaltung tätig. Wie die Proportionen sind, ist aus den Zahlen nicht zu entnehmen.

Bis 2004 verringert sich die Zahl der *Lohnabhängigen* um rund 20.000 auf 154.000. 2006 sind davon 37.000 Facharbeiter, also 4.000 mehr. Die Zahl der unspezifisch tätigen Arbeiter und der Verwaltungsangestellten beläuft sich noch auf 117.000, also 23.000 weniger.

Diese Industrie ist mit Großanlagen und Großmaschinen in der Papier- und Pappeproduktion und ersten Verarbeitungsstufen tätig. Die Arbeitsorganisation und die Kooperation sind durch die Technik bestimmt, ebenso auch die Mindestgröße der Betriebe.

5.4.4 Investitionsgüter

5.4.4.1 F – Baugewerbe

Das Baugewerbe ist insgesamt der größte Zweig aller Waren produzierenden oder herstellenden Gewerbe. Daher ist es natürlich ebenso das größte Gewerbe im Bereich der Investitionsgüterproduktion. Es umfasst allerdings eine weite Palette von Gewerben, wie Hochbau, Tiefbau, Straßenbau und die Vielfalt der Ausbaugewerbe.

Charakteristisch für alle einzelnen ist die Tatsache, dass wir es bisher *nicht mit Fabrikproduktion* zu tun haben, sondern mit zeitlich begrenzten Vorhaben an spezifischen Orten, also Baustellen verschiedener Art, Größe technischer Ausrüstung und Dauer. Die Entwicklung von standardisierter Fertigteilproduktion für den Bau in fabrikähnlichen Einrichtungen ist immer noch verschwindend gering. Dagegen ist die Vorfertigung von Ausbauteilen, wie Fenster, Türen, Installationen usw. und Betonteilen im Tiefbau schon sehr weit fortgeschritten, auch wenn die Vielfalt einerseits und die Großprojekte andererseits diesen Effekt sehr relativieren.

Wie in vielen anderen Gewerben auch, haben wir es hier mit einem Konglomerat an Großunternehmen, mittleren und Kleinbetrieben zu tun. Besonders im Ausbaugewerbe, mit seiner enormen inneren Differenzierung, ist eine sehr große Zahl von Unternehmen vorhanden, die gleichzeitig Betriebe sind und die nur eine Baustelle oder auch wenige gleichzeitig betreiben. Für die Großunternehmen gilt anderes, wobei diese auf den vielen verschiedenen Baustellen meist mit einer großen Anzahl von Subunternehmen, und diese wiederum mit einer Anzahl von Kontraktarbeitern wirtschaften.

Unterschieden von den anderen produzierenden und herstellenden Gewerben ist mit 1993 der besondere Effekt der Vereinnahmung der DDR noch nicht wieder vollständig vorüber. Auch wenn die übernommenen Betriebe bis dahin sicher weitgehend aufgesogen worden sind, so hat der nach 1991 einsetzende Bauboom im Osten, sowohl im Hochbau, wie im Infrastrukturbau nicht nur westdeutsche Unternehmen auf den Plan gerufen, sondern auch vielfältige mittlere und kleinere ostdeutsche Unternehmen hervorgebracht. Die Baustellen selber sind natürlich in Ostdeutschland entstanden und die meisten Arbeitskräfte, außer in den Führungsebenen, wohl auch aus Ostdeutschland gekommen.

1993 waren 2,7 Millionen *Lohnarbeiter* bei 295.000 Unternehmen beschäftigt, was einem Durchschnitt von neun *Lohnabhängigen* pro Unternehmen entsprach. 2004 sind davon noch 1,8 Mil-

Wirtschaftszweig	Nr.	1993			2004		
		EwT	SbSt	AN	EwT	SbSt	AN
Baugewerbe	F50	3.032	295	2.737	2.254	416	1.838
Differenzen						+121	-899
Durchschnitte			9				

Tabelle 5.4.4.1. – 23

lionen *Lohnabhängige*, d. h. 1,2 Millionen weniger, übrig. Diese waren in jetzt 416.000 Unternehmen beschäftigt, was nur noch vier *Lohnabhängige* pro Unternehmen entspricht. Nicht nur die Zahl der *Lohnabhängigen* ist erheblich geringer geworden, sondern umgekehrt sind über 100.000 neue Unternehmen, vermutlich besonders kleine, entstanden.

Anders als die Zusammenstellung der Unterzweige im Mikrozensus verzeichnet die *Berufsstatistik* eine Reihe von besonderen Berufsfeldern. So sind die *Bauarbeiter* in ungelernte *Bauhelfer, in Hochbau-, Tiefbau-, und Ausbauberufe* unterteilt. Dazu kommen die *gelernten Kräfte der Installation von Gas, Wasser, Elektro, Heizung* usw. Auch sind die Spezialisten noch nach Art und Qualifikation je gesondert genannt. Das ergibt insgesamt eine große Vielfalt, die es erlaubt, die innere Gliederung der Arbeitskräfte des gesamten Gewerbes darzustellen und in ihrer Entwicklung zu verstehen.

Auch in der *Berufszählung* spiegelt sich der Abbau der Belegschaften zwischen 1993 und 2004/06. Dabei ist aus den Daten und Erörterungen an den anderen Orten zu erinnern, dass der Umsatz noch bis 2000 leicht zugenommen hat, während die *Wertschöpfung* schon 10 Prozentpunkte zurückgegangen ist. Aber bis 2005 fielen beide Werte um rund 20 weitere Prozentpunkte, d.h., fast auf den Ausgangswert von 1991 oder gar darunter. Die Zahlen der Beschäftigten von 2004/06 spiegeln also eine *wirkliche Schrumpfung der gewerblichen Produktion* in diesem Sektor. Die parallel mit dieser Schrumpfung vor sich gehende technische Veränderung, z. T. vielleicht noch verstärkt durch eine Änderung der Zusammensetzung der Aufträge, ist bei den Zahlen nicht zu differenzieren.

Zunächst aber ist die *fachliche und qualifikatorische Gliederung der Belegschaften* vorzustellen.

Am erstaunlichsten ist die äußerst geringe Zahl von ungelerntem Hilfspersonal. Von den drei Millionen *Erwerbstätigen* im Baugewerbe 1993 waren nach der Berufstatistik nur 136.000 Hilfspersonal. *Fachliches Baupersonal* in den Sparten Hoch-, Tief-, Verkehrsund Spezialbau umfasste 1,14 Millionen Maurer und Ähnliche. Als Maschinenführer in allen Sparten waren 82.000 tätig. Als Techniker und Zeichner firmieren 87.000 und 49.000, zusammen 136.000 Erwerbstätige. Ingenieure und Architekten werden für 1993 in allen Sparten zusammen 255.000 angegeben, also etwas weniger als zehn Prozent allen Fachpersonals.

Zu den unmittelbaren *Bauberufen* kommen die Berufe der unterschiedlichen *Ausbaugewerbe* hinzu: Von den Wasser- und Gasinstallateuren, über die Heizungsbauer, die Elektriker bis zu den Malern. Zusammen sind das immerhin 1,24 Millionen von den drei Millionen *Erwerbstätigen* am Bau in 1993. Die anteiligen Ingenieurstätigkeiten stecken hier in den verwendeten Vor- und Fertigprodukten und werden in dieser Statistik nicht gezählt und nicht aufgeführt.

Qualifikationen u Fächer	Hilfs Arb	Fach Spez	Masch	Inst FL	Techn	Zeichn	Inge Arch	Su Berufe Bau	Su Erw Täg Bau	Su AN Bau
1993	136	1.146	82	1.239	87	49	255	2.994	3032	2.737
2006	97	849	56	882	79	45	284	2292	2.254	1.838
Differenzen	-39	-297	-26	-357	-8	-4	29	-702	-778	-899

Tabelle 5.4.4.1. – 24

Beim eigentlichen Baugewerbe haben wir also folgendes *Qualifikationsprofil*:

136.000	– Hilfsarbeiten
1,14 Millionen	– qualifizierte Facharbeit
82.000	– Maschinenführung
136.000	– mittlere technische Qualifikation
255.000	– höhere, studierte Qualifikation.

Als *Feld potentieller Arbeiterklasse-Angehöriger* ergeben sich daher, ausschließlich der mittleren Qualifikation, 1,5 Millionen Arbeiter unter den *Erwerbstätigen*, während 136.000 fachlich anleitende und 255.000 planerisch tätige wohl eher Angestellte sind. Zu den 1,5 Millionen kommen noch einmal 1,24 Millionen *qualifizierte Facharbeiter* aus den verschiedenen Ausbaugewerben hinzu, zusammen also 2,74 Millionen überwiegend qualifizierte Arbeiter.

Von den 136.000 Technikern könnten einige und von den 255.000 Architekten und Ingenieuren könnten wenige auch im Ausbaugewerbe tätig sein – die meisten allerdings wohl in den verschiedenen Sparten des Baugewerbes selbst.

Wie die 295.000 Betriebsinhaber und Unternehmensbesitzer in dieses Tableau passen, ist mit Hilfe dieser Statistiken nicht zu klären.

Die Reduktion des Bauvolumens von 1993 bis 2004 zeigt sich in der Verringerung von 3,03 Millionen Erwerbstätige um 780.000

auf 2,25 Millionen im Baugewerbe. Bei den *Lohnabhängigen* ergibt sich eine Verringerung um 900.000, von 2,74 Millionen auf 1,84 Millionen. Dagegen ist die Zahl der selbständigen Unternehmensinhaber von 295 um 121 auf 416.000 angewachsen.

Nach der Berufsstatistik hatten wir 1993 2,99 Millionen fachliche Erwerbstätige im Baugewerbe. Diese Anzahl verringerte sich um 702.000 auf 2,29 Millionen. Wie auch in den anderen Gewerben ist die Verringerung der Belegschaften bei den verschiedenen Sparten und Qualifikationen unterschiedlich verlaufen.

Wie fast zu erwarten, sind die Reduktionen der Zahl der *Erwerbstätigen* bei den gering Spezialisierten und wenig Qualifizierten am größten, am geringsten dagegen am anderen Ende der Qualifikationen. Bei den Hilfsarbeitern verschwinden fast jeder Dritte, ähnlich bei den Maschinenführern. Bei den qualifizierten Bauarbeitern verschwinden fast dreißig Prozent, bei den qualifizierten Installationsarbeitern sind es sogar mehr als dreißig Prozent. Von den Technikern sind rund zehn Prozent verschwunden. Von den Zeichnern verschwinden erstaunlicher Weise nicht einmal zehn Prozent. Am auffälligsten ist der Zuwachs bei den Ingenieuren und Architekten um mehr als zehn Prozent.

Das Feld potentieller Arbeiterklasse-Angehöriger reduziert sich jetzt von 2,74 um 500.000 auf 2,24 Millionen *Lohnabhängige*. Die Zahl der Qualifizierten ist von 136.000 und 255.000, zusammen 391.000, auf 408.000 gewachsen. Die Zahl der *Selbständigen* ist um 120.000 auf 416.000 angewachsen.

5.4.4.2 Zweig 28 – Herstellung von Metallerzeugnissen und DK-Maschinenbau

Mit den beiden Zweigen 28 – *Herstellung von Metallerzeugnissen und vor allem DK-Maschinenbau* haben wir zwei zentrale Bereiche der bundesdeutschen Industrie und besonders der Investitionsgüterherstellung, in denen die Fabrikproduktion zu Hause ist. Vom Umfang der Erwerbstätigkeit her gesehen ist nur noch die Herstellung von Kfz. und Kfz.-Teilen ebenso wichtig.

Die Herstellung von Metallererzeugnissen ist unter anderem wichtiger Zulieferer des Baugewerbes, des Maschinenbaus und der Kfz.-Produktion, umfasst aber auch einige Gebrauchsgüter. So finden sich u. a. Metallbau, Metallbehälter, Schmiedeerzeugnisse, Oberflächenveredelung, Beschläge, Werkzeuge, Drahterzeugnisse, Schrauben, Muttern, Bolzen, Ketten, Federn und Verpackungen, Schneidwaren und Bestecke. Die Differenziertheit und die Art der Produkte, wie auch der Herstellungsverfahren deuten darauf hin, dass in diesem Zweig nur ausnahmsweise sehr große Betriebseinheiten operieren, also industrielle Großproduktion stattfindet. Vielmehr werden eine große Zahl von mittleren und kleineren spezialisierten Betrieben und Unternehmen zu finden sein.

1993 finden wir 860.000 *Lohnabhängige* bei 70.000 selbständigen Unternehmen, was einer Durchschnittsgröße von zwölf *Lohnabhängigen* pro Betrieb entspricht. 2004 haben wir mit 770.000 *Lohnabhängigen* 90.000 weniger und mit 60.000 *Selbständigen*, 9.000 weniger Unternehmer(n). Mit der Verkleinerung der Belegschaften hat auch eine leichte Verringerung der Unternehmenszahl stattgefunden, so dass die durchschnittliche Größe der Belegschaften sich sehr leicht auf 13 erhöht hat.

Im Maschinenbau gab es 1993 1,29 Millionen *Lohnabhängige* und 20.000 *Selbständige*, was einem Belegschaftsdurchschnitt von immerhin 65 entspricht. 2004 haben wir nach der Reduktion um 237.000 noch 1,05 Millionen *Lohnabhängige* bei inzwischen 25.000 *Selbständigen*, was jetzt zu einer Belegschaftsgröße von 42 führt.

Die Verringerung der Belegschaften ging also erstaunlicher Weise mit einer Vervielfältigung von Unternehmen und nicht mit einer Konzentration einher, vermutlich also einer weiteren Spezialisierung. Das schließt nicht aus, dass es bei den größeren Unternehmen und Betrieben sehr wohl Konzentrationsbewegungen gegeben hat, die aber dann durch eine größere Zahl von kleineren Neugründungen mehr als kompensiert wurden.

Wirtschaftszweig	Nr.	1993			2004		
		EwT	SbSt	AN	EwT	SbSt	AN
H. v. Metallerzeugnissen	28	929	70	859	830	61	769
Differenzen					- 99	- 9	- 90
Durchschn u				12			13

Tabelle 5.4.4.2. – 25

Wirtschaftszweig	Nr.	1993			2004		
		EwT	SbSt	AN	EwT	SbSt	AN
Maschinenbau	DK	1.314	20	1.294	1.082	25	1.057
Differenzen					-232	5	-237
Durchschnitte				65			42

Tabelle 5.4.4.2. – 26

Diejenigen Berufe aus der Berufsstatistik, die man relativ umstandslos den beiden behandelten Wirtschaftszweigen zuordnen kann, zeigen sich in einer Reihe von Berufen der speziellen Metallbearbeitung, aber auch in direkter Zuordnung vor allem zum Maschinenbau.

Die Größenordnungen der Zahl der *Erwerbstätigen* aus der Zweigstatistik des Mikrozensus und unserer Zusammenstellung aus der Berufsstatistik liegen für beide hier behandelten Jahre relativ eng zusammen. 1993 hatten wir in beiden Zweigen 2,34 Millionen Erwerbstätige und in der Summe der zugeordneten Berufe 2,06 Millionen. 2004/06 hatten wir in den beiden Zweigen 1,91 Millionen Erwerbstätige und bei den zugeordneten Berufe 1,83 Millionen.

Erwerbstätige	1993	2004/6
Summe Erwerbstätige Zweigstatistik	2.243	1.912
Summe zugehörige Berufe Berufsstatistik	2.066	1.829

Tabelle 5.4.4.2. – 27

Die unterscheidbaren *Qualifikationsniveaus* sind wiederum einfache un- und angelernte Tätigkeiten, Facharbeiten, Techniker und Ingenieure. Letztere sind allerdings unter Einschluss der Kfz.-Techniker und -Ingenieure aufgezählt, also nicht vollständig den beiden behandelten Zweigen zuzuordnen.

Einige Berufsfelder sollen hervorgehoben werden, entweder wegen der für die Zweige spezifischen Art der Tätigkeit oder wegen der direkten Zuordnung.

Bei der *Geschlechterverteilung* fallen die Elektrogeräte- und Elektroteile-Produktion mit den Montiererinnen aus den sonst männlich dominierten Berufsfeldern auf: Von den 44.000 *Lohnabhängigen* in 1993 sind 34.000 Frauen. Die Reduktion der Zahl dieser Art der Berufstätigen um 14.000 auf nur noch 30.000 bis 2006 wird mit 12.000 überwiegend ebenfalls von den Frauen getragen. Da die Herstellung von Montageteile für Elektrogeräte und montierten Elektrogeräten im Maschinenbau nur ein Feld unter anderen ist, in denen diese Art von Tätigkeiten vorkommt, können über die Hintergründe der Reduktion nur Vermutungen angestellt werden. Zum einen werden solche Montagetätigkeiten seit langem in sogenannte Niedriglohnländer ausgelagert, der letzte bekannte Fall war die Handy-Fabrik von Nokia in Bochum. Zum anderen sind solche Montagen, soweit sie die Bestückung von Leiterplatten betreffen, schon früher, aber nun wohl fast vollständig, an Automaten übergeben worden.

Bei den Berufen in der spanlosen und spanenden Metallverformung und der Oberflächenvergütung, sowie bei den Schweißern dominieren immer noch die Männer. 1993 stellen sie zusammen 337.000 Erwerbstätige, dabei 266.000 Dreher und Fräser in der spanenden Verformung. 2006 stellen sie noch 289.000 Erwerbstätige, 48.000 weniger, davon aber immer noch 232.000 in der spanenden Verformung. D. h., trotz der inzwischen doch flächendeckenden Einführung von CNC-Maschinen in der Massenproduktion ist der Bedarf an qualifizierten Drehern und Fräsern nur geringfügig kleiner geworden. Wobei man unterstellen kann, dass die Qualifikation dieses Personals sich inzwischen mit den Maschinen ebenfalls weiter entwickelt hat.

Die andere Tendenz zeigt sich bei den Schweißern. Ihre relativ geringe Zahl von 135.000 in 1993 hat sich um 46.000 auf nur noch 89.000 in 2006 verringert. Darin kommen wohl zwei unterschiedliche technische Tendenzen zum Ausdruck: Einerseits wird das Schweißen durch andere Verfahren ersetzt, zum anderen wird auch das Schweißen zunehmend automatisiert.

Bei den drei Berufsfeldern, die den beiden Zweigen direkt zugeordnet werden können, fanden sich 1993 bei den Metall- und Anla-

	Herstellg v Metall-Erzeugnissen und Maschinenbau								
	Berufe aus den Feldern:								
	Hilfsarb	Facharb I	FachArb II	Techniker	Ingenie	Summe		AN	Erwtg
1993	174	337	1.329	106	120	2.066		2.153	2.243
2006	140	289	1.069	152	179	1.829		1.826	1.912
Differenz	-34	-48	-260	46	59	-237		-327	-331

Tabelle 5.4.4.2. – 28

genbauberufen 642.000, bei den Maschinenbau- und Maschinenwartungsberufen 525.000 und bei den Werkzeug- und Formenbauberufen 162.000 Erwerbstätige, zusammen 1,33 Millionen Erwerbstätige. 2006 fanden sich noch 1,07 Millionen, also 260.000 weniger, wobei allein bei den Metall- und Anlagenbauberufen 213.000 weniger Erwerbstätige zu verzeichnen waren, während bei den anderen beiden Sparten nur 25.000 bzw. 22.000 verschwanden.

Bei den Technikern des Maschinen-, des Apparate- und des Fahrzeugbaus finden sich 1993 106.000 Erwerbstätige, und bei den Ingenieuren sogar 120.000. Bei den Technikern kommen 46.000 hinzu, bei den Ingenieuren sogar 59.000. 1993 sind sie zusammen 226.000 und 2006 ist ihre Zahl auf 330.000 angewachsen.

Bei der insgesamt vorliegenden Verringerung der Zahl der *Erwerbstätigen* in den beiden hier vorgestellten Zweigen um 331.000 von 2,24 auf 1,91 Millionen haben wir hinsichtlich der verschiedenen Qualifikationen unterschiedliche Tendenzen:

Von den schon sehr wenigen Arbeitern ohne besondere Qualifikation verschwinden noch einmal 20 Prozent. Von der kleineren Facharbeitergruppe etwa 15 und von der zweiten sehr großen Gruppe von Facharbeitern wiederum 20 Prozent. Die Zahl der Techniker nimmt um über 40 und die der Ingenieure um 50 Prozent zu. Wobei die beiden letzten Gruppen etwas überzeichnet sind, da in ihnen auch das entsprechende Personal der Produktion von Kfz. und Kfz.-Teilen enthalten ist.

Zufolge der Untersuchungen über die ökonomische Entwicklung zeigen beide Zweige das gegenüber der Periode 70 bis 91 typische veränderte Muster: eine nicht unerhebliche Reduzierung der Zahl der *Erwerbstätigen*, eine Steigerung von *Produktionswert* und

Wertschöpfung zwischen 20 und 30 Prozent und eine Steigerung der *Abschreibungen* in der gleichen Größenordnung. Insoweit sind die Veränderungen der Qualifikationsstruktur der *Erwerbstätigen* wohl vor allem den technischen Veränderungen bei Produkten, bei Verfahren und bei der Standortverteilung der Betriebe geschuldet.

Bei einem derartigen Entwicklungsmuster, wie für die meisten Industrien in der erweiterten BRD feststellbar, schrumpfen die beiden unteren Qualifikationsgruppen bis zu 20 Prozent, während die beiden oberen um bis zu 50 Prozent zunehmen. Dies wird einer Verringerung der Arbeiterschaft und einer Vergrößerung der Zahl der Angestellten in der und für die Produktion entsprechen.

5.4.4.3. Zweig 30 – Herstellung von Geräten der Elektrizitäts-Erzeugung und -Verteilung

1993 finden wir in dieser Branche 570.000 *Lohnabhängige* und 6.000 *Selbständige*. Die daraus resultierende durchschnittliche Belegschaftsgröße pro Betrieb liegt bei 95. 2004 finden wir nach einer Reduktion der Zahl der *Lohnabhängigen* um 69.000 auch 1.000 weniger *Unternehmer*. Daraus resultieren eine leicht vergrößerte durchschnittliche Belegschaftsstärke von 100 und eine geringe Zunahme der Konzentration. Die einschlägigen Berufsgruppen zählen 1993 zusammen 298.000 Erwerbstätige. Das sind 278.000 weniger, als die *Erwerbstätigen* im hier diskutierten Wirtschaftszweig. Selbst wenn man die 44.000 Montierer von Elektrogeräten und Elektroteilen hinzuzählen würde, die bisher zu den beiden Zweigen Herstellung von Metallerzeugnissen und Maschinenbau gerechnet wurden, bleibt die Repräsentanz der Berufsgruppen zum Wirtschaftszweig zu gering: sie liegt bei 342 zu 576.

Wirtschaftszweig	Nr	1993			2004		
		EwT	SbSt	AN	EwT	SbSt	AN
H.v.Gerät.d.Elektriz. Erzg.,-Verteilung u.Ä.	31	576	6	570	506	5	501
Differenzen					-70	-1	-69
Durchschnitte				95			100

Tabelle 5.4.4.3. – 29

BerufsGruppe BerufsOrdnung	Nr.	Gesc hl	1993		2004		Diff 93 : 04	Diff 93 : 04
ElektroMaschinen-Bauer/Monteure/Innen	313	A	i	19	19	17	17	-2	
			m	13		15			
			w	6		/			
Elektro-Techniker/innen	622	B	i	161	161	227	227	66	66
			m	150		220			70
			w	11		7			-4
Elektro-Ingenieure/innen-	602	C	i	118	118	160	160	42	42
			m	115		153			38
			w	/		8			8
Summen A+B+C			i		279		387	108	
Elektro-Geräte-/Teile--montierer/Innen	321	D	i	44	44	30	30		
			m	11		9			
			w	34		21			
Summen A+B+C+D			i		298		404	106	

Tabelle 5.4.4.3. – 30

Es kann also sein, dass bei den folgenden Einschätzungen ein erheblicher Teil von abhängig Beschäftigten, vor allem wohl im unteren und mittleren Qualifikationssegment fehlt und daher die Proportionen überzeichnet werden.

Für 1993 haben wir eine Aufteilung in 19.000 *Facharbeiter*, 161.000 *Techniker* und 118.000 *Ingenieure*.

Dazu könnten eventuell die 44.000 Montiererinnen als An- oder Ungelernten hinzugerechnet werden: also 44 : 19 : 161 : 118.

Bis 2004 haben wir einen Zuwachs um 106.000 *Erwerbstätigen* in den Berufen, die wir diesem Zweig zurechnen, auf nunmehr 404.000. Dem steht eine Verminderung im Mikrozensus für diesen Wirtschaftszweig um 70.000 auf nunmehr 506.000 gegenüber. Die Repräsentanz hätte sich verbessert, aber die Richtung der Entwicklung der Zahlen ist gegenläufig.

Auch die Einbeziehung der 2004 noch 30.000 *Montiererinnen* ändert an diesem Tatbestand wenig. Die Aufteilung auf die Qualifikationsgruppen ist dagegen, jeweils für sich, durchaus stimmig. Die recht geringe Zahl der Montiererinnen verringert sich weiter, prozentual um mehr als ein Viertel, vor allem bei den Frauen.

– Die Zahl der Facharbeiter, mit 2.000 weniger, stagniert fast.

– Die Zahl der Techniker steigt um 66.000 auf 227.000 und

– die der Ingenieure steigt um 42.000 auf nunmehr 160.000.

Die Proportionen lauten 2004: 30 : 17 : 227 : 160

Lautete das Verhältnis von angelernten und gelernten Arbeitern zu den mittleren und Hochqualifizierten 1993 noch 63.000 : 279.000, also 1 zu 4,4, so hat es sich 2004 so verändert: 47.000 : 387.000, also 1 zu 8,2.

Dies sind ganz erstaunliche Zahlen, die vermutlich auf statistischen Unzulänglichkeiten beruhen. Inwieweit darin quantitativ auch eine Struktur der Produktionsweise abgebildet wird, kann daher kaum gesagt werden. Zumindest die Tendenz der Veränderung dürfte jedoch richtig erfasst sein.

Nach diesen Zahlen müsste es sich bei der Herstellung von Geräten der Elektroerzeugung und Elektroverteilung um einen hoch automatisierten Zweig handeln. Das ist ganz sicher nicht der Fall, außer bei bestimmten einzelnen verwendeten Teilen.

5.4.4.4 Herstellung von Büromaschinen, DV-Geräten und -Einrichtungen

Die Büromaschinen- und DV-Industrie spielte schon 1993 für das Warenangebot in der BRD keine Rolle und ebenso wenig im Export. Kein großer Konzern wie Siemens und kein mittleres Unternehmen wie Nixdorf konnte sich zunächst gegen die US-Konkurrenz und dann gegen die aus Japan und weitere asiatische Nachfolger auf dem Markt in der BRD, in Europa oder gar auf den sonstigen Weltmärkten etablieren oder halten. Das war allerdings nicht auf die BRD beschränkt, sondern ähnlich sah es in Italien, in Frankreich oder in England aus – mit oder ohne Staatsförderung oder Interventionen. Daran hat auch die mit großen Subventionen geförderte Ansiedlung von Fabriken für die Produktion von Chips um Dresden herum nichts Wesentliches geändert.

Der auch auf dem Weltmarkt bedeutende Softwareproduzent SAP zählt hier nicht mit, da er in der offiziellen Zweigstatistik nach WZ 03 zu den unternehmensnahen Dienstleistungen gerechnet wird und damit nicht zur materiellen Produktion zählt.

Entsprechend beträgt die Zahl der *Lohnabhängigen* in dem Gewerbe schon 1993 nur noch 82.000 und verringert sich bis 2004

Wirtschaftszweig		1993			2004		
		EwT	SbSt	AN	EwT	SbSt	AN
H.v.Büromasch., DV-Gerät. u.-Einrichtungen	30	83			82	36	35

Tabelle 5.4.4.4. – 31

auf nur noch 35.000. Dabei bleibt die Zahl der *Selbständigen* und Eigentümer mit 1.000 konstant.

In der Berufsstatistik sind dem Produktionszweig 1993 spezifisch nur 23 und 2006 immerhin 41.000 *Lohnabhängige* mit dieser spezifischen Qualifikation zuzurechnen. Der Zuwachs von 18.000 entspricht fast einer Verdoppelung, aber die Gesamtzahl ist weiterhin sehr klein.

Dabei handelt es sich wohl um spezifische Facharbeiter. Spezifische *Techniker* und *Ingenieure* für diese Branchen sind in der Berufsstatistik nicht gesondert aufgeführt. Über die Qualifikationsentwicklung kann also nichts gesagt werden.

Wenn einerseits die Zahl der *Lohnabhängigen* in den beiden Wirtschaftszweigen um mehr als 40.000 gesunken ist, andererseits die Zahl der *Facharbeiter* dieser Tätigkeitsart um fast 20.000 zugenommen hat, dann wird man vermuten dürfen, dass diese nicht in den beiden Zweigen, sondern in den Bereichen des Service oder in den *Abteilungen größerer Unternehmen* oder Einrichtungen arbeiten, die mit den entsprechenden Geräten ausgerüstet sind.

BerufsGruppe BerufsOrdnung	Nr.	Ge schl	1993	2004	Diff 93 : 04	Diff 93 : 04
Kommunikations-, u Büroinformations- Elektroniker/Innen	317	i	23	41		
		m	21	38		
		w	/	/		

Tabelle 5.4.4.4. – 32

5.4.4.5 Medizin-, Mess-, und Steuertechnik, Optik,
Herstellung von Uhren

Mit 400.000 *Lohnabhängigen* gehört diese Zusammenstellung von
Wirtschaftszweigen zu den mittleren Gewerben und Industrien.
Aber wir haben es mit einer sehr heterogenen Zusammenstellung
zu tun, auch wenn sicherlich in den letzten Jahrzehnten und Jahren die elektronischen Bestandteile aller Geräte nicht nur umfänglicher, sondern auch wichtiger geworden sind – ob auch ähnlicher,
also auf ähnliche Vorprodukte angewiesen, muss man bezweifeln.
Aber dafür fehlen hier die Informationen.

Auf jeden Fall sind aber die Gegenstände und die Produktionsverfahren so unterschiedlich, dass zusammengefasste Daten über die
Qualifikationsentwicklung für die einzelnen Bereiche nicht aussagekräftig wären.

Aber leider sind wir nicht einmal in der Lage die *Arbeitskräfte*
der Zusammenstellung den jeweiligen Unterteilungen zuzuordnen,
geschweige dann nach Qualifikationen einzuteilen.

Da es in der BRD fast keine Produktion von Kameras und
Uhren für den normalen Konsum mehr gibt, sondern allenfalls bei
optischen Geräten noch *spezialisierte und Hochqualitätsprodukte*,
sind auch diese beiden Zweige vor allem technische Zulieferer von
anderen Produzenten im In- und Ausland und damit in der Regel
sehr spezialisiert, oder auch Hersteller von kleinen und großen technischen Geräten für die Endverwendung, wie zum Beispiel in der
Medizintechnik.

Aus der *Berufsstatistik* lässt sich die Gruppe der Uhrmacher mit
erst 9.000 und dann noch 5.000 Beschäftigten abgrenzen. Sie spie-

Wirtschaftszweig	Nr.	1993			2004		
		EwT	SbSt	AN	EwT	SbSt	AN
Medizin-,Mess-Steuer-technik, Optik, H.v.Uhren	40/33	417	17	400	344	20	324
Differenz AN							-76
Durchschn				24			16

Tabelle 5.4.4.5. – 33

len also für die Gesamtzahl der in der Zusammenstellung Aufgeführten keine Rolle. Darin ist allerdings wohl auch ein größerer Teil der im *Verkauf, im Service und der Reparatur tätigen Uhrmacher* enthalten – also auch noch tätige Eigentümer von Uhrenfachgeschäften.

Die Verminderung der Zahl der *Uhrmacher* von 9.000 auf 6.000, also um ein Drittel, weist auf das weitere Sterben der Uhrenfachgeschäfte hin.

Die Durchschnittsgröße der Betriebe/Unternehmen zeigt zwei interessante Aspekte. Zum einen liegt sie mit 24 in 1993 für so spezialisierte Fertigungen relativ hoch. Dazu kommt, dass sie sich bei gesunkenen Beschäftigtenzahlen noch vermindert hat, da die Zahl der *Selbständigen* und tätigen Eigentümer zugenommen hat. Welche Entwicklungen dem zugrunde liegen, lässt sich hier nicht klären. Eine Vergrößerung der Zahl von Servicebetrieben in den Gerätebereichen kann aus statistischen Gründen nicht die Ursache bilden, weil diese in den Dienstleistungen für Unternehmen gezählt werden.

Aus der Berufsstatistik waren, außer den *Uhrmachern*, nur die *Industriemechaniker* für Geräte- und Feinwerktechnik den anderen Gewerben zuzuordnen – wobei das eher eine begründete Vermutung als eine genaue Information ist. Die Zahlen sprechen ebenfalls nicht dafür, dass es da eine stimmige Zuordnung gibt. Man kann davon ausgehen, dass die Zahl der nur angelernten in den Gewerben sehr gering ist und entsprechen die Zahl der *Gelernten*, der *Techniker* und z. T. auch der *Ingenieure* eher groß. Die Gruppe der ange-

Berufsgruppe, Berufsordnung	Nr.	Ge schl.	1993	2006	Diff 93 : 06
Industriemechaniker/-innen (Geräte u Feinwerktechnik), Feinmechaniker/innen	300	i	51	51	
		m	46	46	
		w	6	/	
Uhrmacher/innen	308	i	9	6	
		m	6	5	
		w	/	/	

Tabelle 5.4.4.5. – 34

sprochenen *Industriemechaniker* umfasst aber auch 2006 nur rund 50.000 Erwerbstätige – während die Zahl der *Lohnabhängigen* in der Bereichsgruppe 2004 immerhin noch 324.000 umfasst, eine Verminderung von 76.000 gegenüber 1993.

Die ökonomischen Daten aus der VGR zeigen, dass neben dem Schrumpfen der Beschäftigtenzahl doch eine Ausweitung von Umsatz und *Wertschöpfung,* sowie von *Abschreibungen* und Gewinnen stattgefunden hat. Nur die *Lohnsumme* bleibt hinter diesem Wachstum zurück. Die Verminderung der Beschäftigtenzahl in den übrigen Bereichen deutet also eher auf eine Rationalisierung hin.

5.4.4.5 DM – Fahrzeugbau – Herstellung von Kraftwagen und Kraftwagenteilen (Zweig 34 – Herstellung von Kraftwagen und Kraftwagenteilen; Zweig 35 – Sonstiger Fahrzeugbau)

Der *Wirtschaftszweig Fahrzeugbau* gehört nach der Zahl der dort Beschäftigten, der Art der Betriebe und Produktionsverfahren auch heute *noch zu den großen Industrien.* Aber selbst hier haben wir es bei der engsten Fassung des Zweiges 34 (Herstellung von Kfz. und Kfz.-Teilen mit einem heterogenen Zweig zu tun: Zum einen finden sich hier die großen Automobilhersteller mit ihren großbetrieblichen Montagewerken und angeschlossenen Vor- und Endproduktionen, aber auch alle Komponenten- und Teilefertiger, die z. T. selber große Konzerne sind, wie z.B. Bosch, oder aber, wenn sehr eng spezialisiert, eher große mittlere Betriebe und Unternehmen.

Im *Zweig 35 Sonstiger Fahrzeugbau* sind dann zusätzlich so unterschiedliche Zweige und Gewerbe, wie den Bau von Bahnen, Schiffen, Flugzeugen und Raumfahrzeugen, sowie Motorrädern und Fahrrädern zusammengefasst.

In der Berufsstatistik wird der gesamte Fahrzeugbau zusammen dargestellt wird, also beide eben einzeln genannten Zweige. Außerdem werden auch die Arbeitstätigkeiten in der Wartung aller Fahrzeuge statistisch mit in die Berufsgruppe einbezogen. Das heißt z.B., dass die dem Kfz.-Handel angeschlossenen und auch die einzeln firmierenden Wartungs- und Reparaturbetriebe mit ihrem faschspezifischen Personal hier mit aufgeführt werden.

Wirtschafszweige	Nr.	1993			2004		
		EwT	SbSt	AN	EwT	SbSt	AN
Fahrzeugbau	DM	939		936	1.013		1.008
H. v. Kraftwagen u. Kraftwagenteilen	34	769	2	767	871	3	868
sonst. Fahrzeugbau	35	170		169	142		140

Tabelle 5.4.4.5. – 35

Deren Beschäftigtenzahl hat eine vergleichbare Größenordnung wie die Produktion von Kfz. und Kfz.-Teilen: über 700.000 oder 800.000 Beschäftigte.

Ob bei der Produktion und der Wartung von Flugzeugen ähnliche Proportionen vorliegen ist hier nicht abzuschätzen.

Die Verhältnisse bei der Produktion und der Wartung von Lastwagen, Motorrädern und Fahrrädern sind wiederum jeweils gesondert gelagert, ohne dass dies hier dargelegt werden kann. Der Schiffsbau und die Wartung von Schiffen werden dagegen in der Berufstatistik nicht beim Fahrzeugbau gezählt.

Diese Art der Einteilung *macht natürlich jede Statistik über Qualifikationsentwicklungen in der Produktion obsolet.* Zum anderen sind die Qualifikationsstufen der Techniker und der Ingenieure in der Fahrzeugproduktion zusammen mit jenen aus dem Maschinen- und Apparatebau notiert, was auch Teile der Herstellung von Metallerzeugnissen umfasst.

Daher sind auch hier die empirischen Feststellungen nur begrenzt aussagekräftig und teilweise sogar ohne jegliche Relevanz.

Während in der Herstellung von Kraftfahrzeugen und Teilen die Zahl der Beschäftigten von 770.000 auf 870.000 um rund 100.000 zugenommen hat, zeigt die Beschäftigung im sonstigen Fahrzeugbau die gegenteilige Entwicklung. Dort sind 30.000 weniger beschäftigt. Welche Art von Fahrzeugen das betrifft, ist aus der Statistik nicht zu entnehmen.

Die *Berufsgruppe Bau und Wartung von Fahrzeugen* (PKW, Busse, LKW, Eisenbahn, Motorräder, Fahrräder) und Flugzeugen zeigt 1993 mit 470.000 Beschäftigten und 2006 mit 480.000 einen Zuwachs von rund 15.000. Die Berufsgruppe der Kraftfahrzeugelektriker umfasst 1993 21.000 und 2006 mit 29.000, 8.000 mehr.

In beiden Gruppen sind sowohl die in der Produktion als auch die in der Wartung beschäftigten angelernten und Facharbeitskräfte erfasst. *D. h. gerade auch die immer noch große Zahl der angelernten Bandarbeiter in den Montagebereichen vor allem des PKW-Baus ist hier notiert.* In der Berufsstatistik sind sie einbezogen, nicht aber etwaige Hilfsarbeiter. Wenn man davon ausgeht, dass die Zahlen im markennahen Service und bei den kleinen selbständigen Werkstätten gleich geblieben sind, die Zahl der bei Tankstellen arbeitenden ist sehr gering, dann wird die Veränderung sowohl in der Zweigstatistik als auch in der Berufstatistik von der Ausweitung der Kfz.- und Teile-Produktion ausgegangen sein. Die Berufsordnung 318 Kraftfahrzeug- Elektriker/Innen ist mit 21.000 Beschäftigten in 1993 erstaunlich klein. Der Zuwachs von 9.000 ändert daran nichts, auch wenn das eine Vergrößerung um eine Drittel ist. Das erklärt sich wohl dadurch, dass bisher im allgemeinen Kfz.-Reparaturgewerbe die mechanischen und die elektrischen Kenntnisse und Fähigkeiten in einem Berufsbild zusammengefasst sind. Ob sich das mit dem zunehmenden Einsatz von Elektronik in den Fahrzeugen und in der Wartung ändern wird, ist hier nicht zu klären. Ein entsprechendes Berufsbild steht allerdings schon parat – die Mechatroniker.

5.4.4.6 Zweig 50 – Kfz.-Handel; Instandhaltung und Reparatur von Kfz.; Tankstellen

Wie schon oben angedeutet, ist der Bereich Kfz.-Handel mit den Kfz.-Reparaturen und den Tankstellen nach der Zahl der Beschäf-

Berufsgruppe, Berufsordnung	Nr.	Geschl.	1993	2006	Diff 93:06
Fahrzeug-, FlugzeugBau- u- Wartungs Berufe	28	i	468	483	15
		m	460	475	15
		w	8	8	0
Kraftfahrzeug- elektriker/Innen	318	i	21	29	
		m	21	29	
		w	/	/	

Tabelle 5.4.4.5. – 36

Wirtschafszweig		1993			2004		
		EwT	SbSt	AN	EwT	SbSt	AN
Kfz-Handel; Instandh.u. Rep.v.Kfz; Tankstellen	50	894	107	787	945	128	817
Differenzen						21	30
Durchschnitt				7			6

Tabelle 5.4.4.6. – 37

tigten leicht größer, als der Bereich der Produktion von Kfz. und ihren Teilen. Von 1993 bis 2004 wächst er sogar um rund 50.000 Beschäftigte bei tätigen Inhabern um 20.000 und bei *Lohnabhängigen* um 30.000. Die durchschnittliche Betriebs/Unternehmensgröße sinkt dabei leicht von sieben auf sechs *Lohnabhängige*.

Wie ebenfalls schon oben angesprochen sind die Bereiche Kfz.-Reparatur und Tankstellen, in der *Zweigstatistik* zusammen gezählt.

In der Berufstatistik werden dagegen die Reparatur-Fachkräfte, ob angelernt oder ausgebildet, ob beim Handel oder in den Tankstellen beschäftigt, *zusammen mit den Produktionskräften gezählt*. Dagegen werden die *Tankwarte*, die zum einen auch als Verkäufer arbeiten und zum anderen Pächter oder Ähnliches sind, gesondert ausgewiesen. Aber angesichts der vorliegenden Zahlen kann man nicht davon ausgehen, dass dies auch nur einigermaßen vollständig geschieht. Wir haben es 1993 mit 26.000 und 2006 mit 24.000 Tankwarten zu tun, wovon zuletzt mehr Frauen sind.

Auch hiermit gewinnt man über die *Qualifikationsstruktur* und ihre Veränderung in der gesamten Branche des Kfz.-Bereiches *keinen weiteren Aufschluss*.

Berufsgruppe, Berufsordnung	Nr.	Geschl.	1993	2006	Diff 93:06
		l	26	24	-2
Tankwarte/innen	686	*m*	21	15	-6
		w	5	9	+4

Tabelle 5.4.4.6. – 38

5.4.5 Gebrauchsgüter

5.4.5.1 Zweig 32 – Rundfunk- und Nachrichtentechnik

Die Schwierigkeiten mit diesem Industriezweig beginnen bei der Einsortierung in den Bereich der *Konsumgüter.* Zu jener Zeit als die Massenproduktion von Rundfunkgeräten jeder Art, von Fernsehern und von elektroakustischen Wiedergabegeräten für die Privatnutzung noch in der BRD stattfand, war das hinsichtlich der Zahl der *Erwerbstätigen* völlig gerechtfertigt. Heutzutage sind fast alle diese Produktionen, einschließlich der Telefon-, der Handy- und der Komponentenfertigung im Ausland. In der BRD befinden sich zum einen noch die spezialisierten Produktionen für die Unternehmen, es handelt sich also um *Investitionsgüter.* Zum anderen sind es noch Produktionen für den spezialisierten und technisch hochwertigen Konsum in den Feldern der audio-visuellen Wiedergabe. Es ist also eher zweifelhaft, dass die Mehrzahl der Produkte und Produktionslinien noch für den Konsum vorgesehen sind.

Auf die *Auswanderung der Massenfertigungen* weist der Rückgang der Beschäftigung bei den *Lohnabhängigen* von 1993 bis 2004 um 60.000 hin. Die geringe Zahl der *Selbständigen* und *tätigen Unternehmer* und die relativ hohen Durchschnittswerte bei der Belegschaftsstärke und Betriebsgröße von 70 und 74 verweist auf großbetriebliche Strukturen, die wohl zum erheblichen Teil auch zu größeren Konzernen gehören.

Die zweite große Schwierigkeit liegt darin begründet, dass die *beiden höheren Qualifikationsstufen* der *Techniker* und der *Ingenieure* der in obigem Zweig versammelten Produktionen nicht gesondert

Wirtschafszweig	Nr.	1993			2004		
		EwT	SbS	AN	EwT	SbSt	AN
Rundfunk- u. Nachrichtentechnik	32	212	3	209	150	2	148
Differenzen						-1	-61
Durchschnitte				70			74

Tabelle 5.4.5.1. – 39

Zweige und Berufe	1993	2004/2006
Erwerbs-Tätige in Zweigen	212	150
Zugehörige Berufe ohne Techn. u Ing.	163	154

Tabelle 5.4.5.1. – 40

in der *Berufsstatistik* ausgewiesen sind. Es ist auch nicht möglich einen Anteil von jenen hier zuzurechnen, die ausdrücklich ohne besondere Zweigzuordnung gezählt werden. Daraus ergibt sich, dass für die *Qualifikationsentwicklung* kaum eine Tendenz feststellbar sein wird, zumal die Bewegungen eben auch von den Verlagerungen verursacht werden können, die für unterschiedliche Teile der Produktion, z. B. Modellentwicklung, Komponentenfertigung und Endmontage wohl sehr unterschiedlich sind.

Die Zahlen der *Erwerbstätigkeit* des Zweiges und der entsprechenden aus der Berufstatistik liegen noch so dicht beieinander, dass von einer leidlichen Repräsentanz ausgegangen werden kann. Für 1993 lässt sich der Unterschied wohl durch die bei den Berufen nicht zuzuordnenden aber zugehörigen Techniker und Ingenieure erklären. Für 2004/6 liegen die Dinge dagegen schwieriger. Als wahrscheinlich bietet sich die Interpretation an, dass die Massenproduktionen ins Ausland verlagert wurden, während die Bereiche der Entwicklung, vor allem mit ihren Technikern und Ingenieuren in der BRD verblieben sind und zugleich erheblich ausgebaut wurden.

Die Zahlen für die *beiden unteren Qualifikationsgruppen* zeigen erstaunliche Entwicklungen. So nimmt die Zahl der *(angelernten) sonstigen Montierer*, der Mehrzahl nach Frauen, bei beiden Geschlechtern erheblich zu – konträr zu den beiden Tendenzen, die eigentlich zu ihrer Reduzierung führt: Bestückungsautomaten und Produktionsverlagerung. Dagegen vermindern sich die Zahlen der Löter, Nieter und der sonstigen Metallverbinder von der schon sehr geringen Zahl fast bis zu Bedeutungslosigkeit – dies ist nun in der

Berufsgruppe, Berufsordnung	Nr.	Ge schl	1993	Su	2006	Su	Diff 93:06
Sonstige Montierer/innen	322	i	38	38	71	71	33
		m	11		27		16
		w	27		44		17
Löter/innen, Nieter/innen. und sonstige Metallverbindungsberufe	245	i	16	16	10	10	-6
		m	/		/		
		w	13		8		-5
Zwischensumme				54		81	27
Radio- u. Fernsehtechniker/innen (Rundfunkmechaniker/innen) und verwandte Berufe	315	i	31	31	27	27	-4
		m	29		21		
		w	/		6		
Fernmeldeanlagen-, u. Telekommunkations- Elektroniker/innen	312	i	78	78	46	46	-32
		m	73		41		
		w	/		/		
Zwischensumme				109		73	-36
Summe				163		154	-9

Tabelle 5.4.5.1. – 41

Tat der Effekt von technischen Veränderungen der Produkte, der Produktionsweise und der Produktionsverlagerung.

Ebenso vermindern sich die die Zahlen der beiden einschlägigen Berufstätigkeiten auf *Facharbeiterniveau*, die Radio- und Fernsehtechniker (Facharbeiter) und der Elektroniker für Fernmeldeanlagen und Telekommunikation. Erstere waren schon auf eine so geringe Zahl geschrumpft, dass die weitere sehr leichte Verminderung ihrer Zahl unbedeutend ist. Bei Letzteren ist die Zahl dagegen von einem auch schon niedrigen Niveau von fast 80.000 auf nur noch 46.000 zusammengeschnurrt.

Das lässt sich eigentlich nur so verstehen, dass auch die schon elektronischen hochtechnischen Telefonanlagen nun zum erheblichen Teil durch das Internet ersetzt worden sind. Damit kommen sie bei der Verarbeitung einerseits in den Bereich der Computer und andererseits in den Bereich der Lichtleiter und dessen Zubehör.

Im Effekt dieser doppelt gegensätzlichen Entwicklungen ist die Gesamtzahl der *beiden unteren Qualifikationsgruppen* nur um rund 10.000 Beschäftigte geschrumpft. Da die Entwicklung der zugehörigen beiden oberen Gruppen, der Techniker mit Fachschul- oder Fachhochschulausbildung und der Hochschulingenieure nicht erfasst werden kann, bleibt die Bedeutung der vorgenannten Zahlen völlig unklar.

5.4.5.2 Zweig 36 – Herstellung von Möbeln, Schmuck, Musikinstrumenten, Sportgeräten usw.

Die Gemeinsamkeit in dieser heterogenen Zusammenstellung von Produktionen und Produkten besteht vor allem in ihrem *Charakter als Gebrauchsgüter*. Es gibt keine durchgängige Gemeinsamkeit des Materials, auch wenn Holz in mehreren Produktionslinien eine vorrangige Rolle spielt. Die *Produktion von Möbeln* hat den weitaus größten Anteil an dieser Zweigzusammenstellung.

Die Gesamtzahl der *Erwerbstätigen* umfasst 1993 noch 391.000, davon sind 356.000 als *Lohnabhängige* und 35.000 als *Selbständige* ausgewiesen. 2004 gibt es noch 256.000 Erwerbstätige, wovon 230.000 *Lohnabhängige* sind, während jetzt die *Selbständigen* mit 26.000 notiert werden. 2004 werden bei den *Lohnabhängigen* 126.000 weniger gezählt, bei den *Selbständigen* errechnen sich von 35.000 in 1993, 9.000 weniger für2004. Die errechnete durchschnittliche Betriebsgröße vermindert sich von 10 auf 8,8. Sie dürfte aber wenig aussagekräftig sein, da es im Möbelbau etliche größere Betriebe und Unternehmen gibt, in den anderen Gewerben dagegen nur kleine und sehr kleine Betriebe. Die *Möbelfertigung* ist zu einem erheblichen Teil *industriell* geworden. Die Verminderung der Erwerbstätigkeit dürfte auf das Verschwinden einer Zahl von größeren Möbelherstellern zurückzuführen sein, einige durch Konkurrenz und andere nach 1991 durch Verlagerung ins östliche Ausland.

Für diesen Zweig, der ein sehr breit gelagertes Spektrum von Gebrauchsgütern herstellt, gibt es *keine Zahlen für unterschiedliche Qualifikationsstufen* der Arbeitskräfte. Bei den drei Gewerben Musikinstrumente, feinwerktechnische Produktionen und Edelmetallschmieden ist das wegen der geringen Zahl von nur 33.000 *Erwerbstätigen* nicht wichtig. Man kann unterstellen, dass sich darunter auch eine große Zahl von erwerbstätigen Eigentümern befindet, die aufgrund der handwerklichen Tradition und Verfassung dieser

Wirtschafszweig	1993			2004		
	EwT	SbSt	AN	EwT	SbSt	AN
36 H. v. Möbeln, Schmuck, Musikinstr.,Sportger.usw	391	35	356	256	26	230
Differenzen					-9	-126
Durchschnitte			10			8,8

Tabelle 5.4.5.2. – 42

Gewerbe *zugleich Handwerksmeister und Betriebsleiter* sind. Ähnliches gilt nur für den sehr kleinen Teil handwerklicher Möbelfertigung.

1993 finden sich in den vier Gewerben 391.000 Erwerbstätige, während in den sind vier Berufsfeldern 395.000 berufstätig sind. In den vier Zweigen sind 2004 nur noch 256.000 beschäftigt,

Berufsgruppe, Berufsordnung	Nr.	Gesc hl	1993		2004		Diff 04:93
				Su		Su	
Musikinstrumentenbauer/innen	305	i	9	9	8	8	-1
		m	8		7		
		w	1		1		
sonstige feinwerktechnische und verwandte Berufe	309	i	6	6	7	7	1
		m	1		1		
		w	1		1		
Edelmetallschmiede/innen	302	i	18	18	16	16	-2
		m	9		9		
		w	9		7		
Zwischensummen		i		33		31	
Tischler/Tischlerinnen	501	i	362	362	279	279	-83
		m	349		269		
		w	13		10		
Summen				395		310	-85

Tabelle 5.4.5.2. – 43

126.000 weniger *Lohnabhängige* und 9.000 weniger *Selbständige.* 2004 finden sich in der Berufsstatistik allein 83.000 weniger Tischler. Aber das sind immer noch 279.000, also 23.000 mehr als in den vier Gewerben überhaupt Erwerbstätige notiert sind. Insgesamt sind 2004 nur noch 310.000 *Erwerbstätige* in den vier Berufsfeldern aufgeführt.

Dies kann nun kein statistischer Fehler mehr sein, sondern verweist darauf, dass noch in *anderen Gewerbszweigen größere Zahlen von Tischlern* beschäftigt sind. Als wichtigstes wird man da wohl den Bau von Ladenlokalen und Geschäftseinrichtungen nennen müssen.

5.4.5.3 DH – Herstellung von Gummi- und Kunststoffwaren

1993 sind im Wirtschaftszweig Herstellung von Gummi- und Kunststoffwaren 414.000 *Erwerbstätige* beschäftigt. Davon sind 6.000 *Selbständige.* Bei 408.000 *Lohnabhängigen* gibt es eine durchschnittliche Betriebs-/Unternehmensgröße von 68 *Lohnabhängigen.* Bis 2004 finden sich 7.000 *Selbständige* und 399.000 *Lohnabhängige,* 9.000 weniger. Die durchschnittliche Betriebs-/Unternehmensgröße hat sich auf 57 *Lohnabhängige* vermindert.

In der Berufsstatistik finden wir 1993 nur 63.000 *Erwerbstätige* als Kunststoffberufe ausgewiesen. Auch wenn man die im Wirtschaftszweig DH nach WZ 03 mit aufgeführte *Herstellung von Gummiwaren* mit hinzuzählen würde, die Größenordnung beträgt um die 20.000 1993 wie auch 2006, ergibt sich eine große Lücke gegenüber den um die 400.000 Beschäftigten im Wirtschaftszweig Herstellung von Gummi- und Kunststoffwaren.

Die Grundstoffe der beiden Gewerbe werden in der chemischen Industrie hergestellt, soweit nicht bei den Gummiwaren auf Naturgummi zurückgegriffen wird. Das stammt dann aus Importen. Die geringe Zahl der *Selbständigen* deutet auf eine eher großbetriebliche Struktur der beiden Gewerbe hin. Allgemein bekannt ist die Produktion von Reifen für Pkw und andere Straßenfahrzeuge. Zumindest die Produktion von Reifen für PKW findet in großen Industriebetrieben statt.

Für die Verarbeitung von Kunststoffen, die in vielen verschiedenen Gewerben als Teile und in zahleichen Endprodukten verwendet

Wirtschaftszweig	Nr.	1993			2004		
		EwT	SbSt	AN	EwT	SbSt	AN
H. v. Gummi- u Kunststoffwaren	DH/ 30	414	6	408	406	7	399
Differenzen					-8		-9
Durchschnitte				68			57

Tabelle 5.4.5.3. – 44

werden, ist wohl eher eine mittlere bis kleinere Größe der Betriebe zu vermuten. Dass bei allen Verarbeitungen von Kunststoffen und Gummi mit 400.000 Beschäftigten, abzüglich der Büroarbeiten im Kaufmännischen und in der Leitung nur rund 60.000 Personen *fachspezifische Berufe* ausüben, ist wenig plausibel. Diese Zahlenlücke kann hier nicht zureichend interpretiert oder aufgeklärt werden.

Insofern ist auch die Interpretation der Unterschiede der beiden Berufe kaum von Belang. Das einzig bemerkenswerte ist die relative Konstanz der Zahlen, die sich aber annähernd auch in dem umfassenden Wirtschaftszweig findet.

Berufsgruppe, Berufsordnung	Nr.	Ge schl.	1993	2004	Diff 04-93
Kunststoffverarbeiter/innen o.n.T	150	i	15	15	
		m	9	10	
		w	6	/	
Kunststoff- Formgeber/innen-	152	i	35	33	
		m	25	28	
		w	10	/	
Kunststoffberufe	15	i	63	62	-1
		m	43	48	5
		w	19	14	-5

Tabelle 5.4.5.3. – 45

5.4.5.4 Zweig 17 Textil-, Zweig 18 Bekleidungsgewerbe, DB Textil- und Bekleidungsgewerbe – DC Ledergewerbe

Mit diesen Gewerben sind einerseits die Endproduzenten der Bekleidung als wichtiger Teil der Gebrauchsgüterproduktion aufgelistet. Andererseits sind hier auch die Vorarbeiten, bei Leder z. B. die Gerberei, und bei den Textilien die Spinnerei und die Weberei mit einbezogen – während diese drei hinsichtlich der Stellung in der gesellschaftlichen Arbeitsteilung eigentlich zur Herstellung von Vorprodukten oder Halbzeug zu zählen wären.

Von der einstigen Bedeutung des Textilgewerbes in den Volkswirtschaften vor, in und nach der industriellen Revolution, ist in der Ökonomie der BRD und auch in den anderen entwickelten industriellen Länder nichts mehr übrig geblieben.

Die drei Wirtschaftszweige haben etliche Wellen der Schrumpfung erlebt, vor allem durch Auslagerung in Länder mit geringeren Löhnen. Erstaunlicher Weise zeigen die Zahlen in der Tabelle, dass es noch weiter abwärts gehen kann. Beim Ledergewerbe von 53.000 *Erwerbstätigen* noch 1993 auf die Hälfte mit 27.000 in 2004; beim

Wirtschaftszweige		1993			2004		
		EwT	SbSt	AN	EwT	SbSt	AN
Ledergewerbe	DC	53	2	51	27	2	25
Differenzen					-26		-26
Textil- und Bekleidungsgewerbe	DB	394		378	187		175
Differenzen					-207		-203
Textilgewerbe	17	214		207	119	6	113
Differenzen					-95		-94
Bekleidungsgewerbe	18	180		171	68		62
Differenzen					-112		-109
Summen		*457*		*429*	*214*		*200*
Differenzen					-233		-229

Tabelle 5.4.5.4. – 46

Berufsgruppe, Berufsordnung	Nr.	Geschl	1993		2004		Diff 94-93
				Su		Su	
Spinnberufe	33	i	18	18	7	7	-11
		m	9		/		
		w	10		/		
Berufe in der Textilherstellung	34	i	34	34	18	18	-16
		m	16		11		-5
		w	18		7		-11
Textilveredler/Textilveredlerinnen	36	i	13	13	6	6	-7
		m	10		/		
		w	/		/		
Berufe in der Textilverarbeitung	35	i	232	232	104	104	-128
		m	22		11		-11
		w	210		92		-118
Berufe in der Lederherstellung, Leder- u Fellverarbeitung	37	i	57	57	35	35	-22
		m	34		23		-11
		w	23		12		-11
Summen		i		354		170	

Tabelle 5.4.5.1. – 47

Textilgewerbe mit Spinnerei und Weberei von 214.000 auf 119.000, kaum mehr als die Hälfte; beim Bekleidungsgewerbe von 180.000 auf 68.000 Erwerbstätige, weniger als die Hälfte. Die drei textilen Gewerbe zusammen genommen, Spinnerei, Weberei, Bekleidung schrumpfen von 394 auf 187.000 Erwerbstätige.

Die Repräsentativität der Berufsstatistik für die genanten Zweige ist für 1993 und für 2004/06 relativ groß: von 457.000 Beschäftigten in allen Zweigen sind immerhin 354.000 Erwerbstätige mit zweigspezifischen Tätigkeiten und Berufen vertreten; in 2004/06 sind von 214.000 *Erwerbstätigen* noch 170.000 mit zweigspezifischen Berufen vertreten.

Da die in der Berufsstatistik aufgeführten Berufe keine Qualifikationsstufen darstellen, lässt sich über eine Veränderung der Proportionen von Qualifikationen innerhalb der einzelnen Zweige nichts Genaues sagen. Sicher ist aber, dass vor allem die mit Handarbeit oder mit handgesteuerten Maschinenarbeit verbundenen Tätigkeiten, wie das Zuschneiden oder Nähen, weitestgehend aus der hiesigen Arbeitsteilung verschwunden sind.

Zuletzt ist das in relevanten Größenordnungen vor allem noch im Bekleidungsgewerbe geschehen, von 232.000 in 1993 auf nur noch 104.000 Beschäftigte in 2006.

5.4.6 Verbrauchsgüter

5.4.6.1 Zweig 15 – Ernährungsgewerbe

Das Ernährungsgewerbe umfasst nicht nur die Herstellung von Endprodukten, wie etwa Backwaren aller Art oder Milchprodukte, sondern auch alle Zwischenprodukte, deren Grundstoffe aus der Landwirtschaft stammen. Insofern können keineswegs alle Produktionen und *Erwerbstätigen* unter dieser Überschrift als Produzenten der Endprodukte von Verbrauchsgütern verstanden werden. Wie die Proportionen etwa bei der Aufbereitung von Getreide, wie Mühlen etc und der Endproduktion von Backwaren aussieht, ist aufgrund der hier verwendeten Statistiken nicht zu klären. Da aber die meisten landwirtschaftlichen Produkte nach der Verarbeitung in die Endproduktion für die Ernährung eingehen, allerdings nicht nur in die der Menschen, sondern auch in die von Tieren, *gibt es eine relativ geschlossene Kette der Verarbeitungsstufen bis zum Endprodukt ohne viele Verzweigungen,* ausgenommen der Ex- und Import von Zwischenprodukten und zunehmend die Verwendung von *Pflanzen für die Energieproduktion.*

Die Zahl der Beschäftigten liegt 1993 bei 926.000, davon 61.000 *Selbständige* und 825.000 *Lohnabhängige.* Das ergibt einen Durchschnitt von 14 *Lohnabhängigen* pro Betrieb/Unternehmen. In diesem Zweig gilt besonders, dass es viele Klein- und Mittelbetriebe und wenige Großbetriebe gibt, deren Extreme aber die überwiegende Zahl der Beschäftigten stellen. Das kann hier nicht abgebildet werden.

Wirtschaftszweig	Nr.	1993			2004		
		EwT	SbSt	AN	EwT	SbSt	AN
Ernährungsgewerbe	15	926	61	865	950	70	880
Differenzen					24	9	15
Durchschnitte			14			13	

Tabelle 5.4.6.1. – 48

Berufsgruppe, Berufsordnung	Nr.	Ge-schl	1993		2004		Diff 04-93
				Su		Su	
Berufe in der Back-, Konditor-, Süß-Waren Herstellung	39	i	170	170	153	153	-17
		m	128		112		-16
		w	42		41		-1
übrige Ernährungs Berufe	43	i	28	28	38	38	10
		m	19		24		5
		w	9		15		6
Fleischer/innen	40	i	127	127	111	111	-16
		m	118		101		-17
		w	9		10		1
Berufe in der Getränke-, u. Genußmittel-Herstellung	42	i	27	27	22	22	-5
		m	22		17		-5
		w	6		6		0
Summen		i		352		324	-28

Tabelle 5.4.6.1. – 49

Bis 2004 finden sich 950.000 Beschäftigte, 24.000 mehr, davon jetzt 70.000 *Selbständige*, 9.000 mehr, und 880.000 *Lohnabhängige* oder 15.000 mehr als 1993. Der Durchschnitt der *Lohnabhängigen* pro Betrieb/Unternehmen liegt jetzt bei dreizehn.

Damit gehört das Ernährungsgewerbe zu den wenigen verarbeitenden Gewerben, die einen Zuwachs an Beschäftigten in dieser Periode verzeichnen.

Wenn wir die Größen mit anderen Gewerbe- und Industriezweigen vergleichen, dann gehört das Ernährungsgewerbe zu den großen, wie Maschinenbau, Herstellung von Metallerzeugnissen oder der Herstellung von Fahrzeugen. Allerdings ist er aufgrund der Verschiedenheit der Grundstoffe, Getreide, sonstige Feldfrüchte, Milch und Fleisch, auch wenn sie fast alle aus der Landwirtschaft stammen, technisch sehr viel heterogener.

Die Zahl der einschlägigen Fachkräfte ist erheblich geringer als die der Beschäftigten in diesem Zweig. Auch die Tendenz bei der Beschäftigung ist gegensätzlich: Die Zahl der Fachkräfte nimmt ab, wenn auch weniger als zehn Prozent. Bei Backwaren und Fleischerzeugnissen gibt es für die Auswertung der Zahlen Unklarheiten. Ein

Teil der Verkaufsaktivitäten von Bäckereien und Fleischverarbeitern werden zu diesem Zweig gezählt. Andere Teile dagegen nicht, wie z. B. der Verkauf durch Supermärkte und Großmärkte, während der unternehmerisch eigenständige Verkauf innerhalb der Verkaufsräume von Super- oder Großmärkten anscheinend wiederum doch. Es kann also sein, dass der Schrumpfung des Fachpersonals bei der Bearbeitung der Materialien eine Konzentration und technische Aufrüstung, Mechanisierung und auch Automatisierung zugrunde liegt. Andererseits ist die Vergrößerung der Zahl der Beschäftigten insgesamt aufgrund der Ausdehnung des Verkaufs durch die Einrichtung einer Vielzahl von Verkaufsfilialen begründet. Das alles ist den vorliegenden Zahlen nicht zu entnehmen.

1993 sind von den 926.000 *Beschäftigten* in der Ernährungsindustrie, hinzuzählen bei dem Vergleich sind die 16.000 Beschäftigten der *Tabakverarbeitung,* etwas mehr als ein Drittel, 350.000 Fachpersonal. 2004 hat sich das Zahlenverhältnis nicht grundlegend verändert. Unter 950.000, plus 12.000 insgesamt *Beschäftigten,* sind 324.000 Fachpersonal, also weiterhin wenig mehr als ein Drittel.

Die Differenz erklärt sich durch drei Umstände. Zum einen ist es das Personal im kaufmännischen Betrieb und der Unternehmensleitung, zum anderen das Verkaufspersonal. Zum Dritten kommt aber wohl *bei den Großbetrieben zunehmend technisches Personal* für die Maschinen und Anlagen sowie für ihre Steuerung und Programmierung hinzu. Alles das ist in den vorliegenden Zahlen nicht zu differenzieren.

Bei den einzelnen, stofflich bestimmten Zweigen, Backwaren, Fleischwaren, Getränke und Genussmittel sind keine Qualifikationsunterschiede genannt. Ihre *Erwerbstätigen* sind 2004 noch mit 153.000, 111.000 und 22.000 fachlichem Personal in der Berufsstatistik ausgewiesen. Die Schrumpfungen sind bei dem dritten Zweig absolut mit 5.000 am kleinsten, aber relativ mit 20 Prozent am größten. Bei den größeren sind sie relativ erheblich kleiner.

In den Zahlen und aus den allgemeinen Kenntnissen über die Entwicklung auch dieser Zweige *bestätigt sich die allgemeine Tendenz der betrieblichen und gesellschaftlichen Arbeitsteilung. Die Technisierung und Automatisierung verkleinert den Anteil der direkten Handarbeit oder den der Handsteuerung von Maschinenproduktionen* und *vergrößert den Anteil der technischen Zuarbeit bei der Produktion auch von ganz untechnischen Produkten.* Relativ dazu vergrößern sich der

Anteil der Dienstleistungen im Verkauf und der Büroarbeit in Verwaltung und Leitung. Absolut gesehen wird allerdings auch die letztere Tätigkeit durch die Verwendung von PC und Programmen mit weniger Personal auskommen.

5.4.6.2. Zweig 16 – Tabakverarbeitung

Wie das Verhältnis von *Beschäftigten zu Lohnarbeitern* und die geringe Gesamtzahl zeigt, handelt es sich in diesem Zweig um wenige fast vollautomatisierte Großbetriebe und Unternehmen. Der Produktionsumfang hat sich nur in bescheidenen Grenzen vergrößert, während die Zahl der *Lohnabhängigen* um über 10 Prozent gesenkt wurde.

Das fachliche Personal ist in der Berufstatistik zusammen mit der Getränkeherstellung aufgeführt. Eine innere Differenzierung ist dort wie hier nicht zu ersehen. Die Behandlung unter der gleichen Rubrik ist problematisch, da die stofflichen Unterschiede der Ausgangsmaterialien und des Produktes technisch ganz andere Produktionsverfahren mitbringen. Auch die Art der massenhaften Verpackung oder Abfüllung ist technisch nicht sehr ähnlich.

Ansonsten ist die reine Zahl der *Erwerbstätigen* in diesem Zweig so klein, dass sie keine besondere Bedeutung hat.

5.4.7 Materiell-technische Dienste für Unternehmen und Konsum

Die Summierung verschiedener Zweige in einem Sektor materielltechnischer Dienste für Unternehmen und Konsum ergibt für 1991 2,28 Millionen Erwerbstätige und 4,6 Millionen für 2004, also einen Zuwachs von 2,3 Millionen.

Erwerbstätigkeit Unternehmensdienste BRD von 1970-1991 - Deutschland von 1991-2004 absolut u in % je Jahr														
Wirtschafts-Zweig	div.	1970	%	1991	%	Diff 70:91	Diff 91:91	1991	%	2004	%	Diff 91:04	2005	Diff 70:04
UnternehmensDienste Verm v Sa, Untern-DienstL, Forschung u Entwicklung		832		1.972	7	1.140	307	2.279	6	4.596	12	2.317		3.764
Prozente			3								12			+9%

Tabelle 5.4.7. – 50

Im Einzelnen fallen darunter die folgenden Zweige 7.1. bis 7.5.

5.4.7.1 Zweig 71 – Vermietung beweglicher Sachen ohne Bedienungspersonal

Für den sehr kleinen Zweig 71 aus dem Sektor materiell-technische Dienste für Unternehmen und Konsum gibt es bisher keine passenden Berufsangaben aus den entsprechenden Statistiken.

Wirtschaftszweig		1993			2004		
	Nr.	EwT	SbSt	AN	EwT	SbSt	AN
Verm. bewegl. Sachen oh. Bedienungs-Personal	71	69	10	59	99	11	88
Differenz					30	1	29
Durchschnitt				6			8

Tabelle 5.4.7.1. – 51

Bemerkenswert ist nur, dass dieser Zweig sein Personal erweitert hat und zwar sowohl bei den *Selbständigen*, als auch bei den *Lohnabhängigen*. Dabei hat sich die durchschnittliche Belegschaftsgröße von sechs auf acht *Lohnabhängige* erweitert. Auch in diesem für Dienstleistungen typischen Zweig gibt es, wie allgemein bekannt, die deutliche Zweiteilung der Unternehmensgrößen und -arten. Zum einen die vielen kleinen, meist nur örtlich agierenden Vermieter vor allem von Lieferwagen für den privaten Gebrauch und die wenigen großen nationalen oder internationalen Autovermieter für Private und den Geschäftsbedarf.

Bei den kleinen Unternehmen sind wohl Geschäftsführung und Eigentum meist in einer Hand, ansonsten geht es um wenige Angestellte, die zusätzliche Bürodienste und anfallende technische Dienste leisten. Bei den Großen haben wir die Leitung von Zweigstellen, den Kundendienst der Vermittlung und wenige zusätzliche Büro- und technischen Angestellte, sowie einen größeren Verwaltungsapparat in den Zentralen, die die verschiedensten zentralisierten Funktionen wahrnehmen.

Wirtschaftszweig		1993			2004		
	Nr.	EwT	SbSt	AN	EwT	SbSt	AN
Erbringung von Entsorgungsleistungen	90	160	3	157	143	7	136
Differenzen					-17	4	-21
Durchschnitte			52			19	

Tabelle 5.4.7.2. – 52

5.4.7.2 Zweige 80-90 – Erbringung von Entsorgungsleistungen

In der Umstellung der Wirtschaftszweige haben wir entschieden, die Entsorgung aus der Zusammenstellung O – sonstige öffentliche und private Dienstleister herauszunehmen und in die Sparte materiell-technische Dienste für die Produktion und den Konsum einzustellen. Dem soll auch hier gefolgt werden.

Ähnlich wie das Recycling gehört die Entsorgung an das Ende des stofflichen Zyklus der Produktion und des Konsums. So war die Entsorgung vor allem des Haushaltsmülls in und durch die Kommunen als öffentliche Dienstleistung organisiert. In der Zwischenzeit ist durch die Gesetzgebung die Entsorgung des Abfalls der privaten Unternehmen streng geregelt worden, sodass es nicht nur um Haushaltsmüll geht. Außerdem sind im Zuge der allgemeinen Tendenz auch die städtischen Entsorger z. T. privatisiert oder das Geschäftsfeld für private Firmen geöffnet worden. Aus den vorliegenden Statistiken sind die Proportionen zwischen der Entsorgung des Haushalts(Konsum)-Mülls und der Industrieabfälle hinsichtlich Beschäftigung und Umsatz nicht zu entnehmen. Die Zahl der dort *Erwerbstätigen* beträgt 1993 nur 160.000 und 2004, entgegen der Erwartung, nur noch 143.000, also 17.000 weniger, darin jedoch 4.000 zusätzliche *Selbständige*. Von der Größenordnung her spielt dieser Zweig im Verhältnis zum gesamten Sektor materiell-technische Dienste für Unternehmen und Konsum mit 4,6 Millionen weiterhin nur eine untergeordnete Rolle.

5.4.7.3 Zweige 74-74 – Dienstleister überwiegend für Unternehmen

Das sieht bei dem Zweig 74 *Dienstleister überwiegend für Unternehmen* grundlegend anders aus. Diese Zusammenstellung hat in 1993 immerhin 2,1 Millionen Erwerbstätige und 2004 mit 3,85 Millionen den überwältigenden Anteil von den 4,6 Millionen des gesamten Sektors. Wie sich der auf die einzelnen dort vertretenen Unterzweige verteilt, wird unten darstellt.

War schon die Steigerung der Zahl der *Lohnabhängigen* von 1970 bis 1991 von 540.000 auf 1,3 Millionen rechtbemerkenswert, und auch der Zuwachs durch die Übernahme der DDR um rund 250.000 nicht gering, so ist der Zuwachs von 1993 auf 2004 um 1,4 Millionen auf 3,2 Millionen *Lohnabhängige* geradezu spektakulär. Dabei hat sich auch die Zahl der *Selbständigen* von 320.000 um 270.000 auf rund 590.000 erhöht. 2004 haben wir in diesem Zweig 3,85 Millionen Beschäftigte. Die durchschnittliche Betriebs-/Unternehmensgröße hat sich dabei nicht verändert: sie liegt nach wie vor bei sechs *Lohnabhängigen.* Aus welcher Verteilung sich dieser Durchschnitt ergibt, ist auf den ersten Blick und aus den Alltagskenntnissen her nicht zu beurteilen.

Eine Zuordnung von einzelnen Berufen oder Berufsfeldern zu diesen Dienstleistern überwiegend für Unternehmen ist nur ungefähr möglich. Vor allem gehören diese Berufsfelder völlig unterschiedlichen Sparten an. Sie reichen von den *Reinigungsberufen* bis zu *Anwälten, Steuerberatern und selbständigen Ingenieuren.* In der Klassifikation der Wirtschaftszweige von 2003 werden für diesen Zweig (74) folgende Unterzweige (dreistellig) aufgeführt:

Wirtschaftszweige	Nr.	1993			2004		
		EwT	SbSt	AN	EwT	SbSt	AN
Dienstleister überwiegend für Unternehmen	74	2.117	319	1.798	3.851	588	3.263
Differenzen					1.734	269	1.465
Durchschnitte			6			6	

Tabelle 5.4.7.3.. – 53

74.1 – Rechts-, Steuer- und Unternehmensberatung. Wirtschaftsprüfung, Buchführung, Markt- und Meinungsforschung, Managementtätigkeiten, Holdingsgesellschaften;
74.2 – Architektur- und Ingenieurbüros
74.3 – Technische, physikalische und chemische Untersuchung
74.4 – Werbung
74.5 – Personal- und Stellenvermittlung, Überlassung von Arbeitskräften
74.6 – Wach- und Sicherheitsdienste sowie Detekteien
74.7 – Reinigung von Gebäuden, Inventar und Verkehrsmitteln
74.8 – Erbringung von sonstigen wirtschaftlichen Dienstleistungen, anderweitig nicht genannt
74.8.1 – Fotographisches Gewerbe
74.8.2 – Abfüll- und Verpackungsgewerbe
74.8.5 – Sekretariats-, Schreib und Übersetzungsdienst, Copy-Shops (Dolmetscher)
74.8.6 – Call Centers
74.8.7 –Erbringung von sonstigen wirtschaftlichen Dienstleistungen für Unternehmen, anderweitig nicht genannt
74.8.7.1 – Ausstellungs-, Messe- und Warenmarkteinrichtungen
74.8.7.2 – Sachverständige
74.8.7.4 – Ateliers für Design
74.8.7.5 – Auskunfteien
74.8.7.6 – Inkassobüros
74.8.7.7 – sonst Vermögensberatung

Wie man sieht, ist die Orientierung der Zuordnung von Unterzweigen zu diesem Zweig anhand von zwei Aspekten der Tätigkeit, nämlich Dienstleistung darzustellen und an der Stellung im Markt, Verkauf der Dienste an Unternehmen, wenig hilfreich. *Die aufgeführten Dienste haben stofflich, funktionell und für die Reproduktion der Unternehmen und der Gesellschaft völlig unterschiedliche Bedeutung. Kurz: die Aufstellung ist eine ziemlich sinnfreie Ansammlung.*

Am einfachsten liegt die Sache bei den beiden folgenden Berufsfeldern – *den Reinigungs- und Entsorgungsberufen* und den *Dienst- und Wachberufen.* Es muss wohl davon ausgegangen werden, dass diese Arbeitsfelder in den Jahrzehnten der ökonomischen Entwicklung zunehmend und dann besonders seit 1991 aus den großen Unternehmen ausgegliedert wurden und von kleineren oder größeren privaten Firmen selbständig betrieben wurden. Darauf weisen die Zunahmen bei den einzelnen Arbeits- und Berufsfeldern hin.

5.4.7.4 Reinigungsberufe

Bei den Reinigungsberufen haben wir die Textilreiniger nicht mit dargestellt. Allerdings sind sie in der Ausgangsstatistik des Berufsfeldes mit aufgeführt und damit auch in der Summenbildung enthalten.

Die Zahl der *Gebäudereiniger* und der *Raumpfleger* belief sich 1993 auf 620.000. Davon waren 570.000 Frauen, vermutlich also vor allem Raumpflegerinnen. Die Zahl der wohl weitgehend männlichen Gebäudereiniger belief sich demnach auf 50.000. Bei den Frauen kamen 210.000 hinzu, sodass sie 780.000 in 2004 ausmachten und bei den Männern rund 50.000, was sich 2004 auf fast 100.000 Beschäftigte summierte. Dazu kommen dann 1993 rund 14.000 *Fahrzeugreiniger*, fast ausschließlich Männer, deren Zahl

Berufsgruppe, Berufsordnung		Ge schl	1993	2004	Diff 04-93
Gebäudereiniger/innen Raumpfleger/innen	934	i	622	876	254
		m	51	98	47
		w	571	779	208
Fahrzeugreiniger/ innen Fahrzeugpfleger/innen	936	i	14	25	
		m	11	19	
		w	1	6	
Maschinen-, Behälterreiniger/innen u. verwandte Berufe	937	i	63	147	84
		m	20	35	
		w	43	113	70
Summen Reinigungs- und Entsorgungsberufe (einschl. Textil-Reiniger)	93	i	820	1.175	355
		m	139	217	78
		w	681	959	278

Tabelle 5.4.7.4. – 54

2004 auf rund 25.000 steigt, bei jetzt immerhin 6.000 Frauen. Die Zahl der *Maschinen- und Behälterreinigern* beläuft sich 1993 auf nur rund 65.000, davon ein Drittel Männer und zwei Drittel Frauen. Bis 2004 vergrößert sich die Gesamtzahl um 85.000 auf fast 150.000, mit jetzt 35.000 Männern und 113.000 Frauen.

1993 umfasst das *Reinigungs- und Entsorgungspersonal* zusammen 820.000 *Erwerbstätige* und 2004 1,17 Millionen, davon zuletzt nur rund 215.000 Männer und 960.000 Frauen.

5.4.7.5 Dienst- und Wachberufe

Bei den *Dienst- und Wachberufen* finden wir fünf verschiedene Sparten. Dabei ist bemerkenswert, dass, anders als erwartet, sich die Zahl der *Werk- und Personenschützer und der Detektive* 1993 nur auf

Berufsgruppe, Berufsordnung	Nr.	Ge schl	1993	2004	Diff 04-93
Werk-, Personenschutzfachkräfte, Detektive/innen	791	i	33	64	
		m	31	54	
		w	/	10	
Wächter/innen, Aufseher/innen	792	i	89	91	
		m	69	59	
		w	20	32	
Pförtner/innen	793	i	27	18	
		m	23	14	
		w	/	/	
Haus-, Gewerbediener/innen	794	i	19	21	
		m	14	18	
		w	/		/
Hausmeister/innen, Hauswarte/innen	796	i	182	312	130
		m	153	274	
		w	29	38	
Summen Dienst-, Wachberufe	79	i	366	524	158
		m	300	431	131
		w	66	93	27
Summen Reinigungs- u Wachberufe		i	1.186	1.699	513
		m	439	648	209
		w	747	1.052	305

Tabelle 5.4.7.5. – 55

33.000 beläuft und auch 2004 nur 64.000 umfasst. Von den anderen Kategorien sind von der Menge her nur die Hausmeister mit 1993 153.000 und 2004 dann 312.000 *Erwerbstätigen* erwähnenswert. In Summe kommen die Dienst- und Wachberufe 1993 auf 360.000 und 2004 auf 525.000 Erwerbstätige, wobei nur knapp ein Viertel Frauen sind.

1993 beläuft sich die *Summe der klassischen Dienstleistungsberufe* für Unternehmen, Reinigungs-, Entsorgungs-, Dienst- und Wachberufe (hier einschließlich der Textil-Reiniger) auf 1.1 Millionen und 2004 auf 510.000 mehr, also auf 1,7 Millionen Erwerbstätige. Davon sind rund 650.000 Männer und rund 1,05 Millionen Frauen. Mit 1,7 Millionen Beschäftigten stellen sie knapp die Hälfte der 3,85 Millionen der bei den Unternehmensdienstleistern notierten *Erwerbstätigen*.

5.4.8 Nicht-materielle Dienste für Unternehmen und Konsum

5.4.8.1 Wirtschafts- und Rechtsberatung für Unternehmen und Private

In der Aufgliederung des Wirtschaftszweiges 74 Dienstleistungen überwiegend für Unternehmen sind unter der Nr. 74.1 – die folgenden Tätigkeiten aufgeführt: Rechts-, Steuer- und Unternehmensberatung. Wirtschaftsprüfung, Buchführung, Markt- und Meinungsforschung, Managementtätigkeiten, Holdingsgesellschaften.

In der Berufsstatistik sind diese Tätigkeiten unter verschiedenen Berufsgruppen und einzelnen Berufsordnungen aufgeführt, wie die unten stehende Zusammenstellung zeigt.

Obgleich dies noch keineswegs alle Berufe sind, die in der Zweigaufstellung der Unternehmensdienste aufgeführt werden, reichen die hier für 2004 Versammelten 900.000 Beschäftigten bis auf 200.000 fast aus, um die Gesamtzahl von 3,8 Millionen zusammen mit den bisher schon Behandelten zu erreichen.

Alle diese Berufe umfassen jeweils weniger als 180.000 Beschäftigte. Wobei die Rechtsanwälte (in der Statistik Rechtsvertreter und Rechtsberater genannt) diese Höchstgrenze markieren. Die Statistiker und Marktforscher zusammen bilden die untere Grenze, sie umfassen nur 13.000 Beschäftigte.

Die Statistiker haben wohl auf jeden Fall eine akademische Ausbildung, sind aber eher ausnahmsweise selbständig und daher vorrangig als Angestellte tätig. Einerseits in diversen Regierungsagenturen, wie z. B. dem statistischen Bundesamt und den Landesämtern, der Bundesbank oder der Bundesagentur für Arbeit, andererseits möglicherweise bei Versicherungen. Es ist daher nicht recht sicher, dass sie in die Rubrik der als eigenständige Gewerbe gedachten Unternehmensdienste gehören. Aber das lässt sich anhand der hier diskutierten Statistiken nicht entscheiden.

Die Marktforscher müssen hingegen keine akademische Ausbildung haben, werden aber wohl im Regelfall darüber verfügen. Sie sind mit großer Wahrscheinlichkeit selbständig als Gewerbetreibende für Unternehmen und Verbände tätig. Die in diesen Unter-

Berufsgruppe, Berufsordnung			1993		2004		
	Nr,	Geschl		Su		Su	Diff 04-93
Werbefachleute	703	i	62	62	107	107	45
		m	37		52		15
		w	25		56		31
Unternehmensberater/innen und verwandte Berufe	757	i	47	47	125	125	78
		m	38		95		57
		w	9		30		21
Fachgehilfen/innen in steuer- u. wirtschaftsberatenden Berufen Steuerfachleute, a.n.g.	754	i	109	109	138	138	29
		m	19		25		6
		w	90		113		23
Wirtschaftsprüfer/innen, Steuerberater/innen und verwandte Berufe	753	i	78	78	96	96	18
		m	52		61		9
		w	26		35		9
Statistiker/innen, Marktforscher/innen und verwandte Berufe	887	i	6	6	13	13	7
		m	/		5		5
		w	/		8		8
Wirtschaftswissenschaftler/innen, a.n.g.	881	i	61	61	131	131	70
		m	45		81		36
		w	16		50		34
Rechtsanwalts- und Notargehilfen/innen	786	i	69	69	112	112	43
		M	/		9		9
		w	65		104		39
Rechtsvertreter/innen Rechtsberater/innen	813	i	95	95	179	179	84
		m	72		113		41
		w	24		65		41
Summen				527		901	374

Tabelle 5.4.8.1. – 56

nehmen als fachliche Hilfskräfte Tätigen verfügen aber über keine fachspezifischen Berufsabschlüsse und sind daher in der Berufsstatistik auch nicht extra erfasst.

Für die Wirtschaftswissenschaftler gilt Ähnliches, wie für die Statistiker. Sie haben alle eine akademische Ausbildung und sind als Angestellte tätig, entweder in halbprivaten Instituten, oder den Unternehmen und Verbänden selbst. Daneben sind sicher auch einige in Regierungsapparaten, bei der Bundesbank und natürlich auch in den Hochschulen tätig. Auch hier sind keine fachlichen Hilfskräfte mit eigener Berufsausbildung vorhanden.

Dagegen sind Unternehmensberater und Werbefachleute zwei Berufe, in denen zwar akademische Abschlüsse wahrscheinlich sind, aber wohl nicht durchgehend fachspezifisch. Unternehmensberater werden zumeist eine wirtschaftswissenschaftliche Ausbildung haben, wobei auch bei ihnen keine fachlichen Hilfskräfte mit spezifischem Berufsabschluss existieren. Für Werbefachleute kann generell kaum etwas gesagt werden. Beide Berufe werden wohl, außer bei den wenigen großen Agenturen, weitgehend selbständig betrieben.

Für alle hier aufgezählten Berufe gilt, dass die Zahl der Beschäftigten zugenommen hat und meistens auch der Anteil der weiblichen Beschäftigten größer geworden ist.

Die Zahl der *Werbefachleute* ist von 62.000 um 45.000 auf 107.000 gewachsen, wobei 1993 die Zahl der Frauen ein Drittel geringer war und jetzt dagegen sogar einen kleinen Zahlenvorsprung haben.

Die Zahl der *Unternehmensberater* ist von 47.000 sogar um 78.000 auf 125.000 angewachsen. Dabei ist der Anteil der Frauen von knapp einem Viertel auf ein knappes Drittel gewachsen.

Die Zahlen für *Wirtschaftsprüfer, Steuerberater* und ihre *Fachgehilfen* ist in beiden Ebenen nur moderat gewachsen: Die der Wirtschaftsprüfer und Steuerberater von 78.000 um 18.000 auf 96.000, wobei sich der Anteil der Frauen ganz leicht auf etwas mehr als die Hälfte erhöhte hat. *Die Zahl der Gehilfen* hat sich von 109.000 um 29.000 auf 138.000 erhöht. Dabei hat sich der hohe Anteil der Frauen von über 80 Prozent auf dem hohen Niveau gehalten. In diesem Gewerbe sind also weiterhin die männlichen *Selbständigen* die Chefs mit jeweils wenigen weiblichen Fachgehilfen.

Bei den *Rechtsanwälten* und ihren *Fachgehilfen* zeigt sich eine etwas andere Entwicklung. Die Zahl der Rechtsanwälte hat stark zugenommen, von 95.000 um 84.000 auf 179.000. Bei absolut gleichem Zugang bei Männern und Frauen hat sich der Anteil der Frauen von einem Drittel auf fast die Hälfte erhöht. Die Zahl der Gehilfen hat sich von 69.000 um 43.000 auf 112.000 erhöht. Dabei hat sich das völlige Überwiegen der Zahl der Frauen von 13 zu 1 leicht auf 10 zu 1 gemildert. Auch hier haben wir also die männlichen *Selbständigen* Chefs mit allerdings weniger fachlichen Hilfskräften, wie im Steuerberatungsgewerbe, als typische Betriebsform. Inwieweit in beiden Gewerben auch einige wenige Großkanzleien und -büros eingerichtet worden sind, kann aus den Zahlen nicht entnommen werden.

Die Zahl der *Statistiker und Marktforscher* hat sich mehr als verdoppelt, aber absolut sind es immer noch nur 13.000. Dabei ist der Zuwachs fast ausschließlich bei den Frauen zu verzeichnen, sodass sie inzwischen etwas mehr als die Hälfte der Beschäftigten stellen. Über die Betriebsformen, in denen diese Berufe ausgeübt werden, lässt sich anhand der Zahlen nichts sagen. Allerdings dürften die Statistiker eher in nicht gewinnorientierten Großorganisationen und die Marktforscher als selbständige Gewerbe in Klein- und Mittelbetrieben tätig sein.

Die Zahl der *Wirtschaftswissenschaftler* ist 1993 mit 61.000 erheblich größer und steigt um 70.000 auf 131.000. Die Zunahme ist bei beiden Geschlechtern absolut etwa gleich und daher verringert sich das Verhältnis von Männern zu Frauen von 3 zu 1 auf etwa 2 zu 1. Für diese Berufe gilt wohl auch, dass sie eher als Angestellte in Großorganisationen tätig sind, soweit sie nicht als Teile von Unternehmensleitungen an anderer Stelle notiert wurden.

5.4.9 Geistige Unternehmensdienste für die Produktion

5.4.9.1 Datenverarbeitung und Datenbanken

Die Zahl der *Erwerbstätigen* im Zweig 72 – Datenverarbeitung und Datenbanken hat sich von 230.000 in 1993 um 275.000 auf 504.000 in 2004 erhöht – also mehr als verdoppelt. Dabei hat sich die Zahl der *Selbständigen* fast vervierfacht, während die Zahl der *Lohnabhängigen* sich »nur« verdoppelt hat. Als Folge hat sich die

Wirtschaftszweig		1993			2004		
	Nr	EwT	SbSt	AN	EwT	SbSt	AN
Datenverarbeitung und Datenbanken	72	229	26	203	504	97	407
Differenzen					275	71	204
Durchschnitte			8			4	

Tabelle 5.4.9.1. – 57

durchschnittliche Zahl der *Lohnabhängigen* pro Betrieb/Unternehmen von 8 auf 4 verringert.

Dieser Zweig umfasst den Vertrieb und den Service für Hardware, u. a. Personalcomputer, Server und Netzwerke, wie auch die Entwicklung von Software, ihren Vertrieb und den Service, auch Datenbanken und die für deren Betrieb erforderlichen Vorarbeiten.

Der sprunghafte Anstieg der *Selbständigen* in diesem Bereich ist vermutlich auf die vielen kleinen *Selbständigen* zurückzuführen, die entweder regional oder sachspezifisch tätig sind. Von den Softwarehäusern wissen wir dagegen, dass es dort eine enorme Konzentrationswelle gegeben hat. Auch bei den Datenbanken hat es neue Entwicklungen gegeben, die über die für staatliche oder öffentlichrechtliche Einrichtungen tätigen Rechenzentren, oder über die entsprechenden Konzerneinrichtungen hinausgehen. Weniger die konzentrierte Verarbeitungskapazität von standardisierten Daten, als vielmehr das Angebot von sortierten Datenbeständen aus allen möglichen Quellen für spezifische technische Anwendungen oder ökonomische Zwecke ist das neue Feld in diesem Bereich. Auch hier können also zumindest mittlere Unternehmen schon tätig werden.

Das Wachstum der Beschäftigung in diesem Zweig ist also Ausdruck der Ausdehnung in allen drei Funktionsbereichen: Die Anpassung und Wartung der Hardware, die Entwicklung, Anpassung und der Service für Software und die Erhebung, Bearbeitung und Verteilung von Daten. Dazu in allen drei Bereichen der Verkauf, der aber von der Anpassung und der Wartung nicht recht zu trennen ist.

Wenn wir die Gesamtzahlen des Zweiges mit den Zahlen der Berufstätigen, die von der Sache her in Frage kommen, vergleichen, dann zeigt sich, dass sich die Ausweitung der Beschäftigtenzahlen auch in der Berufsstatistik abbildet. Jedoch ist die Zahl der einschlägig Beschäftigten in der Berufstatistik in 1993 um etwa 100.000 und in 2004 um fast 200.000 größer, als in der Zweigstatistik. Die Differenz erklärt sich sehr einfach dadurch, dass die Zweigstatistik die dort Beschäftigten erfasst, unbeschadet der konkreten Tätigkeit, während die Berufsstatistik alle Beschäftigten mit der gleichen Tätigkeit erfasst, unbeschadet des ökonomischen Zweiges, in dem diese stattfindet. In der Berufsstatistik sind also neben den Beschäftigten in den Firmen des Zweiges Datenverarbeitung etc. mit zweigspezifischen Tätigkeiten z. B. auch alle Informatiker erfasst, die etwa in großen Unternehmen in der dortige hausinternen Datenverarbeitung tätig sind.

Bei den aufgeführten fünf unterschiedlichen Berufen und einem Sammelposten sind *keine formellen Qualifikationsunter-*

Berufsgruppe, Berufsordnung	.Nr	Ge schl	1993	Summen	2004	Summen	Diff. 04-93
Datenverarbeitungsfachleute, Informatiker/innen o.n.A.	774	I	99	99	194	194	95
		M	69		160		
		W	30		34		
Software-Entwickler/innen	775	I	115	115	203	203	88
		M	93		180		
		W	23		24		
DV-Organisatoren/innen und verwandte Berufe	776	I	40	40	53	53	13
		M	32		41		
		W	8		13		
DV-Beratungs- u Vertriebsfachleute	777	I	25	25	72	72	47
		M	21		58		
		W	/		14		
Rechenzentrums- und DV-Benutzerservice-Fachleute	778	I	35	35	104	104	69
		M	26		89		
		W	9		15		
Sonstige Datenverarbeitungsfachleute, Informatiker/innen	779	I	17	17	62	62	45
		M	13		48		
		W	/		14		
Informatiker/ Informatikerinnen	77	I		331		688	357

Tabelle 5.4.9.1. – 58

schiede oder *Hierarchiepositionen* verzeichnet. Wir haben es also mit technischen, hard- und software-bezogenen, mit kaufmännischen und organisatorischen Tätigkeiten zu tun, die z. T. eine spezifische Hochschul- oder auch Fachschulausbildung erfordern. Aber doch auch mit Qualifikationen, die mit der Entwicklung der Datenverarbeitung in der Berufsausübung, ohne formelle Ausbildung, erworben wurden.

In fast allen *Berufsfeldern* zeigen sich zwischen den beiden Stichjahren Zuwächse an Beschäftigung, die in der Größenordnung der Verdoppelung oder auch mehr liegen. Einzig bei der Kategorie der DV-Organisatoren und verwandten Berufen zeigt sich eine Ausnahme. Von dem im Vergleich mittleren Niveau der Beschäftigungszahl in 1993 von 40.000 steigt die Beschäftigung nur um 13.000 auf 53.000. Ein Grund könnte darin liegen, dass unter dieser Berufsbezeichnung eher die Anfänge des hausinternen Rechenwesens in Unternehmen firmierten, das noch von Personal ohne spezifische formelle Ausbildung aufgebaut wurde. Mit der weiteren Entwicklung wurden diese auch in den sonstigen großen Unternehmen häufig von ausgebildeten Informatikern ersetzt. Wir hätten es also einfach mit einer Verschiebung des Wachstums in qualifiziertere Berufskategorien zu tun.

An die 700.000 *fachspezifisch mit DV-Angelegenheiten Beschäftigte* sind auch im *Maßstab der volkswirtschaftlichen Arbeitsteilung* eine nicht unwesentliche Größenordnung.

5.4.9.2 Zweig 73 – Forschung und Entwicklung

Dieser Zweig ist für die Skizzierung der volkswirtschaftlichen Arbeitsteilung leider nur mäßig geeignet. Nicht in diesem Zweig versammelt sind die *nicht selbständigen Forschungseinrichtungen der Hochschulen* und die ebenfalls nicht selbständigen Einrichtungen der Unternehmen, ob sie nun Grundlagen- oder angewandte Forschung umfassen oder wissenschaftsbasierte Entwicklung.

Notiert sind alle selbständigen Einrichtungen, unabhängig vom Träger, soweit sie die drei genannten Aktivitäten umfassen. Damit sind hier alle öffentlichen, alle öffentlich-rechtlichen, aber auch alle von Vereinigungen oder Unternehmen finanzierten oder betriebenen sonstigen Forschungseinrichtungen erfasst.

Wie das Zahlenverhältnis der erfassten und der nicht erfassten Tätigkeitsfelder beschaffen ist, kann aus dieser Statistik nicht entnommen werden.

Die Beschäftigung in diesem Zweig ist, erwartungsgemäß, angestiegen. Sie ist von 110.000 um 32.000 auf 142.000 angewachsen. Der Zuwachs erfolgt bei den *lohnabhängigen* Forschern und dem Hilfspersonal. Die sehr geringe Zahl von *Selbständigen* und tätigen Unternehmern ist von 6.000 sogar um 1.000 geschrumpft. Die durchschnittliche Belegschaftsgröße steigt damit von 15 auf 26 an.

Im Verhältnis zu den forschungs- und entwicklungsintensiven Branchen der bundesdeutschen Industrie, vor allem der Investitionsgüterindustrie mit Millionen Beschäftigten, erscheint eine Größenordnung von rund 150.000 Beschäftigten in eigenständigen Einrichtungen eher klein. Vor allem, wenn man bedenkt, dass es sich dabei nur zu einem Teil um Grundlagenforschung und zum sicher erheblich größeren Teil um angewandte Forschung handelt, nicht aber um die produktionsnahe Entwicklung in den Unternehmen selbst.

Die Zahl der *wissenschaftlichen Fachkräfte* und einiger ausgewählter fachlichen Hilfskräfte liegt 1993 mit 163.000 um etwas mehr als 100.000 höher als im *Zweig Forschung und Entwicklung* ausgewiesen. Sie nimmt bis 2006 um rund 100.000 zu und beläuft sich dann auf 265.000.

In der Berufsstatistik werden *drei fachlich-technische Arten von Sonderfachkräften* ausgewiesen. Das sollen wohl fachliche ausgebildete Hilfskräfte im Forschungs- und Entwicklungsbetrieb sein, die keine wissenschaftliche Ausbildung haben. Die chemisch-technischen sind in der Tabelle nicht mit aufgeführt, weil sie weiter oben zur chemischen und pharmazeutischen Industrie gezählt wurden. Die verbleibenden *biologisch-technischen Fachkräfte* könnte man seit

Wirtschaftszweig		1993			2004		
		EwT	SbSt	AN	EwT	SbSt	AN
Forschung und Entwicklung	73	110	7	103	142	6	136
Differenzen					32	-1	33
Durchschnitte			15		23		

Tabelle 5.4.9.2 – 59

einiger Zeit wohl auch zur biogenetischen Industrie, ihrem Forschungs- und Entwicklungsbereich zählen und insgesamt ebenfalls zur chemischen Industrie. Das soll hier nicht geschehen.

Die *technisch-physikalischen Sonderfachkräfte* können dagegen keinem eigenen Industriezweig zugerechnet werden und sollen ebenso im Zweig der Forschung und Entwicklung notiert werden. Ihre Zahl ist aber in beiden Bereichen sehr klein, 14.000 und 15.000 in 1993 und 24.000 (biolog.-techn.) sowie 16.000 in 2006,

Berufsgruppe, Berufsordnung	Nr	Ge schl	1993	Summen	2004	Summen	Diff. 04/93
Biologisch-technische Sonder-Fachkräfte	631	i	14	14	24	24	10
		m	5		8		
		w	9		16		
Physikalisch-technische Sonder-Fachkräfte	632	i	15	15	16	16	1
		m	11		12		
		w	1		1		
Physiker/innen, / Physik-Ingenieure/innen, Mathematiker/innen	612	i	36	36	42	42	6
		m	32		37		
		w	1		5		
Naturwissenschaftler/rinnen, a.n.g	883	i	29	29	46	46	17
		m	19		29		
		w	11		16		
Wissenschaftler/innen, o.n.A.	880	i	37	37	77	77	40
		m	26		48		
		w	11		29		
Geisteswissenschaftler/innen, a.n.g.	882	i	11	11	27	27	16
		m	6		16		
		w	5		11		
Sozialwissenschaftler/innen. a.n.g.	884	i	7	7	11	11	4
		m	1		6		
		w	1		5		
Erziehungswissenschaftler/innen, a.n.g.	885	i	14	14	22	22	8
		m	6		7		
		w	7		15		
Summen				163		265	102

Tabelle 5.4.9.2. – 60

zusammen also gerade mal 40.000 Beschäftigte. Bei den biologisch-technischen haben die Frauen ihr zahlenmäßiges Übergewicht stark ausgebaut, bei den physikalisch-technischen bleibt es bei der Dominanz der Männer.

Die Zahlen zu den verschiedenen wissenschaftlichen Fachrichtungen sind nicht weiter bemerkenswert. *Physiker, Physikingenieure, Mathematiker und andere Naturwissenschaftler* bringen es 1993 auf 65.000 Beschäftigte und 2006 auf 104.000, d. h. es hat insgesamt einen erheblichen Zuwachs gegeben. Dabei hat sich die Dominanz der Männer kaum verringert. Bei der Kategorie der Wissenschaftler, die anderswo nicht angegeben sind, zeigt sich die größte Steigerung der Zahl der Beschäftigten, um 40.000 von 37.000 auf 77.000. Das Übergewicht der Männer bleibt auch dort erhalten, ist allerdings von vornherein nicht so groß. Welche Fachrichtungen und welche Einrichtungen sich hinter diesen Zahlen verbergen, ist leider nicht auszumachen.

1993 sind in den *Geistes-, Sozial- und Erziehungswissenschaften* 32.000 und 2006 fast die doppelte Zahl mit 60.000 Wissenschaftlern beschäftigt. Das Verhältnis von Männern und Frauen ist schon 1993 fast ausgewogen und ändert sich bei den Geisteswissenschaften zugunsten der Männer und bei den Erziehungswissenschaften nachdrücklich zugunsten der Frauen.

Die unter der gleichen Berufs-Kennziffer notierten *Wirtschaftswissenschaftler und Statistiker* haben wir unter den Dienstleistungen für Unternehmen einsortiert. Daher fehlen sie hier.

Wie die kleine Tabelle zeigt, sind sie mit Abstand die *größte fachliche Gruppe von Wissenschaftlern* und verzeichnen darüber hinaus das größte Wachstum. Ihre Hinzurechnung würde daher das Gesamtbild der Größe der wissenschaftlichen Tätigkeiten nicht nur

Berufsgruppe, Berufsordnung	K.Nr	Geschl	1993	2004	Diff. 04/93
Wirtschaftswissenschaftler/innen a.n.g.	881	i	61	131	70
		m	45	81	36
		w	16	50	34

Tabelle 5.4.9.2. – 61

im Zweig Forschung und Entwicklung deutlich verändern. Jedoch passt der Inhalt und die Orientierung ihrer Tätigkeiten als Zulieferer der organisierten Unternehmens- und Kapitalinteressen und der Unternehmensleitungen nicht zur Rubrik geistige Unternehmensdienste für die Produktion.

5.4.10 Zweigunspezifische Berufe für Produktion, Unternehmensverwaltung und Unternehmensleitung

5.4.10.1 Zweigunspezifische Produktionsberufe

Neben denjenigen Berufen, die von ihrem Tätigkeitsfeld oder Gegenstandsbereich eindeutig einem spezifischen Wirtschaftzweig der WZ 03 zuzuordnen sind, finden sich in der Berufsstatistik eine Reihe von Berufen, die diese direkte Zuordnung nicht zulassen oder nahe legen. Sie lassen sich aber nicht nur den groben Sektoren, Industrie, Gewerbe, Vermittlungen und Diensten zuordnen, sondern doch noch etwas näher bestimmen.

Zunächst behandeln wir diejenigen *unspezifischen Berufe*, die sich auf den großen Sektor des *Produzierenden Gewerbes* beziehen, also Berufe aus der gewerblichen und industriellen Produktion. Da andererseits das Baugewerbe als ein großer Bestandteil des Produzierenden Gewerbes hinsichtlich der Zahlen der *Erwerbstätigen* bei den einschlägigen Berufen recht vollständig repräsentiert ist, erscheint es plausibel, vom Baugewerbe abzusehen und die Zahlen für die angesprochenen Berufe nur auf den Rest des Produzierenden Gewerbes zu beziehen.

1993 werden darin 9,7 Millionen als Erwerbstätige gezählt, davon 9,4 Millionen *abhängig Beschäftigte* und 340.000 *Selbständige*, also Gewerbetreibende, oder tätige Eigentümer von Industriebetrieben. Im Durchschnitt umfasst die Zahl der Betriebs-/Unternehmensangehörigen daher 28 *Lohnabhängige*.

2004 werden noch acht Millionen Erwerbstätige gezählt, also rund 1,72 Millionen weniger. Die Verringerung umfasst rund 1,7 Millionen *Lohnabhängige* und 24.000 *Selbständige*. Der Durchschnitt pro Betrieb/Unternehmen liegt jetzt bei 24 *Lohnabhängigen*, ein gewisser Rückgang also. Da im Produzierenden

Gewerbe sowohl die Betriebe unter zehn und über tausend Beschäftigten einen jeweils überwältigenden Anteil an allen Beschäftigten im Produzierenden Gewerbe stellen, kann über die Ursachen dieser Durchschnittszahl hier ohne weiteres nichts gesagt werden.

Bei den in der Berufsstatistik aufgezählten *Erwerbstätigen* finden wir eine ganze Reihe spezifischer und nach Qualifikationen abgestufter Produktionsberufe, die aber keinem speziellen Zweig zuzuordnen sind:

1) Hilfsarbeiter
2) Berufe zum Betrieb von Maschinen
3) Berufe zum Betrieb von elektrischen oder elektronischen Anlagen
4) Technikerberufe
5) Ingenieure

Maschinisten und Maschinenführer einerseits und Maschineneinrichter andererseits scheinen in dieser Systematik *zwei Qualifikationsstufen* in der Tätigkeit zu bezeichnen. Alle anderen in der Tabelle aufgeführten Berufe und Qualifikationsstufe setzen sich aus *verschiedenen Berufsfeldern* zusammen.

In allen hier aufgelisteten Tätigkeitsfeldern in oder bei der materiellen Produktion im produzierenden Gewerbe(ohne Bau) summiert sich die Zahl der *Erwerbstätigen* 1993 auf 2,45 Millionen (von 9,7 Millionen insgesamt). Bis 2006 schrumpft diese Zahl auf rund zwei Millionen (von acht Millionen insgesamt), also um 460.000 Personen (von 1,7 Millionen insgesamt).

Wirtschaftszweige	Nr.	1993			2004		
		EWT	SbSt	AN	EWT	SbSt	AN
Produzierendes Gewerbe (einschll. Baugew.)	C bis F	12.770	635	12.135	10.273	732	9.541
Differenzen							2.594
Produzierendes Gewerbe ohne Baugewerbe	C bis E	9.738	340	9.398	8.019	316	7.703
Differenzen						24	*1.695*
Durchschnitte			*28*			*24*	

Tabelle 5.4.10.1. – 62

Diese Verringerung geht zum überwiegenden Teil auf das Konto des *dramatischen Rückgangs bei den Hilfsarbeiten* auf 590.000. Weitere kleine Verringerungen in den übrigen Rubriken ergeben dann insgesamt 460.000. Das sind 19 Prozent des gesamten direkt oder indirekt mit dem materiellen Produktionsprozess befassten Personals von 1993.

Wir fassen die drei Rubriken der Berufe zum Maschinenbetrieb zusammen und rechnen sie mit denen zum Betrieb von elektrischen und elektronischen Anlagen zu einer Qualifikationsstufe. *Dann haben wir insgesamt vier Stufen der Qualifikation*:

Die hier aufgelisteten Zahlen für Berufe, die sich jeweils nicht eindeutig einem Wirtschaftszweig zuordnen lassen, bilden keinen gemeinsamen Betrieb und entsprechend bilden sie auch keine gemeinsame Arbeitsteilung in Betrieben oder einem Zweig ab. So müssen die Veränderungen zwischen 1993 und 2006 zunächst für die einzelnen Berufsfelder und die Qualifikationsstufen betrachtet werden. Diese beziehen sich auf das gesamte Produzierende Gewerbe, in dem diese *Erwerbstätigen* beschäftigt werden, und können zumindest als Indiz für Strukturveränderungen des gesamten Sektors genommen werden.

Wegen der absoluten Größe und jener der Veränderungen finden wir an erster Stelle die Hilfsarbeiter, also jene Lohnarbeiter, die für ihre Arbeit keine tätigkeitsspezifische Ausbildung haben. 1993 beläuft sich ihre Zahl noch auf eine Million. Bis 2006 verringert sich diese Zahl um 410.000 auf 560.000, also um ganze 41 Prozent. Darin können zweierlei Tendenzen zum Ausdruck kommen. Entweder werden im Produzierenden Gewerbe 2006 tatsächlich 410.000 fachunspezifische Anlerntätigkeiten nicht mehr gebraucht, oder die statistische Zuordnung dieser *Erwerbstätigen* zu Betrieben, Unternehmen oder Zweigen ist umfangreich besser geworden. Das müsste sich unter anderem auch in anderen Arbeitsverträgen ausdrücken.

Allerdings sind schon während der Zeit von 1993 bis 2004 im gesamten Produzierenden Gewerbe 1,7 Millionen Erwerbstätige verschwunden. Zudem hat sich in dieser Zeit die Zahl der Leiharbeiter und der sonstig ungesicherten Arbeitsverhältnisse stark ausgedehnt. Beides führt zu einem häufigeren Wechsel der Arbeitsstelle. Eine stärke Bindung und daher auch eine sich statistisch niederschlagende leichtere Verortung der Arbeitskräfte ist also eher unwahrscheinlich. Wir müssen also eher von einem erheblichen Rückgang der Beschäftigung mit Hilfsarbeiten ausgehen, die außerdem keinem Zweig zuzuordnen sind. Das entspricht durchaus auch

Berufsgruppe, Berufsordnung	Nr.	Ge schl.	1993	Summen	2006	Summen	Summen	Diff 93:06
Hilfsarbeiter/innen ohne nähere Tätigkeitsangabe	531	i	999		589	589		-410
		m	627		357			-270
		w	372		232			-140
Hilfsarbeiter				999		589		
Maschinenführer/innen, Maschinisten/innen, Maschinenwärter/innen o.n.A.	540	i	247	247	243	243		-4
		m	212		200			-12
		w	34		43			9
Sonstige Maschinen-, Anlagenführer/innen Maschinistenhelfer/innen, .n.g.	549	i	57	57	28	28		
		m	54		26			
		w	/		/			
Maschineneinrichter/innen, a.n.g.	550	i	68	68	57	57		-11
		m	65		55			-10
		w	/					
Angelernte				372	/	328	328	
EnergieElektroniker/ innen (Anlagen-, Betriebstechnik)	311	i	85	85	100	100		15
		m	81		98			
		w	/		/			
ElektroMechaniker/innen IndustrieElektroniker/innen	316	i	143	143	177	177		34
		m	131		163			
		w	12		14			
Facharbeiter				228		277	277	
Technische Zeichner/innen	641	i	98	98	71	71		-27
		m	40		29			-11
		w	58		42			-16
Techniker/innen ohne nähere Fachrichtungsangabe	620	i	374	374	291	291		-83
		m	331		255			-76
		w	42		35			-7
Übrige Fertigungstechniker/innen	627	i	25	25	38	38		
		m	17		31			
		w	8		7			
Techniker/Technikerinnen für Betriebswirtschaft und Arbeitsstudien (REFA) und verwandte Berufe	628	i	36	36	32	32		-4
		m	29		27			
		w	7		/			
Sonstige Techniker/Technikerinnen	629	i	33	33	63	63		30
		m	26		52			26
		w	6		11			5
Techniker				468		424	424	
Ingenieure/Ingenieurinnen ohne nähere Fachrichtungsangabe	600	i	287	287	233	233		-54
		m	266		215			-51
		w	21		18			-3
Übrige Fertigungsingenieure/innen	606	i	12	12	17	17		5
		m	10		12			
		w	/		/			
Wirtschafts-, REFA-Ingenieure/innen	607	i	30	30	47	47		17
		m	27		43			
		w	/		/			
Sonstige Ingenieure/innen	608	i	52	52	75	75		23
		m	39		60			21
		w	13		15			2
Ingenieure				381		372	372	-9
Summen				2.448			1.987	-461

Tabelle 5.4.10.1. – 63

den Ergebnissen bei den einzelnen Wirtschaftszweigen des Produzierenden Gewerbes.

Bei den drei zusammengefassten Berufsfeldern, die *auf fachlicher Grundlage mit dem Betrieb von Maschinen* befasst sind, finden wir 1993 eine Zahl von 370.000 *Erwerbstätigen.* Bis 2006 verringert sich diese Zahl um 44.000, also zwölf Prozent, auf 330.000. Das ist etwas weniger, als der Rückgang von 17 Prozent der Gesamtbeschäftigung im Produzierenden Gewerbe.

Bei den beiden *Berufsfeldern des Betriebs von elektrischen und elektronischen Anlagen* haben wir 1993 eine Zahl von 228.000 Beschäftigten und 2006 eine Zahl von 277.000, also 50.000 oder 21 Prozent mehr. Diese Steigerung liegt etwas über der eben für den gesamten Sektor genannten.

Bei den *Technikern* findet sich 1993 die Zahl von 428.000, von denen 2006 noch 424.000, also 4.000 oder ein Prozent weniger vorhanden sind. Praktisch gesehen stagniert ihre Zahl.

Die Zahl der *Ingenieure* liegt 1993 bei 381.000 und geht bis 2006 um 9.000 oder zwei Prozent zurück. Auch hier können wir praktisch von Stagnation sprechen.

Auch wenn wir davon ausgegangen sind, dass die hier wiedergegebenen Zahlen für die aufgelisteten Berufe keine eigenständige und gemeinsame Arbeitsteilung ausdrücken, so sind die Relationen der unterschiedlichen Größenordnungen und ihre Veränderungen doch *Indizien für die Proportionen und ihre Bewegungen im gesamten Sek-*

Berufsgruppe, Berufsordnung	1993		2006			
		% v Gesamt 93		% v Gesamt 06	Diff 06:93	Diff 06:93 %
1) Hilfsarbeiter	999	41	589	30	-410	-41
2) Berufe zum Betrieb von Maschinen	372	15	328	16	-44	-12
3) Berufe zum Betrieb von elektrischen u elektronischen Anlagen	228	9	277	14	49	21
4) Technikerberufe	428	19	424	21	-4	-1
5) Ingenieure	381	16	372	19	-9	-2
Alle	2.448	100	1.990	100	-458	-19

Tabelle 5.4.10.1. – 64

tor. Dafür ist die Betrachtung der Anteile der Qualifikationsebenen der aufgelisteten Berufe nützlich. Die Anteile der zusammengefassten Felder für die beiden Vergleichsjahre sind aus der folgenden Tabelle ersichtlich:

Dabei wird noch einmal die enorme Größenordnung der Beschäftigung von Angelernten unterstrichen, es sind 1993 ganze 41 Prozent der hier notierten Beschäftigten in der materiellen Produktion. Das ist wohl mehr, als sich in den einzelnen Wirtschaftszweigen des Sektors zeigt. Ebenso erstaunlich ist es dann, dass diese Größenordnung sich um elf Prozentpunkte verringert und damit zu einem Anteil von 30 Prozent im Jahr 2006 führt.

Die *beiden Facharbeiterkategorien* erhöhen ihren gemeinsamen Anteil von 24 auf 30 Prozent. Dabei hat sich die gemeinsame Summe nur um 5.000 verändert. D.h. die Anteilsvergrößerung ist im Schrumpfen der der Zahl der Ungelernten begründet. Wichtig ist aber wohl, dass die gemeinsame Größe durch gegenläufige Einzelbewegungen zustande kommt. Die Menge der Maschinenfacharbeiter verringert sich um zwölf Prozent, während sich die der Facharbeiter für elektrische und elektronische Anlagen um 21 Prozent vergrößert. Dabei sind beide Unterbereiche, der überkommene und der neue an der Vergrößerung beteiligt.

So, wie die absoluten Zahlen der *Techniker* und der *Ingenieure* sich kaum verändert haben, verändern sich auch ihre Anteile nur unwesentlich – von 19 auf 21 und von 16 auf 19 Prozent.

Alle drei fachlich ausgebildeten Kategorien steigern ihren Anteil von 1993 von 60 Prozent auf 70 Prozent 2006. Techniker und Ingenieure zusammen von 35 auf 40 Prozent. Dabei erreichen die Inge-

BerufsGruppe, BerufsOrdnung	1993	2006
	% v J	% v J
1) Hilfsarbeiten, ohne Ausbildung	41	30
2) Facharbeiter	24	30
3) Techniker und	19	21
4) Ingenieure	16	19

Tabelle 5.4.10.1. – 65

nieure 2006 noch nicht ganz die Zahl und den Anteil der Techniker, wobei die absoluten Zahlen von beiden ganz leicht zurückgehen.

Auf die weitere Aufschlüsselung der einzelnen Berufe und der Untersuchung der unterschiedlichen Entwicklungen, auch im Hinblick auf die Geschlechter, soll hier zunächst nicht weiter eingegangen werden.

5.4.10.2 Büroberufe zweigunspezifisch

Der größte Teil der *Büroberufe* ist keinem besonderen Wirtschaftszweig zuzuordnen. Die große Ausnahme besteht in den kaufmännischen und disponierenden Tätigkeiten im Groß- und Einzelhandel und im Bereich von Verkehr und Nachrichtenübermittlung. Auch die Verlagskaufleute sind extra benannt. Ausnahmen sind weiterhin die Hilfsberufe für Rechtsanwälte, für Steuer- und Wirtschaftsberater und für Gerichte. Eine andere Ausnahme bilden die Verwaltungsberufe in der staatlichen Administration. All diese bleiben in den folgenden Aufstellungen zunächst ausgespart. Die übrigen *Büroberufe* werden nach zwei Funktionen unterteilt. In die Berufe im direkten Zusammenhang mit den Unternehmensführungen und in den Rest verschiedener Sachbearbeitungsbereiche, allgemeiner Verwaltung, kaufmännischer oder technischer Sachbearbeitung.

In gewisser Weise drückt die Zweiteilung der Funktionen auch ein *Anleitungs- und Unterordnungsverhältnis* aus. Da aber beide Funktionsbereiche jeweils noch Qualifikationsstufen enthalten, gilt dies für die hierarchischen Abstufungen nicht durchgängig.

5.4.10.2.1 Allgemeine Büroberufe

Bei den allgemeinen Büroberufen lassen sich die *Hilfs- und Zuarbeiten* für die hauptsächlichen Büroberufe relativ einfach abgrenzen. Sie umfassen Bürohilfskräfte, Datentypistinnen, Schreibkräfte, Textverarbeitungsfachleute, und Sekretärinnen.

1993 machen sie in Summe 916.000 Beschäftigte aus, wohl weitestgehend *Lohnabhängige* und nur wenige *Selbständige*. 2004 umfasst die gesamte Gruppe nur noch 561.000, eine Verminderung um 355.000, d. h. um mehr als ein Drittel.

Berufsgruppe, Berufsordnung	Nr.	Ge schl	1993	Su	2004	Su	Diff 04:93
		i	112	112	165	165	53
Bürohilfskräfte	784	m	43		42		
		w	69		122		
		i	46	46	18	18	-28
Datentypistinne	783	m	/		/		
		w	42		14		
Schreibkräfte, Textverarbeitungs fachleute	782	i	118	118	33	33	-85
		m	7		/		
		w	111		31		
		i	640	640	345	345	-295
Sekretärinnen	789	m	15		/		
		w	625		342		
Büroberufe				916		561	-355

Tabelle 5.4.10.2.1. – 66

Bei allen *vier Berufsgruppen* haben wir es mit überwiegend von Frauen ausgeübten Tätigkeiten zu tun. Gleichwohl zeigen die einzelnen Gruppen unterschiedliche Entwicklungen.

Den größten Anteil haben 1993 die *Sekretärinnen* mit 625.000 und ganze 15.000 Männer. 2004 sind insgesamt noch 342.000 vorhanden, 295.000 weniger, d. h. fast nur noch die Hälfte (die Männer werden wegen der geringen Zahl gar nicht mehr ausgewiesen). Dieser Einbruch der Zahl der *abhängig Beschäftigten* in dieser bisher so typischen Tätigkeit in den Führungsebenen der Unternehmen kommt einer Revolution der Arbeitsorganisation, der Hierarchiebildung und der Unternehmenskultur gleich. Was ist eine, meist männliche, Führungsperson ohne eine Vorzimmerdame, die auch seinen Schreibkram erledigt? Das ist schlimmer, als würden ganzen Führungsebenen die Dienstwagen gestrichen werden.

Eine dramatische Verringerung findet auch bei den *Schreibkräften* statt, auch solchen an Personalcomputern. Von 118.000 (7.000 Männer) in 1993, bleiben 2004 noch ganze 33.000 (auch hier werden Männer nicht mehr aufgeführt), 85.000 weniger, d. h. knapp mehr als ein Drittel bleibt übrig. Bei den *Datentypistinnen*, also

jenen, die statt Texten Zahlen eingeben, die 1993 noch 46.000 ausmachen (Männer nur als Differenz: 4.000) bleiben 2004 noch
18.000 übrig (scheinbar immer noch 4.000 Männer). Die Abnahme
beträgt 28.000, also zwei Drittel.

Dagegen nimmt die Zahl der *Bürohilfskräfte* von 112.000 in
1993 auf 165.000 in 2004 zu, also um 53.000 oder um etwa ein
Drittel.

Die Entwicklungen der zwei mittleren Tätigkeitsarten sind in
Verbindung mit der ersten Entwicklung leicht zu interpretieren. Die
Verbreitung der PCs und ihre Metamorphose in Laptops haben die
Textverarbeitung und die Kommunikation in den Unternehmen
grundlegend geändert. Die PCs auch der Führungskräfte sind an
die unternehmensinternen Netzwerke für die Kommunikation, mit
mails an Mitarbeiter und nach außen, und an die zentrale Datenverarbeitung und die Datenverwaltung der Unternehmen ange-
koppelt. *Die Führungskräfte können, und müssen jetzt offenbar den
größten Teil der schriftlichen Kommunikation selber erledigen.*

Was die verbliebenen und zahlreicher gewordenen *Bürohilfskräfte*
tun, ist dagegen weniger klar. Die Hilfsfunktionen für die PC-und
Datennetzwerke finden wir bei den Datenfachleuten, also nicht bei
den Bürokräften. Telefonzentralen für den allgemeinen Kunden-
verkehr sind weitgehend in Callzentren ausgelagert und werden in
der Statistik auch dort notiert. Die Frage muss hier offen bleiben.

Der *Mittelbau der Bürotätigkeiten* ist anscheinend in sich noch
einmal in drei Gruppen differenziert ist. Dieser Mittelbau dürfte
nicht nur den größten Teil der Bürotätigkeiten in den privaten
Unternehmen aller Zweige, sondern auch in anderen Einrichtungen und Verwaltungen umfassen.

1993 umfasst dieser Mittelbau drei Millionen Beschäftigte.
Davon sind wohl alle Lohnabhängigen Angestellte, und der über-
wältigende Teil ist weiblich, nämlich zwei Millionen. 2004 sind von
diesen Fachkräften insgesamt noch 2,7 Millionen vorhanden, also
mit 300.000 etwa zehn Prozent weniger.

Die erste Qualifikationsstufe, Bürofachkräfte und kaufmänni-
sche Angestellte wird mit über zwei Dritteln von Frauen besetzt.
Von 1,94 Millionen in 1993 sind es 1,3 Millionen und 600.000
Männer. Diese Gruppe verliert nur 76.000 Beschäftigte bis 2004,
nicht einmal ein Prozent. Interessant ist, dass von den 622.000
Männern in 1993 sich 2004 noch 499 also 123.000 oder fünf Pro-

zent weniger finden. Dagegen gibt es bei den Frauen sogar einen leichten Zuwachs von 47.000.

In der *zweiten Stufe, den Sachbearbeitern*, sind 1993 von den 820.000 Beschäftigten 603.000 Frauen und nur 218.000 Männer. Hier finden wir 2004 noch 520.000 Beschäftigte, 294.000 und rund 28 Prozent weniger. Die Verringerung umfasst 97.000 Männer und 197.000 Frauen. Diese Qualifikationsstufe ist also um fast ein Drittel kleiner und um ein Geringes männlicher geworden.

Diese unterschiedlichen Sachverhalte bei beiden Gruppen sind nicht einfach zu interpretieren. Man wird davon ausgehen können, dass auch bei diesen Bürotätigkeiten sich der Einsatz von PCs erheblich vergrößert hat. Soweit es nur um die Übertragung der Ausfüllung von Formularen und einfacher standardisierter Korrespondenz mittels des PC geht, ändert sich zwar die praktische Tätigkeit, aber kaum ihr geistiger Inhalt und auch kaum die Organisation der gesamten Verwaltungsabläufe. Zu den schriftlichen Papierakten kommen allenfalls die Speicherung der Daten in den Personalcomputern oder in einem zentralen Speichermedium hinzu.

Wenn allerdings eine weitere Stufe der Verwendung von Datenverarbeitung erreicht werden soll, dann spielen nicht nur die neuen Maschinen, die elektronischen Netzwerke und die Speicher eine Rolle, sondern die Inhalte der individuellen Arbeitsvollzüge müssen sich ändern und die entsprechenden Programme und Datenqualitäten ebenfalls. Der gesamte Verwaltungsablauf muss standardisiert werden, um am einzelnen Arbeitsplatz mittels zentraler Programme und Speicherungen bearbeitet werden zu können. Die daraus dann übrig bleibenden Bearbeitungsvorgänge von einzelnen besonderen Fällen im Einkauf, Verkauf, bei Buchungen oder Personendaten usw. müssen ebenfalls standardisiert werden. Dabei kann es sogar sein, dass die Anzahl und die Auswahlmöglichkeit der Bearbeitungsschritte sich vergrößert, aber der Ermessensspielraum bei den einzelnen Schritten und bei den möglichen Auswahlsets wiederum standardisiert und damit kleiner wird. Alles spricht daher dafür, dass diese Art der personenvermittelten Datenverarbeitung von Verwaltungsvorgängen zu geringeren Anforderungen an »frei« bestimmbaren Arbeitstätigkeiten, dafür aber zu mehr Routine und so zu mehr nervlicher Belastung führt. Das wiederum hat bei der immer noch vorwiegend tieferen Eingruppierung der Frauen in die Qualifikationsstufen und die Hierarchien der Verwaltungen zur

Folge, dass die Männer aus diesen Tätigkeiten »auswandern« und dafür mehr Frauen beschäftigt werden. Dies, obgleich beim Arbeitskräftenachwuchs die Frauen bei der Qualifikation nach Abschlüssen und ihrer Qualität inzwischen leicht vor den Männern liegen.

Dieses Szenario hat sich vermutlich in der *ersten Gruppe* abgespielt. Dabei zeigt sich anscheinend, dass bisher bei den qualifizierten, aber doch standardisierbaren Bürovorgängen, die nicht nur auf der einfachen Eingabe von Daten beruhen, der Produktivitätssprung begrenzt bleibt, die Zahl der Arbeitskräfte ist nur geringfügig kleiner geworden. Das gilt jedoch nur, sofern nicht weitere Veränderungen in Betracht kommen.

Bei der *zweiten Stufe* hat sich dann offenbar etwas anderes ereignet. Sie ist erheblich kleiner geworden, wobei sich die Proportion von Frauen und Männern nur leicht zugunsten der Männer verschoben hat. Eine mögliche Interpretation lautet, dass die Verkleinerung dieser Tätigkeitsebene in dem Erfolg der Standardisierung und der Datenverarbeitung mittels PC und Netzwerken begründet liegt. Das hätte zur Folge, dass es wesentlich weniger nicht-standardisierte Vorgänge gibt, die einer längeren und qualifizierteren Bearbeitung bedürfen. Damit würde dann auch erklärt werden können, warum im ersten Qualifikationsfeld, mit vermutlich wesentlich stärkerer Standardisierung die zunehmende Produktivität der geistigen

Berufsgruppe, Berufsordnung	Nr.	Ge schl	1993		2004		
				Su		Su	Diff 04:93
Bürofachkräfte, kaufm. Angestellte, o.n.A.		i	1.943	1.943	1.867	1.867	-76
	780	m	622		499		-123
		w	1.321		1.368		47
Büro- und kaufm, Sachbearbeiter/innen a.n.g		i	821	821	527	527	-294
	788	m	218		121		-97
		w	603		406		-197
Technische u. Industriekaufleute, Betriebswirte/innen (ohne Diplom), a.n.g.		i	264	264	330	330	66
	785	m	125		146		21
		w	139		185		46
Büroberufe und kaufm. Angestellte				3.028		2.724	-304

Tabelle 5.4.10.2.1. – 67

Arbeit sich nicht in einer größeren Reduktion des Personals niedergeschlagen hat. Es wären einfach mehr Arbeiten aus der zweiten Stufe in die erste verlagert worden.

Aber die Verteilung der Geschlechter legt immer noch nahe, dass es sich auf der zweiten Ebene weiterhin um relativ gängige Geschäfts- oder Verwaltungsvorgänge handelt, die in den Organisationsplänen weiter als Routineaufgaben eingestuft werden.

Das ändert sich wohl erst bei der *dritten Stufe,* wo technische und Industriekaufleute sowie Betriebswirte (nicht-akademisch) eingesetzt werden.

Berufsgruppe, - Berufsordnung			1993		2004		
	Nr.	Ge schl		Su		Su	Diff 04:93
Industriekaufleute, Technische Kaufleute Betriebswirte/innen (ohne Diplom) a.n.g.	785	i	264	264	330	330	66
		m	125		146		21
		w	139		185		46

Tabelle 5.4.10.2.1. – 68

Hier zeigt sich Erstaunliches. Nicht so sehr, dass offenbar vermehrt Aufgaben auf diesem Niveau anfielen und so das Personal mit 66.000, aber doch um zwanzig Prozent aufgestockt werden muss. Sondern die auf diesem oberen Niveau der Sachbearbeitung sich zeigende Verteilung der Geschlechter. Waren von den 264.000 in 1993 fast 140.000 Frauen und damit 14.000 mehr Frauen als Männer beschäftigt, so wächst die Frauenbeschäftigung mit 46.000 mehr als doppelt so stark als jene der Männer. Zusammen finden sich 2004 dann 330.000 Beschäftigte in dieser Gruppe.

Zusammengefasst zeigt sich eine recht differenzierte Entwicklung: Von den drei sicherlich nicht klar abgegrenzten Tätigkeitsarten und Qualifikationsstufen zeigt die erste eine kaum zu beachtende Verminderung ihrer Zahl und dabei eine Vergrößerung des weiblichen Anteils. In der mittleren Stufe zeigt sich eine stärkere Verminderung des Personals, die aber vorrangig bei den Frauen stattfindet und die Proportionen leicht zu ihren Ungunsten verschiebt. In der dritten Gruppe, die wohl nur begrenzt als Leitungspersonal angesehen werden kann, zeigt sich eine relativ starke Vergrößerung des Personals, die überproportional bei den Frauen stattfindet und ihr bisher leichtes Überwiegen etwas vergrößert.

Zur genaueren Interpretation wäre eine tiefer gehende Untersuchung nötig, die vor allem zwischen staatlichen und öffentlich-rechtlichen Verwaltungen einerseits, die in der Regel groß oder sehr groß sind, großen Unternehmensverwaltungen andererseits und drittens Mittel- und Kleinbetrieben unterscheiden müßte.

Wenn man die Gesamtentwicklung der einfachen Hilfstätigkeiten für die Büroarbeiten und die drei mittleren Qualifikationsebenen zahlenmäßig zusammenfasst, dann sind von den 3,9 Millionen *abhängig Beschäftigten* in 1993 elf Jahre später noch rund 3,3 Millionen übrig geblieben, 659.000 oder 17 Prozent weniger. Die Verwaltungsanforderungen sind sicherlich nicht kleiner geworden, da unter anderem die Umsätze und Produktionen, sowie die Differenzierungen der Produkte und der Exportanteil sich vergrößert haben. Man muss also wohl davon ausgehen, dass die Verkleinerung, ähnlich wie in vielen Produktionsbereichen mit Hilfe von Maschinen und Anlagen, durch eine, die Zunahme der Aufgaben übersteigende, Produktivitätszunahme aufgrund von Datenverarbeitung mittels Datenmaschinen und Programmen und entsprechenden Rationalisierungen bei den Arbeits- und Verwaltungsabläufen zustande gekommen ist.

Dabei hat der größte Rückgang bei den Sekretärinnen mit fast 300.000 stattgefunden. Das wird weitgehend die Übertragung von Tätigkeiten an jene Personen bedeutet haben, für die die Sekretärinnen eine Hilfe gewesen sind. Diese nur als Hilfstätigkeit eingruppierte, aber z. T. doch sehr anspruchsvolle Arbeit, ist wohl mit

Berufsgruppe, Berufsordnung		1993	2004	Diff 04-93
Büroberufe	78- 2,3,4,9	916	561	-355
Büro- und kaufm. Fachkräfte	78- 0,5, 8	3.028	2.724	304
Büroberufe, KaufmAngestellte, a.n.g.	78	3.944	3.285	659

Tabelle 5.4.10.2.1. – 69

Hilfe und wegen der Datenverarbeitung und der PC in die Arbeitsvollzüge und Positionen einige Qualifikations- und einige Hierar-
chie- und Verantwortungsebenen höher einbezogen worden.

Ein vergleichbarer Vorgang hat sich zwischen *Setzern* und *Journalisten* mit Hilfe der Datenverarbeitung abgespielt, so dass die Set-
zer nur noch in sehr speziellen Druckbereichen als eigener Beruf zu
finden sind.

5.2.10.2.2 Berufe in der Rechnungsführung und Leitung von Unternehmen

Die Berufsstatistik listet unter der Kennziffer 75 die Berufe in der
Unternehmensleitung, -beratung und -prüfung auf.

Es sind 1993 rund 1,2 Millionen Erwerbstätige, darunter
880.000 Männer und 320.000 Frauen. 2004 hat sich die Gesamtzahl um 310.000 auf 1,5 Millionen erhöht, davon eine Million
Männer und 500.000 Frauen. Das damit bezeichnete Berufsfeld,
bezogen auf die Inhalte der Leitung von Unternehmen, ist damit
einigermaßen richtig eingegrenzt und wiedergegeben, gerade auch
deshalb, weil Beratung durch *Selbständige* und durch Beratungsun-
ternehmen von außerhalb einbezogen sind.

Will man nun aber die Tätigkeiten der Unternehmensleitungen
selber eingrenzen, dann müsste man einerseits die wirtschaftlichen
Prüfungen und Beratungen und die steuerlichen Beratungen von
außen weglassen. Andererseits müsste man den Vollzug der alltäglichen ökonomischen Vorgänge, die sich in der Rechnungsführung
von Kassen und Buchführung abspielen hinzunehmen. Die letzteren sind in der Berufsstatistik unter einem anderen Feld mit der
Kennnummer 77 aufgeführt: 773 Kassenfachleute; 772 Buchhalter und 771 Finanz-, Rechnungswesen-Fachleute, Kalkulato-
ren/innen. Die anderen dort notierten Berufe gehören in ein anderes Tätigkeitsfeld. Aufgrund der Weglassungen und Ergänzungen
ergibt sich die unten stehende Tabelle für die Berufe in der Rechnungsführung u Leitung von Unternehmen. Deren Gesamtsum-
men weichen um die Größenordnung von mehr oder weniger
200.000 nach oben von der obigen Tabelle ab. Sie ergeben sich aus
den folgenden einzelnen Größen und Vorgängen.

Berufsgruppe, Berufsordnung	Nr.	Ge schl	1993	Su	2004	Su	Diff.04-93
Unternehmer/innen, Geschäftsführer/innen, a.n.g.	750	i	601	601	601	601	0
		m	487		460		-27
		w	114		141		27
Geschäftsbereichsleiter/innen, Direktionsassistenten/innen	751	i	314	314	369	369	55
		m	248		251		3
		w	66		118		52
Wirtschaftsprüferinnen, Steuerberater/innen und verwandte Berufe	753	i	78	78	96	96	
		m	52		61		
		w	26		35		
Fachgehilfen/innen in steuer- u. wirtschaftsberatenden Berufen, Steuerfachleute, a.n.g.	754	i	109	109	138	138	
		m	19		25		
		w	90		113		
Marketing-, Absatzfachleute	755	i	22	22	72	72	
		m	13		37		
		w	8		35		
Organisatoren/innen, Controller/nnen und verwandte Berufe, a.n.g.	756	i	38	38	117	117	
		m	27		82		
		w	11		35		
Unternehmensberater/innen und verwandte Berufe	757	i	47	47	125	125	
		m	38		95		
		w	9		30		
Berufe in der Unternehmensleitung, -beratung und -prüfung	75	i		1.209		1.519	310
		m		885		1.012	127
		w		323		507	184

Tabelle 5.4.10.2.2. – 70

In diesem Bereich werden sieben Arbeitsfelder oder Berufe unterschieden, die z. T. auch Stufen von Qualifikationen und der Hierarchie einschließen. Die sieben Arbeitsfelder können wiederum in 3 Gruppen unterteilt werden.

Die ersten beiden Berufe umfassen die Kassenfachleute und die Buchhalter. Beide sind mit den finanziellen Belangen der alltäglichen Geschäftsabwicklung befasst, also den Geldbewegungen.

Die zweite Gruppe umfasst die Fachleute für das Finanz- und das Rechnungswesen und die Kalkulation, die Marketing- und Absatzfachleute und die Organisatoren, Controller und verwandte Berufe.

Aber alle drei Arbeitsfelder der zweiten Gruppe heben sich von den beiden der ersten Gruppe dadurch ab, dass sie nicht mit den alltäglichen Geld- und Finanzbewegungen befasst sind, sondern eher mit mittelfristigen Entwicklungen des Geschäftslebens der Unternehmen. Zudem werden sie eine höhere formelle, eventuell auch praktische Qualifikation benötigen, selbständiger arbeiten und höher in der Hierarchie einsortiert sein, z. T. als direkte Vorgesetzte der Personen der ersten Gruppen.

Die dritte Gruppe bilden die Berufe, die direkt in den Unternehmensleitungen ausgeübt werden. Hier werden zwei Stufen unterschieden. Die Bereichsleiter und Assistenten der Direktionen sowie die Geschäftsführer und Unternehmer selber. Etwas unklar bleibt, ob die Vorstandsmitglieder von Kapitalgesellschaften und deren Vorsitzende hier mitgezählt werden. Der Unterschied zwischen beiden Stufen besteht u. a. in der Zuständigkeit, und damit

Berufsgruppe, Berufsordnung	.Nr.	Ge schl	1993	Summen	2004	Summen	Diff. 04/93
Kassenfachleute	773	i	121	121	176	176	55
		m	12		16		4
		w	109		160		51
Buchhalter/innen	772	i	354	354	305	305	-49
		m	64		65		1
		w	289		239		-50
Summen				475		481	6
Finanz-, Rechnungswesenfachleute, Kalkulatoren/innen	771	i	38	38	50	50	12
		m	18		26		8
		w	20		24		4
Marketing-, Absatzfachleute	755	i	22	22	72	72	50
		m	13		37		24
		w	8		35		27
Organisatoren/innen, Controller/innen und verwandte Berufe, a.n.g.	756	i	38	38	117	117	79
		m	27		82		55
		w	11		35		24
Summen				98		239	141
Geschäftsbereichsleiter/innen Direktionsassistenten/innen	751	i	314	314	369	369	55
		m	248		251		3
		w	66		118		52
Unternehmer/innen, Geschäftsführer/innen, a.n.g.	750	i	601	601	601	601	0
		m	487		460		-27
		w	114		141		27
Summen				915		970	55
Berufe in der Rechnungsführung u Leitung von Unternehmen	75	i		1.488		1.690	202

Tabelle 5.4.10.2.2. – 71

auch in der Hierarchieebene. Die formellen Qualifikationen dürften dagegen kaum sehr unterschiedlich sein und auch ein großer Teil der Erfahrungen aus der Praxis werden ähnlich sein. Soweit nicht familiäres Eigentum für die Leitung bestimmend ist, sind die Leute aus der vorherigen Ebene sicher das Reservoir für den Aufstieg in die Leitungen.

Das *erste Arbeitsfeld* umfasst Kassenfachleute. Damit sind nicht die Kassiererinnen im Einzelhandel gemeint. Die sind bei den Verkäufern oder den Warenkaufleuten notiert. Es sind auch nicht die Kassierer bei den Banken gemeint, die bei den Bankfachleuten erscheinen. Es sind die bei Unternehmen, Organisationen und staatlichen Einrichtungen Tätigen gemeint, die mit der Führung von Barkassen betraut sind, also auch Ein- und Auszahlungen bearbeiten. Das sind doch erstaunlich wenige.

Es ist unklar, ob den Kassenfachleuten auch jene Tätigkeiten zugerechnet werden, die mit dem bargeldlosen Zahlungsverkehr, zunehmend auch auf elektronischem Weg, beschäftigt sind. Daher muss offen bleiben, ob der Grund für die Vergrößerung der Zahl der hiermit beschäftigten Personen in einem zunehmenden Bargeldverkehr oder in der Zunahme des elektronischen Zahlungsverkehrs liegt. Die hier beschäftigten Frauen sind mit Sicherheit lohnabhängige Angestellte, mit Ausnahme der wenigen mithelfenden Familienangehörigen von sehr kleinen Gewerbebetrieben, die diese Tätigkeiten vorrangig ausführen.

Bei den Kassenfachleuten finden wir 1993 zusammen 121.000 Beschäftigte, wovon 109.000, also rund neunzig Prozent Frauen sind. 2004 finden wir 176.000, wovon jetzt 160.000 Frauen sind, etwa der gleiche Prozentsatz. Das bedeutet, dass von dem Zuwachs von 55.000 rund 50.000 Frauen sind. Erstaunlich ist der Zuwachs dieser Tätigkeiten, trotz zunehmender Verwendung von PC und Online-Buchungen. Dass er gerade auch bei der Zunahme weiblich bleibt, erstaunt dagegen weniger. Aber eine genauere Interpretation muss offen bleiben.

Das *zweite Arbeitsfeld* umfasst die Buchhalter. Ihre Zahl liegt erheblich höher als die der Kassenfachleute. In 1993 finden wir 354.000, wovon 289.000 Frauen und 64.000 Männer sind. Mit rund 80 zu 20 Prozent auch hier also ein starkes Überwiegen der Beschäftigung von Frauen. 2004 hat sich Gesamtzahl auf 305 um 50.000 verringert. Davon sind jetzt noch 239.000 Frauen, die Ver-

Berufsgruppe, Berufsordnung	Nr.	Ge schl	1993	Summen	2004	Summen	Diff. 04/93
Kassenfachleute	773	i	121	121	176	176	55
		m	12		16		
		w	109		160		
Buchhalter/innen	772	i	354	354	305	305	-49
		m	64		65		
		w	289		239		
Summe				475		481	6

Tabelle 5.4.10.2.2. – 72

ringerung hat sich also ausschließlich bei ihnen abgespielt. Auch hier fällt eine Interpretation ohne weitere Untersuchungen schwer.

In Summe hat sich die Zahl der Beschäftigten, die direkt mit den alltäglichen Geld- und Finanzbewegungen in der privaten Wirtschaft zu tun haben, um ein Geringes von 475 auf 481.000 vergrößert. Davon ist die einfachste Art der Beschäftigung recht stark ausgedehnt und die zweite um rund 15 Prozent verringert worden. Dabei hat sich die Verteilung der Geschlechter in den unteren Qualifikationen zugunsten der Frauen verstärkt, oder soll man richtiger sagen, die Zahl der Benachteiligten hat sich vergrößert und auf der zweiten Ebene leicht verringert.

Die *nächste Kategorie* von Tätigkeiten und Positionen sind die Fachleute für das Finanz- und das Rechnungswesen und die Kalkulatoren. Sie stellen 38.000 Beschäftigte in 1993, von denen leicht mehr als die Hälfte Frauen sind. 2004 finden wir 50.000 mit dieser Tätigkeit befasste, also 12.000 und über zwanzig Prozent mehr, von den jetzt leicht mehr als die Hälfte Männer sind. Die Zahl der Männer hat also doppelt so stark zugenommen, wie die der Frauen. Auch hier liegt keine Erklärung auf der Hand.

1993 finden wir bei den Marketing- und Absatzfachleuten 22.000, wovon mehr als die Hälfte Männer sind. 2004 haben wir 72.000, also 50.000 mehr oder fast das Dreifache. Dabei sind jetzt fast die Hälfte Frauen, d. h. die Zahl der Frauen in dem Beruf hat stärker zugenommen, als die der Männer. Dass die Zahl der Arbeitskräfte in diesem Bereich so erstaunlich zugenommen hat, verwundert weniger, als die im Verhältnis doch geringe absolute Zahl 1993 und auch noch 2004. Denn der Eindruck, dass z. B. die Werbung sowohl die Medien als auch die Öffentlichkeit dominieren, war schon 1993 vorhanden und hat sich seit dem in der Tat noch gesteigert.

Die *Zahl der Organisatoren und Kontroller* stand 1993 bei 38.000, davon mehr als zwei Drittel Männer. 2004 finden wir 117.000, also 79.000 mehr in dieser Berufstätigkeit. Dabei haben sich die Zahlen bei beiden Geschlechtern mehr als verdreifacht, aber ihr Zahlenverhältnis ist etwas ausgeglichener, jetzt nur noch gut doppelt so viele Männer als Frauen beschäftigt. Dass sich die Zahl der in diesem Bereich *Beschäftigten* erheblich ausgeweitet hat, ist angesichts der täglichen Wirtschaftsnachrichten kaum überraschend. Offenbar ist die Notwendigkeit der Organisierung der Funktionen von Unternehmen und auch der finanziellen Kontrolle des Alltagsgeschäftes nicht nur in den Großkonzernen stark gewachsen, *sondern auch in den mittleren Unternehmen.* Ob dazu eine Vergrößerung der Zahl an Kapitalgesellschaften, der KG, GmbH oder AG beigetragen hat, kann hier nicht geprüft werden.

In den *drei Berufsfeldern zusammen* ist die Zahl der *Beschäftigten* von rund 100.000 in 1993 auf rund 240.000 in 2004 um 140.000 angewachsen, fast um das Zweieinhalbfache. Bei den Rechnungsfachleuten hat die Nutzung von Computern und internen EDV-Netzwerken sicher schon unmittelbar größere Produktivität mit sich gebracht, so dass der größere Arbeitsanfall keine Personalausweitung erforderlich machte.

Berufsgruppe, Berufsordnung			1993		2004		
	Nr.	Ge schl		Summen		Summen	Diff. 04/93
Finanz-, Rechnungswesenfachleute, Kalkulatoren/innen	771	i	38	38	50	50	12
		m	18		26		
		w	20		24		
Marketing-, Absatzfachleute	755	i	22	22	72	72	50
		m	13		37		24
		w	8		35		27
Organisatoren/innen, Controller/innen und verwandte Berufe, a.n.g	756	i	38	38	117	117	79
		m	27		82		55
		w	11		35		24
Summen				98		239	141

Tabelle 5.4.10.2.2. – 73

Dagegen haben PC und Netzwerke bei den Aufgaben der Organi-satoren und den Controllern eher eine gegenteilige Wirkung. Jetzt lässt sich der Sache nach und zeitlich viel enger gestaffelt überprüfen und umorganisieren, was früher nur in mehrjährigen Zyklen möglich war. Daher ist der große Zuwachs an Personal durchaus plausibel. Das gilt wohl weniger für die Marketing und Absatzfachleute, obgleich man den Effekt der Möglichkeiten des Internets, mit E-mail etc. auch hier nicht unterschätzen darf.

Wenn man diese eben behandelte *Gruppe von Berufen den Stabs-funktionen* zurechnet und ihren Umfang mit 100.000 1993 und 240.000 in 2004 bedenkt, dann sind die Größen der jetzt folgenden Gruppen, der *exekutiven Führung von Betriebs- und Unternehmens-abteilungen und von Unternehmen selbst*, demgegenüber doch erstaunlich groß. Zusammen umfassen sie 915.000 in 1993 und 970.000 in 2004. Beide Male also in der Größenordnung von einer Million.

1993 finden wir bei den *Bereichsleitern* 314.000, davon 248.000 Männer und nur 66.000 Frauen, 3,7 zu 1. In 2004 fin-den wird 369.000, davon 251.000 Männer und 118.000 Frauen (3,1 zu 1). Der Zuwachs insgesamt lag bei 55.000, davon mit 52.000 fast ausschließlich Frauen. Das ist doch eine sehr überra-schende Entwicklung in der *zweithöchsten Etage der Unterneh-menshierarchien.*

Die absolute Steigerung der Anzahl mit 55.000 ist im Vergleich mit den Stabsabteilungen schon bemerkenswert, der prozentuale Anstieg von etwas über fünf Prozent dagegen weniger.

Berufsgruppe, Berufsordnung			1993		2004		
	K.Nr.	Ge schl		Summen		Summen	Diff. 04/93
Geschäftsbereichsleiter/innen Direktionsassistenten/innen	751	i	314	314	369	369	55
		m	248		251		3
		w	66		118		52
Unternehmer/innen, Geschäftsführer/innen, a.n.g.	750	i	601	601	601	601	0
		m	487		460		-27
		w	114		141		27
Summen				915		970	55

Tabelle 5.4.10.2.2. – 74

Berufsgruppe, Berufsordnung		1993	2004	
	Nr.			Diff. 04/93
Berufe in der Rechnungsführung u Leitung von Unternehmen	77,1,2,3 75,0,1,5,6	1.488	1.690	202

Tabelle 5.4.10.2.2. – 75

Bei den *Geschäftsführern und Unternehmensleitern* finden wir 601.000 Beschäftigte, ohne eine Unterscheidung zwischen angestellten Geschäftsführern und geschäftsführenden Eigentümern. 2004 finden wir überraschender Weise auch 601.000, also keine zahlenmäßige Veränderung. Danach hat es also von Zeitpunkt zu Zeitpunkt in Summe keine Veränderungen bei der Zahl der Unternehmen gegeben, trotz all der Bewegungen von Übernahmen und Verschmelzungen, von Neugründung und Insolvenzen.

Dagegen hat sich das Verhältnis der Geschlechter etwas geändert. Es sind 27.000 Frauen hinzugekommen und dafür 27.000 Männer ausgeschieden. Inwieweit es eine Verschiebung zwischen Geschäftsführern und Eigentümern gegeben hat, ist nicht auszumachen. Es darf vermutet werden, dass die Zunahme bei den Frauen darauf zurückzuführen ist, dass mehr Frauen aus Eigentümerfamilien die Geschäftsleitungen und Unternehmensführungen übernommen haben als vorher. Während wahrscheinlich das Männermonopol beim Aufstieg in der Unternehmenspyramide der Angestellten noch kaum gebrochen sein wird.

Für den Bereich der *engeren Unternehmensführung* ergibt sich bei einem Bestand von 970.000 in 2004 gegenüber 1993 nur ein Zuwachs von 55.000, der ausschließlich bei der zweiten Ebene anfällt. *Bei dem gesamten Bereich* der finanziellen und organisatorischen Berufen in und für die Unternehmen und den exekutiven in den Leitungen sind 1993 rund 1,49 Millionen Personen beschäftigt, 2004 finden wir 1,69 Millionen, also 202.000 mehr.

Soweit es in den verschiedenen Bereichen eine Zunahme gab, ist sie meist bei den Frauen erfolgt und hat die Proportionen etwas verbessert, aber lange noch nicht ausgeglichen. Soweit die Berufe überwiegend von Frauen ausgeübt wurden und es eine stärkere Verringerung der Zahlen gab, ging sie vorrangig auf ihre Kosten.

5.4.11 Transport und Verkehr, Nachrichtenübermittlungsunternehmen, private und öffentliche

Wie die Zweigstatistik ausweist, besteht der gesamte Zweig zahlenmäßig aus zwei hauptsächlichen Unterzweigen: Dem Landverkehr, einschließlich des personell unerheblichen Rohrtransportes, mit 1,08 Millionen *Erwerbstätigen* im Jahr 1993 und den Hilfs- und Nebentätigkeiten für den Verkehr und den Verkehrsvermittlungen mit 466.000 *Erwerbstätigen* im Jahr 1993. Schifffahrt mit 31.000 und Luftfahrt mit 52.000 *Erwerbstätigen* spielen 1993 dagegen personell kaum eine Rolle.

Bemerkenswert sind für 1993 die geringe Zahl von *Selbständigen* und die dadurch gegebene Durchschnittszahl von 26 *abhängig Beschäftigten* pro Unternehmen/Betrieb. Wenn man dabei eine überwiegende Zahl von kleinen und mittleren Unternehmen in Rechnung stellt, dann sind wenige sehr große Transport- und Vermittlungsunternehmen für den übergroßen Teil der *Lohnabhängigen* und vermutlich auch des Transportvolumens verantwortlich.

Die Veränderungen bis 2004 sind in zweierlei Hinsicht bemerkenswert. Im Gegensatz zu den Eindrücken aus den alltäglichen Wahrnehmungen über die Zunahme vor allem des Lastwagenverkehrs, ist die Zahl der Beschäftigten insgesamt um 160.000 gesunken. Wobei die Zahl der *Lohnabhängigen* sogar um 178.000 gesunken ist, während umgekehrt die Zahl der *Selbständigen* um 19.000 gestiegen ist. Die Durchschnittszahl der *Lohnabhängigen* pro Unternehmen/Betrieb hat sich damit erheblich von 26 auf 16 verringert. Man darf wohl unterstellen, dass es sich beim Anstieg der *Selbständigen* überwiegend um *Scheinselbständige* handelt, die bei großen Unternehmen beschäftigt sind. Es handelt sich also nur um eine durch juristisch-ökonomische Verschleierung hervorgerufene Verfälschung der wirklichen Tendenz. Real dürfte es sich eher um Konzentrationsvorgänge handeln.

Die Schrumpfung des unmittelbaren Personals des Transportes und seiner Organisation ist dagegen wohl real.

Sie könnte dadurch mit verursacht sein, dass im *Unterzweig Hilfs- und Nebentätigkeiten* für den Verkehr und Verkehrsvermittlung die Zahl der Beschäftigten nicht unerheblich gestiegen ist. Es liegt nahe, dass es sich dabei um eine Verselbständigung früher zusammen betriebener Aufgabenbereiche handelt. Allerdings spielt dabei wohl auch die tatsächliche Ausdehnung und Professionalisierung von Nebengewerben eine Rolle, wie z. B. in der Lagerei.

1993 sehen wir hier 466.000 *Beschäftigte*, davon 390.000 *Lohnabhängige* und 77.000 *Selbständige*. Bis 2004 vergrößert sich die Zahl der Beschäftigten um 143.000. Dabei kommen 160.000 *Lohnabhängige* dazu, während bei den *Selbständigen* jetzt 17.000 weniger zu verzeichnen sind.

Entsprechend verändert sich die Zahl der durchschnittlichen Belegschaftsgröße von sechs auf zehn, was vermutlich auf die Vergrößerung der schon großen Unternehmen oder auf eine Erhöhung von deren Zahl zurückzuführen ist.

Wir haben es also einerseits mit gegenläufigen Veränderungen in den beiden aufeinander bezogenen Unterzweigen zu tun. Während einerseits die Zahl der Beschäftigten und darin der *Lohnabhängigen* schrumpft, ist andererseits die Zahl der Beschäftigten und darin der *Lohnabhängigen* gestiegen. Dagegen ist einerseits die durchschnittliche Größe der Unternehmen/Betriebe vermeintlich geschrumpft, während sie andererseits tatsächlich gestiegen ist.

In der *Schifffahrt* hat sich die geringe Zahl der *Beschäftigten* von 30.000 noch um 10.000, also rund ein Drittel verringert. Die Anteile von *Selbständigen* und *Lohnabhängigen* sind dagegen gleich geblieben. Anders als zu erwarten, lag die Zahl der in der *Luftfahrt* Beschäftigten 1993 nur bei 52.000 und hat sich nicht etwa vergrößert, sondern bis 2004 sogar um 1.000 verkleinert. Dabei sind in beiden Jahren nur *Lohnabhängige* vorhanden und keine *Selbständigen*. Es sind also nur größere Kapitalgesellschaften ohne tätige Eigentümer im Geschäft.

Die Summen der vier Unterzweige zeigen eine einfache Struktur. Rund 1,6 Millionen *Erwerbstätige* und davon rund 1,5 Millionen *Lohnabhängige*, sowie rund 120.000 *Selbständige* und *Unternehmensleiter* finden sich in beiden Jahren 1993 und 2004, nur durch eine Verringerung von 28.000 *Lohnabhängigen* getrennt.

Die Hauptanteile von zwei Dritteln und ein Drittel entfallen auf den *Landverkehr* und die *Hilfstätigkeiten* und *Vermittlungen*. Dabei

Wirtschaftszweige	Nr.	1993			2004		
		EwT	SbSt	AN	EwT	SbSt	AN
Landverkehr; Transport i. Rohrfernleitungen	*60*	1.080	41	1.039	920	59	861
Differenzen					*-160*	*18*	*-178*
Durchschn			*26*			*16*	
Schifffahrt	*61*	31	3	28	22	3	19
Differenzen					*-9*	*0*	*-9*
Luftfahrt	*62*	52	0	52	51	0	51
Differenzen					*-1*		
Summen der Zweige Nr 60-62		*1.163*	*44*	*1.119*	*993*	*59*	*931*
Hilfs-u.Nebentätigkeiten f.d.Verkehr,Verkehrsverm.	*63*	466	77	389	609	60	549
Differenzen					*143*	*-17*	*160*
Durchschn			*6*			*10*	
Summen der Zweige	60-63	*1.629*	*121*	*1.508*	*1.602*	*122*	*1.480*
Differenzen					*-27*	*1*	*-28*

Tabelle 5.4.11. – 76

hat sich das Größenverhältnis beider Zweige um rund 300.000 verschoben. Das Personal des Landverkehrs hat um 160.000 verringert, während sich die Personalausstattung der Hilfstätigkeiten und der Vermittlungen um 140.000 vergrößert hat.

5.4.11.1 Verkehr

Auch die Berufsstatistik unterscheidet recht klar die verschiedenen Unterzweige des Transportwesens: Landverkehr mit den beiden wichtigen Untergliederungen *Schienen- und Straßenverkehr, Schifffahrt und Luftfahrt* einerseits, sowie andererseits die *Hilfstätigkeiten für den Verkehr*, mit den nicht unterschiedenen Teilen Umschlag und Lagerei, sowie den ausgewiesenen Teilen Reisebüros, Vermittlungen und Speditionen jeweils für den Personen- und den Güterverkehr.

1993 umfassen die *direkt im und am Transport Arbeitenden* 1,25 Millionen Erwerbstätige. 2004 hat sich diese Zahl um rund 90.000

auf 1,16 Millionen Erwerbstätige leicht verringert. Dies entspricht in der Größenordnung und der Entwicklungstendenz ganz gut den Zahlen für die Erwerbstätigkeit aus der Zweigstatistik beim Verkehr von 1,16 Millionen in 1993 und 0,99 Millionen in 2004.

In der Zweigstatistik wird beim Landverkehr leider nicht zwischen dem Schienen- und dem Straßenverkehr unterschieden. In der Berufsstatistik ist das erfreulicherweise der Fall.

1993 haben wir beim Schienenverkehr insgesamt 196.000 Erwerbstätige, während dort 2004 nur noch 114.000, also 82.000 weniger beschäftigt sind. Bei den Funktionen und Qualifikationen haben wir 1993 64.000 Schienenfahrzeugführer, also Lokführer, 107.000 Betriebspersonal, und davon unterschieden 25.000 sonstige Fahrbetriebsregler.

Berufsgruppe, Berufsordnung	Nr.	Ge schl.	1993	Su	2006	Su	Diff 93-06
Schienenfahrzeug führer/innen	711	i	64	64	46	46	-18
		m	61		44		
		w	/		/		
Eisenbahn -betriebspersonal	712	i	107	107	49	49	-58
		m	87		38		
		w	20		11		
Sonst. Fahrbetriebsregler/innen	713	i	25	25	19	19	-6
		m	23		17		
		w	/		/		
Berufe im Schienenverkehr				196		114	-82

Tabelle 5.4.11.1. – 77

Wie die verschiedenen praktischen Funktionen des Eisenbahnbetriebs auf die beiden angegebenen Berufsfelder Eisenbahnbetriebspersonal und Fahrbetriebsregler verteilt sind geht aus der Statistik nicht hervor: Zugbegleiter, Rangierer, das technische Personal in den Stellwerken und Zentralen, das Aufsichts- und organisatorische Personal bei den Bahnhöfen.

Bei der Rubrik des Eisenbahnbetriebspersonals gibt es 1993 und 2004 immerhin jeweils ein Viertel Frauen. Bei den Lokführern und den Fahrbetriebsreglern sind keine notiert. Lokführer haben wohl generell eine gleiche Grundqualifikation, eventuell dazu Spezialisierungen auf bestimmte Lok-Typen, Transportgegenstände oder Strecken und damit eventuell für bestimmte Bahnverkehre. Beim Regelungs- und Aufsichtspersonal wird es Anweisungs- und Aufsichtshierarchien geben, die eventuell auch mit Ausbildungsstufen, sicher aber mit Entlohnungsstufen verbunden sind. Ob dabei die untere Stufe jener der Lokführer entspricht, muss hier offen bleiben.

Die Verringerung der Zahl aller Beschäftigten um 82.000 bis 2004 erfolgte vor allem im Bereich des Eisenbahnbetriebspersonals. Hier wurden über die Hälfte, nämlich 58.000 eingespart, darunter 9.000, also fast die Hälfte der bisher beschäftigten Frauen. Bei den Lokführern wurden von 64.000 18.000 eingespart und verbleiben noch 46.000. Bei den Fahrbetriebsreglern wurden von den 25.000 6.000 eingespart und es verbleiben noch 19.000.

Wenn man sich den außerordentlich großen Transportumfang des schienengebundenen überregionalen Gütertransportes und Personenverkehrs und des örtlichen schienengebundenen Personenverkehrs vor Augen hält, dann ist die Zahl der im Schienenverkehrswesen Beschäftigten außerordentlich gering. Wobei sie vermutlich alle als *Lohnabhängige* arbeiten.

Wenn man dies mit den Zahlen des kollektiven Straßenverkehrs vergleicht, also des LKW-Gütertransportes und des Omnisbusverkehrs, fällt sofort die große Personenzahl ins Auge: 1993 gab es 963.000 Berufskraftfahrer. Die Größenordnung dieser Zahl ergänzt sich mit der Zahl der Beschäftigten des schienengebundenen Verkehrs ganz gut zur Gesamtzahl des Personals im Landverkehr.

Kurioserweise sind in dieser Zahl auch die berufsmäßigen Kutscher enthalten, deren Zahl aber wohl unerheblich ist. Die Gesamtzahl reduziert sich bis 2004 um 25.000 auf 938.000 Berufskraftfahrer. Das sind vermutlich alles *Lohnabhängige*, weil die Fuhr- und Taxi-Unternehmer (selbst fahrend oder nur leitend tätig), extra ausgewiesen sind. Der sehr geringe Anteil an Frauen erhöht sich leicht um 23.000 auf nur 56.000.

Die Zahl der Fuhr- und Taxiunternehmer verdoppelt sich zwischen 1993 und 2004, von 19.000 auf 40.000, wobei der Anteil der Frauen von 2.000 auf 5.000 steigt. Wie der Anteil von Güterverkehrsunternehmern, dabei eingeschlossen die Scheinselbständigen, und von Taxiunternehmern sich verhält und entwickelt, ist aus der Statistik nicht zu entnehmen. 1993 finden sich 26.000 Straßenwärter und 2004 dann 2.000 weniger.

Die Zahl der Beschäftigten im Straßenverkehr insgesamt hat sich zwischen 1993 und 2004 nur ganz unwesentlich von 1,008 auf 1,002 Millionen verringert, davon der allergrößte Teil mit über 900.000 nach wie vor Berufskraftfahrer. Insgesamt bleiben der Straßenverkehr, wie auch der Schienenverkehr, eine Domäne der Männer.

Die Zahl der Beschäftigten in der Seeschifffahrt, in der Binnenschifffahrt und der Luftfahrt ist so klein, dass sie für den gesamten Sektor fast keine Rolle spielt. Daher sind auch die Veränderungen, wiewohl prozentual z.T. erheblich, kaum von größerer Bedeutung. Trotzdem sollen sie kurz angesprochen werden.

Die Zahl der Kapitäne und Schiffsoffiziere in der Küsten- und Hochseeschifffahrt hat sich um 4.000, oder fast ein Drittel auf 9.000 verringert. Die Zahl der Matrosen, Schiffsmechaniker und Schiffsbetriebsmeister hat sich von 8.000 soweit verringert, dass sie keinen Eintrag mehr haben – statistisch gesehen also eine Verringerung von 8.000. Da der Schiffsverkehr nicht abgenommen hat, der Anteil von Reedern mit Sitz in der BRD hier nicht geklärt werden kann, muss man annehmen, dass die verschwundenen Arbeitsplätze inzwischen von ausländischen Arbeitskräften eingenommen werden, bei den Schiffsführungen nur zu einem Drittel, bei den Mannschaften vollständig.

Die Verringerung in der Binnenschifffahrt um 2.000 auf nur noch 7.000 kann verschiedene Gründe haben: Vergrößerung der

Berufsgruppe, Berufsordnung	Nr.	Ge schl	1993	2006	Diff 93-06
		i	963	938	-25
Berufskraftfahrer/Berufskraftfahrerinnen, Kutscher/ Kutscherinnen	714	m	930	882	-48
		w	33	56	23
		i	19	40	
Fuhr-, Taxiunternehmer und -Unternehmerinnen	715	m	17	35	
		w	/	/	
		i	26	24	
Straßenwärter/Straßenwärterinnen	716	m	26	23	
		w	/	/	
Berufe im Straßenverkehr	71		1.008	1.002	-6

Tabelle 5.4.11.1. – 78

Berufsgruppe, Berufsordnung	Nr.	Ge schl.	1993	Su	2006	Su	Diff 93-06
Kapitäne/innen (Küsten-, Seeschiffahrt) Nautische u. Technische Schiffsoffiziere/innen	721	i	13	13	9	9	-4
		m	13		8		
		w	/		/		
Schiffsmechaniker/innen, Matrosen, Schiffs betriebsmeister/innen	723	i	8	8	/	/	-8
		m	7		/		
		w	/		/		
Berufe in der Binnenschifffahrt	724	i	9	9	7	7	-2
		m	8		6		
		w	/		/		
Berufe in der Schifffahrt	721 724			30		16	-14
Luftverkehrsberufe	726	i	19	19	32	32	13
		m	17		28		
		w	/		/		
Berufe i d Schiffahrt u i Luftverkehr				49		48	-1

Tabelle 5.4.11.1. – 79

Schiffseinheiten mit verringertem Personalbedarf, Übernahme des Verkehrs durch Schiffe aus den umliegenden Ländern (wohl vor allem Holland), oder auch Verringerung des Transportvolumens. Das kann hier nicht untersucht werden.

In Summe sind 2004 14.000 inländische Berufstätige weniger in der Schifffahrt tätig.

In der Luftfahrt sind zu den 1993 rund 19.000 Beschäftigten bis 2004 13.000 hinzugekommen, auf jetzt 32.000. Auch wenn die Berufsbezeichnung in der Statistik Luftverkehrsberufe heißt, so können damit keinesfalls die technischen Wartungen, die Umschlagtätigkeiten auf den Flughäfen und die Luftverkehrslenkung und Flugüberwachung einbegriffen sein. Dazu sind die Zahlen viel zu klein. Aber auch die Referenzzahl von 52.000 oder 51.000 Beschäftigten für den Zweig des Luftverkehrs aus der Zweigstatistik erscheint für den Gesamtkomplex zu klein zu sein.

5.4.11.2 Hilfs- und Nebentätigkeiten für den Verkehr, Verkehrsvermittlung

In der *Zweigstatistik werden die Hilfs- und Nebentätigkeiten,* wie Umschlag, Lagerung und Vermittlung zusammen aufgeführt. Die entsprechenden Zahlen sind weiter oben schon aufgeführt und im Zusammenhang kommentiert worden. Sie sollen hier nur kurz als Tabelle in Erinnerung gerufen werden.

Allein die Verwalter und Arbeiter der Lagerei und der Arbeiter im Transport umfassen 1993 mit 637.000 Beschäftigten schon mehr Personal als für den Zweig für 1993 mit 466.000 Beschäftigten angegeben sind. Bis 2004 hat sich die Zahl dieser Beschäftigten um rund 220.000 auf 856.000 erhöht. Eine ähnliche Tendenz findet sich in der Zweigstatistik mit einer Erhöhung um rund 140.000 auf 540.000 in 2004.

Wirtschaftszweige	Nr.	1993			2004		
		EwT	SbSt	AN	EwT	SbSt	AN
Hilfs-u. Nebentätigkeiten f. d. Verkehr, Verkehrsvermittlung	63	466	77	389	609	60	549
Differenzen					143	-17	160
Durchschnitte			6			10	

Tabelle 5.4.11.2. – 80

Dort zeigt sich außerdem, dass die Zahl der *Selbständigen* abgenommen hat, so dass die durchschnittliche Unternehmens/Betriebsgröße sich von sechs auf zehn *Lohnabhängigen* erhöht.

Zwar ist nicht auszuschließen, dass bei den unter Nr. 74 genannten Berufen (s.u. in der Tabelle) auch *Selbständige* mit gezählt werden, aber die konkreten Berufsbezeichnungen legen doch eher nahe, dass es sich ganz vorrangig um *Lohnabhängige* handelt.

Wir können wohl mit den drei Funktionen, Tätigkeitsbereichen oder Tätigkeiten auch drei Qualifikations-, Einkommens- und Hierarchiestufen verbinden. 1993 haben wir dann eine Aufteilung von 245.000 : 94.000 : 298.000 Beschäftigten (dabei zählen wir die vergleichsweise wenigen Stauer und Möbelpacker von 7.000 zu den 291.000 Lager- und Transportarbeitern hinzu).

Die Zunahme der Zahl der Beschäftigten um 220.000 findet vor allem bei den Lager- und Transportarbeitern mit rund 160.000 statt. Dagegen erhöht sich die Zahl der Transportgeräteführer nur um 13 auf 107.000. Sogar die Zahl der Lagerverwalter und Magaziner ist mit 44.000 auf nun rund 290.000 stärker gestiegen. Wir haben dann 2004 eine Aufteilung von 290 : 107: 460 (Tausend) Beschäftigten. Es ist schwer vorstellbar, dass die geringe Steigerung der Zahl der Transportgeräteführer und die relativ große der Arbeiter tatsächlich der Entwicklung der Mechanisierung im Umschlag und der Lagerung entspricht. Allein die Just-in-time Organisation von Produktion und Transport erfordert eigentlich das ganze Gegenteil. Es steht daher zu vermuten, dass sowohl die Berufskraftfahrer wie auch die Lagerverwalter mit in die mechanische Handhabung der Lager, Umschlag- und Transportgüter einbezogen werden, und auch bei den einfachen Arbeitern die Bedienung der mechanischen Hilfen mit eingeschlossen ist, ohne dass dies in den formellen Qualifikationen oder Entlohnungen oder hauptsächlichen Tätigkeitsbeschreibungen deutlich zum Ausdruck kommt. Anders müsste man im Transport- und Lagergewerbe fast von einer »Rückkehr« der Handarbeit sprechen. Dem widerspricht schon die reine Anschauung selbst bei der Verteilung der Lebensmittel durch Lastwagen, die durchgehend mit Hebebühnen ausgestattet sind, oder der Lieferung von Baumaterialien, die dazu durchgehend hydraulische Krane mitführen, oder die Verbreitung von Hochregallagern mit ihren entsprechenden mechanischen Staplern. (s. *Tabelle 5.4.11.2. – 81*)

Die Verteilung der Beschäftigten auf die Geschlechter hat sich in unerwarteter Weise entwickelt. Die Zahl der Frauen in der Lagerverwaltung ist praktisch gleich geblieben, ihr Anteil hat sich damit auf ein Siebtel verringert. Bei den Geräteführern und auch bei den Möbelpackern werden in beiden Stichjahren keine Frauen ausgewiesen. Bei den Lager- und Transportarbeitern sind dagegen 1993 ein Viertel Frauen und 2004 tendiert der Anteil sogar gegen 1/3. Ob dies vor allem auf den Versandhandel im Textil- und Haushaltsbereich zurückzuführen ist, in dem wohl vorrangig Frauen beschäftigt werden, muss hier offen bleiben.

Bei den Verkehrsfachleuten, also den in der Vermittlung tätigen Beschäftigten, finden wir 1993 im Güterverkehr 115.000 Beschäftigte und 31.000 mehr in 2004, also 146.000. Frauen sind davon

1993 weniger als ein Drittel und 2004 etwas mehr. In diesem Bereich können wir wohl davon ausgehen, dass der übergroße Teil als lohnabhängig in größeren Speditionen arbeitet.

Im Bereich des Personen- und Fremdenverkehrs finden wir 60.000 Beschäftigte in 1993 und 2004 mit 56.000 mehr fast ein Verdoppelung auf 116.000. Erwartungsgemäß sind hier, wohl vor allem in Reisebüros, überwiegend Frauen tätig, 1993 mit über Dreiviertel des Personals. Bis 2004 holen hier die Männer etwas auf, ihr Anteil steigt auf rund ein Drittel.

Insgesamt finden wir 1993 in beiden Sparten zusammen 175.000 und 262.000 Beschäftigte in 2004.

Die Vermittlungen und die Lagerei, sowie der Umschlag zusammengerechnet, also im Zweig Hilfs- und Nebentätigkeiten für den Verkehr und Vermittlungen belaufen sich die Zahlen in diesem praktisch komplementären Zweig zum eigentlichen Transport auf 812.000 in 1993 und in 2004 auf zusammen 1,12 Millionen Beschäftigte.

Zusammen mit den Berufen allein im Landverkehr 1993 von 1,00 und 2004 von ebenfalls 1,00 Millionen ergeben sich 1993 1,8

Berufsgruppe, Berufsordnung	Nr.		1993		2006		
		Ge schl		Su		Su	Diff 93-06
Lagerverwalter/innen, Magaziner/rinnen	741	i	245	245	289	289	44
		m	204		249		
		w	41		40		
Transportgeräte führer/innen	742	i	94	94	107	107	13
		m	92		105		
		w	/		/		
Stauer/innen, Möbelpacker/innen	743	i	7	7	10	10	3
		m	6		10		
		w	/		/		
Lager-, Transport arbeiter/innen	744	i	291	291	450	450	159
		m	223		317		
		w	68		133		
Lagerverwalter/innen, Lager-, Transport arbeiter/innen	74	i		637		856	219
		m		526		681	155
		w		115		173	58

Tabelle 5.4.11.2. – 81

Millionen und 2004 2,12 Millionen Beschäftigte. Das sind doch um einige Hundertthausende mehr, als in der speziellen Zweigstatistik ausgewiesen sind. (s. *Tabelle 5.4.11.2. – 82*)

5.4.11.3 Zweige 63 und 64 – Nachrichtenübermittlung

Die Nachrichtenübermittlung umfasst vor allem den Fernmelde- und Postverkehr. Der sachliche Umfang der hier verzeichneten Dienste schreibt sich aus dem früheren integrierten Postdienst her – Paket- und sonstige Zustelldienste sind daher hier verzeichnet. Der Versand und Transport von anderen Gegenständen und andere Arten der Weitergabe sind unter Transport oder Vermittlungen notiert. Einerseits sind wegen der Privatisierung und Aufspaltung dieser Dienste in der BRD diese integrierten Postdienste nicht mehr in dem dafür in Europa noch immer statistisch vorgesehenen einheitlichen Zweig notiert, sondern in den verschiedenen anderen Unterzweigen. Andererseits sind die, über die früheren Postdienste hinaus, hinzugekommenen Dienste, wie Mobilfunk, Satellitenfunk, vermutlich auch die technische Betreibung des Internet und seine geschäftliche Nutzung sowie andere kabelgebundene Informationsdienste an dieser Stelle mit verzeichnet. Nachrichten- und Informationsdienste, wie auch die Zeitungen, sind nicht hier, sondern

Berufsgruppe, Berufsordnung	Nr	Ge schl	1993	Su	2006	Su	Diff 93-06
Verkehrsfachleute (Güterverkehr)	701	i	115	115	146	146	31
		m	81		94		
		w	34		52		
Verkehrsfachleute (Personen-,Fremdenverkehr)	702	i	60	60	116	116	56
		m	15		29		
		w	44		87		
Summe Verkehrsfachleute				175		262	87
Lagerverwalter/innen,Lager-, Transport arbeiter/innen				637		856	219
Hilfs-u. Nebentätigkeiten f. d. Verkehr u Verkehrsvermittlung				812		1.118	306

Tabelle 5.4.11.2. – 82

unter den Kulturdiensten verzeichnet. Ebenso ist auch die primäre Verbreitung von Rundfunk-und Fernsehsendungen nicht hier notiert, sondern zusammen mit deren Herstellung unter Kulturdiensten. Es handelt sich also wegen der Privatisierung einerseits und der Entwicklung von Kommunikationstechniken andererseits um einen etwas inhomogenen Wirtschaftszweig mit sachlich etwas unklaren Abgrenzungen zum Transport und den dafür erforderlichen Hilfstätigkeiten.

In den Zahlen spiegeln sich also nicht nur Prozesse der quantitativen Veränderung der Nutzung, der technischen Rationalisierung, der technischen Neuentwicklung sondern auch die Veränderungen der geschäftlichen Formen und der Einsortierung dieser verschiedenen Veränderungen in die vorgegeben statistischen Kategorien.

1993 finden wir 714.000 *Beschäftigte* in diesem Zweig, davon 17.000 *Selbständige* und rund 700.000 *Lohnabhängige* mit einer durchschnittlichen Beschäftigtenzahl von 41 pro Betrieb oder Unternehmen. 2004 finden wir nur noch 514.000 *Beschäftigte*, also ganze 200.000 weniger. Davon sind jetzt 19.000 *Selbständige*, also 2.000 sind hinzugekommen, und 495.000 *Lohnabhängige*. Diese Reduktion der Zahl der Beschäftigten um fast ein Drittel, bei gleichzeitiger Ausdehnung schon der überkommenen Postdienste und der Entwicklung von Mobilfunk, Satellitenfunk und Internet ist nicht nur der Substitution etwa von Briefsendungen durch Mail-Verkehr einerseits, oder durch die enormen Einsparmöglichkeiten an Arbeitszeit mittels der durchgehenden Digitalisierung der Netze und der darüber abgewickelten Dienste geschuldet. Sondern ein wesentlicher Grund liegt auch in der *massiven Streichung von Arbeitsplätzen nach der Privatisierung der Post*, die mittels einer weitgehenden Arbeitsverdichtung und Ausdehnung der individuellen Arbeitszeiten

Wirtschaftszweige		1993			2004		
	Nr.	EwT	SbSt	AN	EwT	SbSt	AN
Kommunikation mater., immater Nachrichtenübermittlung	*64*	714	17	697	514	19	495
Differenzen					-200	2	-202
durchschn. Besch/Betr			41			26	

Tabelle 5.4.11.3. – 83

ermöglicht wurde. U.a. ist dadurch die durchschnittliche Zahl der Beschäftigten pro Betrieb oder Unternehmen von 41 auf 26 gesunken.

Von den 700.000 oder 500.000 Beschäftigten in dem Zweig sind in der Berufsstatistik nur rund 250.000 spezifisch auf die dortigen Tätigkeiten bezogen. Welche Tätigkeiten oder Berufe dabei nicht berücksichtigt sind, lässt sich nur schwer sagen. Die verzeichneten drei Berufe, umfassen drei verschiedene Felder im Zweig der Nachrichtenübermittlung. Posthalter sind offenbar Personen, die entweder eine eigenständige Poststelle betreiben oder in ihren sonstigen Geschäften auch Postgeschäfte abwickeln. In Zeiten der noch existierenden staatlichen Bundespost gab es das nur in sehr kleinen Orten, wo keine eigene Postzweigstelle existierte. Der Sache nach ist das wohl auch heute noch ähnlich, wie die Zahl von 9.000 solcher Posthalter für 1993 und ihr statistisches Fehlen in 2006 zeigt.

Mit 177.000 in 1993 und 159.000 in 2006 sind die sogenannten Dienstleistungsfachkräfte im Postbetrieb die zahlenmäßige Hauptgruppe der Beschäftigten in diesem Zweig. Da an keiner anderen Stelle der Berufsstatistik Brief- und Paketzusteller besonders ausgewiesen sind, muss angenommen werden, dass in dieser Zahl die Zusteller enthalten sind, aber auch jene, die die Sortierung vornehmen und die entsprechenden technischen Apparaturen

Berufsgruppe, Berufsordnung	Nr	Ge schl.	1993		2006		
				Su		Su	Diff 06-93
Posthalter/Posthalterinnen	731	i	9	9	/		-9
		m	/		/		
		w	7		/		
Dienstleistungsfachkräfte im Postbetrieb	732	i	177	177	159	159	-18
		m	82		76		
		w	96		83		
Berufe in Funk- u. Fernsprechverkehr	735	i	51	51	94	94	43
		m	7		21		
		w	44		74		
Berufe des Nachrichtenverkehrs Summe	73			237		253	16

Tabelle 5.4.11.3. – 84

bedienen und warten. Dazu sicherlich all jene, die im Schalterdienst die Annahme von Post und die Abgabe von Marken etc. abwickeln.

Für all diese Gruppen zusammen erscheint die ausgewiesene Zahl recht gering. Dagegen ist deren Verringerung um fast 20.000 bis 2006 mit dann 160.000 *Beschäftigten* realistisch, da dies wohl ausschließlich durch Arbeitsverdichtung und nicht durch technische Verbesserungen der Arbeitsproduktivität erreicht worden ist. In beiden Stichjahren überwiegt die Zahl der Frauen leicht jene der Männer, was wohl besonders im Zustelldienst der Fall ist.

Für die *Berufe im Funk- und Fernsprechverkehr* werden für 1993 noch 51.000 Beschäftigte angegeben, davon nur 7.000 Frauen. Für 2006 werden dann 43.000 Beschäftigte mehr verzeichnet, nicht ganz eine Verdoppelung. Darin sind jetzt auch mit 21.000 doch gut ein Fünftel Frauen. Durch die Digitalisierung und den Mobilfunk, sind neben der Ausweitung der Rechenzentren auch etliche Arbeitsplätze mit Personalcomputern entstanden, entweder in der Verwaltung oder im Bereich der technischen Regulierung oder der Programmierung. Damit treten neben die stofflich-technischen Arbeiten an Leitungen und Apparaten auch andere Arten von Tätigkeiten. Über die Qualifikationsstufen, die Hierarchieebenen und Bezahlungsstufen können die Angaben für diesen Zweig in der Berufsstatistik nichts aussagen.

Auch die Summe der *Zahl der Beschäftigten in den Berufen des gesamten Zweiges* mit 1993 237.000 und 2006 253.000 bleibt weit hinter den Zahlenangaben aus der Zweigstatistik zurück und erscheint auch der Sache nach viel zu gering.

5.4.12 Güterverteilung

5.4.12.1 Zweig 55- 51-Handelsvermittlung und Großhandel (ohne Kfz.)

Im diesem Zweig waren 1993 1,7 Millionen *Erwerbstätige* beschäftigt, davon 142.000 *Selbständige* und 1,6 Millionen *Lohnabhängige*.

Die durchschnittliche Zahl der *Lohnabhängigen* pro Betrieb/ Unternehmen von elf ist wenig aussagekräftig, da auch in diesem Zweig kleine, mittlere und größere Unternehmen tätig sind. Über

Wirtschaftszweige		1993			2004		
	Nr.	EwT	SbSt	AN	EwT	SbSt	AN
Handelsvermittlung u. Großhandel (oh. Kfz)	51	1.741	142	1.599	1.592	154	1.438
Differenzen					-142	12	-161
durchschn. Besch/Betr			11			9	

Tabelle 5.4.12.1. – 85

deren Anteile und die jeweiligen Betriebsgrößen lässt sich aufgrund dieser Statistik nichts sagen.

Bis 2004 verringert sich die Zahl der *Erwerbstätigen* um 140.000 auf 1,6 Millionen. Davon sind 12.000 zusätzliche *Selbständige* oder tätige Unternehmenseigentümer, während 160.000 *Lohnabhängige* weniger zu verzeichnen sind. Entsprechend verringert sich die durchschnittliche Belegschaftsgröße auf neun Mitarbeiter. Welche Bewegung sich hierin zeigt, ist nicht zu klären. Es kann sich um die Neu- oder Ausgründung von etlichen kleinen Vermittlungsfirmen handeln, oder auch im die »Verschlankung« der mittleren und großen – oder um beides.

An der Berufsstatistik fällt zunächst auf, dass dort für 1993 rund 900.000 weniger Erwerbstätige verzeichnet sind als in der Zweigstatistik. Das kann u. a. daran liegen, dass alle Transport-, Lagerungs- und Umschlagtätigkeiten in der Berufsstatistik zusammengefasst sind und nicht jeweils der Produktion, dem Verkehr oder den Großhandel zugerechnet werden. Außer bei den Warenprüfern und den Versandfertigmachern, haben wir es also bei der vorliegenden Zusammenstellung mit einer sehr engen Fassung des Großhandels und der Handelsvermittlung zu tun. Im Gegensatz zur Zweigstatistik weiten sich alle hier aufgeführten Berufe bis 2004 zahlenmäßig noch aus – insgesamt um 220.000. Dabei steigt die Zahl vor allem der Kaufleute und der Makler, die Zahl der Behandler der Waren selbst nur um Weniges und die der spezifischen Handelsvertreter um ein Drittel und absolut um 22.000, während die über doppelt so große Zahl der anderen Vertreter und Handlungsreisenden (was immer deren Unterschied auch sein mag) mit 146.000 und 147.000 praktisch stagniert. Bei den drei verschiedenen Tätigkeitsbereichen sind wohl vor allem zwei Qualifikationsstufen zu unterscheiden, während die innere Diffe-

Berufsgruppe, Berufsordnung	Nr	Ge schl	1993		2006		Diff. 04/93
				Su		Su	
Warenprüfer/rinnen, Versandfertig-macher/ innen	52	i	405	405	433	433	28
		m	192		208		16
		w	213		225		12
Groß- u Außen-handels-Kaufleute	671	i	134	134	230	230	96
		m	89		148		
		w	45		81		
Handelsvertreter/innen	687	i	81	81	103	103	22
		m	66		81		
		w	15		22		
and. Vertreter/ innen Handlungsreisende	689	i	146	146	147	147	1
		m	119		110		
		w	26		37		11
Handelsmakler/innen, Immobilienkaufleute	704	i	56	56	131	131	75
		m	37		82		
		w	19		49		
Kaufleute im Groß-Handel				417		611	194
Berufe im Groß-Handel				822		1.044	222

Tabelle 5.4.12.1. – 86

renzierung bei den Büroberufen oder beim Außendienst nicht verzeichnet ist.

1993 belaufen sich die Proportionen zwischen den Warenbehandlern, den im Büro und den im Außendienst Tätigen auf 405.000 : 190.000 : 227.000. In 2004 haben sich diese Proportionen auf 433.000 : 361.000 : 250.000 verschoben.

Bei dem zu unterstellenden größeren Umfang des Warenumschlages verwundert die Steigerung der direkten Warenbehandlung, Prüfung und Verpackung nicht. Obgleich darin doch auch zum Ausdruck kommt, dass das größere Warenangebot auch eine größere inneren Differenzierung einschließt, sodass *der Mechanisierung oder gar der Automatisierung dieser Arbeiten doch Grenzen gesetzt sind.*

Erstaunlich ist aber die doch *erhebliche Steigerung der Zahl der Kaufleute.* Das ist einerseits mit der Ausweitung des Warenumschlages und andererseits mit seiner zunehmenden Differenzierung und Spezialisierung zu erklären. Wieweit die Verstärkung der Konkurrenz, die zusätzliche Marketingaktivitäten erfordert, dabei eine Rolle spielt, kann nicht geklärt werden. Aber auch hier zeigt sich, dass der Produktivität des Einsatzes von Datenverarbeitung Grenzen gesetzt sind.

Die Tätigkeit von Reisenden, die Waren an den Einzelhandel verkaufen, bleibt im Rahmen von 193 und verliert damit relativ an Bedeutung. Das kann durchaus auch auf die neuen elektronischen Kommunikationswege, wie das Internet, zurückzuführen sein.

5.4.12.2 Zweige 52 bis 56: Einzelhandel und Reparatur von Gebrauchsgütern (ohne Kfz.-Handel und -Reparatur und ohne Tankstellen)

Der Einzelhandel ist in der Zweigstatistik hinsichtlich der Zahl der Beschäftigten fast doppelt so groß, wie der Großhandel. Zudem zeigt er, anders als der Großhandel von 1993 bis 2004 eine Vergrößerung des Personals.

1993 finden wir rund 3,17 Millionen Erwerbstätige, davon 514.000 *Selbständige* und 2,65 Millionen *Lohnabhängige*. 2004 finden wir 240.000 mehr Erwerbstätige. Darunter sind jetzt 35.000 weniger *Selbständige*, umgekehrt wie beim Großhandel, und 2,9 Millionen *Lohnabhängige*, 270.000 mehr als 1993. Entsprechend steigt die durchschnittliche Zahl der Beschäftigten pro Betrieb/Unternehmen von fünf auf sechs Erwerbstätige. (s.

Auch hier ist diese Größe wenig aussagekräftig, da die Art der Verkaufsstellen des Einzelhandels, von vielen kleinen Ein-Personen-Geschäften über viele kleine und mittlere Spezialgeschäfte, und etliche diverse große Geschäfte, meist Kettenläden, reicht. Als Tendenz kann man wohl die Ausweitung der Zahl der Kleinstverkaufstellen,

Wirtschaftszweige		1993			2004		
	Nr.	EWT	SbSt	AN	EWT	SbSt	AN
Einzelhandel (o.Handel m.Kfz .Tankst.); Reparatur von Gebrauchs Güter	52	3.170	514	2.656	3.407	479	2.928
Differenzen					237	-35	272
Durchschnitte			5			6	

Tabelle 5.4.12.5. – 92

Kioske etc, und der großen Kettenläden unterstellen, während die Zahl der mittleren eigenständigen Spezialgeschäfte wohl abgenommen hat. Eine Ausnahme bilden dort wohl die Filialen von regionalen Großbäckereien.

Das im Einzelhandel beschäftigte Personal lässt sich grob in drei Kategorien einteilen. Da ist zunächst mit dem Verkaufspersonal, die umfangreichste Gruppe. Kaum weniger zahlreich ist die Gruppe der gelernten Kaufleute, die also vor allem mit dem Einkauf, der Abrechnung und weiteren Tätigkeiten verbunden sind. Bei dieser Gruppe können aber, vor allem in kleineren Spezialgeschäften und bei *Selbständigen*, auch die Verkaufstätigkeiten eingeschlossen sein. Die dritte, demgegenüber recht kleine Gruppe, umfasst die Tätigkeiten in drei Arten von Spezialgeschäften – Buch- und Musikalienhandel, Drogerien und Apotheken. Diese Sortierung kommt zustande, weil die Berufstatistik generell die gelernten Kräfte als Kaufleute und das Verkaufspersonal unterscheidet und daher das gesamte Personal in den drei genannten Bereichen den Kaufleuten zuordnet, gleichgültig, ob es auch im Verkauf tätig ist. Ob umgekehrt gilt, dass das besonders gezählte Verkaufspersonal keine kaufmännische Ausbildung hat, ist zumindest offen.

5.4.12.3 Spezieller Fachhandel

Von der Ausbildung und der Art der Tätigkeit her würden in die obige Aufstellung auch die Verlagskaufleute gehören. In unserer Aufstellung werden sie an anderer Stelle notiert. Allerdings ist ihre Zahl ähnlich gering, wie die Zahlen der anderen hier aufgeführten Berufe.

Wirtschaftszweige		1993			2004		
	Nr.	EWT	SbSt	AN	EWT	SbSt	AN
Einzelh.(o.Handel m.Kfz u.Tankst.); Rep.v.Geb.gü.	52	3.170	514	2.656	3.407	479	2.928
Differenzen					237	-35	272
Durchschnitte			5			6	

Tabelle 5.4.12.2. – 87

1993 sehen wir insgesamt 91.000 Erwerbstätige in den drei Berufsfeldern. Bis 2006 finden wir nur noch 75.000, als 16.000 weniger. Diese Verringerung liegt ausschließlich an einem Rückgang bei den Apothekenhelfern – von 55.000 um 25.000 auf nur noch 30.000, also fast um die Hälfte. Da weder die Umsätze der Apotheken gesunken sind, wohl auch nicht ihre *Überschüsse*, hat sich offensichtlich ein kleine geschäftliche Revolution ereignet. Inwieweit dabei ein Rückgang der Zahl der Apotheken eine Rolle spielt, kann aufgrund dieser Daten nicht entschieden werden.

Bei den beiden anderen Berufsfeldern haben wir kleine absolute Ausweitungen des Personals in dem Zeitraum. In allen drei Berufsfeldern arbeiten vor allem Frauen, und daher finden die Veränderungen auch vor allem bei ihnen statt.

5.4.12.4 Einzelhandelskaufleute

Die Kaufleute im Einzelhandel sind nicht nach Sparten aufgegliedert, umfassen also, ausgenommen die oben gesondert genannten, den gesamten Einzelhandel.

Berufsgruppe, Berufsordnung			1993		2006		
	Nr	Geschl		Su		Su	Diff. 04/93
Buch- u Musikalienhändler/innen	674	i	20	20	27	27	7
		m	5		8		
		w	15		19		
Drogisten/innen, Reformhauskaufleute	675	i	16	16	18	18	2
		m	/		/		
		w	13		15		
Apothekenhelfer/ innen	685	i	55	55	30	30	-25
		m	/		/		
		w	54		29		
Summen im Fachverkauf				91		75	-16

Tabelle 5.4.12.3. – 88

In der Statistik werden zwei Berufe mit dem Zusatz Leiter versehen – die Verkaufs- und Filialleiter, sowie die Einkaufsleiter, die allerdings mit den offenbar »einfachen« Einkäufern zusammen gezählt werden. Dann werden noch Verkaufs- und Vertriebssachbearbeiter von den anderen Kaufleuten abgegrenzt. Ob dies nur eine spezielle Tätigkeit umfasst oder auch Ausdruck einer gehobenen Stellung ist, muss hier offen bleiben.

1993 zählen wir insgesamt rund 870.000 Groß- und Einzelhandelskaufleute, darunter 495.000 Männer und 380.000 Frauen. 2006 sehen wird 1,22 Millionen Einzelhandelskaufleute, darunter jetzt 630.000 Männer und 590.000 Frauen. Das Zahlenverhältnis

Berufsgruppe, Berufsordnung	Nr	Ge schl	1993	Su	2006	Su	Diff. 04/93
Kaufleute o.n.A., Händler/ innen, a.n.g	670	i	258	258	134	134	-124
		m	170		90		
		w	88		44		
Einzelhandelskaufleute ohne Fachbereichsangabe ambulante Händler/ innen	672	i	173	173	415	415	242
		m	71		167		
		w	102	102	248	248	
Einzelhandelskaufleute mit Fachbereichsangabe, a.n.g.	673	i	59	59	162	162	103
		m	36		102		
		w	23		60		
			490		711		221
Verkaufs-, Filialleiter/innen im Handel	676	i	122	122	95	95	-27
		m	67		46		
		w	55		50		
Einkäufer/innen, Einkaufsleiter/innen	677	i	66	66	73	73	7
		m	42		42		
		w	24		30		
Verkaufs-, Vertriebs sachbearbeiter/innen	678	i	26	26	65	65	39
		m	11		26		
		w	15		39		
			214		233		19
Einzelhandelskaufleute				704		944	240
Groß- u. Einzel- handelskaufleute, Ein- u. Verkaufsfachleute	67	i	874	874	1.219	1.219	???
		m	495		632		137
		w	379		587		208

Tabelle 5.4.12.4. – 89

der Geschlechter hat sich bis auf ein immer noch leichtes Übergewicht der Männer stark angenähert.

Wenn wir die speziellen Großhandelskaufleute aus dieser Zählung herausnehmen, kommen wir zu leicht anderen Zahlen. 1993 finden wir 704.000, zu denen 240.000 bis 2006 hinzugekommen auf denn 944.000. Diese Ausweitung der kaufmännischen Beschäftigung im Einzelhandel resultiert aus verschiedenen gegenläufigen Entwicklungen.

Von Kaufleuten und Händlern, ohne nähere Angeben, oder sonst nicht genannt, sind von 1993 258.000 nur 134.000 im Jahre 2006, also 124.000 weniger vorhanden. Das betrifft Männer, die hier doppelt so viele sind, und Frauen in gleichem Ausmaß.

Dagegen hat sich die Zahl der Einzelhandelskaufleute ohne Fachbereichsangabe und der ambulanten Händler von 173.000 in 1993 um 242.000 auf 415.000 vergrößert. In diesem Berufsfeld überwiegen 1993 die Frauen mit 100 zu 70.000. Dieses Übergewicht vergrößert sich bis 2006 auf 250 zu 170.000. Welche konkreten Bereiche und welche Verkaufsformen sich hinter diesen Zahlen verbergen, besonders bei den ambulanten Händlern, und welche Rolle dabei das Übergewicht der Frauen spielt, ist hier nicht zu klären. Es könnten sich darin z.B. jene Verkäufer finden, die direkt ohne eigene Verkaufsräume an den Wohnungen an Endkunden verkaufen. Ebenfalls könnten darin jene Einzelhandelsverkäufer enthalten sein, die über Internet oder Telefon direkt an Endkunden verkaufen.

1993 finden sich bei den Einzelhandelskaufleuten mit Fachbereichsangaben 59.000 Erwerbstätige, dabei 36.000 Männer und 23.000 Frauen. 2006 finden wir 162.000 Erwerbstätige, also 103.000 mehr, davon jetzt 102.000 Männer und 60.000 Frauen. Ihr Anteil hat sich also verringert.

1993 summieren sich alle bisher erwähnten Kaufleute und Händler zusammen auf 490.000. Mit dem Zuwachs von 220.000 bis 2006 finden wir jetzt 710.000.

Bei den nächsten drei Bereichen, den Verkaufs- und Filialleitern, den Einkäufern und Einkaufsleitern sowie den Sachbearbeitern haben wir unterschiedliche Entwicklungen.

1993 finden wir zusammen 214.000 Beschäftigte mit diesen Aufgabenkreisen. 2006 hat sich deren Zahl um 20.000 auf 230.000 vergrößert.

Die Zahl der Verkaufs- und Filialleiter hat sich von 1993 mit 122.000 um 27.000 auf 95.000 verringert. Dabei hat sich das leichte Übergewicht der Männer in ein leichtes Übergewicht der Frauen verwandelt.

1993 finden wir bei den Einkaufsleitern und Einkäufern 66.000 Beschäftigte. 2006 hat sich deren Zahl nur um 7.000 auf 73.000 vergrößert. Dabei hat sich das Übergewicht der Männer leicht verkleinert. Bei den Verkaufs- und Vertriebssachbearbeitern sehen wir 1993 nur 26.000 Erwerbstätige. Bis 2006 hat sich diese Zahl um 9.000 auf 65.000 vergrößert, wobei sich das bisher geringe Übergewicht der Frauen stark vergrößert hat.

5.4.12.5. Verkaufspersonal

Die größte Anzahl an *Erwerbstätigen* im Einzelhandel stellen nach der Berufsstatistik die Verkäuferinnen und Verkäufer. Ihre Zahl umfasst zwei Drittel aller im gesamten Einzelhandel *Erwerbstätigen*, während die Kaufleute ein Drittel stellen.

1993 haben wir insgesamt 1,56 Millionen Verkaufspersonal, davon nur 19.000 Verkaufsfahrer. 2006 finden wir 1,6 Millionen,

Berufsgruppe, Berufsordnung			1993		2006	
	Nr	Ge schl		Su		Su	Diff. 04/93
		i	451	451	663	663	212
Verkäufer/innen o.n.A.	660	m	102		122		20
		w	349		541		192
		i	574	574	526	526	-48
Nahrungs-, Genußmittel verkäufer/innen	661	m	51		60		9
		w	523		467		-56
		i	515	515	394	394	-121
Sonst.Fachverkäufer/innen	662	m	117		116		-1
		w	398		277		-121
		i	21	21	14	14	
Verkaufsfahrer/innen	663	m	19		12		
		w	/		/		
		i	1.561	1.561	1.597	1.597	36
Verkaufspersonal	66	m	289		310		21
		w	1 272		1.287		15

Tabelle 5.4.12.5. – 90

Berufsgruppe, Berufsordnung	Nr	I		1993		2006	
				Su		Su	Diff. 04/93
Spezielle Fachkaufleute	674. 675, 685			91		75	-16
Einzelhandels-Kaufleute	670, 672, 673, 676, 678			704		944	240
Verkaufspersonal	66		1.561	1.561	1.597	1.597	36
			289		310		21
			1 272		1.287		15
Tankwarte/innen	686			26		24	
Berufe im Einzelhandel				2.552		2.640	296

Tabelle 5.4.12.5. – 91

also nur 36.000 mehr. Diesmal sind darunter nur noch 14.000 Verkaufsfahrer.

Die statistische Verteilung der Geschlechter entspricht den Erfahrungen im Alltag. 1993 arbeiten neben den 1,27 Millionen Frauen nur 280.000 Männer – 2006 finden wir 1,290 Millionen Frauen und 310.000 Männer. Der geringe Zuwachs von 36.000 liegt knapp mehrheitlich bei den Männern.

In der Statistik sind für 1993 drei fast gleich große Bereiche unterschieden – die Verkäufer ohne nähere Angaben, mit 451.000, die Nahrungs- und Genussmittelverkäufer mit 574.000 und die sonstigen Fachverkäufer mit 515.000 *Erwerbstätigen*. Die Geschlechterverteilung zeigt in allen drei Sparten ein erhebliches Übergewicht der Frauen – am stärksten bei den Nahrungs- und Genussmitteln mit 10 zu 1.

Bis 2006 verändern sich die Verhältnisse bei den drei Bereichen. Die Zahl der Verkäufer ohne nähere Angabe vergrößert sich um 210.000, vorrangig bei den Frauen mit 190.000. Bei den Nahrungs- und Genussmitteln gibt es bei den Frauen einen leichten Rückgang von 56.000, während die Zahl der Männer um 10.000 zunimmt, in Summe also ein leichter Gesamtrückgang. Anders bei den sonstigen Fachverkäufern: Hier vermindert sich die Zahl um 120.000, was fast ausschließlich bei den Frauen stattfindet, sodass sich dort das Verhältnis der Geschlechter von fast 4 zu 1 zu weniger als 3 zu 1 verändert. Die geringe Gesamtsteigerung der Zahl der Verkäufer ergibt sich also aus der Steigerung von 50 Prozent jener ohne nähere Angaben und einer Verminderung um zehn Prozent bei der Zahl der Nahrungs- und Genussmittelverkäufer und einer Verminderung von 20 Prozent bei der Zahl der sonstigen Fachverkäufer. Beide gegenläufigen Bewegungen spielen sich vor allem bei den Frauen ab.

Alle Berufe im Einzelhandel, summieren sich in 1993 auf 2,5 Millionen und in 2006 auf 2,6 Millionen Erwerbstätige.

Bis zur Zahl der *Erwerbstätigen* im Einzelhandel nach der Zweigstatistik fehlen 1993 rund 600.000 und 2006 sogar rund 760.000 Erwerbstätige.

In der Zweigstatistik wird noch die Reparatur von Gebrauchsgütern zum Einzelhandel hinzugezählt – allerdings ohne den wirklich großen Bereich der Kfz.-Reparatur und ohne den Kfz.-Handel. Die Reparatur von sonstigen Gebrauchsgütern dürfte aber keinesfalls die Größenordnung der festgestellten Differenzen der beiden Statistiken erklären können. Sie bleibt also sie hier im Dunkeln.

5.4.13 Geistige Dienste und Unterhaltung

5.4.13.1 Zweig 22: Verlags- und Druckgewerbe, Vervielfältigung

Die Einsortierung dieses Wirtschaftszweiges ist aufgrund seiner Inhomogenität in jedem Fall problematisch, wie wir an anderer Stelle begründet haben.[51]

Das Druck- und Vervielfältigungsgewerbe ist einerseits der stofflich-produktive Teil von Zeitungs-, Buch- und Informations (Reklame)-Produktion und Vertrieb. Diese Zweige sind entweder Zulieferer von anderen Unternehmen und damit Unternehmensdienste, oder Produzenten von Wissensinformationen und Unterhaltungsgütern und daher Zulieferer von anderen Endverbrauchern oder privaten Konsumenten.

Das *Druck- und Vervielfältigungsgewerbe* stellt daher die technisch-stoffliche Seite der Produktion von Kuppelprodukten dar und gehört daher zu den stofflichen Unternehmensdiensten.

Verlagsproduktion ist dagegen mit dem Großhandel vergleichbar, hier allerdings von informationellen Gegenständen auf stofflichen Trägern. Die Tätigkeiten dafür sind allgemeine und vor allem spezifische Bürotätigkeiten. *Daher gehört dieser Teil des Zweiges unter die geistigen Dienste und die Unterhaltung, allgemein die Kultur.*

Die Summenbildung von rund 630.000 *Erwerbstätigen* 1993 und 466.000 2004 gibt daher wenig Aufschluss über die Stellung des Zweiges in der gesellschaftlichen Arbeitsteilung wie auch über seine innere Struktur.

Daher kann auch die Schrumpfung der Zahl der *Erwerbstätigen* um 170.000 keinem der beiden Bestandteile zugeordnet werden. Auch die durchschnittliche Belegschaftsgröße von 21 und ihr leichter Rückgang sind nicht aussagekräftig. Im Druck- und Vervielfältigungsbereich gibt es einerseits die großen Druckanstalten und andererseits die vielen Kleindruckereien. Die Copy-Shops sind schon bei den Unternehmensdiensten verzeichnet. Bei den Verlagen sieht es ähnlich aus. Neben wenigen Großverlagen gibt es eine große Zahl von Kleinverlagen.

Die Zahlen aus der Berufsstatistik geben schon einen deutlicheren Eindruck. 1993 finden wir bei den *Druck- und Druckweiterverarbeitungsberufen* 209.000 Erwerbstätige und 2006 rund 60.000 weniger. Das lässt sich wohl auf zwei Ursachen zurückführen. Zum einen ist die Produktivität sowohl der Großdruckereien, als auch der kleinen erheblich gestiegen. Und zum anderen sind sicher etliche bisherige Druckaufträge in andere Vervielfältigungsverfahren ausgewandert.

Die Zahl der Verlagskaufleute ist sehr klein. 1993 finden wir 35.000 und bis 2006 ist ihre Zahl um 10.000 auf 45.000 gestiegen. Bei den spezifischen Berufen des kombinierten Gewerbes aus Druck und Verlag macht sie 1993 nur etwa ein Sechstel, aber 2006 schon ein Drittel aus

Wirtschaftszweige		1993			2004		
	Nr.	EWT	SbSt	AN	EWT	SbSt	AN
Verlags-, Druckgewerbe, Vervielfältigung	22	637	29	608	466	24	442
Differenzen					*-171*	*-5*	*-166*
Durchschnitte			*21*			*18*	

Tabelle 5.4.13.1. – 93

Die Zahlen der *Erwerbstätigen* in der Zweigstatistik von Druck und Verlag mit 640.000 in 1993 und 460.000 in 2004 gegenüber der Zahl der beiden spezifischen Beruf mit 244.000 in 1993 und 191 in 2006 liegen jedoch weit auseinander. Die Differenz erklärt sich u. a. aus der anderweitigen Notierung der allgemeinen Büroberufe. Ob das die gesamte Differenz erklärt, muss offen bleiben.

Die Foto-, Film- und Videolaboranten sind in der Zweigstatistik, zusammen mit den Fotographen und Kameraleuten, als ein Teil der Dienstleister für Unternehmen notiert, dort aber nicht explizit ausgewiesen. Es zeigt sich, dass die fachlichen Hilfsarbeiten in diesem Bereich um über die Hälfte abgenommen haben. Das ist u.a. in der Verlagerung von der Verwendung von Filmen für Fotos zur Verwendung digitaler Speicherung und der Erstellung von gedruckten Wiedergaben begründet. Schon länger haben der Besitz und die Verwendung von technisch potenten Kameras in privaten Händen die Zahl der professionellen Fotographen für die private Nachfrage stark reduziert. Und ebenfalls ist die Automatisierung der Filmentwicklung in großen Anstalten seit längerem sehr fortgeschritten. Die Ausdehnung der Verwendung der Fotographie mit der Reklame hat diese Tendenzen anscheinend nicht ausgleichen können.

Berufsgruppe, Berufsordnung			1993		2006		
	Nr	Ge schl		Su		Su	Diff. 04/93
		I	209	209	146	146	-63
Druck- und Druckweiter Verarbeitungsberufe	17	*M*	148		109		-39
		W	61		37		-24
		I	35	35	45	45	10
Verlagskaufleute	683	*M*	17		20		
		W	18		25		
Druck u Verlags Berufe				244		191	
		I	15	15	7	7	8
Foto-, Film-, Video- Laboranten/innen	634	*M*	*I*		*I*		
		W	10		*I*		
Berufe im Druck u Vervielfältigungsgewerbe	*17, 683, 634*			*259*		*198*	*-61*

Tabelle 5.4.13.1. – 94

5.4.13.2 Zweig 82 – Kultur, Sport und Unterhaltung

Der Zweig Kultur, Sport und Unterhaltung zeigt 1993 rund 530.000 Erwerbstätige und 770.000 in 2004. Es sind also über 240.000 hinzugekommen. Das ist prozentual und absolut ein recht ordentlicher Zuwachs. Und mit 770.000 *Erwerbstätigen* erreicht die Summe doch schon eine *volkswirtschaftlich zu beachtende Größenordnung.*

Eine Besonderheit besteht in der Entwicklung der Betriebs- und Unternehmensgrößen. Schon 1993 ist der Durchschnitt von 4 sehr niedrig. Durch die Zunahme von 90.000 *Selbständigen* oder tätigen Unternehmern, verringert sich dieser Durchschnitt auf 2. Angesichts der großen öffentlich-rechtlichen Rundfunkanstalten und der Vorstellungshäuser mit größeren Ensembles, die ebenfalls in diesem Zweig notiert sind, handelt es sich zum überwältigenden Anteil um individuell selbständige Erwerbstätige, die hier statistisch zusammen erfasst werden.

Die Summe der in *künstlerischen und zugeordneten Berufen Erwerbstätigen* umfasst 1993 402.000 Erwerbstätige, also rund 130.000 weniger, als die in der Zweigstatistik erfassten Personen. In 2006 verzeichnet die Berufstatistik 679.000 Erwerbstätige, mithin rund 270.000 zusätzlich. Das sind aber immer noch rund 100.000 weniger, als in der Zweigstatistik ausgewiesen.

Da in der Berufsstatistik zwar das technische Hilfspersonal, aber das zugehörige Verwaltungspersonal nicht verzeichnet ist, fallen die Zahlen in der Berufsstatistik etwas geringer aus.

Den größten Anteil verzeichnen die mit Schrift, Sprechen und Aufbewahren beschäftigten Personen: *Publizisten, Übersetzer, Bibliothekare, Archivare, Museumsfachleute.* Sie machen 1993 allein 157.000 und 260.000 Erwerbstätige in 2006 aus. Dementsprechend ist auch der Zuwachs hier absolut am größten: rund 100.000 Personen. Von dieser Gruppe sind wiederum die Publizisten (Journalisten, Schriftsteller usw.) mit 76.000 und 150.000 in den beiden Stichjahren die größte Gruppe. Die 1993 zunächst mit 61.000 *Erwerbstätigen* ähnlich große Gruppe der *Bibliothekare* etc. bleibt dann mit 70.000 in 2006 weit dahinter zurück. Die nächst größere Gruppe ist die der *bildenden Künstler* im Bereich der angewandten Kunst mit 60.000 und 137.000 *Erwerbstätigen* in den beiden Stichjahren und somit einem Zuwachs von 77.000.

Zusammen mit den anderen Künstlern, Darstellern, Gestaltern und Hilfsberufen sind sie 245.000 in 1993 und 420.000 Erwerbstätige in 2006 – eine Steigerung ihrer Zahl um 175.000.

Berufsgruppe, Berufsordnung	Nr	Geschl	1993		2006		Diff. 04/93
				Summen		Summen	
Publizisten/innen	821	i	76	76	150	150	74
		m	47		80		33
		w	29		69		40
Dolmetscher/innen, Übersetzer/innen	822	i	20	20	39	39	19
		m	7		12		
		w	13		28		
Bibliothekare/innen, Archivare/innen, Museumsfachleute	823	i	61	61	70	70	9
		m	18		22		
		w	43		49		
Publizistische, Übersetzungs-, Bibliotheks- u. verwandte Berufe	82	i	157	157	259	259	102
		m	72		113		41
		w	86		146		60
Musiker/Musikerinnen	831	i	37	37	52	52	15
		m	27		37		
		w	10		15		
Darstellende Künstler/innen, Sänger/innen	832	i	30	30	43	43	13
		m	16		22		
		w	14		21		
Bildende Künstler/Künstlerinnen (freie Kunst)	833	i	21	21	33	33	12
		m	13		17		
		w	8		16		
Bildende Künstler/innen (angewandte Kunst)	834	i	60		137		77
		m	34		73		
		w	26		64		
Künstlerische u. zugeordnete Berufe der Bühnen-, Bild- und Tontechnik	835	i	33	33	68	68	35
		m	23		49		
		w	10		19		
Raum-, Schauwerbe-Gestalter/-innen	836	i	36	36	41	41	5
		m	18		20		
		w	18		21		
Fotografen/finnen, Kameraleute	837	i	28	28	27	27	-1
		m	18		16		
		w	9		10		
Artisten/innen, Berufssportler/innen, künstlerische Hilfsberufe	838	i	/		11	11	11
		m	/		7		
		w	/		/		
Schilder- u. Lichtreklame Herhersteller/innen	839	i	/		8	8	8
		m	/		6		
		w	/		/		
Künstlerische und zugeordnete Berufe	83	i	245	245	420	420	175
		m	153		247		98
		w	99		166		71
Summe Publizisten etc. Künstl u zugeh. Berufe				402		679	277

Tabelle 5.4.13.2. – 96

Wirtschaftszweige		1993			2004		
	Nr.	EWT	SbSt	AN	EWT	SbSt	AN
Kultur, Sport und Unterhaltung	82	528	102	426	771	192	579
Differenzen					243	90	153
Durchschnitt			4			2	

Tabelle 5.4.13.1. – 95

Die Verteilung der Geschlechter zeigt bis 2006 eine leichte Annäherung der Anteile. Wo allerdings traditionell ein Beruf von einem Geschlecht dominiert wird, bleibt die Dominanz erhalten, wie die der Frauen bei den Dolmetschern und Übersetzern und die der Männer bei den Musikern.

5.4.14 Persönliche und private Dienste

5.4.14.1 H – Gastgewerbe

Unter der großen Rubrik der Persönlichen und privaten Dienste ist das Gastgewerbe von der Größe herausragend und für die Kennzeichnung ein sehr typisches. Vor allem hier erfüllt sich die Vorstellung von der Dienstleistungsgesellschaft, auch wenn ein erheblicher Teil der Auslastung des Gastgewerbes mit dem Reise- und Tagungsgeschäft verbunden ist, das durch Unternehmen und Verbände bestimmt wird. Wie groß dieser Anteil ist, lässt sich aus den Zahlen nicht entnehmen. Dieser Teil wäre jedenfalls besser im Bereich und Zweig der unternehmensnahen Dienstleistungen aufgehoben.

Hier finden wir 1993 unter den rund 1,3 Millionen *Erwerbstätigen* rund 324.000 *Selbständige* und tätige Unternehmenseigentümer und 973.000 *Lohnabhängige.* Das ergibt eine durchschnittliche Belegschaftsgröße von drei. Bis 2004 hat sich dieser schon bisher nicht kleine Zweig um 440.000 vergrößert. Davon sind mit 9.000 relativ wenige zusätzliche *Selbständige* und mit 430.000 vor allem *Lohnabhängige.* Die durchschnittliche Belegschaftszahl hat sich dadurch aber nur auf vier vergrößert. D. h. einer

Zahl von über 330.000 Unternehmen kleiner und kleinster Gastronomie stehen nur wenige sehr große Restaurants und große Hotels gegenüber, die beide meist in Unternehmensketten organisiert sind.

Ob in den Zahlen zur Beschäftigung in diesem Zweig auch die Köche enthalten sind, ist hier nicht zu klären. Die Größe der Zahlen spricht dafür. Dann müssten allerdings auch die Kantinen in den Räumen anderer Einrichtungen und die selbständigen Großküchen darin mit notiert werden. Das bleibt unklar.

Die Gesamtzahl der bei den *Hotel- und Gaststättenberufen* Tätigen ist mit 509.000 im Jahr 1993 relativ klein. Der Zuwachs um 274.000 auf 803.000 ist bemerkenswert und liegt im Trend zur Ausweitung der *persönlichen Dienstleistungen*.

Hier werden die *Köche* ausdrücklich nicht mitgezählt. Deren Zahl steigt von 420.000 im Jahr 1993 auf 546.000 im Jahr 2006. Dabei nimmt der Anteil der männlichen Köche zu.

Gegenüber der Zahl der Beschäftigten im Zweig von 1,3 und 1,74 Millionen in den beiden Stichjahren bleiben die Zahlen der Berufsstatistik stark zurück.

Wenn man Köche zu der Statistik der Hotel- und Gaststättenberufe hinzuzählt, ergibt sich für 1993 eine Größe von 950.000 Erwerbstätige, immer noch 350.000 weniger als im Zweig und für 2006 von 1,35 Millionen, jetzt wiederum rund 400.000 weniger als im Zweig. Aber die Zunahme bei der Zahl der *Erwerbstätigen* in den Berufen um 400.000 ist bemerkenswert und von einer ähnlichen Größenordnung wie im Zweig. Die zahlen decken sich weitgehend mit denen der Zweigstatistik.

Die Tabelle der Berufsstatistik zeigt vier verschiedene Berufe, die dem Feld zugerechnet werden.

Zum einen werden die *Inhaber und Geschäftsführer* von Hotels und Gaststätten gesondert ausgewiesen. Ihre Zahl ist mit 203.000

Wirtschaftszweig		1993			2004		
	Nr	EWT	SbSt	AN	EWT	SbSt	AN
Gastgewerbe	*H*	1.297	324	973	1.737	333	1.404
Differenzen					440	9	431
Durchschnitte			3			4	

Tabelle 5.4.14.1. – 97

und 204.000 praktisch gleich geblieben. Dabei hat es bei den Männern und den Frauen jeweils einen kleinen Zuwachs gegeben. Zwischen den Inhabern und Leitern von kleinen Kneipen, Restaurants und Pensionen einerseits und den Geschäftsführern großer Einrichtungen wird in der Statistik leider nicht unterschieden.

Zum Zweiten ist das *kaufmännische Fachpersonal* für diesen Bereich notiert. Diese werden wohl nur in den größeren Betrieben und Unternehmen als *Lohnabhängige* beschäftigt. Ihre Zahl hat sich von 62.000 um 73.000 auf 135.000 in den beiden Stichjahren mehr als verdoppelt. Dabei hat sich das erhebliche Übergewicht des Anteils der Frauen noch vergrößert. Diese Steigerung deutet zum einen auf eine relative Stärkung der größeren Betriebe hin und, zum Teil damit einhergehend, eine Professionalisierung der ökonomischen Führung der Unternehmen an.

Als dritter Beruf werden *Restaurantfachleute und Stewards* ausgewiesen. Dabei wird es sich weitestgehend um Bedienungen han-

Berufsgruppe, Berufsordnung	.Nr	Geschl	1993	Summen	2006	Summen	Diff. 04/93
Hoteliers, Gastwirte/innen, Hotel-, Gaststätten-geschäftsführer/innen	911	i	203	203	204	204	1
		M	110		120		10
		W	93		84		-9
Restaurantfachleute, Stewards/essen	912	i	228	228	381	381	153
		m	66		98		32
		w	162		283		121
Hotel-, Gaststätten-Kaufleute, a.n.g.	914	i	62	62	135	135	73
		m	13		33		20
		w	49		101		52
Sonstige Berufe in der Gästebetreuung	915	i	36	36	83	83	47
		m	13		31		18
		w	23		52		29
Hotel- und Gaststätten-Berufe	91	i	529	529	803	803	274
		m	202		283		81
		w	327		520		193
Köche/innen	41	i	420	420	546	546	126
		M	134		245		111
		W	286		301		15
Berufe im Gastgewerbe				949		1.349	400

Tabelle 5.4.14.1. – 98

deln. Ihre Zahl steigt von 128.000 um 151.000 auf 321.000 Erwerbstätige an. Der große Anteil an Frauen erhöht sich dabei noch. Es wird sich vorrangig um *Lohnabhängige* handeln.

Zu guter Letzt werden *Viertens sonstige Berufe in der Gästebetreuung* ausgewiesen. Ob es sich dabei vor allem um den Empfang oder um die Zimmerbesorgung handelt, bleibt unklar. Für Letzteres mag ihre Zahl zu klein sein. Ihre Zahl steigt von 36.000 um 47.000 auf 83.000 Erwerbstätige in 2006. Der recht große Anteil an Frauen bleibt dabei erhalten.

5.4.14.2 Zweig 93 – Sonstige Dienstleister

Dieser Zweig ist schon per definitionem eine Ansammlung verschiedener Gewerbe, Tätigkeiten und Berufe. Hier finden sich Wäschereien, Chemische Reinigungen, Heißmangeln u. ä. einschließlich ihrer Annahmestellen, also die Textilreinigung und Textilpflege. Dazu die beiden prominenten Berufe der Körperpflege, Haareschneiden und Kosmetik. Dazu gehören außerdem das gesamte Bestattungswesen, einschließlich Krematorien und Friedhöfen, Ehevermittlungsinstitute u. ä., Saunen, Solarien, Bäder und Fitnessinstitute. Es handelt sich also in der Tat um einen sehr differenzierten Strauß Dienstleistungen an und für Personen.

Bei der Textilreinigung ist allerdings zweifelhaft, ob ihr überwiegender Umfang nicht mit Geschäftskunden zu tun hat, wie Krankenhäuser, Hotels und Unternehmen, die Berufskleidung verwenden. In diesem wahrscheinlichen Fall gehörte diese Sparte eher zu den Unternehmensdienstleistungen, ähnlich, wie die sonstigen Reinigungsberufe. In der jetzigen statistischen Abgrenzung haben wir die folgenden Zahlen:

Wirtschaftszweige		1993			2004		
	Nr	EWT	SbSt	AN	EWT	SbSt	AN
Sonstige Dienstleister	93	514	167	347	655	234	421
Differenzen					*141*	*67*	*74*
Durchschnitte			*2*			*2*	

Tabelle 5.4.14.2. – 99

1993 finden wir 515.000 Erwerbstätige, davon 167.000 *Selbständige* und 347.000 *Lohnabhängige*, was einen Durchschnitt in der Unternehmensgröße von 2 ergibt. Bis 2004 haben wir einen Zuwachs von 140.000 *Erwerbstätigen* auf 655.000 *Erwerbstätigen*, wobei die Zahl der *Lohnabhängigen* leicht stärker steigt, als jene der *Selbständigen*, aber noch den gleichen Durchschnitt ergibt. Jetzt beschäftigen 234.000 *Selbständige* 420.000 *Lohnabhängige*. Die Ausweitung ist erheblich, aber nicht dramatisch.

Wir haben es in diesem Zweig also vor allem mit kleinen und kleinsten Gewerbebetrieben zu tun, in der sehr häufig nur eine Person tätig ist. Daneben bestehen eine Vielzahl von immer noch kleinen und nur wenigen größeren Betrieben, z. B. bei den Wäschereien.

In der Statistik der Berufe tauchen einige der oben genannten Gewerbezweige nicht als eigenständige Berufe auf. Insoweit ist die unten stehende Tabelle sichtlich unvollständig. Ob der Boom bei den Fittness-Instituten tatsächlich eine größere Anzahl von Berufstätigen in diesem Bereich, im Vergleich mit den hier genannten hervorgebracht hat, lässt sich anhand der Zahlen nicht beurteilen.

In der Statistik sind keine Unterschiede in der Ausbildung, den Abschlüssen, der Stellung im Betrieb oder in der Hierarchie genannt. Wie aus der Zweigstatistik hervorgeht, haben wir es aber wohl überwiegend mit selbst tätigen Inhabern oder Filialleitern zu tun, die bei einigen der Gewerbe mindestens eine Berufsausbildung, wenn nicht sogar eine Meisterprüfung abgelegt haben müssen.

1993 finden wir 70.000 Berufstätige im Gewerbe der Textilreinigung. Bis 2004 sind es 3.000 weniger geworden, wobei weiterhin der allergrößte Teil von Frauen gestellt wird. Das sind sowohl Frauen in den Annahmestellen als auch in den Waschbetrieben selbst. Bei letzteren handelt es sich wohl vorrangig um ungelernte Kräfte.

Die größte Zahl findet sich aber bei den Frisören. 1993 haben wir hier 247.000 Erwerbstätige, von denen immerhin 214 Frauen sind. Bis 2006 kommen 20.000 Berufstätige hinzu und zwar vorwiegend Frauen, während bei den Männern 3.000 weniger gezählt werden. Die Frisöre sind gelernte Kräfte und etliche davon auch Meister, die berechtigt sind einen eigenen Betrieb zu führen. Wie bekannt, bedeutet dies für die Gelernten keineswegs, dass die Bezahlung ihrem Status entspricht, sie im Gegenteil häufig noch

Berufsgruppe, Berufsordnung	Nr	Geschl	1993		2006		
				Summen		Summen	Diff. 04/93
Textilreiniger/innen, Textilpfleger/innen	931	i	71	71	68	68	-3
		m	9		10		
		w	62		58		
Friseure/rinnen	901	i	247	247	267	267	20
		m	33		29		-3
		w	214		238		24
Kosmetiker/innen	902	i	43	43	96	96	53
		m	/		/		
		w	41		92		
Berufe in der Körperpflege	90	i	290	290	363	363	73
		m	34		33		-1
		w	256		330		74
Schwimmmeister gehilfen/-innen,	795	i	15	15	18	18	3
Bademeister/-innen (Schwimmbad)		m	10		13		
		w	5		/		
Sonstige persönliche Dienstleistungen				376		449	73

Tabelle 5.4.14.2. – 100

unter Tarif bezahlt werden und sich in prekären Anstellungsver-
hältnissen finden und weil die Tarifverträge in diesem Gewerbe mit
zu den schlechtesten gehören.

Bei den Kosmetikerinnen, liegen die Verhältnisse etwas anders.
1993 finden wir unter den 43.000 Kosmetikern statistisch ausgewiesen nur Frauen. Die Zahl der Berufstätigen nimmt um das Doppelte auf 53, wiederum ausschließlich Frauen. Auch hier haben wir
es mit gelernten Kräften zu tun. Aber die Wahrscheinlichkeit ist sehr
groß, dass die Studios von selbständig arbeitenden Frauen betrieben werden. Dabei spielen dann weniger Tarifverträge, als die Zahl
und Zahlungsbereitschaft des Kundenkreises eine Rolle.

1993 gibt es 15.000 Bade-(Schwimm)meister und -gehilfen.
Diese sind nicht getrennt aufgeführt. Auch hier handelt es sich um
Lernberufe. Ihre Zahl nimmt unspektakulär um 3.000 auf 18.000
zu.

Weder in der Zweigstatistik noch in der Berufsstatistik sehen wir
also absolut oder hinsichtlich der Zunahme ein auch nur größeres
Gewicht bei den persönlichen Dienstleistungen.

5.4.14.3 P – Häusliche Dienste

Als ein weiterer Bereich in dem Sektor sonstige persönliche oder öffentliche Dienstleistungen werden die Häuslichen Dienste ausgewiesen. Etwas neben der Definition des Wirtschaftszweiges werden hier die meist lohnabhängig Beschäftigten von privaten Haushalten aufgeführt, meist wohl in größeren Wohnhäusern von sehr betuchten Leuten.

Obgleich man sich vorstellen kann, dass in solchen Häusern mehr als nur eine Person mit privaten Dienstleistungen tätig ist, zeigt die Statistik die Personen und nicht die Haushalte als Grundeinheit. Da die Arbeitgeber die Haushaltsvorstände sind, und die Haushalte nicht als Unternehmen gelten, gibt es dort statistisch keine *Selbständigen*.

Die hier verzeichneten Dienste werden bei der überwältigen Anzahl der sonstigen privaten Haushalte von den Haushaltsmitgliedern selbst oder von Zugehpersonal erledigt, oder durch Einrichtungen außerhalb der Haushalte, wie Krippen und Kindergärten, Restaurants oder Kantinen sowie Reinigungen usw.. Daher kann man keinen Vergleich zwischen den Haushalten mit und ohne Personal anstellen.

Auch die oben behandelten sonstigen persönlichen Dienste sind kein geeigneter Vergleich.

Im Wirtschaftszweig Häusliche Dienste finden wir 1993 rund 520.000 *Lohnabhängige*. Bis 2006 kommen noch einmal rund 150.000 hinzu, mit dann rund 670.000.

Wirtschaftszweige		1993			2004		
	Nr	EWT	SbSt	AN	EWT	SbSt	AN
Häusliche Dienste	*P*	519	0	519	668	0	668
Differenzen					149		
Durchschnitte			*1*			*1*	

Tabelle 5.4.14.3. – 101

Bei den beiden ausdrücklich aufgeführten beiden Berufen der Wirtschafterinnen und hauswirtschaftlichen Helferinnen finden wir 1993 zusammen 222.000 und 2006 331.000 *Lohnabhängige*, also eine Zuwachs von 109.000. Für beide Tätigkeiten, die auch Qualifikations- und sicherlich auch Entlohnungsunterschiede ausmachen, ergeben sich ähnliche Zuwächse von 50.000 oder 59.000 zwischen den beiden Jahren. Bei den Wirtschafterinnen finden wir einmal 6.000 und dann 10.000 Männer. Die Hilfen sind 1993 ausschließlich Frauen, 2006 auch 8.000 Männer.

Der Größenvergleich von Zweig- und Berufsangaben zeigt, dass bei den Berufsangaben sich nur jeweils die Hälfte des Personals findet. Der Rest wird sich in dem großen Strauß von anderen Dienstleistungen finden, die bei den Zweigangaben gezählt werden: Von Köchinnen, Kinderbetreuern über Sekretärinnen bis zu Gärtnern und Fahrern.

Wenn wir die Zahlen im Zweig mit jenen aus dem Zweig Kultur, Sport und Unterhaltung in 2004 mit dort 770.000 *Erwerbstätigen* und 580.000 *Lohnabhängigen*, und hier 668.000 *Lohnabhängigen* vergleichen (auch wenn es sich um etwas verschiedene konsumtive Dienste handelt), dann kann man den persönlichen Luxus ermessen, den sich eine kleine Schicht von Personen durch solche persönlichen Dienste leistet.

Berufsgruppe, Berufsordnung			1993		2006		
	Nr	Ge schl		Summen		Summen	Diff. 04/93
Haus- u. Ernährungs - Wirtschaftler /innen	921	i	98	98	148	148	50
		m	6		10		
		w	92		138		
Hauswirtschaftliche Gehilfen/innen und Helfer/innen	923	i	124	124	183	183	59
		m	l		8		
		w	121		175		
Häusliche Dienste				222		331	109

Tabelle 5.4.14.3. – 102

5.4.15 Kapital- und Eigentums-Dienste

Unter dieser Überschrift versammeln wir zunächst eine Gruppe von Diensten, die sich mit Geld und Geldkapital befassen und als Sammelzweig auch von der offiziellen Statistik zusammengefasst werden: Kredit- und Versicherungsgewerbe und die Hilfsgewerbe für beide Sparten.

5.4.15.1 J – Kredit- und Versicherungsgewerbe

1993 umfasst ihr Gesamtumfang 1,26 Millionen Erwerbstätige, davon 114.000 *Selbständige* und 1,15 Millionen *Lohnabhängige*. Bis 2004 vermindert sich die Zahl der *Erwerbstätigen* nur unwesentlich um 14.000, was sich als Saldo des Zuwachses der Zahl der *Selbständigen* um 33.000 und der Verminderung der Zahl der *Lohnabhängigen* um 47.000 ergibt.

Es ist nicht sinnvoll, für den gesamten Zweig durchschnittliche Belegschaftsgrößen pro Betrieb/Unternehmen zu errechnen, da *Selbständige* und tätige Unternehmer nur bei den Hilfsgewerben zu finden sind. Das Kredit- und das Versicherungsgewerbe wird fast ausschließlich in der Form von großen Kapitalgesellschaften betrieben und von angestellten Managern geleitet. Der Rest sind Sparkassen und Genossenschaftsinstitute, von sehr kleinen bis sehr großen Instituten mit unterschiedlichen Rechtsformen.

1993 finden sich im Kreditgewerbe 790.000 *Lohnabhängige* und 2004 730.000, also 60.000 weniger. Da die ökonomische Tätigkeit des Gewerbes sich in dieser Zeit massiv erweitert hat, kann die Rückführung des Personals nur auf die Verdichtung der Arbeit und auf technische Erleichterungen durch DV-Anlagen und PCs oder auf Auslagerungen in andere Wirtschaftszweige zurückzuführen sein.

Im Versicherungsgewerbe finden wir 1993 254.000 *Lohnabhängige* und 2004 mit 246 nur 8.000 weniger. Das sind zu wenige, um Vermutungen über Ursachen anzustellen.(s. *Tabelle 5.4.15.1. – 103)*

In den Hilfsgewerben, das sind vor allem Versicherungsagenturen für die Kunden und Versicherungsvertreter, die ambulant Kunden werben und betreuen, finden wir 1993 insgesamt 223.000 Erwerbstätige, davon 114.000 *Selbständige* und 109.000 *Lohnab-*

Wirtschaftszweige	Nr.	1993			2004		
		EWT	SbSt	AN	EWT	SbSt	AN
Kreditgewerbe	65	790	0	790	730		730
					-60		
Versicherungsgewerbe	66	254	0	254	246	0	246
					-8		
Kredit- und Versicherungs-Hilfsgewerbe	67	223	114	109	277	147	130
					54	33	21
				1			1
Kredit- und Versicherungsgewerbe	J	1.267	114	1.153	1.253	147	1.106
					-14	33	-47

Tabelle 5.4.15.1. – 103

hängige. 2004 finden wir insgesamt 277.000 *Erwerbstätige* also 54.000 mehr. Davon sind jetzt 147.000 *Selbständige*, 33.000 mehr und 130.000 *Lohnabhängige* mit 21.000 Zuwachs. Die durchschnittliche Zahl der Belegschaften pro »Betrieb« liegt in beiden Jahren unter 1. Wir haben es, wie bekannt mit den selbständigen Versicherungsvertretern zu tun, die jeweils allein tätig sind und mit Agenturen in Bürolokalen, in denen in der Regel nur 1 oder zwei *Lohnabhängige* zusätzlich zum Inhaber tätig sind.

Der Rückgang der Zahl der lohnabhängigen *Erwerbstätigen* im Kredit- und im Versicherungsgewerbe ist also zum Teil auch mit der Ausdehnung oder Auslagerung der Hilfsgewerbe zu erklären. Die Ausdehnung und Effektivierung der Informationsverarbeitung spielt also für die vorfindliche Personalbewegung nur eine untergeordnete Rolle – aber sie macht natürlich die Ausdehnung des Geschäftsumfanges bei gleicher Beschäftigtenzahl erst möglich.

Gerade angesichts der zunehmenden Rolle des Finanzkapitals in der Ökonomie ist der Personalbestand von nur 1,25 Millionen *Erwerbstätigen* doch verblüffend klein.

In der Berufsstatistik finden sich nur die *Fachleute des Wirtschaftszweiges*, und nicht das allgemeine Büro- oder Verwaltungspersonal. Ob und wie in diese Statistik das Bank- und Versicherungshilfsgewerbe einsortiert sind, 2006 mit immerhin 277.000 *Erwerbstätigen*, ist unklar. 1993 sind 556.000 Bankfachleute beschäftigt. Davon sind rund 50.000 mehr Frauen als Männer.

2006 finden wir 590 also 34.000 mehr. Allerdings ist die Zahl der Männer um rund 70.000 geringer geworden, während bei den Frauen 16.000 hinzu gekommen sind, sich also ihre stärkere Vertretung noch erhöht hat. Welche Ursache dem zugrunde liegt, ist nicht offensichtlich.

Ob die in der Zweigstatistik enthaltenen 200.000 zusätzlichen *Lohnabhängigen*, auf die Nicht-Bankfachleute zurückzuführen ist, kann nicht geklärt werden, ist aber wahrscheinlich.

Die Zahl der Bausparkassenfachleute von nur 6.000 *Erwerbstätigen* ist bei der Gesamtzahl der Finanzkaufleute zu vernachlässigen, zumal sie sich nicht verändert hat und Angaben über die Geschlechter fehlen.

Die Zahl der *Erwerbstätigen* in der Berufsstatistik, die als Versicherungsfachleute tätig sind, übersteigt die Zahl der *Lohnabhängigen* bei den Versicherungen aus der Zweigstatistik um fast 50.000. Von der Größenordnung her können die Versicherungsfachleute aus den 277.000 *Erwerbstätigen* der Hilfsgewerbe hier nicht enthalten sein. Beide Diskrepanzen lassen sich nicht einfach erklären.

Die unterschiedliche Größenordnung der Zahlen der Bank- und Versicherungsfachleute ist jedenfalls in beiden Statistiken ähnlich.

Berufsgruppe, Berufsordnung			1993		2006		
	Nr	Ge schl		Summen		Summen	Diff. 04/93
		i	556	556	590	590	34
Bankfachleute	691	m	254		181		
		w	302		318		
		i	6	6	6	6	0
Bausparkassenfachleute	692	m	/		/		
		w	/		/		
Versicherungsfachleute (nicht gesetzl. Sozialversicherung)	695	i	287	287	306	306	19
		m	185		181		
		w	103		124		
Bank-, Bausparkassen-, Versicherungsfachleute	69	i	849	849	902	902	53
		m	439		442		3
		w	405		445		40

Tabelle 5.4.15.1. – 104

Bei den Versicherungsfachleuten dominieren die Männer 1993 noch mit fast 2 zu 1. Das mildert sich bis 2006. Die Zahl der Männer bleibt gleich, jene der Frauen nimmt um 25.000 zu.

Die Zahl aller drei Sorten von Finanz-Fachleuten summiert sich 1993 auf 850.000 und 2006 auf 900.000, also rund 50.000 mehr. Das ist eine leicht gegenläufige Entwicklung der Zahlen, wie in der Zweigstatistik, wenn man die Hilfsgewerbe außer Acht lässt.

5.4.15.2 Zweig 70 – Grundstücks- und Wohnungswesen

Der zweite Zweig innerhalb des Bereiches der Eigentums- und Kapitaldienste ist das Grundstücks- und Wohnungswesen. Es umfasst Vermietung, Verpachtung, Verwaltung, Handel und Vermittlung von Grundstücken und Wohnungen, wohl auch von Gewerbegrundstücken, Gewerbe- und Verwaltungsgebäuden, sowie die Organisierung von Bauvorhaben.

1993 finden wir 295.000 Erwerbstätige, davon 55.000 *Selbständige* oder tätige Unternehmer und 240.000 *Lohnabhängige*. Der Durchschnitt der Belegschaftsgröße liegt bei 4. 2004 finden wir 450.000 Erwerbstätige, also 155.000 mehr, davon jetzt 64.000, oder 9.000 *Selbständige/tätige Unternehmer* mehr, und 385.000, also 146.000 mehr *Lohnabhängige*. Der Belegschaftsdurchschnitt hat sich auf sechs erhöht.

Neben der Ausdehnung hat sich also im Gewerbe auch eine Konzentration ergeben. Wie sich der verteilt, muss hier offen bleiben. Aber in jeder größeren Stadt gibt es eine größere Zahl von kleinen Wohnungsvermittlungen- und Verwaltungen, neben den Repräsentanzen weniger überregional tätiger Unternehmen. Es steht

Wirtschaftszweig		1993			2004		
	NR	EWT	SbSt	AN	EWT	SbSt	AN
Grundstücks- u Wohnungswesen	70	294	55	239	449	64	385
Differenzen					155	9	146
Durchschnitte			4			6	

Tabelle 5.4.15.1. – 105

zu vermuten, dass die großen nicht nur einen zunehmenden Teil des Geschäftes an sich gezogen haben, sondern damit auch einen größeren Anteil des Personals stellen.

Anders als bei den Finanzdienstleistungen lassen sich diesem Gewerbezweig keine spezifischen Büroberufe aus der Berufsstatistik zuordnen. Sie werden also in der großen Menge der allgemeinen Büroberufe enthalten sein. Insofern können auch über Qualifikationen und die Verteilungen der Geschlechter sowie über deren Veränderungen keine Aussagen getroffen werden.

5.4.16 O – Private Vereinigungen für Interessen und Ideologie

5.4.16.1 Verbände, Vereine, Parteien, Kirchen und religiöse Vereine

1993 finden wir in dieser Zweigzusammenstellung, in der offenbar nur *Lohnabhängige* und dabei vor allem Angestellte tätig sind, 424.000 Erwerbstätige. Bis 2004 steigt deren Zahl um 70.000 auf nunmehr 495.000, also fast 500.000 Erwerbstätige.

Die Betriebsgrößen dieser Verbände und Vereinigungen variieren von sehr groß bis ganz klein und Durchschnitte lassen sich mangels Eigentümern nicht angeben, wären allerdings auch ohne Aussagekraft. Dass die Zahl der Beschäftigten in den Verbänden insgesamt zugenommen hat, überrascht nicht, auch wenn z. B. die Kirchen wegen Mitgliederverlusten ihren Apparat merklich einschränken müssen. Bei den Gewerkschaften trifft dies ebenfalls zu. Ob die Parteien wegen der Mitgliederverluste ihre Apparate eingeschränkt haben, wäre erst zu prüfen. Die in der Berufsstatistik speziell dieser Zweigzusammenstellung zuzuordnenden Berufe umfassen nur die Spezialisten, wie die Seelsorger und das Leitungspersonal. Insoweit ist es nicht überraschend, dass hier kaum ein Fünftel der *Erwerbstätigen* der Zweige notiert sind. (s. *Tabelle 5.4.16.1. – 106*)

1993 finden wir 21.000 *bei den Verbänden Beschäftigte Leiter und Funktionäre*. Diese Zahl ändert sich bis 2006 nicht. Die beiden oberen Hierarchieebenen sind also zusammengefasst, das Büropersonal ist gar nicht ausgewiesen. Das Zahlenverhältnis von Männern und Frauen ist 1993 3 zu 1 und bleibt fast gleich.

1993 liegt die Zahl der Geistlichen bei 53.000 und ist 2006 um 5.000 auf 48.000 gesunken. Auch hier sind die verschiedenen Ebe-

Wirtschaftszweig		1993			2004		
	Nr	EWT	SbSt	AN	EWT	SbSt	AN
Interessenvertretungen, kirchl.u.sonst. Vereinigungen	91	424	0	424	494	0	494
Differenz					70		70

Tabelle 5.4.16.1. – 106

nen der Hierarchien nicht unterschieden. Das Zahlenverhältnis von Männern und Frauen beträgt 1993 4 zu 1, 2006 hat sich das Verhältnis leicht auf 3 zu 1 angenähert. Das betrifft nur die nichtkatholischen und nicht islamischen Kirchen und Gemeinden.

Die Seelsorge- und Kulthelfer sind mit den Ordensangehörigen zusammen aufgeführt, auch wenn ihre Rolle und Stellung wohl kaum Ähnlichkeiten aufweisen. 1993 sind 22.000 aufgeführt und 2006 mit 21.000 fast die gleiche Zahl. Dabei überwiegt 1993 und auch noch 2006 die Zahl der Frauen mit annähernd 2 zu 1.

Die Gesamtzahl der fachlich Berufstätigen in diesen Organisationen von 96.000 in 1993 und 90.000, also 6.000 weniger in 2006, ist wegen der Zusammenstellung und wegen des Ausblendens der Bürokräfte wenig aussagekräftig.

Berufsgruppe, Berufsordnung	Nr	Ge schl	1993	Summen	2006	Summen	Diff. 04/93
Verbandsleiter/innen, Funktionäre/innen	763	i	21	21	21	21	0
		m	16		16		
		w	6		5		
Geistliche	891	i	53	53	48	48	-5
		m	43		36		
		w	10		12		
Seelsorge-, Kulthelfer/innen, Ordensbrüder u. -schwestern o.n.T.	894	i	22	22	21	21	-1
		m	7		8		
		w	15		13		
Interessenverbände Ideologische Vereinigungen				96		90	-6

Tabelle 5.2. – 107

Die mit den Kirchen und sozialen Verbänden organisatorisch verbundenen sozialen Dienste, Krankenhäuser und Bildungseinrichtungen sind in beiden Statistiken nicht hier, sondern bei diesen Zweigen und spezifischen Berufen notiert.

5.4.17 Biologische und Soziale Reproduktionsdienste

5.4.17.1 M – Erziehung und Unterricht

Im Zweig Erziehung und Unterricht, der als Schwerpunkt alle öffentlichen und privaten Lehreinrichtungen für alle Jahrgänge, Qualifikationsstufen und alle Richtungen umfasst, von den Kindergärten (ausgenommen Kinderkrippen) bis zu den Universitäten, sind 1993 1,94 Millionen Erwerbstätige beschäftigt. Davon sind 1,89 abhängig Beschäftigte und nur 56.000 *Selbständige*. Von Letzteren ist nur ein sehr geringer Teil Leiter einer privaten Schule, der Rest besteht aus freiberuflich selbständig tätigen Personen in verschiedensten Bereichen, wie z.B. Musiklehrer. Die *Lohnabhängigen* sind vor allem das Lehrpersonal, von denen an den Schulen und Hochschulen der größte Teil verbeamtet ist. Ein sehr viel kleinerer Teil, dabei vor allem Nicht-Lehrer, sind Angestellte. Die Zahl der Arbeiter, z. B. in Werkstätten oder als Hausmeister dürfte verschwindend gering sein. (s. *Tabelle 5.4.17.1. – 108*)

Die Veränderung bis 2004 umfasst eine Vergrößerung der Zahl der *abhängig Beschäftigten* um 265.000 auf 2,15 Millionen und der *Selbständigen* um 47.000 auf 103.000. Letzteres entspricht fast einer Verdoppelung. Darin drücken sich zweierlei Tendenzen aus. Einerseits ein Differenzierung und Vergrößerung des Angebotes aufgrund gestiegener Nachfrage und andererseits eine Vergrößerung des Angebotes aufgrund einer mangelnden Steigerung von staatlich angebotenen Arbeitsplätzen in Schulen.

In welchen Einrichtungen, Jahrgängen und Qualifikationsstufen die Vergrößerung der Zahl der *Lohnabhängigen* stattgefunden hat, ist aus dieser Statistik nicht zu entnehmen.

1993 umfasst die Zahl der beruflich als Lehrer arbeitenden Personen 1,13 Millionen Personen. Gegenüber den 1,94 Millionen in dem Wirtschaftszweig M Erziehung und Unterricht tätigen Personen sind dies fast 800.000 weniger. Das liegt zum erheblichen Teil

Wirtschaftszweig		1993			2004		
	Nr	EWT	SbSt	AN	EWT	SbSt	AN
Erziehung und Unterricht	M	1.943	56	1.887	2.255	103	2.152
Differenzen					312	47	265

Tabelle 5.4.17.1. – 108

an der unterschiedlichen Zuordnung von Personen und Institutionen. Hier sind vor allem die Kindergärten und Vorschulen betroffen. Dabei handelt es sich 1993 um rund 400.000 Erzieher. Unter welchen Berufsbezeichnungen die übrigen rund 400.000 Beschäftigten aus dem Zweig M von 1993 zu finden sind, muss im Moment offen bleiben. Die Differenz der beiden Statistiken wird bis 2006 noch etwas größer – nun sind es rund 950.000 Beschäftigte. Davon sind diesmal allerdings fast 480.000 bei den Erziehern zu finden. Der Rest ist auch 2006 nicht zu verorten.

Zunächst entspricht die innere Aufgliederung der Berufe den verschiedenen Sparten des öffentlichen Bildungswesens und den anderen Bildungsbereichen. Darin sind auch die verschiedenen Ausbildungs- und sonstigen Qualifikationsvoraussetzungen, wie auch die entsprechend unterschiedlichen Bezahlungen mit enthalten.

Bei den Zahlen ergibt sich 1993 folgende Reihung der verschiedenen Arten von Lehrpersonal: Lehrer ohne nähere Angaben, Grund-, Haupt-, Real- und Sonderschullehrer, Gymnasiallehrer, Hochschullehrer, Berufsbildende Lehrer, musische Lehrer, Sportlehrer, Fahrlehrer und sonstige Lehrer.

Bis 2006 haben sich einige Veränderungen bei den einzelnen Rubriken ergeben: Jetzt liegen die Grund-, Haupt-, Real- und Sonderschullehrer unangefochten mit 419.000 vorne, das sind 87.000 mehr als 1993. Die Lehrer ohne nähere Angaben umfassen jetzt nur noch 195.000, also 147.000 weniger als 1993. Welche Art von Lehrern sich hinter den Bestandszahlen verbergen und vor allem welcher Vorgang sich in der Schrumpfung zeigt, ist hier nicht aufzuklären. An zweiter Stelle der Rangfolge finden sich jetzt die Gymnasiallehrer mit 200.000 Personen, also 53.000 mehr als 1993. An vierter Stelle finden sich jetzt die sonstigen Lehrer mit 122.000 oder 89.000 mehr als 1993. Ob es eine statistische

Umschichtung von den Lehrern ohne nähere Angaben zu den sonstigen Lehrern gegeben hat ist als Frage offen. An fünfter Stelle finden sich jetzt die Berufsschullehrer mit 110.000 oder 53.000 Personen, fast der Hälfte mehr, als 1993. Erst an sechser Stelle kommen die Hochschullehrer mit 105.000 Personen. Hier hat es eine Verminderung um 20.000 Personen gegeben. Dabei ist bemerkenswert, dass die Verminderung sich nur bei den Männern abgespielt hat, während die Zahl der weiblichen Hochschullehrer um 8.000 zugenommen hat. Die Proportion ist aber immer noch 70.000 Männer zu 36.000 Frauen. Die Zahl der Sportlehrer hat sich um 34.000 auf nun 71.000 fast verdoppelt. Die Zahl der Lehrer für musische Fächer ist um 19.000 auf nun 53.000 gestie-

Berufsgruppe, Berufsordnung			1993		2006		
	K.Nr	Geschl		Summen		Summen	Diff. 04/93
Lehrer/innen o.n.A.	870	i	342	342	195	195	-147
		m	136		63		-73
		w	206		132		-74
Hochschullehrer/ innen und verwandte Berufe	871	i	125	125	105	105	-20
		m	97		70		-27
		w	28		36		8
Gymnasial lehrer/innen	872	i	147	147	200	200	53
		m	81		92		11
		w	66		107		41
Grund-, Haupt-, Real-, Sonderschul-Lehrer/innen	873	i	332	332	419	419	87
		m	106		101		-5
		w	226		318		92
Lehrer/innen an - berufsbildenden Schulen	874	i	57	57	110	110	53
		m	34		58		24
		w	23		51		19
Lehrer/innen für musische Fächer, a.n.g.	875	i	34	34	53	53	19
		m	16		22		6
		w	18		31		13
Sportlehrer/innen	876	i	37	37	71	71	34
		m	20		31		11
		w	16		39		23
Fahr-, Verkehrs lehrer/innen	878	i	23	23	26	26	3
		m	21		23		2
		w	l		l		
Sonstige Lehrer/innen	879	i	33	33	122	122	89
		m	16		47		31
		w ·	18		74		56
Lehrer/innen	87	i		1.130		1.301	169
		m		528		507	-21
		w		602		791	189

Tabelle 5.4.17.1. – 109

gen. Die Zahl der Fahrlehrer hat sich nur unwesentlich um 3.000 auf nun 26.000 erhöht.

Natürlich spiegeln die Lehrerzahlen der öffentlichen Schulen sowohl die Struktur als auch die anteilige Frequentierung der Schularten und der Jahrgangsgrößen. Allerdings ist das an den Zahlen nur mangelhaft sichtbar, da die Lehrerzahlen für Sekundarstufe I bei den Haupt-, Real- und Sonderschulen zusammen mit den Zahlen für die Grundschullehrer ausgewiesen sind. Der Zuwachs des Personals bei den letzteren spiegelt verschiedene Tendenzen, wie auch der Zuwachs bei den Gymnasiallehrern und den Berufsschullehrern. Einzig der Rückgang bei den Hochschullehrern ist ganz einfach als Unterfinanzierung und als Bildungsskandal einzuordnen.

Die Tendenz bei der Geschlechterverteilung ist ziemlich eindeutig. Überall ist der Frauenanteil gestiegen – auch dort, wo er schon 1993 den Männeranteil überstiegen hat, wie bei den Grund-, Haupt-, Real- und Sonderschullehrern. Dort liegt er jetzt bei 3 zu 1 zugunsten der Frauen. Bei den musischen Fächern hat sich das Gewicht der Frauen verstärkt. Bei den Lehrern ohne nähere Angaben ebenfalls, ohne dass die Gründe deutlich würden. Bei den Sportlehrern hat sich die Tendenz umgekehrt, es gibt jetzt erheblich mehr weibliche als männliche. Bei den Gymnasiallehrern hat sich die Proportion ebenfalls umgekehrt und selbst bei den Berufsschulehren hat sich die Proportion fast ausgeglichen.

5.4.17.2 N – Gesundheits-, Veterinär- und Sozialwesen

Ein weiterer Zweig der Statistik im Sektor der gesamten Reproduktionsdienste ist das Gesundheits-, Veterinär- und Sozialwesen mit 1993 zusammen rund drei Millionen Beschäftigten – in diesem Jahr ähnlich groß, wie der statistische Zweig »öffentliche Verwaltung, öffentliche Sicherheit, Verwaltung der öffentlichen Sozialversicherungen«. Die Zusammenstellung ist etwas problematisch, da sie zum einen die Kindergärten und Kinderkrippen enthält, die beide auch in den Sektor Bildungswesen gestellt werden könnten. Zum anderen umfasst der Zweig mit dem Gesundheits-, dem Veterinär- und dem Sozialwesen drei recht verschiedene Bereiche, selbst wenn sie sich bei der Altenpflege der Sache nach etwas überschneiden. In allen Bereichen gibt es verschiedene Formen und Träger öffentlicher, öffentlich-rechtlicher und privater Institutionen, die mit öffentlichen Geldern betrieben werden oder die sich mit den Versicherungsansprüchen ihrer Klientel finanzieren.

Der Bereich des Veterinärwesens ist verhältnismäßig so klein, dass er bei den Gesamtzahlen und den Durchschnitten keine Rolle spielt: es finden sich in den zwei Stichjahren nur 13 und dann 25.000 Tierärzte.

Zunächst zeigt die Aufteilung in die Gesundheitsberufe und die sozialen Berufe folgende Zahlenverhältnisse.

1993 haben wir 2,03 Millionen Beschäftigte in den Gesundheitsberufen, fast doppelt so viele wie bei den Lehrern, und 866.000 Beschäftigte in den sozialen Berufen, rund 300 weniger wie bei den Lehrern.

Allerdings sind davon bei den Sozialberufen rund 400/500.000 Erzieher abzuziehen und bei den Lehrern hinzu zu zählen, wenn man der Zuordnung der Tätigkeitsfelder in der Statistik der Zweige folgen will. Jedoch ist bei den sozialen Berufen die Zuordnung des Tätigkeitsfeldes – gesund oder krank, erwachsen oder nicht, jung oder alt, selbständig oder unselbständig, nicht durchführbar. Auch bei den Lehrern sind die Unterschiede hinsichtlich des Alters der Schüler nicht zu klären.

Der gesamte Sektor wächst bis 2004 um 975.000 auf 3,97 Millionen Beschäftigte an. Daran ist eine deutliche Vergrößerung der Zahl der *Selbständigen* um rund 150.000 auf nun 390.000 beteiligt. Entsprechend hat sich die Zahl der *abhängig Beschäftigten* von 2,75 um rund 830.000 auf nun 3,58 Millionen Beschäftigte vergrößert.

Die 243.000 *Selbständigen* in diesem Sektor in 1993 bilden die Summe einerseits aus den selbständigen, niedergelassenen Ärzten

Wirtschaftszweig		1993			2004		
	Nr	EwT	SbSt	AN	EwT	SbSt	AN
Gesundheits-, Veterinär- und Sozialwesen	N	2.995	243	2.752	3.970	390	3.580
Differenzen					975	147	828

Tabelle 5.4.17.1. – 110

und andererseits aus den vielen anderen selbständigen Gesundheitspraxen. Enthalten sind natürlich auch die damals noch wenigen selbständigen Kranken- und Altenpfleger.

In der Berufsstatistik ergeben sich bei den Zahlen die gleichen Größenordnungen für den gesamten Sektor N, wobei in 1993 die Zählung im Sektor jene nach Berufen um 100.000 überschreitet, während es sich in 2006 zu 2004 umgekehrt verhält. Das bedeutet in beiden Fällen, dass der Umfang des administrativen Personals im Verhältnis zum fachspezifischen relativ sehr klein ist.

2006 hat sich das Zahlenverhältnis auf 2,6 Millionen in den Gesundheitsberufen und 1,47 Millionen in den Sozialen Berufen verändert. Bei ersteren sind 590.000 und bei den zweiten 600.000 Beschäftigte hinzugekommen.

5.4.17.2.1 Gesundheitsdienstberufe

Bei den übrigen *Gesundheitsdienstberufen* finden wir 1993 1.531.000 und 2006 1.964.000 Beschäftigte. Der Zuwachs summiert sich auf 433.000. Das Übergewicht der Frauen betrug nicht ganz 6:1 und hat sich bis 2006 leicht auf etwa 4:1 vermindert.

Die größte Berufsgruppe sind die *Krankenschwestern und Krankenpfleger* mit 1993 704 und 2006 mit dann 788.000 Beschäftigten, ein absoluter Zuwachs von 84.000, rund 12 Prozent, davon allein 69.000 Frauen. In beiden Stichjahren kommt einen Mann auf etwa 6 Frauen.

Die nächst kleinere Gruppe sind die *Sprechstundenhelferinnen* mit 1993 423.000, davon nur 5.000 Männer und 2006 559.000 Beschäftigten, davon nur 7.000 Männer – also eine benahe ausschließliche Frauendomäne. Der Zuwachs beträgt 136.000. Die Sprechstundenhilfen haben eine breitere Ausbildung und ein breiteres Tätigkeitsfeld, sie müssen sowohl therapeutische Hilfen, als auch technische und administrative Aufgaben wahrnehmen und sind wohl ausschließlich in den selbständigen Arztpraxen tätig. Das verweist darauf, dass die Zunahme bei den *Ärzten* vor allem bei den niedergelassenen und nicht bei den Krankenhausärzten stattfindet.

Innerhalb der Kategorie der übrigen Berufe im Gesundheitsdienst gibt es noch eine verhältnismäßig kleine Zahl von Hilfskräften in der Krankenpflege, 1993 136.000 und 2006 151.000.

1993 finden wir 100.000 *Masseure und medizinische Bademeister*, 2006 162.000, einen Zuwachs um 62.000. Hier überwiegen, entgegen dem Sprachgebrauch, in beiden Jahren die Frauen mit 2,5 zu 1. Bei den *Heilpraktikern* finden wir in den beiden Jahren 9.000 und 25.000 Beschäftigte, die wohl ausschließlich als *Selbständige* arbeiten. Die Art ihrer Tätigkeit überschneidet sich mit denen der Ärzte, Diagnose und Verordnung, und mit denen von Therapie-Ausführenden. Aber ihre Zahl ist so gering, wenn auch prozentual stark angestiegen, dass sie insgesamt keine Rolle spielen.

Dann gibt es noch therapeutische Berufe ohne nähere Angaben, deren Zahl von 25.000 auf immerhin 87.000 angewachsen ist.

Eine weitere Gruppierung von Berufsgruppen bilden die »physiologischen, physikalischen, chemischen Zuarbeiten für ärztliche Behandlungen und Therapien«, in denen die Einzelberufe der »Medizinisch-technische Assistenten/innen und verwandte Berufe, Pharmazeutisch-technische Assistenten/innen und Diätassisten-

Berufsgruppe, Berufsordnung	K.Nr	Geschl	1993	Summen	2006	Summen	Diff. 04/93
Feinwerktechn Zuarbeiter			113	113	124	124	11
Übrige Gesundheits Dienst-Berufe	85	i	1.531	1.531	1.964	1.964	426
		m	199		261		62
		w	1.332		1.703		371
				1.644		2.088	437
Ärzte/innen, Apotheker/innen	84	i	357	357	483	482	126
		m	216		261		45
		w	142		221		79
Psychologen/innen	886	i	28	28	49	49	21
		m	11		15		
		w					
Alle o.g. GesundheitsBerufe				2.036		2.599	591
Soziale Berufe	86	i	866	866	1.471	1.471	605
		m	129		245		116
		w	737		1.226		489
Alle o. g.Berufe				2.902		4.070	1.168

Tabelle 5.4.17.2. – 111

Berufsbezeichnung Berufsgruppe,	K.Nr	Geschl	1993	Summen	2006	Summen	Diff. 04/93
		i	70	70	69	69	-1
Zahntechniker/nnen	303	m	37		34		-3
		w	33		35		2
		i	35	35	44	44	9
Augenoptiker/innen	304	m	17		15		
		w	18		28		
		i	8	8	11	11	3
Orthopädiemechaniker/innen, Bandagisten/innen	307	m	6		8		
		w	/		/		
Feinwerktechnische u optische Zuarbeiten für ärztliche Therapien				113		124	11
		i	9	9	15	15	6
Diätassistenten/innen, Ernährungsfachleute	855	m	/		/		
		w	8		15		
Medizinisch-technische Assistenten/innen und verwandte Berufe		i	97	97	108	108	11
	857	m	8		11		
		w	90		97		7
Pharmazeutisch-technische Assistenten/innen		i	31	31	69	69	
	858	m	/		/		
		w	29		66		37
physiolog, physikal, chem Zuarbeiten für ärzl Behdlg u Therapien				137		192	55
Masseure/innen, Medizinische Bademeister/innen u. Krankengymnasten/innen		i	100		162	162	62
	852	m	29		45		
		w	71		117		
		i	22		87	87	65
Therapeutische Berufe, a.n.g.	859	m	/		15		
		w	18		71		
		i	704		788	788	84
Krankenschwestern/-pfleger, Hebammen/Entbindungspfleger	853	m	96		111		
		w	608		677		69
		i	423		559	559	
Sprechstundenhelfer/innen	856	m	5		7		
		w	418		552		134
		i	136		151	151	15
Helfer/nnen in der Krankenpflege	854	m	50		62		
		w	86		89		
		i	9		25	25	16
Heilpraktiker/innen	851	m	/		8		
		w	/		18		
Übrige Gesundheitsdienstberufe		i		1.531		1.964	433
	85	m		199		261	62
		w		1.332		1.703	371

Tabelle 5.4.17.2.1. – 112

ten/innen und Ernährungsfachleute« zusammengefasst werden. In 1993 finden wir insgesamt 137.000 und in 2006 immerhin schon 192.000 Beschäftigte, also 55.000 mehr.

Auch die Zahntechniker, die Augenoptiker und die Orthopädiemechaniker und Bandagisten, die statistisch zusammen als Feinwerktechnische und optische Zuarbeiter für ärztliche Therapie bezeichnet werden, sind in das weitere Feld von Berufen von Gesundheitsdiensten. Dort sind 1993 113.000 und 2006 124.000 beschäftigt. Die Mechaniker sind weitgehend männlich, bei den beiden anderen Berufen gibt es eine fast paritätische Verteilung der Geschlechter. Insgesamt beläuft sich die Zahl bei den Übrigen Gesundheitsberufen auf 1.531 Millionen in 1993 und 1,964 Millionen in 2006. Die Zunahme beträgt 433.000, etwa eine Drittel.

Alle oben genannten Berufe im Gesundheitsdienst sind Nicht-Ärzte und haben keine akademischen Abschluss als Berufsvorrausetzung. Für die Ärzte ist das Voraussetzung. 1993 finden wir 357.000 Ärzte und Apotheker und 2006 483.000. Das sind absolut nur 126.000 zusätzlich, wie oben, ebenfalls etwa ein Drittel. 1993 gibt es noch ein Übergewicht der Männer, außer z. B. bei den Psychologen, bis 2006 hat es sich leicht verringert.

Die Unterscheidung ergibt sich aus der Ausbildung, dem Abschluss und der Berufszulassung, nach Qualifikation und vorrangiger Tätigkeitsart – nicht nach dem vorrangigen Tätigkeitsfeld. Wenn man die unterschiedlichen Tätigkeiten wie folgt kennzeichnet: diagnostisch, verordnend, pflegerisch, therapeutisch, technisch, administrativ, dann sind die Ärzte durch die beiden ersten Tätigkeiten gekennzeichnet – die Nicht-Ärzte mit Hilfen, Ausführungen oder erforderlichen Nebentätigkeiten bei Diagnostik und Therapien beschäftigt – oder auch der eigenständigen Betätigung bei Therapien verschiedener Art.

Mit dieser Unterteilung sind weitere sehr grundlegende Eigenarten der Erwerbstätigkeit verbunden. Die Einkommenshöhen unterscheiden sich grundlegend, der Zugang zu einer bestimmten Selbständigkeit, der Niederlassung als Arzt, der Zugang zu bestimmten Laufbahnen und Leitungsfunktionen in Krankenhäusern. Diese Bemerkungen über Ärzte gelten im Prinzip auch für Tierärzte, auch wenn ihr Tätigkeitsfeld sehr viel kleiner ist und ihre Zahl recht gering. Die ebenfalls akademisch ausgebildeten Psychologen werden im Gesundheitswesen nur in sehr geringem Maße beschäftigt. Daher ist die Mehrzahl wohl selbständig tätig, was ebenfalls auch einer besonderen Zulassung bedarf. Dagegen beschäftigen die Spezialkliniken wohl vorrangig Nervenärzte und Psychiater, die in der Statistik dann als Ärzte gezählt werden.

Die *Apotheker* mit ihrer akademischen Ausbildung, ebenfalls mit einer besonderen Zulassungsregelung bei Selbständigkeit, unterscheiden sich, wie bekannt, von der Art und dem Feld der Tätigkeit von den Ärzten – bei der Beschäftigung im Krankenhaus handelt es sich für die wenigen dort tätigen Apotheker um das gleiche Arbeitsfeld, wie bei den angestellten Ärzten.

Dagegen ist die Art der Stellung im Beruf nicht an die Unterscheidung Arzt/Apotheker und Nicht-Arzt/Apotheker gebunden: angestellt in Krankenhäusern, größeren sonstigen Einrichtungen und in privaten Praxen. Im aufsichtlichen oder administrativen Dienst bei Behörden sind nur sehr wenige der Ärzte, Apotheker und Tierärzte oder gar der Psychologen beschäftigt.

Berufsbezeichnung Berufsgruppe			1993		2006		
	K.Nr		Geschl	Summe	n	Summen	Diff. 04/93
Ärzte/innen	841	i	249	249	332	332	83
		m	160		191		31
		w	88		141		53
Zahnärzte/innen	842	i	45	45	63	63	
		m	28		39		
		w	17		25		
Apotheker/innen	844	i	50	50	62	62	
		m	18		21		
		w	32		42		
Tierärzte/innen	843	i	13	13	25	25	
		m	9		11		
		w	l		14		
Ärzte/innen, Apotheker/innen	84	i	357	357	483	483	126
		m	216		261		45
		w	142		221		79
Psychologen/nnen	886	i	28	28	49	49	21
		m	11		15		
		w	17		34		

Tabelle 5.4.17.2.1. – 113

Das Zahlenverhältnis von Ärzten zu Nicht-Ärzten hat sich von 1993 zu 2006 nur leicht zugunsten der Ärzte verschoben. Der Grund liegt ganz offenbar in dem zu geringen Wachstum der Zahl der Krankenschwestern und Krankenpfleger, die ja fast gänzlich in Krankenhäusern beschäftigt sind.

Das jeweilige Zahlenverhältnis von ärztlichem und übrigem Gesundheitspersonal ist im Vergleich zweier Zeitpunkte wohl kein Hinweis auf die durch die zunehmende Verwendung von Apparaten in der Diagnostik und Behandlung erforderlichen oder sich ändernden Qualifikationen, sondern ist eher durch die jeweils verfügbaren Finanzierungen bestimmt.

5.4.17.2.2 Soziale Berufe

1993 finden wir bei den *Sozialen Berufen* 866.000 und 2006 1.471.000 Beschäftigte, fast 605.000 mehr, also siebzig Prozent Zuwachs. Der Zuwachs findet vor allem bei den Altenpflegern mit 232.000, bei den Sozialarbeitern mit 110.000 und bei den Erziehern mit 70.000 statt, aber auch in allen anderen Kategorien gibt es erhebliche Zunahmen. Es gibt eine Ausnahme, bei den Arbeits- und Berufsberatern, haben die Frauen ein erhebliches Übergewicht in den Zahlen und steigern dieses noch bis zum Jahr 2006.

Für die hier vertretenen Berufe sind die Abschlüsse, die Qualifikationen und Stellungen im Beruf und in einer Betriebs- oder Amtshierarchie, also auch die Bezahlungen, nicht so streng unterteilt, wie im Gesundheitswesen. Daher sollen die Berufe nach der zahlenmäßigen Größe und ihrem Tätigkeitsfeld kurz vorgestellt werden.

Die größte Gruppe sind sowohl 1993 als auch 2006 die Erzieherinnen mit 408.000 und 478.000 Beschäftigten. Davon sind in beiden Jahren nur wenig mehr als fünf Prozent Männer. Sie werden überwiegend in Kindergärten als Angestellte arbeiten. Die Leitungen der jeweiligen, meist wohl kleinen Einrichtungen, dürften ebenfalls von Erzieherinnen gestellt werden. Die Verwaltungstätigkeiten bei den Trägern dagegen werden wohl von Personal aus den Büroberufen ausgeübt werden.

Die Altenpflegerinnen sind mit 194.000 und 426.000 Beschäftigten die zweitgrößte Berufsgruppe. Hier ist das Übergewicht der

Frauen kaum weniger ausgeprägt als bei den Erzieherinnen. Die Zahl der Beschäftigten hat sich mehr als verdoppelt, davon allein 200.000 Frauen.

Es kann nur vermutet werden, dass in der doch erheblichen Ausweitung des Personals zwei Entwicklungen zum Ausdruck kommen. Zum einen gibt es zunehmend mehr Pflegefälle in den seit 1993 größer werdenden Jahrgängen ab dem 65. Lebensjahr. Darauf ist mit zusätzlichen Einrichtungen und mit zusätzlichem Personal von verschiedenen, auch von privaten Unternehmen reagiert worden. Darin sind auch mehr und mehr ambulante Versorgungen von Pfle-

Berufsgruppe, Berufsordnung	.Nr	Ge schl	1993	Summen	2006	Summen	Diff. 04/93
		i	154	154	265	265	11
Sozialarbeiter/innen, Sozialpädagogen/innen	861	m	54		86		
		w	100		180		80
		i	12	12	36	36	?
Heilpädagogen/innen	862	m	/		9		
		w	9		27		
		i	408	408	478	478	?
Erzieher/innen	863	m	24		33		
		w	384		445		
		i	194	194	426	426	232
Altenpfleger/innen	864	m	24		56		32
		w	170		370		200
		i	7	7	8	8	
Familienpfleger/innen, Dorfhelfer(innen)	865	m	/		-		
		w	7		8		
		i	14	14	60	60	?
Heilerziehungspfleger/innen	866	m	6		21		
		w	9		39		
		i	22	22	63	63	?
Kinderpfleger/nnen	867	m	/		/		
		w	22		59		
		i	14	14	37	37	?
Arbeits-, Berufsberater/innen	868	m	7		14		
		w	7		23		
		i	41	41	99	99	?
Sonstige soziale Berufe	869	m	12		23		
		w	29		76		
		i		866		1.471	605
Summen Soziale Berufe	86	m		129		245	116
		w		737		1.226	489

Tabelle 5.4.17.2.2. – 114

gefällen, die in ihren eigenen Wohnungen versorgt werden. In beiden Bereichen werden zunehmend auch Teilzeit- oder sogar prekär bezahlte Kräfte eingesetzt, seit die Arbeitszeitgesetze dies zulassen. Das wirkliche Arbeitsvolumen im Pflegebereich wird sich daher weniger stark vergrößert haben als die Personalbesetzung.

Die dritte große Gruppe bei den Sozialen Berufen wird von den Sozialarbeiterinnen und den Sozialpädagoginnen gestellt. 1993 arbeiteten in diesen Berufen 154.000 Beschäftigte, davon 100.000 Frauen und 2006 waren es 265.000, davon 180.000 Frauen.

Sozialpädagoginnen und ihre männlichen Kollegen werden wohl vorrangig in pädagogischen Einrichtungen, wie Heimen und Schulen tätig sein, die eventuell auch von jemandem aus ihren Reihen geleitet werden, und die als öffentliche Einrichtungen bestehen. Die meisten dürften als Angestellte im öffentlichen Dienst arbeiten und die Einkommensunterschiede und die sonstigen formellen Unterschiede im beruflichen Feld werden gering sein.

Die Sozialarbeiterinnen und ihre männlichen Kollegen werden ebenfalls im öffentlichen Dienst tätig sein, aber wohl eher in Jugend- oder Sozialämtern. Diese sind dann in die kommunalen Verwaltungen, deren Struktur und Hierarchie eingebunden sein. Die Stellung in den Verwaltungen und Einrichtungen und auch die Bezahlung dürften kaum große Unterschiede beinhalten. Ob die Leitungspositionen vorrangig aus den eigenen Berufsgruppen stammen, kann hier nicht geklärt werden, ist aber möglich.

Alle anderen Felder von speziellen Berufstätigkeiten in diesem statistischen Zweig sind teils erheblich kleiner und verzeichnen meist aber auch größere Zuwächse bei den Zahlen: Heilpädagogen/innen, Heilerziehungspfleger/innen, Kinderpfleger/innen, Sonstige soziale Berufe. Nur die Zahl der Familienpfleger/innen, und Dorfhelfer(innen) ist fast gleich geblieben, allerdings mit sieben und 8.000 Beschäftigten verschwindend klein. Die Arbeits- und Berufsberater, wohl meist bei der Arbeitsagentur als Angestellte beschäftigt, fallen etwas aus dem Feld der anderen Tätigkeiten heraus. Sie sind ebenfalls nur wenige an der Zahl, aber diese hat sich mehr als verdoppelt. Die 1993 gleiche Verteilung der Geschlechter hat sich bis 2006 nachdrücklich zugunsten der Frauen verändert. Ihre Stellung im der Organisation, ihre Bezahlung und ihr Aufstieg sowie ihre Einordnung in eine betriebliche Struktur und Ablauf sind durch die öffentliche Großorganisation der Arbeitsagentur geprägt.

5.4.18 L – Öffentliche Verwaltung, Verteidigung, Sozialversicherung

Die Gesamtzahl der öffentlichen Bediensteten betrug 1993 rund 3,1 Millionen. Darunter befinden sich alle drei Kategorien abhängiger Beschäftigung: in der Mehrzahl immer noch Beamte, Angestellte sowie relativ wenige Arbeiter. Natürlich sind in diesem Wirtschaftszweig keine *Selbständigen* zu finden.

Die Beschäftigten bei der 1993 noch staatlichen Eisenbahn oder der noch staatlichen Post sind in dieser Aufstellung nicht in diesem Zweig verzeichnet. Das gilt auch für die bis 2004 privatisierten Postdienste, die privatisierte Telekommunikation und die als AG geführte Eisenbahn.

Wirtschaftszweige		1993			2004		
	Nr.	EwT	SbSt	AN	EwT	SbSt	AN
Öff. Verw., Verteidigung, Sozialversicherung	L	3.092	0	3.092	2.678	0	2.678
					-414		-414

Tabelle 5.4.8. – 115

In den elf Jahren bis 2004 ist die Zahl der Beschäftigten um rund 410.000 reduziert worden. Wie der Rückgang sich auf die verschiedenen Kategorien Beamte, Angestellte und Arbeiter verteilt, ist aus dieser Statistik nicht zu entnehmen.

Von den Berufsfeldern, die in der Berufsstatistik ausgewiesen werden, sind die Berufe der öffentlichen Sicherheit, der Justiz und des öffentlichen politischen Apparates dem oben genannten Zweig ohne Umstände zuzuordnen.

5.4.18.1 Zweig 80 – Sicherheitsberufe, öffentliche

Die hier aufgeführten verschiedenen Berufe im öffentlichen Dienst bilden keine Qualifikationshierarchie ab, sondern stellen nur verschiedene Berufsfelder dar. Innerhalb dieser Felder, besonders innerhalb des Militärs und der Polizei finden sich dagegen ausgeprägte

Hierarchien nach Ausbildung, Rang, Kompetenzen und Entlohnung. Sie sind hier nicht ausgewiesen und daher können auch Änderungen in der Besetzung der Positionen nicht notiert werden.

Entgegen einem möglichen landläufigen Eindruck ist die Zahl der im öffentlichen Sicherheitsbereich tätigen Personen von 1993 bis 2004 nicht größer geworden – ganz im Gegenteil. Ihre Zahl hat sich um 175.000 Beschäftigte verringert. Das hat sich vor allem im Bereich von Bundeswehr, Grenzschutz und Polizei abgespielt: wir finden 190.000 weniger Personal. Zu vermuten ist, dass dies vor allem der erheblichen Verringerung der Zahl an Soldaten in der Bundeswehr nach der Auflösung der NVA und der Übernahme eines nur kleinen Teils ihres Personals geschuldet ist. Ob im Gegenzug dazu Grenzschutz/Bundespolizei und sonstige Polizei aufgestockt wurden, ist aus den Zahlen nicht zu entnehmen.

Berufsfeuerwehren und Brandschutz wurden um 6.000 Beschäftigte vergrößert, Sicherheitskontrolleure um 3.000. Gesundheitssichernde Berufe sind mit 6.000 mehr Beschäftigten vertreten.

Im Saldo finden wir 176.000 weniger Beschäftigte im öffentlichen Sicherheitsbereich beschäftigt, dabei 214.000 weniger Männer und 31.000 Frauen zusätzlich.

Berufsgruppe, Berufsordnung	.Nr	Ge schl	1993	Summen	2006	Summen	Diff. 04/93
Soldaten, Grenzschutz-Polizei-Bedienstete	801	i	706	706	516	516	-190
		m	683		458		
		w	24		58		34
Berufsfeuerwehr-, Brandschutzfachleute	802	i	45	45	51	51	6
		m	45		50		
		w	/		/		
Sicherheitskontrolleure/innen	803	i	16	16	19	19	3
		m	16		18		
		w	/		/		
Gesundheitssichernde Berufe	805	i	12		18		
		m	9	9	13	13	4
		w	/		6		
Sicherheitsberufe, anderweitig nicht genannt	80	i		796		620	-176
		m		766		552	-214
		w		31		68	31

Tabelle 5.4.18.1. – 116

Die privaten Sicherheitsdienste sind unter dem Zweig Dienstleistungen überwiegend für Unternehmen aufgelistet. Die dort genannten einschlägigen Berufe sind Werk-, Personenschutzfachkräfte, Detektive/innen. Ihre Zahl hat sich von 33.000 in 1993 auf 64.000 in 2004 zwar fast verdoppelt, aber das absolute Niveau ist doch sehr niedrig. Zwar ist die Zahl der Wächter/innen, und Aufseher/innen mit 89.000 in 1993 fast dreimal so hoch, wie die der vorher Genannten, aber bis 2004 ist ihre Zahl mit 91.000 fast gleich.

Im privaten Sicherheitsbereich ist also die Zahl der Beschäftigten weder 1993 noch 2004 besonders erheblich und die absolute Zunahme bei den Schutzkräften und den Detektiven ändert daran nichts.

5.4.18.2 Zweig 81 – Berufe im öffentlichen Rechts- und Vollstreckungswesen

In der gesellschaftlichen Arbeitsteilung und Funktionsausübung sind die Berufe im öffentlichen Rechts- und Vollstreckungswesen den Sicherheitsberufen am ähnlichsten. Hier haben wir es teils mit hierarchischen Verhältnissen innerhalb der Berufe zu tun, teils mit unterschiedlichem Rang, der sich aus unterschiedlichen Funktionen ergibt.

Richter und staatliche Anwälte sowie Rechtspfleger arbeiten näherungsweise im gleichen Zusammenhang. 1993 finden wir von den ersteren 33.000, 2004 32.000, also immerhin 1.000 weniger. Dabei hat sich das Verhältnis von Männern und Frauen etwas zugunsten der Frauen verändert. Wir zählen 7.000 weniger Männer und dafür 6.000 mehr Frauen.

1993 finden sich im gehobenen Justizdienst, mit den Rechtspflegern, 15.000 Beschäftigte, 2004 sind es 5.000 mehr. Hier haben sich die Zahlenverhältnisse der Geschlechter ebenfalls zugunsten der Frauen geändert. 7.000 mehr Frauen und 2.000 weniger Männer sind zu verzeichnen. Das Verhältnis beider Qualifikations- und Tätigkeitsebenen hat sich von zwei zu eins auf drei zu zwei verbessert. Die reinen Büro- und sonstigen Hilfskräfte innerhalb der Justiz sind hier nicht verzeichnet.

Als Vergleich sollen die Zahlen der nicht-staatlichen Beschäftigten im Rechtswesen, die Anwälte, statistisch Rechtsvertreter genannt, und ihrer Gehilfen erwähnt werden. 1993 sind beide Kategorie zusammen 164.000 und 2006 mit 291.000 Beschäftigte, beide Jahre weit mehr als die entsprechenden staatlichen Justizbeschäftigten mit 1993 48.000 und 2006 52.000 Bediensteten.

Im Vollstreckungsdienst, also vor allem den Gefängnissen u. ä. Einrichtungen finden sich 1993 37.000 Beschäftigte. 2004 hat sich deren Zahl auf 44.000 erhöht. Das Geschlechterverhältnis hat sich dabei leicht geändert: 1993 haben wir 32.000 Männer und 5.000 Frauen, 2004 sind 35.000 Männer und 9.000 Frauen. Die sicher vorhandene Hierarchie in den Vollstreckungsdiensten ist aus den Zahlen nicht zu entnehmen.

Allein die Größenordnung von 76.000 Beschäftigten der Justiz ist angesichts der rechtsstaatlichen Aufgaben eher klein.

Berufsgruppe, Berufsordnung	.Nr	Geschl	1993	Summen	2006	Summen		Diff. 04/93
Richter/innen, Staats-, Amtsanwälte/innen	811	i	33	33	32	32		-1
		m	25		18			-7
		w	8		14			6
Rechtspfleger/innen (gehobener Justizdienst)	812	i	15	15	20	20		5
		m	8		6			-2
		w	7		14			7
Vollstreckungs-, Vollzugsbedienstete	814	i	37	37	44	44		7
		m	32		35			3
		w	5		9			4
Summe Berufe im öffentl. Rechts- und Vollstreckungswesen	81	i	85	85	96	96		11
		m	65		59			-6
		w	20		37			17
Rechts-Vertreter/innen; -Berater/innen	813	i	95	95	179	179		84
Rechtsanwalts- u Notar-Gehilfen/innen ;	786		69	69	112	112		43
Summe nicht öffentl Rechtsberufe	786 813	i	164	164	291	291		127
Alle Berufe im Rechts- u Vollstreckungswesen öfftl. + nicht-öfftl.		i	249		387			138
		m						
		w						

Tabelle 5.4.18.2. – 117

5.4.18.3 Zweige 76 bis 78 – Abgeordnete, administrativ entscheidende Berufstätige

Zu den spezielleren Funktionen und Tätigkeitsarten des öffentlichen Dienstes gehören die Verwaltungsberufe ab den mittleren Ebenen, die Leitungen der Verwaltungen, die Regierungsmitglieder und die Abgeordneten. Die Beschäftigten der Verwaltungen sind als Beamte nicht nur in Beamtenlaufbahnen eingeordnet, sondern auch innerhalb der Laufbahnen hierarchisch und nach Kompetenzen, sowie nach Besoldung gegliedert.

Die unterste, der hier aufgeführten Ebenen der zur Entscheidung befugten Verwaltungsberufe sind die Fachleute aus der Beamtenlaufbahn des mittleren Dienstes. Ihre Zahl beläuft sich in Bund, Ländern und Gemeinden auf 111.000 in 1993. Ihre Zahl wird bis 2004 um 19.000 auf 92.000 reduziert. Diese Reduktion geht völlig zu Lasten der Männer, mit 26.000, während bei den Frauen 7.000 dazu kommen. 2004 ist das Verhältnis dann 58.000 Männer und 34.000 Frauen.

Berufsgruppe, Berufsordnung	KZ	Geschl	1993		2004		
				Summen		Summen	Diff 04/93
Abgeordnete, Minister/innen, Wahlbeamte/innen	761	i	11	11	12	12	1
		m	8		10		2
		w					
Verwaltungsfachleute (höherer Dienst), a.n.g.	764	i	21	21	21	21	0
		m	16		16		0
		w	6		5		-1
Verwaltungsfachleute (gehobener Dienst), a.n.g.	765	i	174	174	264	264	90
		m	114		145		31
		w	60		119		59
Verwaltungsfachleute (mittlerer Dienst), a.n.g.	787	i	111	111	92	92	-19
		m	84		58		-26
		w	27		34		7
administrativ entscheidende Berufstätige	76	i		285		377	92
		m		214		253	39
		w		93		158	65

Tabelle 5.4.18.3. – 118

Die mittlere Stufe der zur Entscheidung befugten Verwaltungs-berufe sind die Fachleute aus dem gehobenen Dienst. 1993 finden wir 174.000, davon 114.000 Männer und 60.000 Frauen. 2004 finden wir zusammen 264.000 in dieser Laufbahn, also 90.000 mehr. Davon sind jetzt 145.000 Männer, 31.000 mehr, und 110.000 Frauen, 59.000 mehr. Nicht nur die Verschiebung bei der Geschlechterverteilung, als vielmehr die doch prozentual erhebli-che Vergrößerung dieses von der Vorbildung schon recht qualifi-zierten Personals, ist angesichts der Tendenzen zur Schrumpfung des öffentlichen Dienstes in der Politik dieser Zeit bemerkenswert.

1993 beläuft sich die Zahl der Beamten im höheren Dienst auf 21.000 und bleibt bis 2006 auf der gleichen Höhe. Dabei sind die Zahl und der Anteil von Frauen sogar etwas kleiner geworden, von 6 auf 5.000.

Die Zahl der Abgeordneten und Minister hat sich von 1993 bis 2004 nur unwesentlich von 11.000 auf 12.000 vergrößert. Dabei ist der Anteil der Frauen anscheinend sogar noch kleiner geworden, so dass 2004 hier 10.000 Männer und 2.000 Frauen Positionen zu fin-den sind.

Angesichts der rund 1,7 Millionen Beschäftigten in den weit verstandenen Unternehmensleitungen und den rund 600.000 in den unmittelbaren Leitungsfunktionen ist eine Zahl von rund 380.000 Entscheidern in den öffentlichen Verwaltungen und 12.000 in Parlamenten und Regierungen geradezu lächerlich klein.

5.5 Ergebnisse

Bei der Zusammensetzung der Beschäftigten innerhalb der Zweige nach Qualifikationsstufen, beurteilt nach den Berufen, finden wir in der materiellen Produktion durchgehend eine Verringerung der ungelernten oder der unteren Qualifikationen zugunsten der jeweils höheren, auch zwischen Technikern und Ingenieuren. Die Proportionen sind je nach Zweig allerdings sehr verschieden. Das gleiche Ergebnis zeigt sich bei der Gruppe von materiell-technischen Berufen, die keinem Wirtschaftszweig zuzuordnen sind.

Die Ausdehnung der Unternehmensdienste finden wir auch in der Berufsstatistik in den unterschiedlichen Tätigkeitsfeldern bestätigt. Es handelt sich einerseits um die mit jedem größeren Betrieb verbundenen Hilfstätigkeiten, wie Reinigung, Bewachung usw., andererseits um die Zuarbeiten für die Unternehmensführungen, von der Werbung bis zur Rechtsberatung. Und drittens sind das die technischen Zuarbeiten für die Produktion und die Unternehmensleitung, wie DV-Leistungen. Bemerkenswert ist dagegen, dass Forschung und Entwicklung quantitativ, absolut und im Zuwachs kaum eine Rolle spielen.

Insgesamt gibt es in der materiellen Produktion, einschließlich der einschlägigen Unternehmensdienste einen Zuwachs an Technikern und Ingenieuren. Er ist, je nach Zweig unterschiedlich, kompensiert aber keineswegs die Verringerung der Zahl der Arbeiter.

Die dramatische Zunahme der Angestelltentätigkeiten seit 1970 bis 1990 in der alten BRD setzt sich bis 2005 moderater fort. Diese Steigerungen lassen sich weder über die Zweigstatistik noch über die Berufsstatistik flächendeckend genau in der gesellschaftlichen Arbeitsteilung lokalisieren. Einerseits gibt es eine Ausdehnung der Angestelltentätigkeiten in den kaufmännischen, den technischen und Verwaltungsfeldern der Industrieunternehmen. Andererseits hat es vor allem in den verschiedenen Zweigen außerhalb der materiellen Produktion, den Vermittlungen, den konsumtiven und vor allem den reproduktiven Diensten zwischen 1993 und 2006 eine erhebliche Ausweitung fachspezifischer Angestelltentätigkeiten gegeben.

In der Berufsstatistik verbleibt aber ein großer Rest von zweigunspezifischem Büropersonal. Wenn man dieses Personal grob in drei Qualifikationsebenen einteilt und in drei Ebenen der Unternehmens- und Organisations-Hierarchien einordnet, dann zeigt sich, dass in der untersten Ebene eine erhebliche Verringerung der Zahlen festzustellen ist, meist zu Lasten von bisherigen Frauentätigkeiten. In der mittleren Ebene des Bürofachpersonals gibt es ebenfalls, wenn auch geringere Rückgänge. Im Apparat der Unternehmensleitung entwickeln sich die Qualifikationsebenen unterschiedlicher. Zu- und Abnahme bei den beiden untersten Tätigkeiten, Zunahme bei den mittleren Qualifikationen, während die Zahl der unmittelbaren Unternehmensleiter und ihrer engsten Führungsmannschaft mit fast einer Million schon groß war und sich in der untersuchten Zeit nicht verändert hat.

In den Zweigen der Vermittlungen und den konsumtiven und den reproduktiven Diensten sind kaum Arbeiter beschäftigt. Die in den Zweigen der Vermittlungen tätigen Angestellten sind zu einem erheblichen Teil in fachspezifischen Berufen tätig und werden gesondert ausgewiesen. Ähnlich ist es mit einem großen Teil des in den reproduktiven Diensten angestellten Personals. Bei den konsumtiven Diensten gibt es einen großen Anteil von Selbständigen in kleinen Unternehmen. Die noch verbliebenen rund zwei Millionen Beamten finden sich einerseits in den höheren Etagen der staatlichen Verwaltungen und mit immer noch großer Zahl in den staatlichen Schulen.

Bei den Vermittlungen der volkswirtschaftlichen Arbeitsteilung, Verkehr, Kommunikation und Verteilung gibt es im Ganzen keine dramatische Veränderung der Zahlen und der beteiligten Proportionen. Die Zahl der Beschäftigten im Verkehrsgewerbe mit spezifischen Berufen hat sich kaum verändert. Nur bei den fachspezifischen Angestelltentätigkeiten gibt es einen bemerkbaren Zuwachs. Bei den Berufen, die nicht den Transport selber, sondern mit seinen Voraussetzungen zu tun haben, wie Packen und Lagern, hat es bei Arbeitern deutliche und bei Angestellten kleinere Zuwächse gegeben. In den Zweigen der Kommunikation gibt es leichte Schrumpfungen der Zahl der spezifischen Berufstätigen.

Bei der Verteilung durch Groß- und Einzelhandel zeigen sich unterschiedliche Tendenzen. Im Großhandel gibt es bei den Kaufleuten einen erheblichen und bei den Versandtätigkeiten, wohl meist von Arbeiterinnen, einen kleineren Zuwachs.

Bei den Einzelhandelskaufleuten gibt es einen erheblichen Zuwachs, während es beim Verkaufspersonal praktisch keine Veränderung gibt.

Die Zahl der Beschäftigten mit künstlerischen und zugeordneten Berufen hat sich erheblich vergrößert. Hier werden Kunst und Unterhaltung zusammengefasst und daher werden hier auch die Artisten und Berufssportler gezählt. Der ebenfalls zur Unterhaltungsindustrie gehörige Teil der Sportlehrer und Trainer wird von der Statistik hingegen bei den Lehrern notiert.

Im Bereich der eigentlichen konsumtiven Dienste und Dienstleistungen, dem Gastgewerbe, mit den Köchen als größter Berufsgruppe, den Friseurinnen und Kosmetikerinnen und den Häuslichen Diensten hat die Zahl der dort fachspezifisch Beschäftigten erheblich zugenommen. Es handelt sich dabei sowohl um Angestellte als auch um viele kleingewerbliche Selbständige.

Im Zweig der Banken und Versicherungen gibt es bei den Angestellten, sowie den selbständigen Vertretern, eine sehr kleine Verringerung der Personenzahl, und beim berufsspezifischen Personal eine kleine Vergrößerung. Der Zweig Grundstücks- und Wohnungswesen zeigt eine erhebliche Ausweitung der Beschäftigung. In der Berufsstatistik sind keine einschlägigen Berufe ausgewiesen. Sie finden sich also in der großen Gruppe des zweigunspezifischen, angestellten Büropersonals und oder der Kaufleute notiert.

In dem kleinen Wirtschaftszweig Interessenvertretungen, kirchliche und sonstige Vereinigungen findet man in der Zweigstatistik einen mittleren Zuwachs. Die Zahl des fachspezifischen Leitungspersonals hat leicht abgenommen.

Die Zahl des Personals im Zweig Erziehung und Unterricht hat nach der Zweigstatistik erheblich zugenommen und auch in der Berufsstatistik ergibt sich ebenfalls ein Zuwachs, darunter mit erheblichem Anteil von Beamten.

Die Zahl der Beschäftigten im Zweig Gesundheits-, Veterinär- und Sozialwesen hat sich nach der Zweigstatistik ganz erheblich vergrößert. In der Berufsstatistik zeigt sich das zum einen bei den übrigen Gesundheitsberufen und bei den Ärzten. Bei beiden Berufsgruppen sind nicht nur Angestellte, sondern z. T. auch Selbständige beteiligt. Die Zweigstatistik zeigt für die öffentliche Verwaltung, die Verteidigung und die öffentliche Sicherheit eine Verringerung der Beschäftigung. Die Berufstatistik zeigt, dass dies weitgehend auf die Reduktion der Bundeswehr zurückzuführen ist.

Der sehr kleine Zweig öffentliches Rechts- und Vollstreckungswesen hat nur einen kleinen Personalzuwachs zu verzeichnen. Dage-

gen ist die Zahl der Rechtsanwälte und ihrer Gehilfen im nicht-
öffentlichen Rechtswesen doppelt so groß, und sie ist auch erheblich
angestiegen.

6. Arbeiterklasse 2008.
Das ökonomische Feld einer orthodox bestimmten modernen Arbeiterklasse

6.1 Die Definition und die Wege zu den Zahlen

Aus den bisherigen Untersuchungen konnten zunächst noch keine Zahlen für die Abgrenzung des sozial-ökonomischen Feldes einer Arbeiterklasse in der erweiterten BRD gewonnen werden.[52]

In einer ersten Übersicht zur quantitativen Entwicklung der Erwerbstätigkeit in der alten BRD und nach 1990 auf deren Territorium konnte die Zahl der *Lohnabhängigen* und darin auch die der Beamten, Angestellten und Arbeiter bis zum Jahr 2005 bestimmt werden. *(vergl.: Tabelle 2.1.1. – 1 auf S. 44)*

Wenn man die *Selbständigen*, die Mithelfenden Familienangehörigen und die Beamten von den 29,380 Millionen insgesamt *Erwerbstätigen* abzieht, dann bleiben 15,531 Millionen Angestellte und 8,365 Millionen Arbeiter übrig. Nach der Form der Arbeitsverträge waren also 2005 auf dem Territorium der alten BRD 23,896 Millionen Erwerbstätige lohnabhängig.

Für die erweiterte Bundesrepublik ergeben sich für das Jahr 2008 die folgenden Zahlen: *Die soziale Gruppe, die damit statistisch in den Blick kommt, ist die der Fabrikarbeiter der materiellen Produktion in kapitalistischen Unternehmen.* Diese Abgrenzung ist etwas weiter, als jene des »Kerns« der Arbeiterklasse, die sich auf die Großbetriebe und damit auf großes Kapital beschränkt.[53]

Ohne dies jetzt weiter zu diskutieren, werden daraus einige Schlussfolgerungen für die Abgrenzung des Feldes einer Arbeiterklasse aus dem der Lohnarbeiter gezogen werden:

Unmittelbar klar ist, dass alle Lohnabhängigen, die nicht bei einem privaten Arbeitgeber oder einem privat am Markt agierenden Unternehmen beschäftigt sind, herausgerechnet werden müssen – wie die Beamten, die anderen Staatsbediensteten, die Erwerbstätigen bei Organisationen ohne Erwerbszweck, die Selbständigen und die Mithelfenden Familienangehörigen.

Die umfangreichste Abgrenzung ergibt sich aber aus dem Kriterium der materiellen Produktion. Hier wird unterstellt, dass nur in der materiellen Produktion das materielle gesellschaftliche Produkt, einschließlich des Mehrproduktes, erzeugt wird, das sich in der gesellschaftlichen Summe des produzierten Wertes einschließlich des Mehrwertes ausdrückt und in den Umsätzen der Unternehmen als Geld privat angeeignet wird. Damit wären all jene Wirtschaftszweige und ihre Lohnabhängigen herauszurechnen, in denen keine materielle Produktion stattfindet.

Allerdings soll hier die materielle Produktion in einem weiten Sinn verstanden werden. Es werden daher auch all jene Tätigkeiten in Betrieben und Unternehmen einbezogen, die zu dieser Produktion beitragen, vor allem *also die entsprechenden geistigen Tätigkeiten für und in der Produkt- und Produktionstechnik in den Betrieben.*

Dazu auch jene materiellen Tätigkeiten, die den Gebrauchswert der erzeugten Waren erst vollenden, wie der Transport der Waren, oder der Transport der Arbeitskräfte. Theoretisch ausgedrückt würden also jene Produktionen und Dienste und die erforderlichen Tätigkeiten einbezogen, die sowohl für die Gesellschaft als auch gleichzeitig für das Kapital produktiv sind.

Davon müssten solche Arbeiten und lohnabhängigen Arbeitskräfte abgegrenzt werden, die zwar zur materiellen Produktion von Produkt und Mehrprodukt beitragen und damit auch zur Aneignung von Mehrwert beim Verkauf der Waren und Dienste des je

Jahr	Erwerbstätige Zusammen		davon Selbständige		davon Mithelfende Familienangehörige		davon Lohnabhängige insgesamt		Beamte		Angestellte		Arbeiter	
		% v 1957		% v Sp 1		% v Sp 1		% v Sp 1		% v Sp 1				
2005	29.380	115	3.249	11	381	1	25.749	88	1 854	6	15.531	53	8.365	28

Erwerbstätige *) nach Stellung im Beruf 2005
Ergebnisse des Mikrozensus in 1000 und Prozent von Spalte 2
Früheres Bundesgebiet 3)

Tabelle 6.1.– 1

eigenen Unternehmens, deren Arbeitskraft also durchaus Warencharakter hat, *die aber so gut bezahlt werden, dass von der Ausbeutung ihrer Arbeitskraft keine Rede sein kann.*

Es bleiben aber auch alle Produktionen, Dienste und die entsprechenden Tätigkeiten, die überhaupt nicht an der Verwertung von Kapital beteiligt sind, oder dies nur ohne die Produktion von Mehrwert tun, außerhalb des Feldes einer eng verstandenen Arbeiterklasse. Das betrifft vor allem das Handwerk und die Unternehmensdienste verschiedener Art, die zwar als Leistung für den Markt auch mit Hilfe von Lohnabhängigen erbracht werden, aber keine Kapitalverwertung im eigentlichen Sinn beinhalten. Diese Betriebe werden u.a. von Selbständigen betrieben oder sind genossenschaftlich organisiert.

Damit bleiben auch alle Unternehmen und ihre Lohnabhängigen außer Betracht, in denen *zwar Kapital verwertet und Mehrwert angeeignet, aber nicht produziert wird* – wie Banken, Versicherungen und ähnliche Einrichtungen.

Die Eingrenzung derjenige Wirtschaftszweige, die man der materiellen Produktion und den zugehörigen produktiven geistigen und materiellen Dienste zurechnen kann, ist im Abschnitt 3.2. dieser Arbeit ausführlich dargelegt worden. Das Ergebnis wird hier ohne weitere Diskussion übernommen. Diese Zusammenstellung und die entsprechenden Zahlen für das Jahr 2008 sind in der obigen Tabelle wiedergegeben.

Zunächst ist festzuhalten, dass in der *gewerblichen Produktion,* die *die industrielle mit umfasst,* 2008 in der erweiterten BRD 10,667 Millionen Erwerbstätige arbeiteten. Davon waren 4,967 Millionen Arbeiter und 4,276 Millionen Angestellte. Schon dieser Umstand, dass nur etwa 700.000 *Arbeiter mehr als Angestellte* im Kern der materiellen Produktion beschäftigt sind, zeigt an, wie weit sich die gewerblich-industrielle Produktion von ihren Anfängen in wenigen Wirtschaftszweigen mit vielen kleineren Fabriken durch die Ausdehnung mit der Akkumulation und dem damit einhergehenden laufenden Ersatz von lebendiger Arbeit durch Maschinen, fortentwickelt hat. Insgesamt sind hier 9,243 Millionen Lohnabhängige (LA) tätig.

Weiter werden in der Tabelle die *Leiharbeit, die Nebendienste für Unternehmen* und *Organisationen,* wie Reinigungsdienste, Bewachung u. ä., Vermietungen von beweglichen Produktionsmitttteln und die Datenverarbeitung mit der zugehörigen Beratung in den weiteren Bereich der materiellen Produktion als *materiell-produktive Unternehmensdienste mit einbezogen. In den meisten Diensten finden sich fast doppelt so viele Angestellte wie Arbeiter.* Bei der Datenverarbeitung und Wartung sind ausschließlich 467.000 Angestellte notiert, und bei der Vermietung von beweglichen Produktionsmitteln ausschließlich 38.000 Angestellte.

Zu den materiellen und immateriellen Bedingungen der materiellen Produktion zählen die materiellen Infrastrukturen der Ver- und Entsorgung, Wasser, Abwasser, Abfall-Entsorgung, die Energieversorgung, die Informationsnetze, die stoffliche Nachrichtenübermittlung (Briefversand) sowie der Güter- und Personenverkehr. Allerdings dient dieser Sektor auch den nicht materiell produzierenden Sektoren der Ökonomie und den Haushalten, sodass er nicht einfach insgesamt der materiellen Produktion zugerechnet werden kann. Da dieser Sektor, ähnlich wie der Zweig der Unternehmensdienste, keine materielle, maschinisierte Produktion betreibt, sondern materielle Dienste liefert, liegt die Zahl der Angestellten mit 1,385 Millionen (bei 2,65 Millionen *Erwerbstätigen*) um rund 500.000 höher, als die der Arbeiter mit nur 875.000.

Insgesamt haben wir also bei dieser Zurechnung und Zusammenstellung von Zweigen *zu einem Großsektor, der mit der materiellen Produktion produktiv notwendig verbundenen Wirtschaftszweige, 17,7 Millionen von 38,7 Millionen Erwerbstätigen in der Gesamtwirtschaft.* Davon sind 14,363 Millionen Lohnabhängige und davon wiederum 7,4 Millionen Angestellte (von 20,7 Millionen insgesamt) und 6,9 Millionen Arbeiter (von 9,8 Millionen insgesamt).

Erwerbstätige 2008 nach Wirtschaftsgruppen, -unterbereichen, -bereichen und Stellung im Beruf [1] Deutschland 2008, 1 000									
Wirtschafts-gruppe/ -unterbereich -bereich	Erwerbstätige		davon						
			Selbst ständige	Mith.Fam.- Angehörg	Beamte	Lohnab hängige	Angestellte		Arbeiter
	insgesamt		insgesamt	insgesamt	insgesamt	insgesamt	insgesamt		insgesamt
	Spalte 2							% v Sp 2		% v Sp 2
Alle Wirtschafts-Gruppen	38.734	100	4.143	349	2.110	30.481	20.669	53	9.812	28
1) Quelle: ET 3 S.15									

Tabelle 6.1.– 2

Umgekehrt wie im Kern der gewerblich-industriellen Produktion, wo noch 700.000 mehr Arbeiter als Angestellte tätig sind, finden sich im Großsektor insgesamt rund 450.000 mehr Angestellte als Arbeiter. *In der Gesamtwirtschaft sind bei den Arbeitern mehr als zwei Drittel mit der materiellen Produktion verbunden, während ein Drittel ziemlich verstreut in den anderen Zweigen der Ökonomie tätig sind. Von den zwei Dritteln in diesem Großsektor sind wiederum zwei Drittel im Zentrum der gewerblich-industriellen Produktion tätig.*

Grundsätzlich ist klar, dass alle Selbständigen des Großsektors nicht in das Feld einer orthodox bestimmten Arbeiterklasse zählen. Damit liegt der Ausgangspunkt einer zahlenmäßigen Eingrenzung innerhalb des Großsektors der materiellen Produktion bei den 14,363 Millionen Lohnabhängigen.

Aus den anfänglichen Bemerkungen über die Ab- oder Eingrenzung des Feldes für eine orthodox verstandene Arbeiterklasse ist deutlich, dass sowohl die Angestellten als auch die Arbeiter, die bei nicht kapitalistisch, aber für den Markt wirtschaftenden Selbständigen tätig sind, herausgerechnet werden. Auch die in öffentlichen, nicht kommerziellen oder genossenschaftlichen Unternehmen, Betrieben oder Organisationen tätigen Lohnabhängigen müssen herausgerechnet werden.

Ebenso klar ist, dass die administrativen und die ökonomisch leitenden Angestellten in allen Zweigen des Großsektors nicht dazu

Erwerbstätige 2008
nach Wirtschaftsgruppen, -unterbereichen, -bereichen und Stellung im Beruf [1]
Deutschland,; Durchschnitt, in 1000

	Erwerbstätige insgesamt			Lohnabh	Angestellte			Arbeiter		
	m	w	insg	insg	m	w	insg	m	w	insg
Landwirtschaft	591	282	873	417	90	68	158	195	64	259
gewerbl.-industr. Produktion	8.253	2.424	10.667	9.243	2.799	1.348	4.276	4.077	704	4.967
Reparatur u Recycling	456	70	529	380	122	36	166	201	0	214
techn.-wiss. Dienste f d mater. Produktion	314	152	466	319	183	120	302	12		17
Mater Vermitlgn Infra-Struktur d Netze:	1.950	699	2.650	2.257	897	484	1.382	757	109	875
alle prod UnternehmensDienste	1.207	948	2.166	1.757	633	464	1.116	283	358	641
mater. Prod., mater. Vermtlg. zugeh. Dienste	12.724	4.575	17.351	14.363	4.724	2.520	7.400	5.525	1.235	6.963
Alle prod. Wirtschaftsbereiche	21.188	17.546	38.734	30.481	9.148	11.521	20.669	6.880	2.931	9.812
1) Quelle: ET 3										

Tabelle 6.1.– 3

gehören. Aber jene Angestellte in den einbezogenen Zweigen, die technische Aufgaben für die Produktion leisten, auch Entwicklung und Forschung, müssten in das Feld einbezogen werden, soweit sie nicht ausschließlich höhere Leitungsaufgaben oder, davon unabhängig, sehr hohe Einkommen aufgrund ihrer speziellen Qualifikation beziehen. Welche Zahlen sich im einzelnen aus den Daten und aus Schätzungen ergeben, soll anhand der einzelnen in der Tabelle aufgeführten Zweigen diskutiert und vorgestellt werden.

6.2. Der landwirtschaftliche Sektor

Von den in dieser statistischen Hochrechnung für die VGR angegebenen 417.000 *Lohnabhängigen in der Landwirtschaft* sind laut einer Agrarstatik des Bundesamtes[54] im Jahre 2007 nur rund 120.000 *familienfremde Vollzeitarbeitskräfte*. Andererseits gibt es anscheinend nur einige tausend Betriebe mit über tausend Hektar Betriebsgröße in denen jeweils zwischen zehn oder fünfzig familienfremde Vollzeitarbeitskräfte beschäftigt sind.

Wenn wir also 60.000 Lohnarbeiter in agrarischen Großbetrieben und davon maximal 5.000 Leiter und Spezialisten annehmen, bleiben 55.000 übrig. Davon ist ein größerer Teil in den über 2.000 ostdeutschen genossenschaftlichen Nachfolgebetrieben der LPG aus der DDR beschäftigt und also nicht als lohnabhängig bei kapitalistischen agrarischen Großbetrieben einzuordnen. Eine mittlere Schätzung könnte also von 30.000 Arbeitsplätzen für *Lohnabhängige* in der Landwirtschaft mit Arbeiterklasse-Charakteristik ausgehen.

Erwerbstätige 2008 nach Wirtschaftsgruppen, -unterbereichen, -bereichen und Stellung im Beruf ¹ Deutschland,; Durchschnitt, in 1000														
Wirtschafts Zweig	Erwerbstätige insgesamt			Selbstg insg	Selbst mt Besch	mithelf Fam Angh	Beamte	AN	Arb Kl orth	Angestellte			Arbeiter		
	m	w	insg	insg	insg	insg	insg	insg	insg	m	w	insg	m	w	insg
Land- und Forstwirtschaft, Fischerei zusammen	591	282	873	276	107	138	0	417	30	90	68	158	195	64	259

Tabelle 6.1.– 4

6.3 Der Sektor der gewerblich-industriellen Produktion

Welche der Lohnabhängigen aus dem Bereich der gesamten industriellen Produktion, als dem Kern der materiellen Produktion, gehören in das Feld einer orthodox verstandenen Arbeiterklasse? Auch hier sind wir auf verständige Schätzungen angewiesen, da es für die einzelnen Wirtschaftszweige keine empirischen Untersuchungen mit dieser Fragestellung gibt. Sekundäranalysen zur Struktur der Arbeitsplätze in Industrieunternehmen zielen auf die Beantwortung anderer Fragen. Ausgangspunkt für die hier angestellten Überlegungen ist die Summe der im jeweiligen Zweig oder einer Zusammenfassung von Zweigen beschäftigten Arbeiter und Angestellten, also die offiziell »Arbeitnehmer« genannten *Lohnabhängigen*, zu denen die Beamten nicht gehören.

Hier soll zunächst davon ausgegangen werden, dass im Bereich von Gewerbe und Industrie alle Arbeiter in das genannte Feld gehören. Das wären in der Summe der fraglichen Zweige laut unten stehender Tabelle 4,97 Millionen Arbeiter. Davon nur 704.000 Frauen, im Vergleich zu den Männern eine geringe Zahl. Diese Frauen arbeiten vorrangig in speziellen Zweigen, Betriebsteilen oder Produktionsstufen, in denen für bestimmte Montagearbeiten üblicherweise Frauen

Erwerbstätige 2008 nach Wirtschaftsgruppen, -unterbereichen, -bereichen und Stellung im Beruf [1] Deutschland.; Durchschnitt, in 1000														
Wirtschafts zweig	Erwerb stätige	Selb stg	Selb st mt Besc h	mithe lf Fam Angh	Beam te	AN	Arb Kl orth	Arbt Kla Ange st	Angestellte			Arbt Kl Arbt	Arbeiter		
Spalte	3	4	5	6	7	8		9	9	10	11		12	13	14
	insg	insg	insg	insg	insg	insg	insg	insg	m	w	insg		m	W	insg
Gew v GrundSt, Bearbtg u Hstllg v Halbzeug f d Ind	1.135	26	13	0	0	1.050	728,6	78,5	262	86	400	650	582	67	650
Industr. Herstllg v Invest Gütern ohne Bau	3.438	37	25	0	0	3.175	1.845,6	384,6	1.282	438	1.714	1.461	1.206	227	1.461
Industrielle Herstellung von Konsum-Gütern	3.172	120	57	0	0	2.774	1.644,5	202,5	675	608	1.332	1.442	930	406	1.442
alle Baugewerbe zusammen	2.922	473	236	24		2.234	490	290	580	246	830	200	1.359	41	1.404
Industr Gew. von Grund-St, Bearbtg u Hstllg v Halbzeug, Invest- u Konsum-Gütern	10.667	656	331	24	0	9.233	4.708	955	2.799	1.348	4.276	3.753	4.077	704	4.957

Tabelle 6.2.3.– 5

beschäftigt werden, oder die in der industriellen Tradition mit weiblichen Arbeitskräften entstanden sind, wie bestimmte Bereiche der Textilproduktion.

Allerdings, für den Zweig des Baugewerbes, in dem das Bau- und Bauhilfs- und Bauausbaugewerbe sowie die Bauindustrie für Hoch- und Tiefbau statistisch zusammen aufgeführt werden, *kann die generelle Annahme nicht gelten, dass alle Arbeitsplätze von Arbeitern automatisch zum Feld einer Arbeiterklasse zu rechnen wären.* Gerade im Bauhilfs- und Bauausbaugewerbe finden sich eine sehr große Zahl von einzeln selbständig Tätigen und eine fast gleichgroße Zahl von Selbständigen mit einer kleinen Anzahl von Lohnarbeitern, zumeist wohl Arbeiter und kaum Angestellte. In der Regel wird der Selbständige auch als technischer Leiter fungieren, während die ökonomische Verwaltung familiär oder anderweitig erledigt wird. Nun wissen wir nicht, wie viele der 236.000 Selbstständigen im Baugewerbe wie viele Lohnabhängige beschäftigen. Aber wenn wir die grobe Annahme machen, dass im durchschnitt je Selbändigem mit fremdem Personal 5 Lohnarbeiter tätig sind, dann haben wir von insgesamt 1.404 Arbeitern 1.180.000, die nicht in die Arbeiterklasse zu rechnen wären, weil sie nicht beim Kapital arbeiten. *Damit bleiben rund 200.000 Arbeitsplätze für Arbeiter bei mittleren und großen Bauunternehmen übrig.*

Die 246.000 Arbeitsplätze für angestellte Frauen dürften auch hier weitgehend mit den kaufmännischen und Verwaltungstätigkeiten beschäftigt sein und kaum mit technischen Aufgaben. Das ist bei den Männern anders. Hier haben wir es vor allem bei den mittleren und großen Baufirmen mit den technischen Aufsichts- und Leitungsaufgaben und ansonsten mit technischen Planungs- und Kontrollaufgaben zu tun. Da bei der Einwerbung von Aufträgen die technische Ausgestaltung in Kombination mit der ökonomischen Umsetzung in Angeboten für Ausschreibungen eine zentrale Rolle spielt, kann man bei den Angestellten eine Trennung in die technischen und ökonomischen Arbeitsfelder nicht so einfach vornehmen. *Daher werden wohl mehr als nur 30 Prozent der männlichen Angestellten mit technisch relevanten Aufgaben betraut sein, die nicht vor allem aus Leitungsaufgaben bestehen.* Eine realistische Schätzung liegt wohl eher bei 50 als bei 30 Prozent. Das wären dann 290.000 vorrangig technisch beschäftigte männliche Angestellte in diesem Zweig und zwar außerhalb des kleineren Gewerbes. *Zusam-*

men mit den rund 200.000 Arbeitern wären das 490.000 Lohnarbeiter die in das Feld einer Arbeiterklasse in der Bauindustrie zu rechnen wären.

Für die Angestellten in der Industrie kann die Zuordnung von Frauen relativ einfach vorgenommen werden. *Aufgrund der Untersuchung der Berufsstatistik* ist es eine verständige Annahme, dass fast alle angestellten Frauen mit den normalen Verwaltungsarbeiten und mit den ökonomischen Routinearbeiten, wie der Buchführung, betraut sind. Technikerinnen oder Ingenieurinnen gibt es zwar inzwischen in etlichen Unternehmen, aber insgesamt nur in einer sehr geringen Anzahl. *Daher werden wir alle angestellten Frauen in der Industrie nicht in das Feld der Arbeiterklasse einordnen.*

Für die Zuordnung der Männer liegen die Dinge dagegen nicht so einfach. Welche Proportionen zwischen den Leitungsaufgaben und den technischen bestehen, dürfte von Zweig zu Zweig verschieden sein, und dazu noch von der Größe oder Art des Betriebes abhängen. Ein statistisches Indiz dürfte in der Proportion von männlichen Arbeitern und männlichen Angestellten bestehen. *Alle Zweige zusammen genommen, liegt die Zahl der männlichen Angestellten bei 70 Prozent der männlichen Arbeiter.* Diese Proportion variiert aber zwischen den Zweigen in typischer Weise: Im Bereich der Grundstoffgewinnung und -produktion schwankt sie zwischen 35 und 70 und liegt im Durchschnitt bei 45 Prozent.

Im Bereich der Investitionsgüterindustrie ohne das Baugewerbe liegt die Proportion bei 106 Prozent, wobei hier die Unterschiede erheblich größer sind. Sie variiert zwischen 300 und 70 Prozent. Beim Maschinenbau finden wir 410 männliche Angestellte und 423.000 männliche Arbeiter, ein Verhältnis von 96 Prozent.

Bei der Herstellung von Büromaschinen beträgt die Proportion 36.000 zu 6.000 – also 600 Prozent! Allerdings ist dieser Zweig in der BRD mit 58.000 *Lohnabhängigen* außerordentlich klein. Bei den elektronischen Ausrüstungen haben wir es mit 256.000 zu 85 zu tun – also 300 Prozent. Allerdings sind in diesem Zweig die Frauen mit 55.000 nicht in gesonderten Betrieben sondern eher an der Herstellung des gleichen Produktes im gleichen Betrieb beteiligt, wenn auch in anderen Abteilungen und anderen Verarbeitungsstufen und müssen daher zusammen mit den Männern gezählt werden – daher sind es nur noch 182 Prozent männliche Angestellte zu Arbeitern beiderlei Geschlechtes. Bei den elektrischen Ausrüstungen beläuft sich das Verhältnis auf 127 Prozent, bei der Produktion von Kfz. und Kfz.-Teilen auf 70,5 Prozent. In der Gebrauchsgüterindustrie finden wir 398.000 männliche Angestellte und 625.000 männliche Arbeiter, eine Proportion von 63 Prozent, in der Verbrauchsgüterindustrie finden wir 277.000 zu 305.000 und 91 Prozent.

Die oben genannte durchschnittliche Proportion von 70 Prozent lässt im Zusammenhang mit der Berufsstatistik vermuten, dass man mit einer Schätzung bei den männlichen Angestellten von 30 Prozent technischen Berufstätigen (ohne technische Leiter und Hochspezialisten) und 70 Prozent höherem kaufmännischem und Leitungsangestellten im Durchschnitt aller Industriezweige ohne Bau einigermaßen richtig liegt.

Dreißig Prozent von 2,22 Millionen männlichen Angestellten in der Industrie ohne Bau würde eine Zahl von rund 666.000 männlichen technischen Angestellten ergeben. Hinzu kämen grob geschätzt 290.000 vor allem männliche technische Angestellte in der Bauindustrie mit ihren großen Projektabteilungen. Zusammen wären das dann rund 956.000 technische Angestellte in der Industrie und dem Baugewerbe, meistens männlich, die man dem Feld einer Arbeiterklasse im hier entwickelten Sinn zurechnen könnte.

Von den rund 4,96 Millionen Arbeitern in diesen Bereichen, weiblichen und männlichen, werden 3,67 Millionen in das Feld einer Arbeiterklasse gerechnet, weil 1,3 Millionen Arbeitsplätze für Arbeiter aus dem kleinbetrieblich geprägten Baugewerbe herausgerechnet wurden.

Das wären zusammen im Jahre 2008 rund 4,71 Millionen Arbeitsplätze in der Industrie die zum Feld einer orthodox bestimmten Arbeiterklasse gehören, bei 9,23 Millionen Arbeitsplätzen aller dortigen Lohnabhängigen und 10,67 Millionen Arbeitsplätzen aller dortigen Erwerbstätigen.

6.4 Der Sektor der produktiven Dienstleistungen. Materielle und geistige Dienste für die Industrie und die materielle gesellschaftliche Infrastruktur

Bei den folgenden Wirtschaftszweigen handelt es sich es sich nicht mehr um Industrie und Gewerbe, die stoffliche Gebrauchswerte als Waren herstellen, sondern im weitesten Sinn um materielle und geistige Dienste für die materielle Produktion, oder solche, die notwendig auch von der materiellen Produktion in Anspruch genommen werden müssen. Außerdem sind hier häufig sowohl kleinere Gewerbetriebe als auch öffentliche, meist größere Unternehmen tätig. Da es sich um völlig verschiedene Zweige und Dienste handelt kann auch keine Durchschnittsüberlegung weiter helfen. *Daher müssen also alle Zweige je gesondert betrachtet werden.*

Die Überlegungen für die im einzelnen sehr kleinen und z. T. sehr speziellen Zweigen sind sehr detailliert und in der Summe zu umfangreich, um sie hier alle wiederzugeben. Auch die entsprechende Tabelle ist sehr umfangreich. *Daher beschränken wir uns darauf, die Zahlen für die zusammengefassten Zweiggruppen in einer Tabelle zu zeigen und die Zahlen ohne weitere Argumentationen kurz zu kommentieren.*

Recycling ist ein sehr kleiner Zweig, der industriell hergestellte Stoffe und Gegenstände wieder in den industriellen Stoffkreislauf zurückführt. Hier werden nur die 28.000 Arbeiter in das Feld der Klasse gerechnet. Es bleibt offen, ob dabei nicht etliche Kleinbetriebe ohne kapitalistischen Charakter einbezogen sind.

Die Reparatur von Gebrauchsgütern führt defekte Gebrauchswerte wieder in den Gebrauch zurück. Ob in den privaten Konsum oder die produktive wirtschaftliche Verwertung, lässt sich nicht unterscheiden. Von den 482.000 *Erwerbstätigen* sind 422.000 mit der Reparatur von Kfz. beschäftigt. Da es viele *Selbständige* auch mit eigenen *Lohnabhängigen* gibt und auch sonst der Zweig sehr kleinbetrieblich strukturiert ist, werden von den 186.000 Arbeitern nur 105.000 und von den Angestellten keiner in das Feld einer Arbeiterklasse eingerechnet.

Bei den technisch-wissenschaftlichen Diensten für die Produktion, mit immerhin 466.000 *Erwerbstätigen* und 302.000 Angestellten, handelt es sich z.B. um Architektur-, Ingenieur- und wiss. Prüfleistungen. Sie werden überwiegend von entsprechenden Büros

Wirtschafts zweig	Erwerb stätige	Selbs tg	Selbs t mt Besc h	mithe lf Fam Angh	Beam te	AN	Arb Kl orth:	Arbt Kl Ange st	Ange stellte			Arb-Kl Arbt	Arbeiter		
	3	4	5	6	7	8	9		9	10	11		12	13	14
	insg	insg	insg	insg	insg	insg	insg		m	w	insg		m	W	insg
Recycling	47					42	28	0	6		14	28	24		28
Reparatur v Gebrauchsgüter n u KFZ	482	78	41	0	0	338	105	0	116	36	152	105	177		186
techn.-wiss. Dienste f d mater. Produktion	466	129	45	0	0	319	85	85	183	120	302	0	12		17
Verkehr u Hilfsgewerbe	1.481	95	56		47	1.269	485	65	499	211	725	420	502	31	544
NachrichtenÜber mittlung	529	21	5		91	405	211	76	151	108	260	135	82	61	145
Energie- und Wasserversorgu ng zus	346	5	0	0	0	323	172	91	168	70	238	81	81	0	85
900 Abwasser- und Abfallbeseitigun g und sonstige Entsorgung	157	7	0	0	0	147	103	21	44	19	64	83	78	0	83
sonstige Unternehmens- u Organisations- Dienste	1.855	310	76	5	6	1.456	701	100	582	400	1.001	601	139	316	455
Alle produktiven Dienste für Unternehmen u Organisationen	5.674	662	223	5	144	4.600	1.891	438	1.678	872	2.871	1.453	956	460	1.729

Tabelle 6.4.– 6

und Labors von *Selbständigen* geleistet und nur von wenigen größeren Unternehmen. Bei diesen spielen die nur 17.000 Arbeiter eine untergeordnete Hilfsrolle und bleiben hier unbeachtet. Von den Angestellten bei den Unternehmen werden, als eine niedrige Schätzung, 85.000 in den produktiv relevanten technisch-wiss. Bereich ohne Leitungsaufgaben in das Feld einer modernen Arbeiterklasse eingerechnet.

Der Verkehr und das Hilfsgewerbe für den Verkehr gehören zum Teil zur materiellen Infrastruktur der Gesellschaft und werden beide nicht nur für ökonomische Zwecke, sondern auch für den Konsum verwendet.

Der Verkehr auf den Straßen benutzt zwar die Infrastruktur, aber die Fahrzeuge und die Fahrzeugführer, sowie die anderen Teile dieser Transportprozesse gehören nicht dazu. Der Zweig beschäftigt 1,481 Millionen Erwerbstätige, fast gleich verteilt mit 711.000 auf den Verkehr und 770.000 auf das Hilfsgewerbe. Beim Verkehr gibt es erheblich mehr Selbstständige mit und ohne *Lohnabhängige* als beim Hilfsgewerbe, in beiden liegt die Größenordnung aber weit unter 10 Prozent der *Erwerbstätigen*. In beiden Zweigen liegt die Zahl der Angestellten höher als die der Arbeiter. Beim Vergleich der männlichen Arbeiter mit denen der männlichen Angestellten zeigt sich beim Verkehr ein Gleichstand und beim Hilfsgewerbe ein leichtes Überwiegen der Arbeiter. Entsprechend groß ist der Anteil der angestellten Frauen mit den zu vermutenden Verwaltungsaufgaben.

Von den 725.000 Angestellten in den beiden Zweigen werden von uns 85.000, teils aufgrund grober Schätzungen, in das Feld der Arbeiterklasse gerechnet, von den 544.000 Arbeitern werden 420.000 eingerechnet.

Die Nachrichtenübermittlung setzt sich aus den Postdiensten und den Fernmeldediensten zusammen, die nicht nur hinsichtlich des Personals unterschiedlich groß sind, sondern auch sehr unterschiedlich zusammengesetzt. Es gibt 360.000 Erwerbstätige bei den Postdiensten und 170.000 bei den Fernmeldediensten und 150.000 Angestellte sowie 130.000 Arbeiter bei ersteren und 110.000 Angestellte sowie 15.000 Arbeiter bei Letzteren. Im ersten Zweig werden 40.000 Angestellte aus dem technischen Bereich und 120.000 Arbeiter in das Feld einer Arbeiterklasse eingerechnet. Bei den Fernmeldediensten rechnen wir 36.000 Angestellte und alle 15.000 Arbeiter in das Feld ein: für beide Zweige zusammen also 76.000 Angestellte und 135.000 Arbeiter.

Der Zweig Energie- und Wasserversorgung hat 346.000 Erwerbstätige, die überwiegend in der Elektrizitätsversorgung, der Erzeugung und Verteilung, mit 272.000 *Erwerbstätigen*, davon 192.000 Angestellte und 93.000 Arbeiter, beschäftigt sind. Davon rechnen wir 68.000 Angestellte und 63.000 Arbeiter in das Feld einer Arbeiterklasse.

Im Zweig sind außerdem noch die Gas-, Wärme- und Wasserversorgung enthalten, die zusammen nur 74.000 Erwerbstätige, davon 46.000 Angestellte und 18.000 Arbeiter beschäftigt. Davon rechnen wir 23.000 Angestellte und die 18.000 Arbeiter in das Feld einer Arbeiterklasse ein.

Die Abwasser- und Abfallbeseitigung und sonstige Entsorgung ist mit 157.000 *Erwerbstätigen*, davon 64.000 Angestellte und 83.000 Arbeitern, recht klein, aber sehr inhomogen. Abwasserbeseitigung ist vorrangig ein Teil der kommunalen Infrastruktur und ihres Betriebes und in Westdeutschland weitgehend kommunal betrieben. Bei der Abfallbeseitigung ist das inzwischen sehr unterschiedlich, sowohl was die Einsammlung mit Lastwagen, als auch was die Beseitigung auf Deponien oder in verschiedenen Anlagen betrifft. Dazu kommt die Entsorgung der verschiedensten Stoffe aus den Produktionskreisläufen von Landwirtschaft, Industrie und anderen Bereichen, die sehr speziell und ebenfalls unterschiedlich strukturiert sind. Nach einfachen Annahmen rechnen wir 21.000 Angestellte und 83.000 Arbeiter in das Feld einer Arbeiterklasse ein.

Der Zweig sonstige Unternehmens- und Organisationsdienste ist mit 1,855 Millionen Erwerbstätigen ziemlich groß, aber, wie viele der oben vorgestellten, ebenfalls sehr heterogen im Umfang, der Art der Leistungen und des Betriebes. Es werden 310.000 Selbstständige gezählt, sowie 1, 001 Millionen Angestellte und 455.000 Arbeiter.

Arbeitsvermittlung und Arbeitnehmerüberlassung (Leiharbeit), Nebendienste für Unternehmen und Organisationen, wie Wach- und Reinigungsdienste, Vermietungen und Verpachtungen, Dienste für die Datenverarbeitung sind die größten Unterbereiche dieser Zusammenstellung.

Die Arbeitsvermittlung und Arbeitnehmerüberlassung umfasst 311.000 Erwerbstätige, davon 115.000 Angestellte und 186.000 Arbeiter. Bei den Angestellten sind sowohl Verwaltungsangestellte, als auch vermittelte notiert.

Die Reinigungsdienste gehören mit 534.000 *Erwerbstätigen*, 43.000 Selbstständigen, 123.000 meist weiblichen Angestellten und 359.000 ebenfalls meist weiblichen Arbeitern zu den größeren Unterzweigen und sind der einzige mit einem erheblichen Arbeiteranteil.

Sonstige wirtschaftliche Dienstleistungen umfassen 544.000 Erwerbstätige, 156.000 Selbstständige, 306.000 Angestellten und nur 56.000 Arbeiter.

Der Bereich aller Datenverarbeitungsbezogenen Dienste beschäftigt 602.000 Erwerbstätige, 106.000 *Selbständige*, 467.000 Angestellte, davon 2/3 Männer, und keine Arbeiter.

Sowohl die Wachdienste, wie auch die Vermietungen und Verpachtungen kommen für ein Feld der Arbeiterklasse aus unterschiedlichen Gründen nicht in Frage.

Aus dem ganzen Konglomerat von Unterzweigen rechnen wir zum Feld einer Arbeiterklasse dazu: Aus der Arbeitnehmerüberlassung die 186.000 Arbeiter, die als Leiharbeiter überwiegend in die Industrie verliehen werden; die 359.000 Arbeiter der Reinigungsdienste (meistens Frauen), obwohl an dem produktiven Charakter ihrer Tätigkeit Zweifel angebracht sind, wenn wir an die Zweckbestimmung all der Büros denken, die von ihnen sauber gehalten werden; die 56.000 Arbeiter aus den sonstigen Dienstleistungen, die vermutlich in Abfüll- und Verpackungsanlagen sowie in Fotoentwicklungslabors arbeiten. Aus den Callcentern können wir keinen der Angestellten hinzunehmen, weil es darüber keine Zahlen gibt und keine Schätzung möglich ist; aus dem Bereich der Dienste für die Datenverarbeitung werden aus 467.000 Angestellten relativ willkürlich 100.000 Angestellte hinzu gerechnet, weil über die Tätigkeit in priv. Großbetrieben ohne ökonomische und sonstige Leitungstätigkeit keine Größenordnungen bekannt sind.

Das Ergebnis der verschiedenen Rechnungen und überschlägigen Schätzungen lautet in der Tabelle:

Erwerbstätige 2008 nach Wirtschaftsgruppen, -unterbereichen, -bereichen und Stellung im Beruf[1] Deutschland.; Durchschnitt, in 1000														
Wirtschafts zweig	Erwerb stätige	Selbs tg	Selbs t mt Besc h	mithe lf Fam Angh	Beam te	AN	Arb Kl orth:	Arbt Kl Ange st	Ange stellte			Arb-Kl Arbt	Arbeiter		
	3	4	5	6	7	8	9		9	10	11		12	13	14
	insg	insg	insg	insg	insg	insg	insg		m	w	insg		m	W	insg
Alle produktiven Dienste für Unternehmen u Organisationen	5.674	652	223	5	144	4.600	*1.891*	*438*	1.678	872	2.871	*1.453*	956	450	1.729

Tabelle 6.7.– 7

Von den 5,674 Millionen *Erwerbstätigen* in den produktiv oder materiell orientierten Diensten für die Industrie und die Gesellschaft sind 2,871 Millionen Angestellte und 1,7297 Millionen Arbeiter. Davon können wir teils rechnerisch, teils über Schätzungen 1,891 Millionen in das Feld einer modernen, aber eng und orthodox gefassten Arbeiterklasse einrechnen, davon 438.000 Angestellte, meist Männer, und 1,453 Millionen Arbeiter, außer bei der Reinigung, ebenfalls mehr Männer als Frauen.

6.5 Die Gesamtgröße für das Feld einer orthodox gefassten, modernen Arbeiterklasse in der BRD im Jahr 2008: die produktiven Sektoren der Volkswirtschaft

Zuletzt bleibt nur noch die Zahlen aus den drei verschiedenen Sektoren Landwirtschaft, Industrie und produktive Dienste zusammen zu zählen, um eine Größenordnung für das ökonomische Feld eine Arbeiterklasse im orthodoxen Sinn in der BRD von 2008 zu erhalten.

Von den rund 17 Millionen Erwerbstätigen und rund 14 Millionen *Lohnabhängigen* in den drei Sektoren, die entweder direkt der materiellen Produktion zugehören oder damit produktiv verbunden sind können wir rund 6,6 Millionen zum Feld einer modernen Arbeiterklasse im orthodoxen Sinn zurechnen, davon gehören rund 1,4 Millionen technische Angestellte und 5,2 Arbeiter. [55]

Was die Größenordnung dieser 6,6 Millionen im Hinblick auf die Gesamtheit aller 40 Millionen Erwerbstätigen in der Gesellschaft der BRD bedeutet, von denen etliche Millionen nicht in vollen und nicht in vollwertigen Arbeitsverhältnissen tätig sind, kann an diesem Ort nicht weiter untersucht werden. Das gilt auch für die 4,7 Millionen in der kapitalistisch verfassten Industrie. Darin sind als Minderheit auch die Klassenangehörigen in den Großbe-

Wirtschafts zweig	Erwerb stätige	Selb stg	Selbs t mt Besc h	mithe lf Fam Angh	Beam te	AN	Arb Kl orth:	Arbt Kl Angest	Angestellte			Arb-Kl Arbt	Arbeiter		
	3	4	5	6	7	8	9		9	10	11		12	13	14
	insg	insg	insg	insg	insg	insg	insg		m	w	insg		m	W	insg
Land- und Forstwirtschaft, Fischerei zusammen	873	276	197	138	0	417	30		90	68	158		195	64	259
Industr Gew. von Grund-St, Bearbtg u Hstllg v Halbzeug, Invest- u Konsum-Gütern	10.667	656	331	24	0	9.233	4.708	955	2.799	1.348	4.276	3.753	4.077	704	4.957
Alle produktiven Dienste für Unternehmen u Organisationen	5.674	652	223	5	144	4.600	1.891	438	1.678	872	2.871	1.453	956	450	1.729
Alle prod Zweige	17.214	1.584	861	167	144	14.250	6.629	1.393	4.567	2.288	7.305	5.206	5.229	1.218	6.945

Erwerbstätige 2008
nach Wirtschaftsgruppen, -unterbereichen, -bereichen und Stellung im Beruf [1])
Deutschland,; Durchschnitt, in 1000

Tab. 6.5. – 8

trieben großer Konzerne beschäftigt, von denen man sagen kann, dass sie durch das Kapital selbst im großen Stil in den Betrieben organisiert werden und sich zu einem großen Teil auch selber, als Gewerkschaften organisiert haben. Das bedeutet, dass sie potentiell in ökonomisch und gesellschaftlich relevanter Weise kampfkräftig sind. Jedoch haben sie dies in den letzten 20 Jahren weder ökonomisch noch gar gesellschaftlich für ihre eigenen Interessen hinreichend praktisch werden lassen.

7. Ergebnisse und Schlussfolgerungen

7.1 Ergebnisse

7.1.1 Die Reduktionen lohnabhängiger Erwerbstätigkeit in der materiellen Produktion

Die Reduktionen verlaufen in den verschiedenen Wirtschaftszweigen von 1970 bis 2004/6 in zwei deutlich unterschiedenen Mustern.

Zum einen gehen die Reduktionen mit den jeweiligen Rückgängen der Konjunktur einher und erfolgen relativ schnell. Sie erscheinen daher zunächst als vorübergehend. In den verschiedenen Aufschwüngen wird jedoch die Beschäftigung nur in geringerem Umfang wieder aufgebaut und der Aufbau erfolgt eher langsam und hinkt hinter der Ausweitung der Produktion hinterher. Die jeweiligen Entwicklungen der *Abschreibungen* lassen vermuten, dass in und nach den Krisen Rationalisierungen und technische Investitionen den Anteil der tätigen Arbeit in den Produktionen verringert haben.

Zum anderen zeigt sich in fast allen Wirtschaftszweigen, dass mit 1991 ein tiefer Bruch im kapitalistischen Reproduktionsmuster der BRD erfolgte, der nicht ursächlich mit der Vereinnahmung der DDR zu tun hat. Eher lässt sich vermuten, dass nach dem Ende der Vereinigungskonjunktur in der sich anschließenden Krise um 1993 die Veränderungen des wirtschaftlichen Ablaufs in der Welt nach der Krise von 1990ff. sich auch in der stark exportorientierten BRD durchsetzen: Globalisierung und Neoliberalismus in der Expansion der Produktionsweise und ihrer einzelstaatlichen Regulierung, sowie Vertiefung der produktivitätsorientierten Entwicklung von Technologie und Organisation mit Hilfe einer Informationstechnologie, die selber einer noch schnelleren Produktivitätsentwicklung folgt.

Dieses neue Muster zeichnet sich durch relativ geringes Wachstum der Industrieproduktion in der BRD und einen teilweise dramatischen Abbau der einschlägigen hiesigen lohnabhängigen Beschäftigung aus.

Die Wirkung auf die Lage der *Lohnabhängigen*, mit der Reduktion der volkswirtschaftlichen Lohnquote von rund 72 Prozent auf 64 Prozent des Volkseinkommens und die faktische Stagnation der effektiven Löhne, sowie die Ausbildung eines Sektors prekärer Beschäftigung mit Dumpinglöhnen, ist bekannt.

7.1.2 Die Ausweitung der Beschäftigung bei den reproduktiven Dienstleistungen

Sie geht in der zweiten Periode zunehmend ebenfalls unter neoliberalen Maßgaben vor sich (Warenförmigkeit imitieren, Privatisieren, Kapital investieren, Löhne drücken, Arbeit ausquetschen) und konnte die Reduktionen in den industriellen Bereichen nur ausgleichen.

7.1.3 Die Veränderungen in der gesellschaftlichen Produktionsstruktur und der gesellschaftlichen Arbeitsteilung – Fünf vermutliche Ursachen

Erstens überschreitet die Versorgung mit industriellen Grundstoffen und die Arbeitsteilung mit dem Ersatz von heimisch produzierter Kohle durch den Import von Öl und später auch von Erdgas die nationalen Grenzen in einer volkswirtschaftlich neuen Größenordnung.

An die leichtere »Handhabbarkeit« von Öl und Gas knüpfen sich zusätzlich massive Einsparungen von gesellschaftlicher Arbeit in Transport, Umschlag und auch der privaten Handhabung.

Ob auch Produktivitätsgewinne bei der Verarbeitung in der chemischen Industrie und durch die Gewinnung von anderen Kunststoffen eingetreten sind, kann hier nicht beurteilt werden – ist aber wahrscheinlich

Zweitens haben sich die Rationalisierung, die Technisierung und dabei die Anwendung von elektronischer Datenhandhabung (Verarbeitung und Übermittlung) in der Produktion und ihrer Organisation, sowie in den kommerziellen Bereichen in massiver Ersparnis gesellschaftlich notwendiger Arbeit niedergeschlagen.

Drittens ist die nationale Produktionsstruktur durch die Verlagerung von Produktionen mit stark manufakturellem Charakter, häufig mit weiblichen Arbeitskräften betrieben wie Bekleidungsindustrie, Fein-Montagearbeiten von und an Geräten und Apparaten und einfachem Spielzeug, aber auch Schuhproduktion, stark verändert worden. Nationale Produktionen wurden auch hier durch Importe ersetzt.

Ähnliches gilt für die Herstellung von sog. weißer Ware, wie Waschmaschinen und Kühlschränken; und auch für etliche technisch komplizierte Geräte und Apparate, wie Radios, Fernseher, Audiogeräte aller Art, sowie Telekommunikationsgeräte und auch für optische Erzeugnisse.

Viertens ist in diesen Bereichen die Montage und Bestückung durch Veränderungen der Technik und der Produktionsverfahren tiefgreifend verändert worden. Die Verwendung von Leiterplatten und Integrierten Schaltkreisen einerseits und die Verwendung von Bestückungsautomaten andererseits haben den notwendigen Arbeitsaufwand drastisch gesenkt, sowohl bei der Restproduktion im Inland, wie auch an den neuen Produktionsstandorten.

Fünftens haben sich durch die zunehmende Durchdringung der Konsumwelt mit technischen Waren und mit gestiegenem materiellem Lebensstandard die Konsummuster geändert. In vielen Bereichen geht es nur noch um den Ersatz von veralteten Geräten und um die Erstanschaffungen durch junge Erwachsene – nicht mehr um die Ausweitung des Absatzes im nationalen Markt: Waschmaschinen, Kühlschränke, Fahrräder, Küchengeräte, Radios, Fernseher, Audiogeräte, Kameras, Telefone, Autos, inzwischen auch Ausrüstungen mit PC und Peripherie sowie mit Handys.

7.1.4 Die Berufe und die Qualifikationen

Die oben angedeuteten Veränderungen in der technischen Ausrüstung der Produktion in Industrie und Gewerbe und damit in der Struktur der Arbeitsstellen in vielen Bereichen schlagen sich auch in den Zahlen der dort ausgeübten Berufe, sowie in den Relationen der Qualifikationsstufen nieder.

In fast allen Wirtschaftszweigen sind die ungelernten Tätigkeiten auf dem Rückzug. Relativ nehmen die gelernte handwerklich-technische und die gelernte industrielle Arbeit zu, absolut gilt das nur teilweise. Zum Teil wird diese Stufung durch die Führung mobiler

Maschinen überbrückt. Das trifft vor allem im Hoch- und Tiefbau zu. Diese Tätigkeiten sind natürlich nicht immer einfache Anlernarbeiten, aber meistens auch keine formellen Lernberufe. Das Fahren von Autos ist, ähnlich wie Lesen und Schreiben, für inzwischen fast alle Berufe, zum allgemeinen Zivilisationsstandard geworden, auf dem die Erlernung der Bedienung komplexer mobiler Arbeitsmaschinen basiert. Im Transportgewerbe war das schon länger der Fall.

Prozentual nehmen sowohl die Arbeiten für Techniker, als auch jene für Ingenieure erheblich zu – auch wenn sich das absolut nur in relativ geringen Zahlen niederschlägt. Wobei in einigen zentralen Bereichen, wie dem Maschinenbau und der Kfz.-Produktion, sogar die Zahl der Ingenieure stärker zunimmt, als jene der Techniker. Zusammen zeigen sie gegenüber den Facharbeitern zunehmend eine relevante Größe, auch wenn sie von deren Zahl im Durchschnitt noch einiges entfernt sind.

7.2 Schlussfolgerungen.
Allgemeine Tendenzen der Produktion und Reproduktion von Gesellschaften mit kapitalistisch-industrieller Produktionsweise

1. Die kapitalistisch-industrielle Doppelrevolution seit etwa 1760 ist nicht in England beendet worden, sondern mündet in einen fortlaufenden Prozess gesellschaftlicher Vertiefung und geographischer Ausweitung.

2. Er vollzieht sich in ökonomischen Konjunkturen und Krisen, in technischen Verbesserungen und Revolutionen, in Vertiefungen des Kapitalverhältnisses und sozialen Umwälzungen, in geographischen Erweiterungen, mit Hilfe oder trotz Kriegen, Zerstörungen und gesellschaftlichen Revolutionen – die Kontinuität des Prozesses ist alles andere als eine Idylle.

3. Die Ausdehnung der Industrie in einzelnen Gesellschaften und über den Globus schafft immer wieder Felder der Produktion in denen die technisch-ökonomischen Bedingungen für die Herausbildung einer Arbeiterklasse im Engelsschen Sinn neu entstehen.

4. Wenn die sozialen und politischen Umstände dafür gegeben sind oder sich herstellen, kann sich aus der massenhaften Beschäftigung von *Lohnabhängigen*, aus einer statistischen ökonomischen

Klasse eine soziale Klasse und mittels Arbeiterorganisationen dann auch eine Arbeiterbewegung innerhalb der Klasse entwickeln.

5. Mit den jeweils kontinuierlichen technischen Entwicklungen und vor allem den technischen Revolutionen bei Rohstoffen, Maschinen, Antrieben, Werkstoffen, Verfahren, Steuerungen und Produkten verschwinden jeweils mehr technisch-organisatorische Orte einer Tätigkeit für *Lohnabhängige* vom Typus Arbeiterklasse als jeweils neu entstehen.

Das gilt auch, sofern die technischen Entwicklungen in erster Instanz oder länger dauernd eine Vielzahl von technisch qualifizierten Arbeiten hervorruft. Diese werden im längerfristigen Verlauf wieder in höher qualifizierte und Routine-Arbeiten aufgespalten und damit dann der erneuten Mechanisierung und später sogar der Automatisierung zunächst zugänglich gemacht und dann unterworfen.

6. Die von der Kapitalverwertung vorangetriebene Entwicklung der Produktions- und Betriebsweise der Industrie mittels Fabriken und Anlagen, die einerseits für das Entstehen von Arbeiterklasse-Belegschaften in den Industrien sorgt, lässt sie tendenziell auch wieder verschwinden, indem das technisch-organisatorische Feld dafür wieder reduziert wird.

7. Das heißt nun keineswegs, dass die industrielle Produktion verschwindet. Im Gegenteil, sie wird stofflich erweitert, innerhalb schon industrialisierter Gesellschaften und durch die Entwicklung neuer industrieller Gesellschaften.

Und es heißt auch nicht, dass die Industrie ihre stoffliche oder wertmäßige Bedeutung für die kapitalistischen Gesellschaften verliert – aber ihre Ausstattung mit Arbeitskräften vom Typus Arbeiterklasse verringert sich nach und nach.

8. Die kapitalistische Durchdringung der Gesellschaften mit Hilfe der Industrie, ihren Produkten und der Infrastruktur sowie der daraus entstehenden Lebensweise hat ebenfalls paradoxe Auswirkungen. Notwendiger Weise verschwindet das kleine produzierende Gewerbe. Neu entsteht hingegen ein kleines Gewerbe der Installation, Instandhaltung und Reparatur industrieller Güter und Strukturen – das aber wiederum der Kapitalisierung, der Konzentration und der Rationalisierung unterworfen wird.

9. Vor allem aber entsteht ein Sektor gesellschaftlich notwendiger, kollektiver Dienstleistungen, der nur ausnahmsweise, nur par-

tiell oder zeitlich begrenzt von Kapitalinvestitionen ins Leben gerufen oder übernommen wird, der sich dafür funktionell nur begrenzt eignet und der allermeist und auf Dauer von gesellschaftlichen, meist staatlichen Organen ins Leben gerufen und betrieben wird.

Das sind, wie bekannt, Schulen, Hochschulen, Forschugseinrichtungen, Krankenhäuser, Sozialeinrichtungen, kollektive Verkehrseinrichtungen, Energie- und Informationsnetzwerke und alle möglichen kommunalen technischen Dienste.

Der Umfang und die Kapitalferne solcher Einrichtungen und Dienste sind in verschiedenen Gesellschaften unterschiedlich und auch historisch wechselnd, wie z.B. staatliche oder private Eisenbahnen, Schulen oder Kliniken.

10. Der fortlaufende Prozess der Industrialisierung von Gesellschaften, eng verbunden mit der Kapitalisierung, mündet daher darin, dass die Industrie mit ihren Produkten und der industriell gefertigten oder betriebenen Infrastruktur zwar die Lebensweise prägt oder beherrscht. Aber der gesellschaftlich dafür notwendige Arbeitsaufwand in der Industrie selbst nimmt tendenziell ab und damit auch die Zahl der dort tätigen Menschen. *Damit werden auch jene Arbeitsplätze weniger, die in der Industrie das Feld einer Arbeiterklasse im Engelsschen Sinne darstellen.*

11. Der fortlaufende Prozess der Kapitalisierung der Gesellschaften, eng verbunden mit der Industrialisierung, mündet daher einerseits in die Eroberung der meisten Produktionsfelder und der meisten Konsumbereiche für die Produkte der kapitalistischen Produktion oder der kapitalförmig betriebenen Dienstleistungen – zumindest in die umfassende Warenförmigkeit von beidem. Aber damit wird nach geringer Zeit die Notwendigkeit hervorgebracht und tendenziell auch erfüllt, kollektive gesellschaftliche Erfordernisse auch direkt durch gesellschaftliche Organe in nicht-kapitalistischer Form zu erfüllen. *Mit zunehmender kapitalistisch vorangetriebener Produktivität und zunehmender auch technischer Vergesellschaftung und Arbeitsteilung reduziert sich daher das Feld produktiver! Kapitalverwertung wieder*

12. Beide in sich gegenläufige, widersprüchliche Prozesse strukturieren die erwerbstätigen, dabei vor allem lohnabhängigen Bevölkerungsgruppen, sie prägen ihre Lebensweise wie auch ihre gesellschaftliche Perspektive. Ob und wann sich unterschiedliche Teile ihrer jeweiligen Rolle, der Ursachen ihrer Verhältnisse und somit

der Voraussetzungen für deren Verbesserung bewusst werden, ist natürlich nicht vorher zu bestimmen.

13. Dass dabei die verschiedenen funktionellen und ökonomischen Teile der erwerbstätigen Lohnarbeiterschaft eine unterschiedliche Rolle spielen können, ist ebenfalls kaum zu bestreiten.

So ist es erstaunlich, dass sich die *Lohnabhängigen* der Eisenbahn in der BRD durch ihre Gewerkschaften bei der Privatisierung von ihren Interessen haben ablenken lassen.

Dass dagegen die *Lohnabhängigen* der Automobilindustrie nicht für CO_2-Reduzierung und den öffentlichen Nah- und Fernverkehr auf die Barrikaden gehen, ist nahe liegend.

So ist es wohl auch wenig wahrscheinlich, dass sich die *Lohnabhängigen* des privaten Banken- und Versicherungssektors für eine öffentliche Gesundheits- und Alterssicherung ohne privates Kapital einsetzen werden. Dass sie dies inzwischen bei einer Arbeitslosenversicherung für sinnvoll halten könnten, ist in und mit der dramatischen Krise des Finanzkapitals vielleicht nicht ganz auszuschließen.

7.3. Politische Schlussbemerkungen

Die quantitativen Ergebnisse der Untersuchung der Struktur der Lohnarbeit in Verbindung mit der Untersuchung der gesellschaftlichen Arbeitsteilung zeigen, *dass eine orthodox gefasste Arbeiterklasse in der BRD schon heute quantitativ keine hegemoniale politische Rolle mehr spielen kann.* Die Entwicklungstendenz der letzten Jahrzehnte, auch des letzten, deuten auf eine künftige Vertiefung dieser Tendenz. Die knappe Mehrheit der Lohnarbeiter in der weit gefassten materiellen Produktion besteht noch aus Arbeitern, aber die Tendenz geht dahin, dass die verschiedenen Sorten von Angestellten die Mehrheit bilden werden und dieser Zeitpunkt ist nicht mehr fern. *Die technischen Angestellten sind dabei aber weder quantitativ noch bisher interessenpolitisch ein Korrektiv.*

Der überall in der »alten« kapitalistischen Welt abnehmende gewerkschaftliche und politische Einfluss der orthodoxen verstandenen Arbeiterklasse und ihrer Erweiterung durch die technische Intelligenz bestätigt das seit Jahrzehnten und auch aktuell.[56]

Die große Mehrheit der anderen Lohnabhängigen, ob nun in der materiellen Produktion, beim Kapital oder beim Staat, kann keinesfalls als sozial-ökonomische Einheit gefasst werden. Ihre grundlegende Gemeinsamkeit, über keine eigenen Produktionsmittel zu verfügen, bringt keine praktisch wirksame gemeinsame Interessenlage gegenüber dem Kapital zustande. Sie daher als Gesamtklasse gegenüber dem Kapital zu behandeln, wie auch immer die Bezeichnung gewählt wird, führt an der ökonomischen und sozialen Wirklichkeit vorbei und politisch in die Wirkungslosigkeit.

Die tatsächliche Gemeinsamkeit, die objektiv, wenn auch in Abstufungen, vorhanden ist, *stellt alle Lohnabhängigen* unterhalb einer vagen Grenze der Entlohnung, der Arbeitsbedingungen und der Stellung im Betrieb *in ein gemeinsames Verhältnis gegenüber dem Staat, der die Bedingungen ihrer Arbeits- und Entlohnungsverhältnisse, vor allem gegenüber dem Kapital reguliert und garantiert hat, und dies seit mehreren Jahrzehnten zunehmend aufgibt.* Allerdings garantiert der Staat weder diese Arbeits- und Entlohnungsverhältnisse selbst, noch stellt er sie her, außer bei den Lohnabhängigen im Staatsdienst und abgeschwächt bei öffentlichen Einrichtungen. Da dieser Staat auch erheblichen Einfluss auf die Regulierung der Kapitale und damit auf die Gangart des kapitalistischen Prozesses hat, ist diese Gemeinsamkeit noch weiter gespannt.

Die Abhängigkeit des Alltagslebens der Lohnabhängigen, der Individuen, der Haushalte und der Generationsfolge von den staatlich organisierten Reproduktionsstrukturen vertieft und erweitert diese Gemeinsamkeit noch weiter. Das sind objektive Abhängigkeiten, Gemeinsamkeiten und Interessen. Aber diese Gemeinsamkeit wird nur als politisches Verhältnis zum Staat wirksam, in Absehung von den konkreten Arbeitsverhältnissen. Dieses potentielle politische Verhältnis steht in objektiver Konkurrenz zur Verfolgung der Interessen des Kapitals. Deren Transmissionsriemen, Verbände, Parteien, Medien, von ihnen verbreitete Ideologien, und Geldflüsse aller Art, erweisen sich bisher, auch in der Krise, als überlegen.

Die gegenwärtige Krise offenbart, dass es eine politische Artikulation von Opposition erheblicher Teile der Lohnabhängigen gegen die (finanz-) kapitalistischen Verhältnisse dann gibt, wenn die Krise der ökonomisch-sozialen Verhältnisse durch den Staat selber noch zugespritzt wird. Paradox ist dabei, dass solche Regierungen erst von politischen Mehrheiten, als erste Reaktion auf die Krise, gewählt oder toleriert wurden. Und zu deren Wählern gehörten und gehören wohl immer noch auch erhebliche Teile der Opfer der gegenwärtigen Krise.

Bisher ist daher zwar für die meisten Lohnabhängigen die irrationale, kaum vorhersehbare und von ihnen bisher nicht beeinflussbare Bewegung ihrer Arbeitsplätze, ihrer Arbeits- und Entlohnungsbedingungen sowie ihrer allgemeinen Lebensverhältnisse von den weltweit berechneten Kapitalverwertungskalkülen und -bedingungen großer Finanz- und Produktionskonzerne und deren großen privaten Kapitaleignern objektiv abhängig. Aber ihre Unterwerfung unter dieses System erscheint ihnen bisher nur sinnfällig und zu bekämpfen, wenn diese durch den Staat vermittelt wird. Das bedeutet, erst eine einsehbare, mit dem Staat verknüpfte Alternative zu den akuten kapitalistischen Verhältnisse wird eine breite politische Wirksamkeit erlangen können.

Ob und wann eine starke Mehrheit der Betroffenen und Bedrohten zusammen, also vor allem der allergrößte Teil der Lohnabhängigen, die Verhältnisse zunächst politisch und dann auch ökonomisch in die eigenen Hände nehmen will und sie, dem eigenen Verstand folgend, organisieren wird, ist nicht abzusehen. Auch wenn Notwendigkeit und Möglichkeit dazu abstrakt auf der Hand liegen, scheint dies doch bisher nur wenigen plausibel zu sein. Aber das kann sich ändern.

Anmerkungen

1 vergl: Marx-Engels-Stiftung Hrsg.: Projekt Klassenanalyse@BRD, Zweifel am Proletariat – Wiederkehr der Proletarität; Beiträge zur Klassenanalyse, Band 1, 2004; Umbau der Klassengesellschaft, Band 2; 2006; Sozialcrash – Von der DDR-Gesellschaft zur kapitalistischen Klassengesellschaft der BRD, Band 3, 2007; Mehr Profite – mehr Armut, Prekarisierung und Klassenwiderspruch; Band 4, 2007; alle im Neue Impulse Verlag, Essen

2 Jörg Miehe: Zur Struktur der Erwerbstätigkeit und der gesellschaftlichen Arbeitsteilung in der BRD von 1957/70 bis 2008, S. 81 – 159; in: s. Anm. 3

3 Arbeitende Klasse in Deutschland, Macht und Ohnmacht der Lohnarbeiter; Hrsg: E. Lieberam/J. Miehe, Pahl-Rugenstein Verlag, Köln, 2011

4 s. Anm. 1, Projekt Klassenanalyse@BRD

5 W. Seppmann hat sich in seinem Buch: »Die verleugnete Klasse«, Kulturmaschinen Verlag, Berlin 2010, das ebenfalls aus dem Projekt hervorgegangen ist, ausführlich und kritisch mit den verschiedenen Ansätzen in der Soziologie und der Gesellschaftsphilosophie in der 80er und 90er Jahren der BRD befasst, in denen vor allem mit Verweis auf die subjektive Seite und soziale Erscheinung des Lebens der *Lohnabhängigen* der Klassencharakter der Gesellschaft oder auch nur eine Arbeiterklasse in der BRD weginterpretiert wurden.

6 Friedrich Engels, Die Lage der arbeitenden Klasse in England, (usprl: Wiegand, Leipzig, 1845) in: MEW 2, S. 225 ff; eine schöne Taschenbuchausgabe kam in Westdeutschland bei dtv text-bibliothek, München 1973 heraus, mit Daten zur Biographie, zur Industrialisierung und zur Arbeiterbewegung in England, einer Bibliographie und einem würdigenden Nachwort.

7 vgl.: Anm 1, Band 1, Vorbemerkung v Werner Seppmann, S. 7f. und Ekkehard Lieberam: Einleitungsbeitrag unter dem Titel des Buches, besonders. S. 13: »Sie muss heute natürlich auf brennende Fragen unserer Zeit Antwort geben – so auch auf die Frage, weshalb die angelaufenen schärfsten Attacken auf den Sozialstaat in der Geschichte der Bundesrepublik nicht zu einem Massenprotest der Betroffenen führen.«

8 s. Anm. 1, Projekt…

9 H. Jung: Zu den klassentheoretischen Grundlagen einer sozialstatistischen Analyse der Klassen- und Sozialstruktur der BRD; in: H. Jung, Ch. Kievenheim, M. Tjaden-Steinhauer, K.H. Tjaden; hrsg. vom Institut für Marxistische Studien und Forschungen; Klassen- und Sozialstruktur der BRD 1950 – 1970; Teil I: Klassenstruktur und Klassentheorie, Theoretische Grundlagen und Diskussion; Verlag Marxistische Blätter, Frankfurt/Main 1973; S. 11ff; eine in der Sache unveränderte Kurzfassung erschien beim Verlag Marxist. Blätter als Taschenbuch, Frankfurt 1977: André Leisewitz Klassen in der Bundesrepublik Deutschland;

10 vergl: J. Miehe, Vom heutigen Nutzen der Klassenanalyse des IMSF, Beitrag zur 6. Konferenz des Projektes im September 2006 in Essen, Manuskript.

vergl. Bericht von der Konferenz von Ekkehard Lieberam in: *junge Welt* vom 29. September 2006

11 vergl. Anm. 3; dort E. Lieberam: Strukturwandel und Klassenbildung der Lohnarbeiter in Deutschland – Skizze nach 162 Jahren Manifest; S. 25-80

12 Voy, Polster, Thomasberger: Marktwirtschaft und politische Regulierung Bd. 1; Gesellschaftliche Transformationsprozesse und materielle Lebensweise Bd.2; Beiträge zur Wirtschafts- und Gesellschaftsgeschichte der BRD 1949-1989; Metropolis Verlag, Marburg 1994,1993

13 vergl. unten Abschnitt 4

14 z. IMSF vergl. Anm.9; zum Projekt Klassenanalyse (PKA), Materialien zur Klassenstruktur der BRD; Erster Teil Theoretische Grundlagen und Kritiken; Zweiter Teil – Grundriss der Klassenverhältnisse (1950-1970); Studien zur Klassenanalyse Bde 3 u 4; Verlag für das Studium der Arbeiterbewegung, Westberlin 1973, 1974, auch das PKA publizierte eine Kurzfassung als Taschenbuch: J.Bischoff Hrsg.: Die Klassenstruktur der Bundesrepublik Deutschland, ein Handbuch zum sozialen System der BRD; VSA-Verlag Westberlin 1976

15 vergl. Anm. 14, PKA, Band 2, S. 129

16 J. Bischoff, Hrsg.: Die Klassenstruktur der Bundesrepublik Deutschland, Ein Handbuch, VSA, Westberlin, 1976; J. Bischoff u. a.: Jenseits der Klassen?, Gesellschaft u Staat im Spätkapitalismus; VSA, Hamburg, 1982

17 J. Bischoff, S. Herkommer, H. Hüning: Unsere Klassengesellschaft; verdeckte und offene Strukturen sozialer Ungleichheit, VSA, Hamburg 2002

18 vergl. Anm. 9, Jung, S. 113, 142, 152/53; Leisewitz, S. 61, S. 64

19 Marx, Kapital, III, MEW 25, S. 303/4

20 Lothar Peter, Was machen wir mit dem Klassen begriff?, Zeitschrift *Z. Marxistische Erneuerung* Nr. 81, März 2010, S. 133f., entschiedener Widerspruch kam von Boris und Römer in der folgenden Nr. 82, Juni 2010 S. 146ff, ohne Durchschlagendes vorbringen zu können

21 Programm der DKP von 2006, S. 20: »Arbeiterklasse – entscheidende Kraft: Die Arbeiterklasse ist die entscheidende Kraft im Kampf gegen die Macht des Kapitals und zur Erkämpfung des Sozialismus. Sie ist die Klasse in der kapitalistischen Gesellschaft, die auf Grund ihrer Stellung im System der gesellschaftlichen Produktion am stärksten und unmittelbar die kapitalistische Ausbeutung erlebt. Als Nichteigentümer an den Produktionsmitteln sind die Arbeiter und Angestellten gezwungen, ihre Arbeitskraft zu verkaufen.«

22 Politische Thesen des Sekretariats des Parteivorstandes der DKP, 25.1.10: Der Weg aus der Krise; V Arbeiterklasse in der Krise; These 6 Der moderne Kapitalismus hat die soziale Basis der Arbeiterbewegung zersetzt und aufgelöst. Mit der Folge, dass »die« Arbeiterbewegung als klassenautonome politische, gewerkschaftliche und kulturelle Bewegung nicht mehr existiert.

23 s. Anm. 18, IMSF, Jung, S. 153/54

24 vergl. Anm. 5, Seppmann, Die verleugnete Klasse ...

25 vergl. Anm. 9, Jung, S. 11 ff

26 vergl. Anm. 14, PKA Bd 3, S. 307-493

27 vergl Anm. 5, W. Seppmann: Die verleugnete Klasse, dort:»Die Wiederent-
deckung der Klassen«

28 Rainer. Geißler, Die Sozialstruktur Deutschlands; Westdeutscher Verlag,
Wiesbaden 2002; Bernhard Schäfers, Gesellschaftlicher Wandel in Deutschland, UTB, Stuttgart, 2002

29 s. Anm. 6; F. Engels: Die Lage … (MEW Bd. 2)

30 Also noch vor seiner Zusammenarbeit mit Marx an der Heiligen Familie
und der Deutschen Ideologie 1845 und Jahre vor dem Manifest der
Komm. Partei von Anfang 1848

31 F. Engels: Die Lage der arbeitenden Klasse in England (MEW Bd. 2, S.
237) <237>» Einleitung – Die Geschichte der arbeitenden Klasse in England beginnt mit der letzten Hälfte des vorigen Jahrhunderts, mit der
Erfindung der Dampfmaschine und der Maschinen zur Verarbeitung der
Baumwolle. Diese Erfindungen gaben bekanntlich den Anstoß zu einer
industriellen Revolution, einer Revolution, die zugleich die ganze bürgerliche Gesellschaft umwandelte und deren weltgeschichtliche Bedeutung erst
jetzt anfängt erkannt zu werden. England ist der klassische Boden dieser
Umwälzung, die umso gewaltiger war, je geräuschloser sie vor sich ging,
und England ist darum auch das klassische Land für die Entwicklung ihres
hauptsächlichen Resultates, des Proletariats. Das Proletariat kann nur in
England in allen seinen Verhältnissen und nach allen Seiten hin studiert
werden.« <239> » Die erste Erfindung, die in der bisherigen Lage der eng-
lischen Arbeiter eine durchgreifende Veränderung hervorbrachte, war die
Jenny des Webers James Hargreaves zu Standhill bei Blackburn in Nord-
Lancashire (1764). … Während so schon mit der ersten noch sehr unvoll-
kommnen Maschine das industrielle Proletariat sich entwickelte, gab die-
selbe Maschine Anlass zur Entstehung auch des Ackerbauproletariats.«

32 Karl Marx und Friedrich Engels: Die deutsche Ideologie, MEW Bd 3, Dietz
Verlag Berlin 1969

33 F. Engels: Grundsätze des Kommunismus (MEW Bd. 4, S. 363: »2. F[rage]:
Was ist das Proletariat? A[ntwort]: Das Proletariat ist diejenige Klasse der
Gesellschaft, welche ihren Lebensunterhalt einzig und allein aus dem Ver-
kauf ihrer Arbeit und nicht aus dem Profit irgendeines Kapitals zieht; deren
Wohl und Wehe, deren Leben und Tod, deren ganze Existenz von der
Nachfrage nach Arbeit, also von dem Wechsel der guten und schlechten
Geschäftszeiten, von den Schwankungen einer zügellosen Konkurrenz
abhängt. Das Proletariat oder die Klasse der Proletarier ist, mit einem
Worte, die arbeitende Klasse des neunzehnten Jahrhunderts.«

34 Karl Marx: Grundrisse der Kritik der politischen Ökonomie (Rohentwurf);
Dietz Verlag, Berlin 1974

35 Das Kapital, Kritik der politischen Ökonomie, von Karl Marx, Erster Band,
Buch I: Der Produktionsprozess des Kapitals, Hamburg, Verlag von Otto
Meissner, 1867

36 Statistisches Bundesamt; Ergebnisse des Mikrozensus; Erwerbstätige nach Stellung im Beruf; früheres Bundesgebiet; 1957-2005, hier: Excel-Tabelle d. Stat. BA

37 Statistisches Bundesamt; Volkswirtschaftliche Gesamtrechnungen; Inlandsproduktsberechnung; Revidierte Jahresergebnisse, Fachserie 18 Reihe S.29; 1970 bis 1991; Erscheinungsfolge: einmalig; Stand: August 2006; erschienen am 5.9.2006; Artikelnummer: 2189029; hier: Excel-Tabelle d. Stat. BA

38 Statistisches Bundesamt, Volkswirtschaftliche Gesamtrechnungen; Inlandsproduktsberechnung; Detaillierte Jahresergebnisse, Fachserie 18 Reihe 1.4; 2005; Erscheinungsfolge: jährlich; Stand: August 2006; Erschienen am 1.9.2006, Artikelnummer: 2180140057005; hier: Excel-Tabelle d. Stat. BA

39 Statistisches Bundesamt; a) Ergebnisse des Mikrozensus; Erwerbstätige nach Berufsgruppen; Deutschland 1993-2006; n Geschl.; b) Volkswirtschaftliche Gesamtrechnungen; Inlandsproduktsberechnung; Revidierte Jahresergebnisse; Fachserie 18 Reihe S.29; 1970 bis 1991; Erscheinungsfolge: einmalig; Stand: August 2006; erschienen am 5.9.2006; Artikelnummer: 2189029; hier: Excel-Tabelle d. Stat. BA

40 Thomas Körner, M. A., Dipl.-Geografin Katharina Puch: Der Mikrozensus im Kontext anderer Arbeitsmarktstatistiken, Ergebnisunterschiede und ihre Hintergründe; in: Statistisches Bundesamt • Wirtschaft und Statistik 6/2009, S. 528 ff

41 Zum Problem der Vermittlung von objektiver, ökonomischer Lage und sozialen, politischen sowie ideologischen Erscheinungen bei den *Lohnabhängigen*, vergl.: J. Miehe, Zweifel am Proletariat, Widersprüche zwischen Alltagsbedürfnissen und objektiven Interessen der Arbeiterklasse; in: Zweifel am Proletariat, Bd 1, Beiträge zu Klassenanalyse, Edition Marx. Blätter; Essen 2004. Zu einem umfassenden Programm der empirischen Untersuchung der Arbeiterklasse vergl.: J. Miehe, Zum Projekt Klassenanalyse der BRD, Manuskr. 9.3.2004

42 s. Anm. 17, Bischoff, Herkommer, Hüning; Anm. 20, Peter/Boris

43 Marx/Engels: Manifest der kommunistischen Partei, (vgl. MEW Bd. 4, S. 472,473/4): »Die wesentliche Bedingung für die Existenz und für die Herrschaft der Bourgeoisklasse ist die Anhäufung des Reichtums in den Händen von Privaten, die Bildung und Vermehrung des Kapitals; die Bedingung des Kapitals ist die Lohnarbeit. Die Lohnarbeit beruht ausschließlich auf der Konkurrenz der Arbeiter unter sich. Der Fortschritt der Industrie, dessen willenloser und widerstandsloser Träger die Bourgeoisie ist, setzt an die Stelle der Isolierung der Arbeiter durch die Konkurrenz ihre revolutionäre Vereinigung durch die Assoziation. Mit der Entwicklung der großen Industrie wird also unter den Füßen der Bourgeoisie die Grundlage selbst hinweg gezogen, worauf sie produziert und die Produkte sich aneignet. Sie produziert vor allem ihren eigenen Totengräber. Ihr Untergang und der Sieg des Proletariats sind gleich unvermeidlich.«

44 Karl Marx, Manifest der Kommunistischen Partei, MEW Bd. 4, S. 472f.

45 Konnten noch die beiden großen Untersuchungen zur Klassenstruktur der BRD vom ISMF und dem Projekt Klassenanalyse in den 1970er Jahren auf die regelmäßigen Volks- und Arbeitstättenzählungen zurückgreifen, so ist das heute nicht mehr möglich. Die letzte Arbeitsstättenzählung im Zusammenhang mit einer Volkszählung wurde 1970 vorgenommen, die letzte Volkszählung wurde 1987 abgehalten, ohne Arbeitsstättenzählung. Seitdem gibt es keine Vollzählungen mehr sondern nur noch regelmäßige repräsentative Zählungen, den Mikrozensus.

46 Thomas Rothe: Nicht zuletzt eine Frage der Einstellungen – Arbeitsmarktentwicklung im Konjunkturverlauf; IAB Kurz-Bericht 13/09: >*http://doku.iab.de/kurzber/2009/kb1309.pdf*<; S. 1

47 Vergl: Statistisches Bundesamt: Klassifikation der Wirtschaftszweige mit Erläuterungen Ausgabe 2003; Erscheinungsfolge: unregelmäßig; erschienen im April 2003; Herausgeber: Statistisches Bundesamt, Wiesbaden (*http://www.statistik-portal.de/Statistik-Portal/de_klassiWZ03.asp*)

48 Die Bruttowertschöpfung errechnet sich aus dem Umsatz, abzüglich der Einkäufe von Vorleistungen. Dabei handelt es sich um Rohstoffe, Vorprodukte und um Einsatzstoffe und -energien. Die *Abschreibungen* sind in dieser Größe enthalten, also die buchhalterisch gerechneten Kosten für den Einsatz von Maschinen, Anlagen und Gebäuden. Das Arbeitnehmerentgelt ist die Summe aus den Bruttolöhnen und Bruttogehältern einschließlich der Sozialbeiträge der Arbeitgeber. Die (Netto) *Wertschöpfung* ergibt sich der Summe von Arbeitnehmerentgelt und dem (Netto)Betriebsüberschuss. Dieser ergibt sich aus dem Umsatz, abzüglich der Vorleistungen und dem Arbeitsnehmerentgelt.

49 Bei etwa ausgeglichenem Außenhandelssaldo für Metalle

50 vergl Einleitung, Engels zur Arbeiterklasse – s. Anmerkung 9

51 vergl.: 3.2.2. – 3.

52 Wenn im folgenden Text häufig abgekürzt von *Erwerbstätigen*, Selbstständigen, mithelfenden Familienangehörigen, Beamten, Angestellten, Arbeitern und *Lohnabhängigen* in Bezug auf die Zahlen in den Statistiken die Rede ist, so sind damit immer die Arbeitsplätze im betrieblichen Raum und die Arbeitsverträge in den Unternehmen und Organisationen als sozial-ökonomisches Feld gemeint und nicht die konkreten, aber austauschbaren Personen, die an den Plätzen arbeiten und dafür Lohn erhalten aufgrund von abgeschlossenen Arbeitsverträgen oder als Eigentümer von Werkstätten und Praxen ein Einkommen aus Überschüssen erhalten.

53 vergl.: Einleitung S. 14-17

54 (*http://www.destatis.de/jetspeed/portal/cms/Sites/destatis/Internet/DE/Content/Statistiken/LandForstwirtschaft/StrukturenLandwirtschaftlicherBetriebe/Tabellen/Content75/ArbeitskraefteBeschaeftigtenkategorienRechtsformen,templateId=renderPrint.psml*)

55 Schon ein kurzer Blick auf einige Quersummen (Erwerbstätige, *Selbständige* und *Lohnabhängige*, zeigt Diskrepanzen von fast einer Million, sodass bei den Zahlen wirklich nur die Größenordnungen Bedeutung haben.

56 Die BRD war seit ihrem Entstehen und ist bis heute eine der am stärksten industrialisierten großen, entwickelten Ökonomien in der Welt. Ihre Entwicklung verdeutlicht mit einer Art von Verzögerung die für alle Ökonomien der »alten« kapitalistischen Welt geltenden Tendenzen. Sie werden mit zeitlich größerem Abstand auch in den kapitalistischen Ökonomien und Gesellschaften mit nachholender industrieller Entwicklung wirksam werden.

ISBN 978-3-945187-70-8

Satz: edition ost
Titel: Unter Verwendung eines Fotos von Robert Allertz
Tabellen/Grafiken: Jörg Miehe
Druck und Bindung: Sowa Druk, Polen

Die Bücher des verlags am park und der edition ost werden
von der Eulenspiegel Verlagsgruppe vertrieben

24,99 Euro

www.eulenspiegel.com